穿越 中国隧道及地下工程修建关键技术研究书系

穿越高水压大型溶洞群隧道扩挖修建技术研究

李勇 黄明利 姜波 著

Study on the Technology of
Tunnel Expansion and Construction
through Large Karst Cave Group
with High Water Pressure

人民交通出版社股份有限公司
北京

内 容 提 要

本书基于我国岩溶隧道建设工程实践,依托新圆梁山隧道科研攻关及技术创新成果,系统阐述了穿越高水压大型溶洞群隧道扩挖修建技术。本书通过对新圆梁山隧道工程地质条件的调研分析、施工方案比选与风险评估,应用大型溶洞精准探测技术,总结提出了邻近既有线新建隧道平行导洞扩挖施工技术、穿越高压富水溶腔的释能控压施工技术和溶洞段超前预加固技术。基于在隧道外水压力作用下及背后存在含水空洞情况下的衬砌结构安全性分析,提出了岩溶隧道施工缝防水技术与方法。

本书可供从事隧道工程建设的专业技术人员参考,亦可作为隧道及相关领域高等院校本科生、研究生的参考用书。

图书在版编目(CIP)数据

穿越高水压大型溶洞群隧道扩挖修建技术研究／李勇,黄明利,姜波著. — 北京:人民交通出版社股份有限公司,2022.1
ISBN 978-7-114-16297-8

Ⅰ.①穿… Ⅱ.①李… ②黄… ③姜… Ⅲ.①岩石隧洞—扩建—研究 Ⅳ.①U459.9

中国版本图书馆 CIP 数据核字(2021)第 182265 号

中国隧道及地下工程修建关键技术研究书系
Chuanyue Gaoshuiya Daxing Rongdongqun Suidao Kuowa Xiujian Jishu Yanjiu

书　　名:	穿越高水压大型溶洞群隧道扩挖修建技术研究
著 作 者:	李　勇　黄明利　姜　波
责任编辑:	张　晓
责任校对:	孙国靖　龙　雪
责任印制:	刘高彤
出版发行:	人民交通出版社股份有限公司
地　　址:	(100011)北京市朝阳区安定门外外馆斜街3号
网　　址:	http://www.ccpcl.com.cn
销售电话:	(010)59757973
总 经 销:	人民交通出版社股份有限公司发行部
经　　销:	各地新华书店
印　　刷:	北京建宏印刷有限公司
开　　本:	787×1092　1/16
印　　张:	22.25
字　　数:	542 千
版　　次:	2022 年 1 月　第 1 版
印　　次:	2022 年 1 月　第 1 次印刷
书　　号:	ISBN 978-7-114-16297-8
定　　价:	158.00 元

(有印刷、装订质量问题的图书由本公司负责调换)

本书编委会

主 任 委 员：李　勇

副主任委员：黄明利　姜　波

编　　　委：（排名不分先后）

　　　　　　　王元清　温　鹏　熊晓晖　熊　军　方　兵
　　　　　　　翁长根　廖正树　陈中华　管　强　李勇军
　　　　　　　邹福林　张　文　吕　超　朱　君　杨　泽
　　　　　　　王成林　黄　猛　陶伟明　李正川　于茂春
　　　　　　　曹林卫　刘保林　余　刚

主 编 单 位：中铁十一局集团第五工程有限公司

　　　　　　　中铁十一局集团有限公司

　　　　　　　北京交通大学

　　　　　　　中铁二院重庆勘察设计研究院有限责任公司

前言

伴随我国隧道及地下工程建设的快速发展，隧道建设的重心也逐渐向地形地质条件极端复杂的地区转移。其中，岩溶是隧道建设最具挑战性的复杂地质问题之一。在岩溶地区修建隧道，常常面临突水突泥、塌方、岩爆、大变形等地质灾害，尤其以突水突泥问题最为常见。新圆梁山隧道施工具有邻近既有线、采用平导扩挖、穿越大型高压富水溶腔等特点，同时面临着突水突泥等风险，对施工技术提出了极高的要求。经过反复理论分析、方案研讨和工程实践，最终顺利地实现了新圆梁山隧道的安全贯通。本书总结了在新圆梁山隧道修建过程中的研究成果和施工技术体系，可为类似工程的开展提供有益的借鉴和参考。

本书详细介绍了穿越高水压大型溶洞群隧道扩挖修建技术研究成果，共分为11章。第1章主要阐述了邻近既有线隧道扩挖穿越高水压大型溶洞群研究的背景及意义，并对高压富水岩溶隧道施工技术、溶洞处治技术及隧道衬砌结构抗水压能力的研究现状、存在问题和发展趋势进行了综述。第2章介绍了我国岩溶隧道及西南地区岩溶隧道的地质特征，并对新圆梁山隧道岩溶发育特征开展了分析。第3章开展了新圆梁山隧道修建的施工方案比选，确定了沿既有线平导扩挖施工的方案，同时开展了邻近既有线新圆梁山隧道平导扩挖施工风险评估。第4章提出了大型溶洞三维精准探测技术，采用上述技术在新圆梁山隧道2号溶洞开展探测实践，最终确定了溶洞的空间位置。第5章开展了邻近既有线新建隧道平导扩挖施工技术研究，确定采用交叉中壁法开展溶洞段隧道施工。第6章对比分析了宜万铁路释能降压施工技术并分析其在新圆梁山隧道修建过程中的适用性，提出了邻近既有线穿越溶腔的释能控压施工技术。第7章对比分析了不同加固技术在穿越溶洞段超前预加固中的适用性，确定了超前帷幕注浆施工方案及其加固范围，进一步通过方案比选，确定了采用管棚超前支护方案，并对超前帷幕进行了注浆工艺研究和注浆效果检测。第8章开展了外水压力作用下隧道衬砌安全性分析,研究了水压力、隧道断面、衬砌厚度、配筋率等因素对隧道衬砌结构安全性影响规律,探讨其抗水压能力。第9章探讨了衬砌背后存在含水空洞情况下衬砌的内力及其安全性,分析了含水空洞产生的原因,并探讨了不同空洞位置、不同空洞分布范围、不同空洞水压力下的衬砌内力和抗水压能力,进一步提出了基于"木桶理论"的高水压隧道抗水压设计方法。第10章开展了高水压岩溶隧道结构缝抗水压能力试验研究,开展了衬砌施工缝止水带的止水机理及抗水压能力分析,探讨了衬砌施工缝及结构缝的抗水压能力测试方法,揭示了不同埋置深度、不同止水带类型对施工缝抗水压能力的影响规律。第11章结合衬砌结构缝的抗水压能力试验结果,对现有的衬砌施工缝止水带形式进行改进,并对改进后的新型止水带进行现场试验。本书是作者团队依托新圆梁山隧道邻近既有线扩挖穿越溶洞群工程实践取得的研究成果的总结,希望能为类似岩溶隧道的施工提供有益的参考。

  本书内容翔实,实践性强,是一本集理论分析、设计、科研、施工及试验于一体的综合书籍,可供岩溶隧道施工相关的技术和科研人员学习、参考使用。

  我们在编写过程中,亦借鉴了前人的研究成果,参考了相关的岩土工程、地质工程与隧道工程的专业书籍与文献,谨向本书中引用研究成果内容的科研工作者表示诚挚的谢意。中铁十一局集团第五工程有限公司、中铁十一局集团有限公司、北京交通大学、中铁二院重庆勘察设计研究院有限责任公司等单位为本书提供了丰富的资料和数据,郭佳奇、黄鑫、杨泽、王成林等也参与了本书的编写工作。在此,向为本书编写提供帮助与指导的单位和个人表示衷心的感谢。

  由于编者水平和能力的限制,书中难免存在不足之处,敬请各位专家及热心读者批评指正。

作　者
2021年6月

目录

第1章 概述 ... 001
- 1.1 研究背景 ... 001
- 1.2 高压富水岩溶隧道扩挖施工技术研究综述 ... 002
- 1.3 本书的主要内容 ... 014

第2章 岩溶隧道地质特征 ... 016
- 2.1 我国岩溶隧道地质特征 ... 016
- 2.2 西南地区岩溶隧道地质特征 ... 017
- 2.3 新圆梁山隧道岩溶发育特征 ... 021
- 2.4 本章小结 ... 055

第3章 新圆梁山隧道方案比选与风险评估 ... 058
- 3.1 新圆梁山隧道越岭线路方案比选 ... 058
- 3.2 沿既有线新圆梁山隧道方案比选 ... 067
- 3.3 邻近既有线新圆梁山隧道平导扩挖施工风险评估 ... 076
- 3.4 本章小结 ... 091

第4章 新圆梁山隧道大型溶洞三维精准探测技术 ... 093
- 4.1 大型溶洞三维精准探测技术 ... 093
- 4.2 新圆梁山隧道溶洞精准探测实践 ... 096
- 4.3 新圆梁山隧道扩挖段周边岩溶空间赋存特征 ... 103
- 4.4 本章小结 ... 106

第5章 邻近既有线平导扩挖施工技术 ... 107
- 5.1 CRD法扩挖施工方案研究 ... 107
- 5.2 CD法扩挖施工方案研究 ... 118
- 5.3 两种扩挖施工方案模拟结果对比分析 ... 125
- 5.4 新圆梁山隧道平导扩挖施工技术 ... 127

  5.5 邻近既有线爆破方案设计 ················ 130
  5.6 本章小结 ················ 134

第6章 邻近既有线穿越溶腔的释能控压施工技术 ················ 135
  6.1 宜万铁路释能降压施工技术适用条件 ················ 135
  6.2 邻近既有线释能控压技术 ················ 137
  6.3 新圆梁山隧道2号溶腔高位释能控压工程应用 ················ 141
  6.4 本章小结 ················ 150

第7章 溶洞段隧道超前预加固技术研究 ················ 151
  7.1 岩溶隧道穿越溶洞段预加固技术方案及其适用性 ················ 151
  7.2 超前帷幕注浆加固范围研究 ················ 156
  7.3 溶洞段隧道超前预支护方案研究 ················ 176
  7.4 超前帷幕注浆工艺和注浆效果检测 ················ 186
  7.5 本章小结 ················ 195

第8章 隧道外水压力作用下衬砌安全性分析 ················ 197
  8.1 衬砌背后水压力力学模型研究 ················ 197
  8.2 计算模型及典型衬砌断面形式选取 ················ 200
  8.3 不同水压力下衬砌内力分析 ················ 204
  8.4 衬砌厚度对结构受力的影响 ················ 211
  8.5 不同衬砌断面形式安全性比较研究 ················ 220
  8.6 衬砌厚度对衬砌安全性的影响 ················ 223
  8.7 配筋率对衬砌安全性的影响 ················ 230
  8.8 本章小结 ················ 234

第9章 隧道衬砌背后管状溶洞作用下结构安全性分析 ················ 236
  9.1 衬砌背后含水空洞分析 ················ 236
  9.2 拱顶含水空洞对衬砌受力及安全性的影响 ················ 240
  9.3 拱腰含水空洞对衬砌受力及安全性的影响 ················ 251
  9.4 拱脚含水空洞对衬砌受力及安全性的影响 ················ 264
  9.5 拱底含水空洞对衬砌受力及安全性的影响 ················ 270
  9.6 拱顶空洞圆形衬砌安全性分析 ················ 278
  9.7 基于"木桶理论"的高水压隧道抗水压设计 ················ 283
  9.8 本章小结 ················ 286

第10章 高水压岩溶隧道结构缝抗水压能力试验研究 ················ 288
  10.1 隧道施工缝止水带应用现状 ················ 288
  10.2 止水带止水机理分析 ················ 294
  10.3 不同止水带与混凝土的抗剪强度对比 ················ 295

10.4	施工缝和变形缝的止水机理分析	296
10.5	结构缝抗水压能力的对比研究	300
10.6	施工缝抗水压试验设计	304
10.7	不同埋深下止水带抗水压试验	305
10.8	本章小结	311

第 11 章　新圆梁山隧道结构抗水压试验及现场应用 ································ 312

11.1	隧道结构抗水压试验设计方案	312
11.2	衬砌结构抗水压能力足尺模型试验	314
11.3	隧道结构抗水压方案应用及效果	320
11.4	本章小结	326

附录　抗水压试验过程详述 ································ 327

参考文献 ································ 340

第1章　概述

1.1　研究背景

我国岩溶地层分布广泛,随着交通网络日趋复杂,越来越多的铁路、公路线出现在山岭隧道中,不可避免地会穿越岩溶地层。如修建过程以艰、难、险著称的宜万铁路,因其全线具有地质条件异常复杂、建设条件难度巨大、灾害爆发风险极高等特点,一度被行业视为"铁路设计与施工的工程禁区"。

除了宜万铁路,国内其他多条穿越岩溶区的铁路隧道也饱受突水涌泥的威胁与侵害,如渝怀铁路的圆梁山隧道、龙厦铁路的象山隧道等。为有效规避岩溶隧道突水风险,须开展岩溶发育特征、岩溶探测技术、岩溶处治技术、岩溶区安全施工技术等方面的研究,形成系统和完善的岩溶隧道施工技术。

宜万铁路、渝怀铁路、贵昆铁路及成昆铁路的建设为行业积累了大量岩溶处理、施工安全等方面的经验,但是对于衬砌结构抗水压能力和结构受力特征研究较少。高水压隧道衬砌病害发生的主要原因是人们对衬砌抗水压能力和结构受力了解不足。高水压导致的隧道渗漏水威胁了隧道的正常运营,缩短了隧道的使用寿命,更危险的是隧道衬砌抗水压能力不足,将导致衬砌结构在水压力作用下发生破坏,如南岭隧道边墙倒塌和云雾山隧道的拱顶开裂。因此有必要分析不同水荷载分布时的衬砌结构受力特征和稳定性情况,研究隧道结构缝止水带的止水机理并对隧道整体防排水系统的各个防线的耐水压能力进行研究,为高水压岩溶隧道防水设计、施工提供借鉴和指导。

目前,国内外邻近既有线穿越高压富水大型溶洞平导扩挖修建隧道的工程较为罕见,可借鉴的经验不多。因此,本书以新圆梁山隧道工程为依托,开展岩溶发育特征分析、施工方案比选与风险评估、施工技术研发与优选、衬砌安全性分析及结构缝抗水压能力研究,系统阐述了穿越高水压大型溶洞群隧道扩挖修建技术,为岩溶隧道建设提供理论基础、实际经验和技术支持,对我国岩溶隧道设计与施工的技术水平提升具有重要的推动作用。

1.2 高压富水岩溶隧道扩挖施工技术研究综述

1.2.1 高压富水岩溶隧道研究现状

在岩溶地区建设地下工程时,突水涌泥是最常见的地质灾害,具有很强的破坏性,严重威胁地下工程的施工安全,影响施工进度。在岩溶地区修建地下工程通常存在较大困难,有必要提前考虑发生突水涌泥灾害的风险。埋深较大的地下工程其突水涌泥灾害潜在的风险更大,破坏性也更严重,其特点是暴露出更多的水文地质单元、水压力更大、水源补给丰富、突水量大。因此,勘察、设计和施工是在岩溶地区修建隧道的重点关注阶段,且对水体的超前探测、突水量的预测、灾变机理等也是重要的研究内容。

Laurent 和 Eisenloht 采用数值模型模拟分析了地下水流,得出岩溶含水层具有各向异性;综合分析了气候条件、水文地质资料以及岩溶渗流数据,在此基础上创设了水文地质模型。王国斌以沪蓉高速公路乌池坝隧道工程为依托,研究了岩溶发育的特性和岩溶突水机制,结合乌池坝隧道岩溶发育特性和突水特征,对岩溶隧道突水机理以及工程施工应对方案进行了研究。王勐等依据突水涌泥监测数据和水文地质资料,对隧道排水量和隧道衬砌结构稳定性的影响因素进行了研究,并且分析了突水涌泥对地表水环境的影响。通过对施工现场监测数据的分析研究,认为离地表较远的隧道突水涌泥灾害对工程施工以及水文环境都会产生严重的影响。吴治生等对衡广复线铁路南岭隧道岩溶灾害治理方案进行了总结。该隧道作为非常典型的埋深较浅的隧道,在修建期间遭遇了突水涌泥等严重的地质灾害。南岭隧道溶洞空间形态发育复杂,溶洞大部分是裂隙型构造,裂隙多被流塑状黏土、砂土填充,当突水涌泥灾害发生时,大量的泥浆被带入隧道。在隧道修建的过程中为了保障工程安全进行了大规模注浆,包括地表注浆、管棚注浆、洞内注浆和地表洞内联合注浆等多种形式,形成了成套的注浆施工工艺。王勇等研究了影响隧道底部溶洞安全厚度的因素,并且采取二维弹塑性有限元模拟了隧道开挖过程中这些影响因素与安全厚度的关系。利用线性回归的方法总结出不同条件下围岩安全厚度的预测模型,认为隧道埋深和自重应力对围岩安全厚度的影响较大。当埋深为几十米时,围岩的安全厚度在特定的围岩地质条件和水压力作用下可达 2~5m;当埋深超过百米时,围岩安全厚度可达 10~20m。韩行瑞依据岩溶水文地质学最新研究理论以及世界范围内的相关工程经验,提出了隧道岩溶突水专家评判系统。研究表明,隧道和岩溶水系统在四维时空相遇,导致岩溶隧道发生突水涌泥地质灾害;岩溶水系统分布、岩溶结构面、强岩溶层分布和水动力分布决定了突水涌泥灾害发生的可能性和灾害的性质,并提出根据岩溶水动态计算岩溶动态突水量的方法。白明洲等提出很多因素都会影响到岩溶的发育,且具有可变性;系统地提出了隧道工程岩溶超前预测的地质分析指标体系;通过分析各指标的权重,根据各指标的百分比,将岩溶地质灾害发生的可能性分为高、中、低三个层次,建立了丰富的专家系统数据库。

1.2.2 隧道注浆堵水技术研究现状

19世纪60年代以前,对岩溶隧道的研究处于初期阶段,隧道施工技术还比较落后,在岩溶地区修建隧道时,难免会遇到富水高压断层和溶洞。为了降低断层和溶洞的水压力,对岩溶水的处理多以"排"为主。这种处理方式比较简单,但在隧道建成后隧道结构承受的水压力较大,时间久了会对隧道的运营造成很大的安全威胁。19世纪70年代以后,很多科学家结合实际工程经验在理论方面研究了突水涌泥灾害的形成原因,并逐渐研究出比较有效的治理岩溶灾害的方法,主要有注浆法、冻结法和压气法。发展到今天,逐渐形成了"以堵为主、堵排结合、综合治理、保护环境"的隧道突水涌泥灾害治理原则,在治理技术方面逐渐形成了以注浆为主、其他辅助措施相配合的综合治理方法。目前,注浆技术在岩溶地区隧道修建中被广泛应用,在治理突水涌泥灾害方面治理效果比较明显。

法国在修建巴特的罗斯—兰德隧道时,对隧道遇到的高压富水断层进行了三个阶段的高压注浆。实施注浆之后隧道围岩的渗透系数显著降低,注浆对治理高压富水断层起到了关键的作用,取得了明显的治理效果。穿越高压富水断层破碎带的日本青函海底隧道在施工过程中,遭遇了规模较大的突水涌泥灾害,在实施全断面预注浆之后,围岩的渗透系数大幅度下降,避免了突水灾害的加剧,确保了隧道施工期间的安全。衡广复线铁路南岭隧道处于岩溶发育地区,在隧道施工期间发生了多次规模较大的突水涌泥灾害,严重影响了隧道的施工安全,还诱发了隧道所在地区的地表塌陷。这种诱发地质灾害在当时比较少见,单纯地采用传统的注浆技术根本无法解决诱发地质灾害发生的难题。经过多位专家商榷后,采用了"注浆+管棚"的综合治理措施,最终成功地解决了南岭隧道所遭遇的灾害问题。吴治生等结合南岭隧道地质条件分析了突水涌泥灾害的灾变机理,并对施工过程中治理措施和治理效果进行了研究,指出了注浆治理方法要以"经济性、安全性、可靠性、严格性"为原则。张民庆等依据齐岳山隧道F_{11}断层突水灾害的特征将全断面帷幕注浆改为"外堵内固"的注浆加固方案,针对隧道周围岩溶水以及水压力分布的随机性这一特点,提出对不同水压条件下的围岩采取不同的注浆加固措施,这样不仅加快了施工进度、降低了工程成本,而且还获得了良好的注浆加固效果,应用价值非常大。

综上所述,虽然国内外很多学者对全断面注浆进行了研究,也取得了一定的进展,但是全断面注浆在治理水压较高、水量较大的断层和溶洞时,很难把浆液注入断层中,效果较差。在此基础上,有些学者提出采用"上堵下排,泄水降压"的注浆方案。本书对此注浆方案进行了研究,期望能对类似工程起到一定指导作用。

1.2.3 岩溶隧道穿越溶洞施工技术研究现状

国外学者Barbieri等对隧道穿越富水岩溶地层的力学特性进行了大量研究,重点研究了岩溶地区围岩的稳定和支护结构的应力特征,并且对此提出了处治措施。马来西亚穿越巴生河的隧道有60%长度段位于巴生河下,隧道地质主要为上志留纪的石灰岩。这种石灰岩以岩溶特征著名,给隧道施工提出了很大的挑战,在施工中易出现冲积层的坍塌、过度沉降和沉陷。在西端临时竖井施工中出现渗水,施工中试图采用双管化学注浆的方法封堵渗漏水,但未获得成功，最后只能采用潜水泵进行强行排水。国内学者莫阳春采用有限差分数值模拟的方法对隧道开挖掌子面前方以及拱顶上方隐伏高压富水溶腔的情况开展研究，着重研究了隧道穿越溶腔区时在开挖和支护过程中的结构力学行为，得到了当隧道在穿越有压溶腔时周边围岩应力场、位移场、塑性区分布特征和衬砌结构的受力特性。李雄周研究了云南某公路隧道岩溶区溶洞的发育情况，采用数值模拟方法研究了富水高压溶洞隐伏于隧道拱顶与边墙侧方时对隧道围岩施工受力特性的影响规律，并且提出治理溶洞区隧道涌水可以分为洞内和地表两部分。王琪总结了岩溶隧道大型、小型溶腔处治措施，并针对谢家峒隧道溶腔进行了处治。张民庆等依据齐岳山隧道高水压涌水段的特点，提出使用循环注浆封堵治理技术，事实证明该处理方案可以大幅度降低隧道涌水量，治理效果比较理想。圆梁山隧道施工中先后揭露了5个规模较大的岩溶。初期采用了以注浆为主的施工技术措施，效果不太明显，隧道通过后仍发生多次较大规模的涌水；后期采用泄水洞，将溶洞水截流引排，洞内注浆封堵，取得了明显的效果。对于岩溶富水地段，开挖后径向注浆堵水是一种有效的措施。张民庆等依托圆梁山隧道，对径向注浆的边界条件、注浆材料和注浆施工进行了研究，并进行了现场应用，取得了较好的效果。刘记梳理了国内外岩溶突水隧道的工程案例，系统归纳总结了高水压溶洞段隧道突水处治的基本原则、处治方案和突水防治等方面的重要技术措施。张梅等结合野三关隧道施工期间发生的高水压溶洞突水涌泥灾害，提出了泄水降压和暗挖通过相结合的治理技术。溶洞段采用超前管棚进行预支护，随后注浆封堵突水涌泥通道，完成溶洞段突水涌泥的治理。张梅提出的释能降压技术在处治特大型富水高压溶腔中取得很好的效果。杜永昌等依据大支坪隧道溶腔涌水段工程地质条件，综合采取预钻孔排水减压、帷幕注浆预加固隧道周边围岩以及高位支洞排水等措施，成功地处理了溶洞区突水灾害问题，保证了隧道施工的安全，该措施为类似项目提供了指导意义。天生桥二级水电站隧道工程中遇到跨度40m左右的大跨度充填过水型溶洞，该溶洞与暗河相连，特大暴雨时，隧道开挖后的溶管向隧道内大量涌水。针对地基沉陷及渗透失稳等地质问题，施工中采用钢管结构桥跨过该地段。对于施工中遇到的跨度为60m的不均匀大跨度充填型溶洞，施工中采用大直径人工挖孔桩及高压灌浆对基础进行处理。陈成宗等对大瑶山隧道九号断层从地质构造、岩体结构、水文地质结构及地下水活动围岩变形破坏等方面全面阐述了断层特性，并详细介绍了工程对策。除利用超前平导进行排水降压外，还采用在掌子面钻孔排水降压的方法，并采用了超前管棚和洞周超前半封闭浅孔预注浆堵水加固围岩等超前支护技术，在施工中进行围岩稳定性监测，施工方法由全断面开挖改为上下断面开挖等。何根旺在《岩溶地区隧道施工方法探讨》中说明了岩溶地区地质预报的方法，介绍了突水突泥地段的施工原则，对隧道通过溶洞的施工方案及处理措施进行了探讨，并介绍了溶洞处理的3种适用方法：浆砌封闭、回填压实法，溶洞跨越法，常规锚喷构筑法。吴治生在《岩溶长隧道设计、施工方案的论证及实施》中对在岩溶和地下水同等发育条件下，不同处治方法的技术方案、经济指标、施工工期等进行对比。研究结果指出，围绕保护环境，坚持以预防为主的方针，提出应采用全封闭方案施工的地区、具体的措施、施工方法及注意问题，岩溶地区长隧道地下水防排应遵循的原则和初步标准及超前预注浆的方法。李围在《不同溶洞条件下公路隧道施工的关键技术》中对岩溶隧道的施工关键技术进行了详细论述，提出了在隧道不同位置出现溶洞的隧道施工技术和初期支护构造措施，并根据溶洞所在的不同位置提出了5种不同的施工技术：拱部溶洞施工技术、水平型横穿溶洞施工技术、竖向型穿越溶洞施工技术、隧道底部及边墙溶洞施工技术、溶洞贯穿隧道全断面施工技术。

综上所述,国内外学者在岩溶隧道穿越高压富水溶腔探测预报、施工方法、处治措施等方面开展了大量的研究,但针对平导扩挖施工隧道方面的研究还鲜有报道,在大型溶洞精细化探测技术方面研究较少。新圆梁山隧道邻近既有线,采用平导扩挖施工,且需穿越高水压大型溶洞,施工技术难度极高。因此,应结合新圆梁山工程实际,深入开展穿越高水压大型溶洞群隧道扩挖修建技术研究,开发出能够确保施工安全的隧道平导扩挖施工技术、大型溶洞精细化探测技术、高压富水溶腔释能控压技术和超前预加固技术,保障隧道在修建期以及运营期的安全。

1.2.4 高水压隧道衬砌外水压力与内力及其安全性研究现状

山岭隧道的开挖破坏了渗流场,降低了岩土体的稳定性,极易造成突水突泥事故。地下水对隧道工程的具体力学作用可分为渗流力作用、水力劈裂作用和水压力作用。

渗流力作用。渗流力主要发生在孔隙水中,流动的水对岩土体骨架施加一种体积力,其方向与渗流方向一致。隧道围岩的渗流作用与水力坡度有关,水力坡度越大,渗流力就越大。渗流力会将隧道围岩中的微小颗粒卷走,损害围岩的完整性,削弱围岩的强度,甚至诱使隧道围岩结构发生失稳破坏。隧道衬砌是否受到渗流力的影响与隧道衬砌与围岩的接触情况有关,单层衬砌不采用防水板,衬砌与围岩紧密接触,渗流运动连续,衬砌的水压力可认为就是体积力。

水力劈裂作用。水力劈裂作用的发生需要两个前提条件:水源补给量充足和水头压力高。京广铁路复线大瑶山隧道通过断层时,曾遇到 $0.5 m^3/s$ 的突水,射程达 $8\sim10m$;雅砻江锦屏二级水电站遇到3次特大型突水情况,某处涌水时最大喷水距为 $35\sim37m$,流量达 $0.61 m^3/s$,实测水压高达5MPa。深埋隧道尤其是与地表连通的高压富水岩溶隧道水头压力高,水力劈裂作用尤为明显,这种力学改造作用使得裂隙扩张,裂隙(或空隙)的连通性增加,从而增加了围岩的渗透能力。1991年7月,贵昆铁路梅花山隧道因地下河水猛涨,高压水喷射边墙,边墙衬砌开裂倒塌12m,中断行车7天。

水压力作用。同渗流力作用一样,水压力作用同样分为两种情况(分别作用在围岩上和衬砌)。当隧道围岩区穿越含水层或存在隐伏溶洞时,围岩与水接触面将承受水压力,止水岩柱将可能发生受拉破坏、剪切破坏或失稳破坏。

隧道复合衬砌结构由于防水板的存在,衬砌与围岩之间的黏结力为零,地下水从围岩渗出,渗透体积力以面力作用于衬砌外边界,这就是所谓的衬砌外水压力。目前,隧道大多采用复合衬砌,因而外水压力是隧道衬砌设计时必须考虑的主要荷载之一。

1)高水压隧道衬砌外水压力研究现状

张有天等对隧道衬砌及压力管道的外水荷载从概念、作用机理到荷载取值作了全面扼要的讨论。张有天将外水压力定义为:衬砌与围岩接触面形成间隙,作用于衬砌内的渗流体积力可近似用衬砌外缘的水压力代替,衬砌外缘的水压力称之为外水压力。

国内外对求解衬砌外水压力还没有得出完善、系统的研究成果,通常按以下几类方法估算衬砌外水压力。

(1)渗流理论解析法

达西(Henry Darcy)于1856年通过长期试验得出了水在多孔介质中的线性渗透定律,直到现在仍是地下水运动理论的基础,这就是著名的达西定律。

$$v = kJ \tag{1-1}$$

式中:v——渗流速度;

k——围岩渗透系数;

J——流程范围内水力坡度。

通常我们在计算渗流水力势中,忽略速度水头,则总水力由两部分组成,表示如下:

$$H = Z + \frac{p}{\gamma_w} \tag{1-2}$$

式中:H——总水头;

Z——位置水头;

p——水的压力;

γ_w——水的重度。

在渗流场中,孔隙水压力的梯度为渗流荷载:

$$\begin{cases} F_x = -\dfrac{\partial p}{\partial x} = -\gamma_w \dfrac{\partial h}{\partial x} \\ F_y = -\dfrac{\partial p}{\partial y} = -\gamma_w \dfrac{\partial h}{\partial y} \\ F_z = -\dfrac{\partial p}{\partial z} = -\gamma_w \dfrac{\partial h}{\partial z} + \gamma_w \end{cases} \tag{1-3}$$

式中:h——水位深度。

其中渗流力和浮力表示如下:

渗流力

$$\begin{cases} s_x = -\gamma_w \dfrac{\partial h}{\partial x} \\ s_y = -\gamma_w \dfrac{\partial h}{\partial y} \\ s_z = -\gamma_w \dfrac{\partial h}{\partial z} \end{cases} \tag{1-4}$$

浮力

$$\begin{cases} f_x = 0 \\ f_y = 0 \\ f_z = \gamma_w \end{cases} \tag{1-5}$$

DUPUIT J 则根据达西定律研究了地下水一维稳定流动和向水井的二维稳定流动。达西定律适用于层流水,FORCHHEIMER P 等研究了更为复杂的地下水渗流问题,提出了雷诺数大于 1~10 的非线性运动定律,从而奠定了地下水稳定流理论的基础。1904 年,BOUSSINESQ J 提出了地下水非稳定流的偏微分方程式,它与一般的热传导方程十分相似;1928 年,MEINZER O E 注意到地下水运动的不稳定性和承压含水层的贮水性质;1935 年,美国的 THEIS C V 提出了地下水流向承压水井的非稳定流公式;1954 年、1963 年,BOULTON N S,1972 年,NEUMAN S P 都进行了潜水含水层中水井的非稳定流理论研究。

渗流理论解析法主要有分离变量法、积分变换法、保角映射法、镜像法等。对衬砌水压力解析解的研究始于国外学者。外国学者对浅埋隧道和深埋隧道稳定渗流状态下的解析理论进行了大量研究，HARR 求得了深埋高水头隧道的渗流场分布；KOLYMBAS D 推导了稳定渗流状态下隧道涌水量和衬砌水压力的计算公式；HWANG J-H 提出了一种计算渗流的半理论分析方法；FAHIMIFAR A 研究了衬砌水压力和衬砌应力的计算公式。在国内，张有天等提出渗流应力联合作用下的解析解，认为水荷载是渗透体力并非边界力；吴金刚将各种解析解与数值解进行比较，证明了解析解的可靠性；王建宇基于轴对称的简化情况，发现了稳定渗流条件下孔隙水压力的分布特征；邹金锋求得隧道弹塑性非线性解析解；高新强提出了适用于裂隙介质地下水渗流场的数学模型；王秀英等根据渗流力学和弹塑性理论推导了弹塑性状态时塑性区的分布以及塑性区的有效应力和位移，并得到了最小围岩压力。渗流解析法着力于对称条件下渗流场的解析，在工程上有一定局限性，但对定性分析围岩、注浆圈和衬砌的水力势和涌水量具有很大的帮助。

(2) 修正系数法

折减系数 β 是根据岩溶水文地质、围岩渗透系数、衬砌渗透系数、注浆加固情况、防排水情况等单一参数或参数组合通过一定的数学实验方法确定的。水工隧洞混凝土衬砌浇筑在围岩面上，与围岩密贴，受到围岩及水压力的作用，根据隧洞混凝土衬砌出现裂缝的条件，来确定折减系数 β。极端情况下，衬砌完全不透水 ($k=0$)，衬砌外缘的水压力为 $p=\gamma h$；衬砌完全透水 ($k=\infty$)，衬砌的外水压力可表述为 $p=0$。水工隧洞和铁路、公路隧道衬砌水压力的计算一般从这两种极端情况出发，然后根据实际情况对水压力进行适当的修正。

尽管衬砌混凝土渗透系数低，但是，隧道地下水通过排水系统排水能降低背后水压力，可以等效认为衬砌是透水材料。1983 年 FARMER I W 等提出注浆加固可降低隧道的渗水量，注浆条件下应该考虑折减修正系数 β。主要有以下几种估算折减系数 β 的方法：

①《水工隧洞设计规范》(SL 279—2016) 给出了水工隧洞建议的外水压力折减系数，见表1-1。

外水压力折减系数 β 值 表1-1

级别	地下水活动状态	地下水对围岩稳定的影响	β
1	洞壁干燥或潮湿	无影响	0～0.20
2	沿结构面有渗水或滴水	风化结构面充填物质，地下水降低结构面抗剪强度，对软弱岩体有软化作用	0.10～0.40
3	沿裂隙或软弱结构面有大量滴水、线状流水或喷水	泥化软弱结构面充填物质，降低抗剪强度，对中硬岩体有软化作用	0.25～0.60
4	严重滴水，沿软弱结构面有少量涌水	地下水冲刷结构面中充填物质，加速岩体风化，对断层等软弱带软化泥化，并使其膨胀崩解，以及产生机械管涌。有渗透压力，能鼓开较薄的软弱层	0.40～0.80
5	严重股状流水，断层等软弱带有大量涌水	地下水冲刷挟带结构面充填物质，分离岩体，有渗透压力，能鼓开一定厚度的断层等软弱带，导致围岩塌方	0.65～1.00

②潘家铮按照传统以及一些规范的做法，以地下水面到建筑物处的水深度 h 为基础，乘以折减系数 β，不同的是此 β 由 3 个系数的乘积组成，公式如下：

$$p = \beta_1\beta_2\beta_3 h \tag{1-6}$$

式中：β_1——地下水位变化修正系数；
　　　β_2——外水压力作用的面积系数；
　　　β_3——渗流阻力影响系数；
　　　h——地下水面到建筑物处的水深度。

其中，β_1 为水位变化修正系数，可能大于或小于 1；β_2 是反映衬砌混凝土与围岩接触面积的参数，高水压下围岩和衬砌很难紧密贴合，复合式衬砌防水板隔绝了围岩与衬砌的接触，实际应用中常取 $\beta_2=1$；β_3 则是指由于渗流阻力影响，在衬砌外面所残余的水头，可以通过详细或粗略的计算确定。

③张有天在《水工隧洞设计规范》(SL 279—2016)的基础上，同样将折减系数修正为 3 个系数，此时衬砌外水压力采用式(1-7)计算。

$$p = \beta_1\beta_2\beta_3 p_0 \tag{1-7}$$

式中：β_1——初始渗流场外水压力修正系数；
　　　β_2——衬砌与围岩相对渗透关系修正系数；
　　　β_3——防渗排水措施对衬砌外水压力的影响；
　　　p_0——地下水位线至隧洞中心处的水压力，$p_0=\gamma_w h$。

④邹成杰同样对折减系数进行了研究，按围岩岩溶的发育程度及岩体透水性因素，选择折减系数，见表1-2。

按岩体岩溶发育程度确定的折减系数 β 经验值 表1-2

岩溶发育程度	弱岩溶发育区	中等岩溶发育区	强岩溶发育区
β 经验值	0.1~0.3	0.3~0.5	0.5~1.0

例如，天生桥二级水电站根据透水性选择折减系数，见表1-3。

天生桥二级水电站折减系数 β 经验值 表1-3

隧道岩体水文地质条件	潮湿渗水洞段	渗水滴水洞段	滴水、股状涌水洞段	管道涌水及大量涌水洞段
β 经验值	0.1~0.3	0.3~0.5	0.5~1.0	0.8~1.0

⑤原东北设计院根据岩体渗透系数 $K_{岩}$ 和衬砌渗透系数 $K_{混凝土}$ 的比值，给出外水压力折减系数 β，见表1-4。

按围岩的渗透系数和混凝土衬砌渗透系数的比值确定折减系数 表1-4

$K_{岩}/K_{混凝土}$	0	1	5~10	50~500	500	∞
β	0	0.03~0.08	0.3~0.6	0.86~0.94	1	1

⑥江西水利水电勘测设计院按地下水运动损失系数 δ 和衬砌外表面实际作用面积系数 δ_1 的乘积确定外水压力折减系数，见表1-5、表1-6。

第1章 概　述

地下水运动损失系数 δ 经验值　　　　　　　　　　　表1-5

岩体透水性	无　排　水	有　排　水
围岩渗透性较强，洞中有流水	0.8～1.0	0.5～0.8
围岩渗透性较弱，洞中有滴水	0.6～0.8	0.4～0.7
围岩渗透性较弱，洞中无滴水	0.4～0.6	0.3～0.5

衬砌外表面的实际面积作用系数 δ_l 的经验值　　　　　　表1-6

岩体透水性	未灌浆段	回填灌浆段
围岩破碎，裂隙很发育	0.8～1.0	0.6～0.9
围岩破碎，裂隙较发育	0.6～0.8	0.5～0.7
围岩完整，裂隙不发育	0.4～0.6	0.3～0.5

其中，外水压力折减系数 $\beta = \delta \cdot \delta_l$。

⑦深埋于含水层的隧道，其经折减后的水压力 p_0 值仍然过大，一般采用泄水降压的方式降低衬砌背后的水压力。因此在能保证运营隧道不漏水的前提下，尽量采用堵水限排的方式减小压力，以此降低工程造价。蒋忠信考虑了岩溶水流动过程中的水头损失，对水压力折减系数进行了调整，见表1-7。

根据岩溶强度的水头折减系数 p 值　　　　　　　　　　表1-7

岩溶强度	岩溶类型	透　水　性	渗透系数 k(m/d)	折减系数 β
微弱	溶孔型	微弱透水	<0.01	<0.1
弱	溶隙型	弱透水	0.01～0.1	0.1～0.2
—	—	—	0.1～1	0.2～0.35
中等	隙洞～洞隙型	透水	1～10	0.35～0.55
强	管道～强洞隙型	强透水	>10	0.55～1.0

⑧当地下水直接作用在衬砌结构上时，可以把外水压力作为边界力来考虑，因此水压力可按式(1-8)计算。

$$p = \beta \cdot \gamma_w \cdot H_0 \quad (1-8)$$

式中：p——外水压力；
　　β——外水压力修正系数；
　　γ_w——地下水重度；
　　H_0——隧道位置的静水头。

综上所述，衬砌外水压力作用系数多为半经验或经验性总结，其中多以溶洞特性、围岩渗透性、衬砌渗透性和防排水系统为主要考虑因素。

(3) 数值仿真法

随着有限单元法和有限差分法等数值分析法在渗流计算方面的广泛应用，取得了以下研究成果。王秀英等采用 ANSYS 软件进行计算，提出了最小注浆加固圈厚度的概念，认为盲目增加加固圈厚度对提高安全系数作用不大，同时衬砌设计时应根据给定的排放量进行设计。高新强对圆梁山的地下水流系统进行研究，运用 ANSYS 软件对地下水渗流场进行数值模拟，得出了衬砌外水压力与注浆圈厚度、注浆渗透系数、衬砌渗透系数、排水系统的关系：注浆圈越厚、注浆渗透系数越小、衬砌渗透系数越大则衬砌背后水压力越大，反之亦然。虽然衬砌设置排水孔降低了衬砌的水压力，但也造成了衬砌背后水压力非均匀分布，不利于衬砌结构受力。吴金刚采用日本软脑集团开发的 3D-flow 渗流三维分析软件对围岩和隧道的变形进行流固耦合研究，发现应力场和渗流场的耦合作用不容忽视。流固耦合所计算的结果比两者的简单叠加要大，其弯矩差别在 40% 以上。刘福胜根据渗流控制方程和热传导控制方程，以及从边界条件的相似性出发，利用 ANSYS 软件中热分析功能，通过若干次的迭代求出隧道结构与围岩中的渗透水压力分布。何聪同样采用 ANSYS 软件用温度场模拟渗流场，研究了环向排水盲管纵向间距对衬砌背后水压的影响，当长度增大到一定的程度后，对衬砌水压的折减效果不再明显。蒋进运用 ANSYS 对隧道外水压力进行研究，结果表明隧道外水压力的大小与隧道排水量直接相关，注浆圈厚度、注浆圈渗透系数、围岩渗透系数通过影响隧道的排水量来影响隧道衬砌的外水压力。不同防排水方式对衬砌的水压力分布有明显影响。高虎军运用 FLAC 3D 软件对隧道涌水量进行研究，从计算中可以看出隧道涌水量与水位高度、渗透系数正相关；孔隙水压力与水位高度成正比，受渗透系数影响小，隧道开挖过程中，孔隙水压力在不断减小。王森采用 FLAC 3D 对隧道开挖过程进行了模拟，得到孔隙水压力的分布和塑性区变化规律，并对注浆加固参数进行了优化。刘志春采用 Geostudio 软件 SEEP/W 模块，在水文地质概念模型的基础上，建立隧道渗流模型，开展了地下水环境变化对隧道衬砌背后水压力的变化规律研究，主要对防水板包围方式和注浆加固对地下水流失情况进行了研究，研究结果见表 1-8。

防水板布置及注浆情况对地下水环境的影响 表 1-8

防水板包围方式	是否注浆	衬砌背后水压力	地下水流失情况
全包	是	等于静水压力	地下水不流失
	否	等于静水压力	地下水不流失
半包	是	衬砌背后水压力较小	地下水流失小
	否	衬砌背后水压力极小	地下水流失严重

结果证明"半包+注浆加固"能实现"降低水压"和"保护地下水环境"的双赢。

（4）模型试验法

模型试验通过控制模拟条件，可以分析各影响因素对渗流场的影响，减少了解析分析中的理性化假设，是研究隧道工程问题的重要手段。

LEE I M 等通过围岩—土工布过滤系统的堵塞试验研究了水力梯度与排水系统渗透系数的关系。周乐凡以岩溶富水地区铁路隧道为模拟对象，研究了"控制排水"条件下隧道衬砌水压力变化规律，给铁路隧道衬砌结构外水荷载折减系数提出了建议。高新强等模拟了隧道渗流场的作用，研究高水压作用下隧道围岩稳定性和结构受力特征。王秀英等进行了渗流与应力耦合作用下高水位岩溶隧道围岩和衬砌相互作用的模型试验研究。郑俊设计了试验装置使得土压力和水压力能分别加载，研究了在不同水压力泄水式管片的应力和位移规律，使得试验结果更符合实际。这些试验所得到的整体规律与数值仿真法相吻合，证明了模型试验的有效性，模型试验大都采用均质、各向同性的土质围岩，缺乏对岩质隧道的研究，更难以模拟裂隙渗流。因此，所得结论适用于土质隧道，如将结论直接应用于岩质隧道，其可靠性值得商榷。另外,模型试验所取用作为围岩的相似材料多为土或砂,本身为扰动土,不能很好地模拟初始渗流场。

2)高水压隧道衬砌内力及安全性研究现状

对于高压富水岩溶隧道而言,高水压是其主要荷载,降低衬砌背后水压力,能有效降低衬砌内力,此外,还应对隧道结构进行优化,减小衬砌内力,防止应力集中。关于高水压衬砌内力和安全性方面的研究,取得了如下成果:高新强对5种不同形状的断面进行优化分析,认为高水压力下的合理断面形式为蛋形断面(水压力小于1.5MPa)或圆形断面(水压力大于1.5MPa)。同时研究了高水压下衬砌结构内力特征,得出结论:轴力在拱腰和拱脚之间的部分比较小,拱顶处的轴力较大,墙角处弯矩大,受力最为不利。姚俊峰对隧道不同排水率条件下衬砌背后水压力和衬砌结构安全性进行研究,并对衬砌断面进行了优化。吴胜番对隧道结构在裂隙水荷载作用下围岩—结构受力特性进行了研究,得出衬砌轴力的最大值出现在裂隙荷载处,不论何种荷载,隧道墙角处轴力和弯矩变化都较大,容易出现应力集中。王一鸣运用FLAC 3D研究了衬砌水压力作用下和不同排水方式下的结构受力,得出仰拱下排水可减小仰拱所受水压力和仰拱内力,提高衬砌结构的安全系数,受力情况好于墙脚排水。任耀谱运用ANSYS软件对不同情况下衬砌的内力进行计算,得出增加衬砌厚度和采用圆形断面可大大提高结构的安全系数,配筋率的提高能增加受拉控制断面的安全系数。曾宇运用ANSYS对高水压情形下的隧道衬砌结构受力进行研究,得出围岩压力作用下,衬砌拱顶和衬砌仰拱隅角是易破坏部位,应采用有效措施增强拱顶和仰拱隅角的安全性。王勇、王华牢等对某高速公路隧道实际衬砌厚度与设计衬砌厚度的安全系数进行研究,表明减小衬砌的厚度会降低衬砌安全性,一般情况下不可轻易减小衬砌厚度。高新强对二维情况下椭圆形衬砌和三维情况下圆形衬砌的衬砌内力进行研究,得出水荷载作为衬砌的主要荷载之一,对隧道轴力和弯矩影响巨大。李术才等对海底公路隧道衬砌选型进行研究,结论为在较高静水压力下椭圆断面形式受力较合理,全封堵情况下圆形衬砌安全性最高。丁浩等对公路隧道结构选型进行研究,发现增加隧道下半断面矢跨比是增加隧道抗水压能力较为经济的对策。李贻伟研究发现通过增加衬砌厚度来提高衬砌安全系数的前提是衬砌结构的偏心距必须控制在一定范围内,内力较小的部位增加其衬砌厚度的必要性不大。宋战平对长安岭公路隧道进行研究,发现公路隧道衬砌的破坏从拱脚开始,进而使衬砌整体安全性降低。杨昌贤对明月山和铜锣山公路隧道进行研究,发现侧压力系数的增加能增加衬砌的安全系数。陈耀华对高水压双洞单线铁路隧道的安全系数进行研究,表明堵水降压条件下,衬砌背后实际水压力小于衬砌背后水压力设计值,可适当减小衬砌厚度。彭跃等对公路隧道衬砌背后空洞进行研究,发现不论衬砌背后空洞位于何处,均会对衬砌安全性产生影响,空洞直径增大,对安全系数的影响也变大。佘健等进行了衬砌背后空洞的模型试验,发现相同条件下,围岩级别越高,其承载能力越大。聂志凌运用有限元计算,研究了充填型隐伏溶洞对围岩位移和衬砌结构内力的影响,发现相对于溶洞直径来说,溶洞的位置和溶洞内水压对衬砌安全性影响较大。王皓运用FLAC 3D软件对侧部水压充填型溶洞进行研究,也得到与聂志凌类似的结论。徐晨等运用FLAC 3D对高水压下衬砌背后空洞结构受力进行了研究,得到衬砌受力与空洞范围和水压力的大致关系。北京交通大学许多学者对不同参数下衬砌背后空洞进行了研究,均取得了有益的成果,但并未对衬砌背后含水空洞进行研究。袁慧对齐岳山隧道进行了水压力监测,发现各个断面的水压力图并不是均匀分布的。刘坤对排水系统堵塞下的衬砌外水压力进行研究,发现排水系统局部堵塞造成衬砌承受非均匀水压力,对衬砌受力影响较大,研究含水空洞对了解衬砌承受非均匀荷载下的衬砌内力及安全性具有一定指导意义。

从以上研究成果可以看出,拱脚多为衬砌最不利位置,应该调整衬砌结构形式,改善仰拱隅角线形结构。另外,若要提高隧道安全性应该增大二次衬砌结构厚度和采用圆形断面。但是存在五点不足:①研究内容集中于公路隧道和中低水压下抗水压衬砌的设计,对高水压及单线铁路隧道研究较少;②衬砌内力研究多,以衬砌安全为目的的安全性方面的研究较少;③仅仅对单个或两个因素对安全性的影响进行研究,没有形成系统化认识;④水压力超过1MPa下衬砌内力和安全性的研究较少;⑤对衬砌由于含水空洞等因素造成的不均匀压力下衬砌内力和安全性研究较少。

1.2.5　高水压隧道衬砌结构抗水压能力研究现状

高水压隧道主要通过防排水体系、注浆加固圈、初期支护及防水板等结构进行防水,上述各道防线的防水能力各有不同。

1)山岭隧道防排水体系

高压富水岩溶隧道地下水位高、埋深大,且水位降低对生态环境的危害极大,其防排水遵循"以堵为主,限量排放"的原则,采用控制排水型隧道防排水设计。防排水系统具有圈层构造,可用"一堵两排两防"来概括。"一堵"即一圈围岩注浆堵水;"两排"就是在喷射混凝土与防水层之间、防水层与二次衬砌之间形成两圈排水;"两防"专用防水层和衬砌混凝土两层防水。

地下水的运移路径如下:围岩→环向排水管→纵向排水管→横向排水管→中央排水管→洞外出水口。

2)注浆加固圈的防水能力

注浆加固圈减小了围岩的渗透系数、隧道的排水量,从而减小了衬砌背后的水压力。但由于围岩裂隙的随机性、注浆施工的盲目性以及注浆材料凝胶体的抗渗能力等,注浆加固圈并不能完整阻断地下水的渗流,仅能起到增加渗流路径长度、提高渗流沿程阻力的作用,并不能阻止水的侵入。

3)喷射混凝土的防水能力

张俊儒对喷射混凝土的抗渗性进行了研究,结果表明喷射混凝土的抗渗性能是不能和衬砌混凝土等同的。从配合比设计方面来说,要求喷射混凝土具有一定的抗渗性是不现实的;另一方面,由于隧道围岩凹凸不平、危石松动、喷射混凝土与围岩难以密填,且喷射混凝土的设计效果受现场施工影响较大。实际上,在隧道防排水工程设计中并不需要考虑隧道喷射混凝土的防水能力。

4)防水板的防水能力

防水板种类繁多,目前工程上使用较多的有聚氯乙烯(PVC)、乙烯—醋酸乙烯共聚物(EVA)、高密度聚乙烯(HDPE)、乙烯—沥青共混聚合物(LDPE)等。塑料板防水层宜选用高分子防水材料,幅宽宜为2~4m,厚度不应小于1.5mm,要具有好的耐刺穿性、柔性、耐久性、耐腐蚀性和抗渗性,根据《地下工程防水技术规范》(GB 50108—2008),防水板的物理力学性能应符合表1-9要求。

塑料防水板主要性能指标 表1-9

项 目	性 能 指 标			
	乙烯—醋酸乙烯共聚物	乙烯—沥青共混聚合物	聚氯乙烯	高密度聚乙烯
拉伸强度(MPa)	≥16	≥14	≥10	≥16
断裂延伸率(%)	≥550	≥500	≥200	≥550
不透水性(120min)(MPa)	≥0.3	≥0.3	≥0.3	≥0.3
低温弯折性	-35℃无裂纹	-35℃无裂纹	-20℃无裂纹	-35℃无裂纹
热处理尺寸变化率(%)	≤2.0	≤2.5	≤2.0	≤2.0

规范规定的防水板的不透水性压力为0.3MPa，这并不代表该防水板能在0.3MPa水压下不透水。根据"木桶理论"，防水板能承受多大的水压取决于防水板之间焊缝的抗水压能力。现场施工中采用充气法监测焊缝水压力。经检验发现，隧道防水板焊缝的抗水压值一般小于0.2MPa，即表明在外水压力大于0.2MPa时，水会从防水板焊缝流到衬砌背后，直接作用在衬砌上，并非单单作用在防水板上。

隧道二次衬砌除了对围岩能起到一定的稳定和支护作用，它还需要保持干燥无水的运营环境，使建筑结构承重与防水功能合二为一。铁路隧道在水荷载下结构安全并不能保证施工缝和变形缝在该水压力下不渗漏，需要对高水压下衬砌施工缝的抗水压能力进行研究。调查发现，衬砌渗漏水大部分发生在隧道的施工缝及变形缝区域，见表1-10。

隧道渗漏水部位统计结果 表1-10

隧道名称	渗漏水数量(处)	渗漏水部位所占比例(%)			备 注
		施工缝	混凝土裂缝	蜂窝麻面	
G107国道某隧道右线	361	82.1	6	11.9	人工模筑混凝土，未设防水板
G107国道某隧道左线	152	95.1	4.4	0.5	泵送混凝土，未设防水板
京九铁路某隧道	214	99.7	0	0.3	泵送混凝土，半包式防水板
广州地铁某区间隧道	41	100	0	0	泵送混凝土，全包式防水板

由表1-10可知，隧道衬砌的防水能力与隧道结构缝的抗水压能力有很大关系，隧道工程渗漏水主要集中在施工缝处。土工布和防水板的广泛使用，使二次衬砌混凝土基本能在干燥无水条件下施工。因此，二次衬砌防水混凝土的施工质量容易保证，这使得隧道的渗漏水部位更加集中在施工缝处。

目前，关于隧道结构缝抗水压的研究不多。张勇对隧道结构缝的防水能力进行了研究，指出止水带的止水原理主要有两个方面：阀门原理和延长渗流路径原理。耿运生等对南水北调中线永定河倒虹吸工程橡胶止水带进行了模型试验。在0.9MPa压力下保持48h，在正常工作状态、剪切位移30mm、拉伸变形23mm三种工况下未见渗漏，止水带抗绕渗能力满足设计提出的工程运用要求。谭忠盛等对隧道进行模型试验，用橡胶模拟隧道变形缝。试验发现，模型的橡胶接缝处在一定水压作用下会产生渗漏水现象，属于结构的薄弱环节。因此，对于临海富水隧道，变形缝止水带的形式及其承受水压的能力十分重要。刘强等对止水带防水失效机理进行了研究，发现降低止水带承受水压可以防止止水带拉断和止水带两翼从混凝土中拉脱，提高其防水性能,因此,建议将传统止水带设计成可排水型,通过排水降低水压。

综上所述,对隧道施工缝抗水压能力的研究并不多,尤其是高水压情况下隧道衬砌施工缝的抗水压能力。

1.3 本书的主要内容

本书以渝怀铁路新圆梁山隧道工程为依托,针对隧道施工过程中邻近既有线、穿越大型溶洞群、采用平导扩挖施工方法等特点,开展穿越高水压大型溶洞群隧道扩挖修建技术的研究,提出了隧道穿越高压富水大型溶洞的三维精准探测技术、释能控压技术和超前预加固技术,提出了基于"木桶理论"的高压富水岩溶隧道施工缝和变形缝设计方法和施工工艺,研究成果可为类似岩溶隧道施工提供参考借鉴。具体内容如下:

(1)岩溶隧道地质特征

介绍我国岩溶隧道地质特征,分析西南地区岩溶发育的地理位置特点、高程分带特点、地层分布特点、地质构造特点及地下水循环特点。通过研究新圆梁山隧道毛坝向斜深层岩溶发育特征与表层岩溶形态分布特征,并进行对比分析,开展深层岩溶碎屑沉积物物源分析,深层岩溶水特征研究及岩溶发育深度问题研究,为新圆梁山隧道平导扩挖修建施工提供地质基础。

(2)新圆梁山隧道施工方案比选和风险评估

介绍新圆梁山隧道不同越岭线路方案,通过对不同施工方案技术特征及经济效益分析,确定采用沿既有线新圆梁山隧道越岭线路,进一步对沿既有线隧道施工方案进行比选,确定完全利用平导扩挖修建方案,并对该方案进行风险评估,确定该方案的可行性。

(3)大型溶洞三维精准探测技术

依托新圆梁山隧道超前探测实际需求,提出大型溶洞三维精准探测技术,阐述该工法的特点、工艺原理、施工工艺流程及操作要点,并进行工程应用,最终确定新圆梁山隧道溶洞的空间位置,绘制溶洞三维模型,为隧道突水灾害控制与安全施工提供重要的参考依据。

(4)新圆梁山隧道平导扩挖施工技术

对新圆梁山隧道采用中隔壁法(CD法)、交叉中隔壁法(CRD法)扩挖施工进行工序设计,并通过有限元分析软件(MIDAS-GTS)对两种扩挖施工方案进行数值模拟,对两种扩挖施工方案的围岩拱顶沉降、水平收敛变形和塑性区特征进行对比分析,提出适合本工程的最优扩挖施工技术。

(5)邻近既有线穿越溶腔的释能控压施工技术

通过分析既有线隧道施工特点与技术难点,对比宜万铁路提出的穿越高压富水充填溶腔的释能降压技术,分析该技术在新圆梁山隧道穿越高压富水溶腔施工中的适用性,提出以既有线安全为导向的释能控压技术,阐述该技术的工法特点、工艺原理、施工工艺流程及其在新圆梁山隧道2号溶洞处治中的应用。

(6)新圆梁山隧道溶洞段超前预加固技术

对比分析冻结法、帷幕注浆法、管幕法、水平旋喷法四种不同穿越溶洞段超前预加固技术方案,确定采用超前帷幕注浆进行围岩预加固。通过工程类比和数值分析确定帷幕注浆层安全厚度,进一步研究施工期和运营期复合围岩安全厚度。在确定超前帷幕注浆施工参数情况下,研究溶洞段隧道超前小导管支护与管棚支护两种超前预支护方式的适用性,首先通过理论分析手段确定两种超前预支护数值模拟计算参数,然后利用数值模拟软件对比分析两种超前预支护方案下的隧道围岩拱顶沉降、水平收敛变形以及围岩塑性区分布等,选出最适合新圆梁山隧道工程的超前预支护方式,保证隧道安全施工。

(7)高水压隧道衬砌抗水压能力分析与设计

依托新圆梁山隧道工程实际开展富水地层隧道衬砌承受全环均匀水压力下衬砌的内力和安全性研究,研究不同隧道衬砌断面形式、不同水压力、不同衬砌厚度情况下的隧道衬砌结构内力大小及其分布特征,对不同衬砌形式、衬砌厚度和配筋率下安全性进行研究,并探讨其抗水压能力。研究衬砌背后含水空洞情况下衬砌的内力及其安全性,探讨空洞不同位置、不同分布范围、不同水压力下的衬砌内力和抗水压能力。提出基于"木桶理论"的高水压隧道抗水压设计方法,分析隧道渗漏水的主要原因。

(8)衬砌结构缝的防水机理研究

研究隧道结构缝止水带类型及止水机理,开展不同止水带与混凝土的抗剪能力试验,开展施工缝和结构缝抗水压能力试验,研究不同埋深情况下衬砌施工缝抗水压能力。结合衬砌结构缝的抗水压能力试验结果,对现有的衬砌施工缝止水带形式进行改进,对改进后的新型止水带进行室内试验和现场验证。

第2章 岩溶隧道地质特征

2.1 我国岩溶隧道地质特征

岩溶是铁路、公路、水利水电、矿山巷道等地下工程建设中常见的不良地质之一。资料显示，地球上约有15%的地貌是岩溶地貌，世界上许多国家每年因不同程度的隧道(洞)或矿山巷道岩溶灾害而造成巨大的经济损失。我国幅员辽阔，有70%为山区，地理地质条件十分复杂，是世界上岩溶分布最广的国家。按可溶地层分布面积计算，我国岩溶分布面积可达 $3.443 \times 10^6 km^2$，约占我国国土面积的1/3；按碳酸岩出露面积计算，分布面积为 $0.907 \times 10^6 km^2$，接近我国国土面积的1/10。其中，贵州、西藏、云南、四川、重庆等西南五省区市及广西壮族自治区岩溶分布非常广泛。西部已建和在建隧道中位于岩溶地区的隧道占有相当大比例。在这些隧道中，由于岩溶不良地质灾害的存在给隧道的施工和运营带来了严重的威胁。在西南和中南地区已建的17座岩溶中、长大铁路隧道中，也有近50%发生过岩溶灾害，如西南隧道、圆梁山隧道、武隆隧道、歌乐山隧道等。西南隧道在施工中就遇到大小洞穴80余处，位于隧道顶板、底板和侧边的溶洞在施工中的突然坍塌或掉块造成了隧道围岩和支护结构的严重破坏，并引发大量塌方，严重影响了隧道的正常施工；圆梁山隧道在施工中，先后遇到了5个深埋充填型溶洞，受高压、富水、岩溶等诱导因素的影响，突发了多次大规模的涌水、涌砂和涌泥工程地质灾害，给工程的安全顺利施工造成了极其严重的影响。显然，突水等灾害已经成为我国岩溶地区隧道修建中最严重、最常见的地质灾害，大规模的突水、突泥不但危及隧道施工安全，影响施工进度，而且一旦措施不当，常会使隧道建成后运营环境恶劣，地表生态恶化，给人们的生产和生活造成重大损失。

目前及今后相当长一段时间内，我国西部交通基础设施将得到迅猛发展，大量的公路、铁路长大隧道已经或即将在岩溶地区修建(或在建)，其规模、数量及工程处理难度为国内外罕见。由于岩溶具有发育的复杂性和水害的高危性等特征，规避岩溶风险、保证结构和围岩的稳定成为岩溶区隧道及其他地下工程施工中亟待解决的重大技术问题。

2.2 西南地区岩溶隧道地质特征

西南地区是我国岩溶地层主要分布地区。在西南岩溶地区修建的交通隧道及水工隧洞等地下工程越来越多,这些工程均遇到了不同程度的岩溶工程地质灾害问题,如沪蓉西高速公路乌池坝隧道、齐岳山隧道,渝怀铁路圆梁山隧道、武隆隧道、歌乐山隧道,宜万铁路野三关隧道、大支坪隧道、马鹿箐隧道等。其中宜万铁路行经云贵高原东北麓,地势陡峻、河谷深切、地形条件极其困难,70%地段位于岩溶地区,区内岩溶强烈发育,构造十分复杂,补给水源丰富,其主要表现为富水构造、岩溶管道(暗河)、大型充水溶腔、大规模充填溶腔、高压裂隙水等,几乎涵盖了所有岩溶形态,其规模、数量及工程处理难度为国内外罕见,被国内外专家和同行公认为世界级难题,称之为"筑路禁区"。鉴于宜万铁路岩溶发育的广泛性、岩溶灾害的严峻性、岩溶隧道施工经验的丰富性、岩溶资料收集的翔实性,本节以宜万铁路为例研究分析西南地区山岭隧道岩溶的发育特征。

岩溶是水对可溶岩的化学溶解作用与机械破坏作用以及由于这些作用所引起的各种现象与形态的总称。岩溶的发生发展必须具备一定的条件,虽然这些条件是多方面的,但其中主要的是岩石的可溶性与裂隙性,以及水的侵蚀性及其流通条件。不同的条件将会对岩溶发育特征产生影响。下面,结合施工中揭露的实际情况,根据岩溶发育理论,从岩溶发育的地理位置特点、高程分带特点等方面分析宜万铁路岩溶发育特征。

2.2.1 岩溶发育的地理位置特点

宜万铁路位于我国云贵高原东北麓,处于我国东部新华夏系第三隆起带中南段和长江中下游东西向构造西段延伸部分,以及两者的交接、复合部位,具体为江汉平原沉降带、长阳东西向构造带、新华夏系构造,地质构造极其复杂,是我国已建和在建铁路工程中地质条件最复杂的。西部以齐岳山为界进入四川盆地,东部则向江汉平原过渡。宜万铁路宜昌至土城段约30km 为长江中下游平原的构造侵蚀丘陵区;土城至齐岳山段约300km,线路走行于清江流域与长江的分水岭靠北侧地带,该区域为构造溶蚀、侵蚀中、低山区,河谷深切,地势陡峻,碳酸盐岩广泛分布,岩溶地貌发育;齐岳山至万州段约50km,线路穿越齐岳山脉后,进入川东红层的构造侵蚀、剥蚀中、低山区,地势由东向西逐渐降低。由于线路经过区域气温温暖,降雨丰富,碳酸岩分布广泛,全线区域岩溶发育强烈。例如野三关隧道,岩溶洼地平均密度达 1.43 个/km²,去除深切河谷地带,补给区洼地平均密度高达 2~3 个/km²,在齐岳背斜 DK361+597~DK362+277 长 680m 区段内,共发育 6 个规模较大的岩溶,平均岩溶间距不到 300m,岩溶发育频度极高。

2.2.2 岩溶发育的高程分带特点

岩溶发育在高程分带上,除受岩性、构造影响外,主要受水流循环强度和深度的控制。一般情况下,岩溶发育程度随着深度的增加而减弱,因为受水动力条件和地质构造的控制,岩溶发育程度与规模随着深度增加而减弱。根据宜万铁路区域岩溶发育特征,由上而下划分为四个分带:表层岩溶带、垂向渗滤带、水平径流带、深部循环带。

(1)表层岩溶带

表层岩溶带为强烈岩溶化的包气带表层部分,发育厚度一般为5~30m,因其处于岩石圈、大气圈、生物圈、水圈四大圈层的交汇部位,岩溶动力作用强烈。表层岩溶带发育有许多分散的、流量较小的泉水,成为山区人畜用水和分散农田灌溉的重要水源。表层岩溶泉与饱水带之间没有直接水力联系,对隧道不构成直接涌水威胁,隧道工程排水也不会造成其水源枯竭。

(2)垂向渗滤带

垂向渗滤带位于地表以下、丰水期潜水面以上,岩溶以垂直形态及早期岩溶为主,偶有悬挂泉。岩体中的垂直岩溶形态一般无水,地下水以垂直运动为主。垂向渗滤带为包气带的主体,补给区厚度大,排泄厚度小,一般为30~350m,为较强岩溶发育带,以垂向型岩溶为主,如竖井、落水洞、垂向溶缝等。

(3)水平径流带

水平径流带为饱水带的主体,区内发育厚度为100~200m。为强岩溶发育带,以水平渗流型岩溶为主,如岩溶地下河、溶蚀缝洞等。水平径流带为水力梯度减小的平缓层流带,水的溶蚀能力减弱,碳酸盐岩含水介质岩溶化减弱,向深部由岩溶管道—溶隙介质转变为溶隙—裂隙介质,上部岩溶发育强,下部发育中等。

水平径流带包括地下水位季节变化的范围(通常所说的季节变动带范围)。它的上限是丰水期的潜水面或暗河的最高水位,下限一般为枯水期潜水面。

(4)深部循环带

深部循环带为饱水带的下部,埋藏深度较大,测区内埋深为200~500m,水动力循环微弱,岩溶发育程度差,岩溶形态以溶蚀孔缝为主,规模较小。

2.2.3　岩溶发育的地层分布特点

不同岩溶层组类型的岩溶水动力条件不同,表现的岩溶地貌形态及其规模也不同。宜万铁路沿线出露震旦系、寒武系、奥陶系、泥盆系、石炭系、二叠系、侏罗系、白垩系以及第三系、第四系地层,其中主要为滨海至浅海相的碳酸盐类岩石,该类可溶性岩层约占全线总长度的70%左右,由此决定了全线岩溶极其发育。

宜万铁路地域的可溶岩,主要为碳酸盐岩系。根据野外调查表明,该地域岩溶发育规律主要表现为以下几个方面:

(1)从碳酸盐岩的结构来说,一般晶粒越粗,溶解度就越大,岩溶发育也就越强烈,粗粒结构的岩石空隙大,岩石的吸水率高,抗侵蚀能力弱,有利于溶蚀。

(2)从碳酸盐岩的成层构造而言,一般岩层越厚,岩溶就越发育。这是由于厚层碳酸盐岩含不溶物较少,溶解度较大;薄层碳酸盐岩常含较多泥质,溶解度小,故岩溶化程度较弱。

(3)对于单一状岩层,即是指全部由单一的碳酸盐岩所组成的岩溶地层,或碳酸盐岩中所夹非碳酸盐岩地层厚度很小(一般不超过10%)且变化不稳定的岩溶地层。此类岩层组合多以质纯的厚层块状灰岩或白云岩为主,局部亦夹有少量的薄层至中厚层泥质、白云质灰岩或泥质白云岩。一般来说,岩溶最发育的是全部以纯碳酸盐岩组成的岩层组合,如中三叠统关岭组灰岩、下二叠统阳新灰岩及中、上石炭统马平、威宁统灰岩等皆是。对于间互状的岩层组合即是指碳酸盐岩与非碳酸盐岩组成互层(非碳酸盐岩占 40%～60%)或夹层(非碳酸盐岩占 10%～40% 或 60% 以上)的岩溶地层。这类岩层组合中，岩溶化程度随着非可溶性岩层的增多而减弱。

2.2.4　岩溶发育的地质构造特点

地质构造与岩溶发育的关系极为密切,实践证明,它不仅控制着岩溶发育的方向,而且还影响着岩溶发育的规模。

以宜万铁路为例,地质构造复杂地段和岩溶隧道分布密集地段具有一致性,间接说明了地质构造和岩溶发育具有密切关系。地质构造对岩溶发育特征的控制作用以具体岩溶隧道为例说明。云雾山隧道斜穿白果坝背斜,岩溶集中发育于背斜近核部地带和岩相变化带附近,构造对岩溶的控制作用表现在所有单体岩溶形态主要发育方向与岩层走向基本一致,呈 NE 向。一般情况下岩溶洞穴或岩溶洼地的长轴方向与岩层走向平行,规模的大小和形态特征又与构造裂隙组合切割密切相关。野三关隧道主要穿越二溪河向斜和石马坝背斜,石马坝背斜位于隧道中部,地势较高,且核部为阻水地层,造成本区地下水向两侧分流,决定了本区地下水流动及岩溶发育的总体格局,背斜轴部覆盖有 P_1m、P_1q 灰岩,受褶皱影响易产生张性裂隙,有利于岩溶管道的形成。二溪河向斜位于柳山拐一带,花坪向斜位于苦桃溪至支井河一带,均属于宽缓向斜,有利于岩溶水富集和岩溶均匀发育。向斜轴部尤其是花天河向斜轴部相对易积水,往往具备一定规模的地下水静态储量。马鹿箐隧道位于金子山复向斜中四方洞向斜南东翼的单斜地层中,构造运动使碳酸盐岩体发生破裂形成裂隙,为岩溶作用的进行提供先决条件。各种岩溶负形态(如洼地、消水洞等)的发育主要与层间裂隙、构造裂隙(包括断层)有关,特别是层间裂隙、构造裂隙(断层)密集和交汇处更是岩溶负形态形成的有利部位。褶皱构造核部及转折端也是岩溶发育有利部位(洼地、消水洞分布较多)

宜万铁路主要岩溶隧道与地质构造关系,见表 2-1。

宜万线主要岩溶隧道与地质构造关系　　　　　　表 2-1

隧道名称	褶皱部位	洞身与断裂关系
白云山隧道	隧道位于黄陵背斜的南东翼,为一单斜构造	隧道穿越天阳坪断裂
八字岭隧道	隧道穿越大陆坡向斜、尖山岭背斜、穿心坪向斜	隧道主要穿越夏庄断裂(F_1)、大石包断裂(F_2)、八字岭断裂(F_3)、木龙垭断裂(F_4)、尖山坡断裂(F_5)、金龙坪断裂(F_6)和 F_7 断裂
野三关隧道	隧道主要穿越二溪河向斜和石马坝背斜	隧道主要穿越孙家坪断裂(F_{18})、叶朝湾断裂(F_{17})、水洞坪断裂(F_{16})、大坪断裂(F_{12})等,其中 F_{18} 断裂对隧道影响最大
大支坪隧道	隧道穿越养长河背斜和唐坪向斜	隧道相交于支井河断裂(F_2)、小风垭断裂(F_3)、向家坪断裂(F_4、F_5、F_7)、团包断裂(F_8)和 F_9 断层

续上表

隧道名称	褶皱部位	洞身与断裂关系
鲁竹坝2号隧道	主要位于龙凤坝背斜的西北翼的单斜地层中	隧道斜交建始—恩施断裂带
云雾山隧道	隧道斜穿白果坝背斜	隧道穿越白果坝断裂
马鹿箐隧道	隧道位于金子山复向斜中四方洞向斜南东翼的单斜地层中	隧道区内未见大的断裂构造
金子山隧道	隧道位于金子山复向斜的主向斜内	隧道穿越 F_1、F_2 断层
齐岳山隧道	隧道穿越齐岳山背斜	隧道穿越大小断裂共15条,其中得胜场逆断层(F_{11})断层对隧道施工影响最大
别岩槽隧道	隧道穿越方斗山背斜	隧道主要穿越茨竹坝断裂(F_1)

2.2.5 岩溶发育的地下水循环特点

根据地下水的赋存条件、水理性质及水力特征,全线地下水可分为三种类型:松散岩类孔隙水、碳酸盐岩类岩溶水、碎屑岩裂隙水。

(1)松散岩类孔隙水

水量较小,对铁路工程无影响。

(2)碳酸盐岩类岩溶水

在全线分布广泛,约占线路总长的70%,地下水丰富,暗河系统发育,是宜万铁路沿线最主要的地下水类型,最容易引起隧道施工的突水突泥,诱发地质灾害。碳酸盐岩类岩溶水分为碳酸盐岩类裂隙溶洞水和碳酸盐岩夹碎屑岩的岩溶裂隙水两类。碳酸盐岩类裂隙溶洞水主要存在于三叠系大冶组、嘉陵江组、二叠系长兴组、栖霞组、茅口组灰岩段、奥陶系下统红花园组、南津关组及中上寒武统等地层中,岩性主要为灰岩,白云质灰岩和白云岩,水量丰富。碳酸盐岩夹碎屑岩岩溶裂隙水主要存在于奥陶系中上统、石炭系、三叠系巴东组及下寒武统地层中,为灰岩夹页岩、泥岩、砂岩或互层,水量中等。

(3)碎屑岩裂隙水

碎屑岩裂隙水主要存在于震旦系南沱组、泥盆系、侏罗系、白垩系等碎屑岩的构造裂隙和风化裂隙中,一般水量贫乏,局部构造破碎带富水性较好,构成良好的地下水通道。

宜万线大面积出露的三叠系大冶组、嘉陵江组、二叠系长兴组、栖霞组、茅口组灰岩段、奥陶系下统红花园组、南津关组及中上寒武统等地层岩溶发育,地下水丰富,暗河系统发育。隧道穿越上述地层,易发生突水突泥,诱发地质灾害。本线的大部分隧道,特别是白云山、八字岭、野三关、大支坪、云雾山、马鹿箐、齐岳山、别岩槽等长大隧道均位于岩溶强发育区,隧道可能出现不同程度的岩溶水灾害,全线最主要的工程地质问题是岩溶及岩溶水的治理。宜万铁路沿线水文地质情况,如图 2-1 所示。

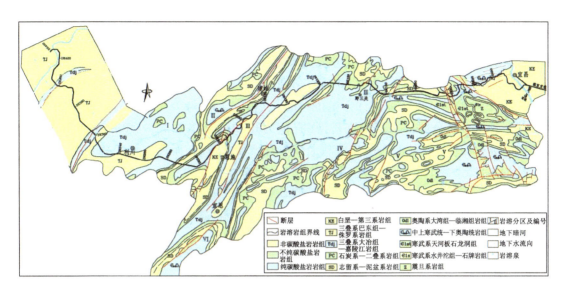

图 2-1　宜万铁路沿线水文地质示意图

2.3　新圆梁山隧道岩溶发育特征

深岩溶是指埋深大于500m的铁路隧道在岩溶地区工程建设中所遇到的大型岩溶管道。在新圆梁山隧道开挖过程中,于埋深大于550m、高程550m左右、相距不到700m地段内揭露了3个大型溶洞,而且出露在不同含水层中,从洞中排出大量水及泥沙、卵砾、巨石。突水导致在地表距离隧道轴线12.4km外的毛家院子暗河出现阶段性干涸现象,说明深层岩溶与地表岩溶具有密切水力联系。

为探明岩溶发育深度的形成特点、深岩溶发育特征,对毛坝向斜地下水流排泄带以上的各类岩溶形态类型及分布进行了资料收集和野外调查,通过对深埋隧道揭露的岩溶与区域表层天然出露的溶洞,及其他岩溶形态进行对比分析,系统研究深层—浅层—地表的岩溶分布,为深层岩溶发育特征提供依据。

2.3.1　毛坝向斜深岩溶发育特征研究

1)新圆梁山隧道3号粉质黏性土充填溶洞特征

位于毛坝向斜轴部靠东的P_1m灰岩、沥青质灰岩中。钻探揭示新圆梁山隧道里程YDK340+302~YDK340+332段拱底以下12~17m发育溶蚀裂隙,裂隙宽度约0.5m,充填有黄褐色黏土;新圆梁山隧道里程YDK340+783.6~YDK340+790.6段右侧拱顶以上1~2m发育溶腔,宽度最大达6.5m,最小3.3m,溶腔内充填灰黑色黏土,呈硬塑状,且含有机质。其余钻孔未遇到溶管或溶腔,但局部岩体破碎,夹黄泥。

2)钻孔探测深层岩溶特点

在毛坝向斜隧道建设中,根据深孔钻探及试验资料分析(表2-2),对深层岩溶有以下认识:钻孔揭露的岩溶形态主要以小型溶洞、溶孔、溶隙出现;随着埋深增加以溶蚀~构造裂隙为主,逐渐变为以溶蚀孔洞为主。但在向斜西翼~核部 P_1m 及 P_2c 层深部局部地段溶蚀~构造裂隙相当发育。根据西翼钻孔 1 号孔分层抽水试验资料,$k(T_1d^2)$ 为 0.00127m/d,$k(P_2w+P_2c)$ 为 0.00123m/d,$k(P_1q+P_1m)$ 为 0.00903m/d;根据核部附近钻孔 2 号孔分层抽水试验资料,$k(T_1d^2)$ 为 0.0247m/d,$k(P_2w+c)$ 为 0.0394m/d,$k(P_1q+P_2m)$ 为 0.0443m/d;根据向斜核部的东部钻孔 3 号孔分层抽水试验资料,$k(T_1d)$ 为 0.0192m/d,$k(P_2w+P_2c)$ 为 0.0274m/d,$k(P_1q+P_2m)$ 为 0.0319m/d;表明岩溶从上往下有增强的趋势,而且 2 号孔在井深 662.83~785.07m 段多处见溶孔和溶蚀裂隙,溶孔直径 1~10mm,溶隙宽 3~8mm,大部分见水锈,说明深层存在地下紊流水,这是水流具有溶蚀性的必要条件。

毛坝向斜各层钻孔、抽水试验成果 表 2-2

试验层段		厚度(m)	单位流量[L/(s·m)]	渗透系数(m/d)	岩溶形态特征及岩层富水特征
钻孔 1 号	T_1d^2	16.4	0.000214	0.00127	溶孔和溶隙,水蚀严重
	P_2w+P_2c	163.5	0.00210	0.00123	深 295~298m,329~330m,334~339m 见溶孔或溶隙,溶孔直径一般小于 5mm,无填充,富水性微弱,溶蚀现象少见,岩溶不发育
	P_1m	263.7	0.0247	0.00903	富水中等
钻孔 2 号	T_1d^2	160.6	0.0366	0.0247	148~156.82m 见溶孔,溶孔直径 6~10mm;钻孔至深度 312.57~320.40m 见串珠状溶洞,总高 7.83m,溶洞内被黄泥、河砂及砾石充填近满。抽水地下水位恢复快,富水性中等
	P_2w+P_2c	218.3	0.0954	0.0394	350~354m,368~450m 见溶隙和溶孔,溶孔直径一般小于 10mm,无充填;富水性较强~强,溶蚀现象少见,岩溶不发育
	P_1m	269.7	0.102	0.0443	井深 662.83~785.07m 段多处见溶孔和溶蚀裂隙,溶孔直径为 1~10mm,溶隙宽 3~8mm,大部分见水锈,地下水具活动性,此段岩心采取率为 40%~60%;特别是 709.98~754.76m 段即 F_2 断层破碎带,溶蚀裂隙最发育,此段岩心采取率为 30%~40%
钻孔 3 号	T_1d^2	110.9	0.0149	0.0192	81.50~82.60m 与 85.00~107.52m 见到宽大的溶蚀裂隙或串珠状溶洞,裂隙内充填砂、黏土、岩屑。抽水后地下水位恢复较快,富水性中等偏弱
	P_2w+P_2c	88.5	0.0215	0.0274	461.46~506.08m,见溶孔及少量溶隙,溶孔直径一般小于 5mm,部分充填钙质;富水中等。溶蚀现象少见,岩溶不发育

续上表

试 验 层 段		厚度(m)	单位流量[L/(s·m)]	渗透系数(m/d)	岩溶形态特征及岩层富水特征
钻孔4号	P_1m	49.2	0.0393	0.0319	井深660.00~662.20m、681.63~682.10m、688.52~700.20m、710.27~710.37m段多处见溶孔,其直径1~10mm,其余地段裂隙发育,部分见水锈,地下水具活动性,茅口组岩心采取率68%
	P_1q	167.3	0.0024	0.0018	富水性微弱,溶蚀现象不发育
Z1-Y-1	T_1d^2	96.7	0.0145	0.0160	
	P_2c	108.9	0.000111	0.00006	
	P_2w	131.9	0.0000506	0.00002	富水微弱
	P_1m	120.3	0.0191	0.0147	

注:单位流量$q[L/(s·m)]<0.01$,富水性微弱;$0.01\leq q<0.02$,富水性弱;$0.02\leq q<0.05$,富水性中等;$0.05\leq q<0.1$,富水性较强;$q\geq 0.1$,富水性强。

从岩溶分布上,T_1j—P_1q各层在向斜核部的中西部(2号孔附近)地下岩溶最发育,核部的东部(3号孔附近)次之、向斜西翼(1号孔附近)再次之,钻孔仅揭露到溶孔和溶蚀裂隙,向斜东翼(4号孔附近)P_1q层岩溶最差。

3)隧道揭露深层岩溶特征

毛坝向斜隧道里程DK354+229~DK354+879中,穿越向斜西翼和东翼不到600m地段内揭示了3个大型溶洞,下面从洞穴发育层位特征、构造部位以及溶洞物质特征进行分析。

(1)1号溶洞发育在隧道正洞PDK354+230~PDK354+290,平导PDK354+255~PDK354+280地段范围,处于毛坝向斜西翼转折端(其中PDK354+360~PDK354+430段为毛坝向斜核部),根据地层岩性判断,该段地层处于吴家坪组下段非可溶性砂质泥页岩和煤系地层隔水层(P_2^1w)与可溶性岩层($P_2^1w+P_2c$)岩性界面附近。洞体近东西向贯通、最大宽30m,最窄处为3m;施工中最大涌水量为12000m³/d,稳定水量为1000m³/d,溶洞内含大量淤泥质粉质黏性土、砂砾石[图2-2a)]。

溶洞附近揭露的地质特征为:掌子面岩层层理明显,垂直于向斜轴的节理裂隙极为发育,岩体破碎,自稳能力差。DK354+230~DK354+245段出现青灰色泥岩,钙质胶结,薄层构造,紧随其后PDK354+255.8~PDK354+274.5段岩溶开始发育,通过超前钻揭示溶洞内含有10~50cm厚的软塑状泥,夹杂岩屑,并有贯通型岩溶水存在;另有超前钻孔揭示的溶洞一侧有宽为10m左右的破碎带,大于5mm溶孔和溶隙普遍存在。

(2)2号溶洞位于平导PDK354+435~PDK354+470,正洞PDK354+460~PDK354+490。构造上处于毛坝向斜东翼转折端,溶蚀、构造裂隙相当发育。溶洞地层为二叠系吴家坪组上段(P_2^1w)深灰、灰黄色薄层到中厚状灰岩与硅质灰岩不等厚的可溶岩互层,与吴家坪组下段(P_2^1w)厚5~10m灰黑色薄层含碳泥岩及煤层(0.3~0.5m)铝土质泥岩。正好处于可溶岩与非可溶岩层接触界面附近。施工中最大涌水量为15000m³/d,涌砂量约1500m³。

洞体附近地层构造特征为:PDK354+435~PDK354+470段岩层节理呈网状发育,充填方解石,产状为N65°~70°/20°~30°NE,顺倾向方向岩层较破碎,逆岩层方向较完整,在PDK354+400~PDK354+430见一挤压破碎带,挤压带产状N50°W/75°~80°NE,溶洞PDK354+435里程段,涌水呈朱红色,含砂量约50%,涌出淤泥长达130m,掌子面附近淤积厚度达2~3.2m,核部附近正洞PDK354+461,钻探遇岩溶突水现象,涌水量达到120m³/h,钻孔喷出30m的朱红色泥砂浆水,将下导坑淹埋160m,稳定水流流量降低[图2-2b)]。

(3)3号溶洞位于正洞DK354+879,处于向斜东翼P_1m灰岩中,远离S-D隔水岩层,技术探明该洞呈竖向发育的"靴子形",溶洞中充填硬软塑黏土,突水冲出的巨石反映洞内容积,含水压及水量巨大[图2-2c)]。最大涌水量为72000m³/d,涌泥量4200m³。根据2号钻孔和3号钻孔两个岩心资料显示,高程800~300m间,P_2c、P_1m岩溶发育,大于5mm溶孔和溶隙普遍存在。

a)PDK354+435揭露的岩溶管道　　b)PDK354+462溶洞涌出的稳定水流　　c)溶洞涌出的砂样碎屑沉积物

图2-2　现场情况

4)隧道内雷达探测岩溶水特征

在隧道开挖过程中,利用地质雷达探测洞壁四周岩层特征。其中分别在向斜东翼P_1与D-S的交界面处,西翼P_1与D-S的交界面处,雷达探测曲线发生显著变异,其同相轴都出现明显不连续,呈现对称弧形曲线,弧形以外曲线恢复正常,判定变异曲线为地下水流引起(图2-3)。在调查中发现,施工到此地段时都出现突水点,说明深层的岩溶水流非常丰富。

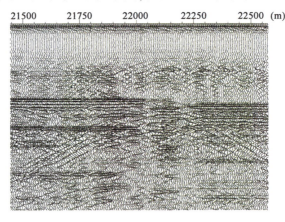

图2-3　西翼P_1与D-S的交界面处地质雷达探测图

2.3.2　毛坝向斜表层岩溶形态分布特征

为了研究表层岩溶形成及分布特征,对毛坝向斜区内地下水流排泄带以上、不同高程的各类岩溶形态类型及分布进行了对比分析,主要有溶孔溶隙,槽谷洼地,漏斗落水洞,溶洞暗河等。

1) 溶蚀裂隙(溶缝)、溶孔

溶蚀裂隙发育方向受构造裂隙控制,多沿纵向张裂隙和横向张裂隙发育,局部沿层面发育,一般由构造裂隙溶蚀加宽而形成。长度从几米到几十米,甚至百余米,宽度从几毫米到几厘米,甚至几十厘米。局部充填砂黏土。

总体上从浅部到深部,其长度、宽度逐渐变小,甚至到了深部仍为未经溶蚀的张开性很差的构造裂隙,但深部断裂带附近溶蚀裂隙相当发育,如向斜 1 号钻孔和 2 号钻孔孔中的 F_2 断裂带附近溶蚀裂隙就相当发育。从分布地层来看,以二叠系、三叠系下统灰岩最发育。

溶孔其断面多呈圆形、椭圆形、多边形等,直径从几毫米到几厘米,但以 1cm 以下居多。总体上从浅部到深部,直径逐渐变小,以 1~3mm 居多。

2) 岩溶槽谷

根据发育规模大小,区内槽谷洼地分为三级岩溶景观:一级为巨型组合槽谷,二级为独立的岩溶槽谷、岩溶洼地及溶丘,三级为规模较小的溶沟、溶槽。这些地貌的有机组合,使得整个向斜区吸收降水能力大大提高(表 2-3)。

毛坝向斜独立岩溶槽谷一览表　　　　表 2-3

编号	构造部位	发育层位	地理位置	长 (km)	槽底最低高程 (m)
C_1	斜切向斜轴	$P+T_1$	黄家槽	2.00	1110
C_2	核部偏东翼	T_1	白果树—大坪	2.50	1170
C_3	核部	T_1	后槽—大坝	4.35	1150
C_4	核部偏西翼	T_1	杜家湾—吴家坝北东 1km	4.00	1070
C_5	核部偏西翼	T_1	毛坝场西侧	1.10	1070
C_6	核部偏西翼	T_1	毛坝场北西侧	1.00	1050
C_7	核部偏西翼	T_1	老鹰洞—三股水	2.00	1040
C_8	核部偏西翼	T_1	小排坡—坪地	2.25	1070
C_9	核部偏西翼	T_1	大槽	1.25	1048
C_{10}	核部	T_1	大槽 NE0.5—朱家坝—高家堡 SW0.5kn	5.00	990
C_{11}	核部	T_1	高家堡 SW0.5kn—岩烟桥—毛家院子—木叶—长滩	8.5	840
C_{12}	东翼	P_1	魏家沟—飞水涯	2.1	820
C_{13}	斜切向斜轴	P_1+P_2	车心洞	1.5	850
C_{14}	东翼	P_{21}	苍薄堂—毛坝场—半槽	5.0	1000

(1)巨型组合岩溶槽谷

巨型组合岩溶槽谷的长度一般大于2km,往往由多个独立槽谷或不规则洼地组合而成,主要在核部T_1层内顺走向发育,从向斜中南段的池塘堡到北段的飞水涯,由4个巨型组合岩溶槽谷组合成了1个巨大槽谷使向斜成为一个高耸的水槽。

①黄家槽—毛坝场槽谷,由C_1、C_2、C_3、C_4、C_5、C_6组合而成。长约12km,底宽100~1300m,个别地段达到500m;槽底高程1060~1200m。总体上看,槽底向北东方向倾斜,即南高北低。

②张家槽—三股水槽谷,由W_{18}、W_{19}和C_7构成,长约3km,底宽100~500m;槽底高程1040~1100m。

③水淹沱—高家堡槽谷,由C_8、C_9、C_{10}及W_{47}等洼地共同构成,长约8km,底宽100~300m;槽底高程1000~1100m。总体上看槽底向北东方向倾斜,即南高北低。

④岩烟桥—木叶—长滩槽谷(C_{11}),长约7km,底宽300~500m;槽底高程800~920m。

另外,向斜东翼的C_{14}为一巨型侵蚀槽谷,它南起苍薄堂,经毛坝场北至半槽,长近4km,槽底高程1060m。底宽100~500m,是由半节河侵蚀作用形成的。南段为二叠系下统灰岩,在北段则出露了吴家坪组砂泥岩。

(2)独立岩溶槽谷

独立岩溶槽谷是指那些具有独立的地表分水岭,且长、宽比大于2:1的全封闭或有开口的沟槽状岩溶地貌单元。该类岩溶形态在向斜区内分布最为广泛,是最主要的汇集降水的地貌单元,毛坝向斜独立岩溶槽谷具有以下几方面特征:

①大部分槽谷都是顺岩层走向在向斜核部T_1灰岩中发育的;翼部P_1灰岩中顺层发育的大型槽谷只有C_{14}。

②向斜区岩溶槽谷的切割深度是比较大的,统计的14个大型槽谷中,切割深度都在200m以上,其中以C_{11}最大,达到450m。巨大的地形高程差,使得地表径流更加强烈,从而促使向斜区域排泄基准面以上的岩溶地下水趋于集中排泄及管道流化。

③除C_{11}、C_{12}和C_{14}外,大部分槽谷都封闭于向斜之内。C_{11}、C_{12}这两个发育于不同层位的槽谷,在P_1中于飞水涯附近连通后,形成一个统一的通向向斜之外的东西向峡谷,成为整个向斜最重要的地下水排泄点。C_{14}主要是半节河的侵蚀作用形成的,其出口位于犀牛洞附近。半节河出口流量几乎全部来自大院子东侧的S-36号暗河天窗;S-27号泉的流量在半节河村以南,全部渗入P_1灰岩中。

④当线状槽谷与横向断层交汇时,往往形成一些不规则的岩溶负地形。如C_3(大坪—大坝)与北西向的F_{10}断层相交时,在毛坝形成一个斜十字形的岩溶负地形。

3)岩溶洼地

岩溶洼地一般为长条形和椭圆形,多沿构造线方向延伸,一般长度数十米至百余米、甚至数百米,宽度达数米至数十米。底部平坦而四周稍陡,洼地内有厚度不大的砂黏土或黏砂土夹碎块石沉积,洼地底部大都有漏斗、落水洞分布,洼地内多无地表水系发育,局部有短小的季节性河流。岩溶洼地是一种最为重要的地表岩溶形态。本区岩溶洼地具有以下特征:

(1)多数洼地呈圆形或等轴形,如W_6、W_7、W_{29}、W_{22}等,部分呈长条或不规则形,如W_1、

W_{19}、W_{39} 等；洼地底部一般比较平坦，多为耕地或风化土，四周陡峭。

（2）洼地直径一般为 50～600m；最大汇水深度为 5～30m，个别达到 40m；最大溶蚀深度一般介于 40～300m 之间，其中以几十米者居多。

（3）从毛坝向斜的池塘堡到长滩，面积约 110km²，共有岩溶洼地 51 个，平均 0.46 个/km²。从构造部位的角度来看，东翼 16 个，核部 20 个，西翼 13 个，南端 2 个。从层位来看，两翼 P_1 中共有 31 个，核部 T_1（包括 P_2c）中有 20 个。如果将岩溶槽谷考虑在内，核部的岩溶发育程度仍比翼部要强。

（4）洼地在空间分布上的不均匀性较为明显。黄家槽以南是一个密集区；向斜东翼的洼地较为分散，黄家槽—苍薄堂之间相对密集；向斜西翼主要分布在黄家垭口—毛家院子之间，其余地段分布很少；核部洼地主要分布在茨竹坝—高家堡之间。

（5）灰岩中洼地的形成与分布主要受各类结构面的控制，如图 2-4 所示。层间滑动形成的线状虚脱空间及纵张裂隙是控制洼地形成的主要结构面类型，如毛坝向斜两翼的大部分洼地都受该类构造的控制。北西向断层及其低序次构造是控制洼地分布的又一重要因素，在北西向断层附近往往出现成串分布的洼地，如沿 F_9 分布的 W_{30}、W_{29} 及 C_8 的变宽段；沿 F_7 及其分支 F_8 分布的 W_{22}、W_{21} 及 C_7 北端的天星洞洼地等。

（6）洼地中岩溶漏斗落水洞非常发育，多分布于轴部和断裂及其影响带附近的岩溶洼地中，沿构造线呈串珠状排列。从地层上看，多位于三叠系下统、二叠系有竖井状和裂隙状两种形式，前者沿两组节理的相交处发育，后者沿一组节理发育。落水洞一般深度数米至十余米，最深可达数十米。

除上述槽谷洼地外，本区还广泛分布溶沟、溶槽、溶芽及小溶丘等岩溶形态，多在二叠系、三叠系下统和奥陶系中统厚层质纯灰岩中最发育，溶沟、溶槽纵横交错，见表 2-4、表 2-5。

表 2-4　毛坝向斜发育在第一级夷平面上岩溶洼地一览表
（平均高程 1244m，最高值 1360m，最小值 1195m）

序号	编号	构造部位	发育层位	地理位置	直径(m)	洼地底高程(m)	汇水深度(m)
1	W_{17}	两翼	P_1	跨崖山南	60	1360	20
2	W_{35}	两翼	P_1	山木坳南	200	1280	20
3	W_{36}	两翼	P_1	岩门口	50	1280	10
4	W_{37}	两翼	P_1	岩门口	50	1280	10
5	W_{38}	两翼	P_1	岩门口	50	1280	10
6	W_{39}	两翼	P_1	岩门口	150	1280	20
7	W_{46}	两翼	P_1	田家以北	80	1260	10
8	W_{12}	东翼	P_1	张家盖	50	1280	20
9	W_{11}	东翼	P_1	草坪以西	250	1235	25
10	W_1	南端	P_1	毛家院子	650	1235	25
11	W_2	南端	P_2^1	鹿角坪	500	1215	15
12	W_3	东翼	P_1	十字路	250	1215	5
13	W_{50}	东翼	P_1	白果树东北	100	1215	5

续上表

序号	编号	构造部位	发育层位	地理位置	直径（m）	洼地底高程（m）	汇水深度（m）
14	W_{15}	核部偏东翼	T_1	苍薄堂南	50	1210	30
15	W_{16}	核部偏东翼	T_1	苍薄堂北	50	1210	10
16	W_{31}	核部偏西翼	P_2^1	田坪	50	1240	20
17	W_{32}	核部偏西翼	P_2^2	田坪	50	1260	20
18	W_{29}	核部偏西翼	T_1	黄家垭口	50	1200	10
19	W_{40}	核部偏西翼	$T_1+P_2^2$	岩门口	60	1260	20
20	W_{41}	核部偏西翼	$T_1+P_2^2$	岩门口	100	1260	20
21	W_{42}	核部偏西翼	$T_1+P_2^2$	岩门口	200	1260	20
22	W_{45}	核部偏西翼	P_1	田家以西	50	1220	10
23	W_{33}	核部偏西翼	P_1	大垭口	300	1220	40
24	W_{44}	西翼	P_1	大堡东北	200	1200	10
25	W_{48}	东翼	P_1	苦草坪东	150	1195	15
26	W_{13}	东翼	P_1	徐家崖西	250	1195	25

发育在第二级夷平面上的洼地一览表　　表2-5

（平均高度为1109.583m，最大值1175m，最小值975m）

序号	编号	构造部位	发育层位	地理位置	直径（m）	洼地底高程（m）	汇水深度（m）
1	W_4	东翼	P_1	马颈子南	100	1155	25
2	W_{14}	东翼	P_1	丁木湾北	300	1155	25
3	W_{25}	东翼	P_1	干坝	200	1155	25
4	W_{27}	东翼	P_1	干坝东北	50	1115	5
5	W_9	核部	T_1	合马沱	250	1115	25
6	W_{10}	核部	T_1	干沱	600	1115	25
7	W_{30}	西翼	$T_1+P_2^1$	黄家垭口	200	1115	25
8	W_8	东翼	P_1	驼腰树	400	1135	25
9	W_{26}	东翼	P_1	干坝	150	1175	25
10	W_{51}	东翼	P_1	岩门口	50	1130	10
11	W_{22}	核部偏西翼	T_1	流水槽	80	1135	15
12	W_{23}	核部偏东翼	T_1	塘边以西	100	1140	20
13	W_{24}	东翼	T_1	塘边以北	100	1140	20
14	W_7	西翼	P_1	马尿岩南	300	1135	25
15	W_5	东翼	P_1	马颈子	150	1115	5
16	W_{20}	东翼	P_1	丰槽北	80	1055	15
17	W_{43}	东翼	P_1	岩门口	50	1095	5
18	W_{18}	核部偏西翼	T_1	张家槽	500	1060	4
19	W_{19}	核部偏西翼	T_1	老鹰洞	200	1075	25

续上表

序号	编号	构造部位	发育层位	地理位置	直径(m)	洼地底高程(m)	汇水深度(m)
20	W_{34}	核部	T_1	大槽以北	60	1030	30
21	W_{28}	核部偏东翼	T_1	张家坪西南	80	1080	60
22	W_{21}	核部偏东翼	T_1	石水井	50	1115	15
23	W_{49}	核部偏西翼	T_1	三股水东山坳	200	1115	15
24	W_{47}	核部	T_1	高家堡以西	300	975	25

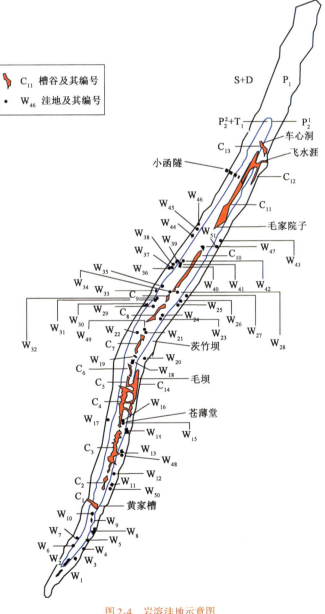

图 2-4 岩溶洼地示意图

4）落水洞、漏斗

落水洞、漏斗等竖向岩溶管道在区内屡见不鲜，分布于向斜核部（主要在毛家院子以南）和断裂及影响带附近的岩溶洼地和槽谷中，如W_1、W_7、W_{22}等（图2-5）；在C_4槽谷东侧边缘沿T_1d层面形成的缝隙状落水洞，木林堡洼地边缘$P_2^1w—P_2^2w$岩性界面中形成的缝隙状落水洞，沿着$P_2^1w—P_2^2w$岩层界面形成一系列的串珠状的落水洞，茨竹坝断层带的串珠状的岩溶洼地和漏斗等。这些落水洞、漏斗将岩溶洼地和槽谷中汇集的降水转化成岩溶管道地下水的主要来源，是连接地表岩溶和地下岩溶的主要管道，对岩溶管道水流的形成起着不可替代的作用。

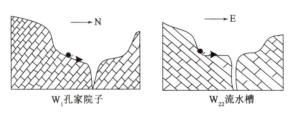

图2-5 洼地内的泉与落水洞

5）天然出露溶洞、管道特征

通过调查毛坝向斜区浅部岩溶管道溶洞，发现在近地表部位岩溶储水空间高度管道化，地下水高度河流化。如毛坝场西侧发育于大冶组灰岩中K-38号暗河天窗上方的干溶洞直径大于3m，长500余米；可能断续分布的绿荫潭—毛家院子岩溶管道长大于20km，相当长的地段直径大于2m。此外，向斜两翼所有大的岩溶水排泄点均为岩溶管道流出的暗河，这些暗河在水系构成、河流改道、沉积物及阶地等方面已初步具备地表河流的特征。

（1）溶洞特征

①规模特征：溶洞规模大小相差悬殊，断面直径从几十厘米到十几米，长度从几米到几百米，甚至更长；核部及东翼岩溶主管道长度可能长达几千米。总体上看，规模上，核部及东翼溶洞较大，西翼溶洞的规模大多很小；数量上，西翼相对较多，核部相对较少，东翼数量介于二者之间。

②洞内沉积物特征：可以分为化学沉积物和机械沉积物两大类。化学沉积包括石钟乳、石笋、石幔等；机械沉积有黄泥、块石混杂堆积物，主要出现在茨竹坝等洪水型溶洞内；此外河流沉积物也很丰富，如毛家院子暗河、毛坝场西侧干溶洞及毛坝场西侧的S-67号洞，沉积的砂砾石主直径为1~200mm，磨圆度好，分选程度高。

③断面形状及溶洞展布特征：大部分溶洞为隐伏型溶洞，无法进入。只有部分洞口及洞身宽大，可以直接进洞观察。本区溶洞的断面形状复杂多样，形成原因主要包括：受沿陡倾角裂隙或断裂面影响；由纵张裂隙控制；层面和垂直层面的纵张裂隙共同影响形成。一些溶洞中会在断面上形成不同高程的多个洞口的现象，这种垂向断面上的溶洞分层现象在区内较为普遍，这是水流不断下蚀、追寻最短水流路径的反映。

在空间展布上，主要受到各类结构面的控制。这些结构面总体上可分为与岩层走向一致的层间滑动面、纵张裂隙等，垂直走向的北西向断裂、横张节理两大类。因此本区溶洞的网络系统主要由走向溶洞和倾向溶洞两个体系组成。对核部暗河系统而言，走向溶洞构成主河道，倾向溶洞则构成支流；翼部暗河也有这种结构，如东翼的龙家坝—岩洞湾—飞水涯一带；翼部的另一种暗河结构为：倾向溶洞为主河道，走向溶洞构成支流，如犀牛洞暗河。

另外一种为在岩层走向的方向上，同时发育多条高程相近似的溶洞，这些溶洞在延伸方向上，时而分开时而复合，形成一种复杂的溶洞网络，枯水季节，水仅存于高程低的一个或几个溶洞中，洪水期所有溶洞同时排水。

(2) 暗河天窗

主要分布在向斜核部，在轴向上呈线状分布，分布方向和槽谷轴线的方向基本一致。典型暗河天窗有：

①绿荫潭天窗：处于核部偏东翼，C_3 槽谷谷底东侧，高程为 1124.203m，天窗直径 7m，近于直立，在天窗处表现为一深潭，天窗壁上发育多个溶洞。比深潭水位高的溶洞，雨季有水，旱季干枯，水量小；高程低的溶洞终年有水，旱季时，深潭水量全部由它提供，出口比深潭水位高出约 1m。

从绿荫潭天窗看出核部岩溶水南西北东向运移，该天窗内发育有高程不同的几个溶洞。说明两个问题：在较长的稳定的地质时期，水流在重力作用下沿着各类裂隙面下蚀的过程中，总是不断地汇集到最易侵蚀的部位，而这种位置也随着水力的侵蚀发生变化，从而造成很小的水平位置内出现多个洞口，且水量不均甚至有干洞的现象。

②毛坝抽水站天窗：在毛坝场南公路转弯处，为主要饮用水源；仅能见到一深潭，高程 1048.934m，水位距地表 3m，潭水没有明显的流动痕迹；位于核部偏东翼，C_5、C_{14} 槽谷的结合部，地层层位上属于 T_1 下部。

2.3.3 毛坝向斜深岩溶与浅层岩溶发育特征对比

1) 地层岩性的岩溶发育特征

岩性是岩溶发育的先决条件，岩溶水的分布与地层岩性有密切关系，区域除了志留系—泥盆系外多为碳酸盐岩地层，岩性及其组合有较大差异，故岩石的溶解能力亦不相同，对岩溶发育程度及岩溶水的富集有很大影响。通过调查统计隧道揭露溶洞情况（表 2-6），并分析钻孔资料，各层岩溶发育特征在不同深度具有相似性。

毛坝区岩溶程度调查统计表 表 2-6

岩　　组	岩溶个数	计算面积(km^2)	岩溶密度(个/km^2)
大冶组	93	8.47	11.0
长兴组	20	0.86	23.3
茅口组	70	3.80	18.4
栖霞组	27	4.20	6.4

(1) 三叠系大冶组(T_1d)

分布于毛坝向斜轴部岩溶洼地中，厚 343.52m，为该区主要含水岩层，主要为中厚层灰色石灰石，出露面积大，地表岩溶发育。在 8.47km^2 区域内，较大型的槽谷、洼地、溶洞等岩溶形态个数为 93 个。

在深层，钻孔资料显示，抽水试验水流量与渗透系数较大（k 为 0.00127~0.0247m/d）。这与大冶组薄层层间裂隙发育、岩层倾角较陡、地下水补给条件好有密切关系。

(2)二叠系长兴组(P_2c)

厚100m,表层岩溶非常发育,槽谷、洼地、溶洞等岩溶形态分布密度是大冶组岩层的2倍。在深层,抽水试验测得其渗透系数也是大冶组岩层近2倍(k为0.00123~0.0394m/d),隧道揭露溶洞也主要位于长兴组岩层。

(3)二叠系吴家坪组(P_2w)

厚121.47m,上部为深灰色硅质灰岩和灰岩不等互层,中部为薄层碳质泥岩,下部为深灰色石灰岩,底部为泥质灰岩及煤层。其硅质灰岩与灰岩溶蚀速度极慢,因而地表岩溶不发育,未见泉水出露,属于相对隔水层。

在深层,钻孔揭露三个深孔中溶蚀现象少见,岩溶不发育。将长兴组与吴家坪组合在一起进行抽水试验,结果显示主要出水层段位于长兴组地层中,吴家坪组富水性微弱,也列为相对隔水层。

(4)二叠系茅口组(P_1m)~栖霞组(P_1q)

两组总厚度大于400m,两者之间无隔水层存在,水力联系密切,可视为一个统一的含水层。该两组地层地表岩溶裂隙发育,出露面积广,有大型溶蚀洼地存在。茅口组调查面积虽是大冶组的一半,但其上出露较大岩溶个数就达到70个;地下水补给条件好,在向斜东翼悬崖下有众多泉水、暗河出露。

在深层,3号大型溶洞就出露于该层中部。钻孔揭露茅口组岩层中,紊流地下水丰富,揭露的最大溶洞就发育在茅口组岩层中。

2)岩溶水流集中发育带特征

从岩层特性可知,毛坝向斜泥盆志留系D-S、二叠系上统吴家坪组下段P_2^1w为非可溶岩层;二叠系下统的栖霞组P_1q、茅口组P_1m,二叠系上统吴家坪组上段P_2^2w、长兴组P_2c,三叠系下统大冶组T_1d、嘉陵江组T_1j为可溶性地层岩性组合。这使该区形成岩层叠置的两套含水层岩组,即以P_2^1w为隔水底板,以P_2^2w、P_2c和T_1为岩溶化潜水含水岩组,以D-S为隔水底板、以P_2^1w为隔水顶板、以P_1m+P_2q为岩溶化的承压含水岩组,从而构成两套相对独立的地下水流系统及相关的岩溶系统。

这两类主要的地下水流集中分布特征在浅层与深层有极大的共性,即溶洞多集中分布于可溶性岩层与非可溶性岩层交界面附近的可溶性岩层一侧。

在表层区,大的岩溶泉和暗河如茨竹坝龙洞、马颈子泉、飞水涯暗河(图2-6)、朱砂溪、二台坪等主要在P_1q与D接触界面附近。

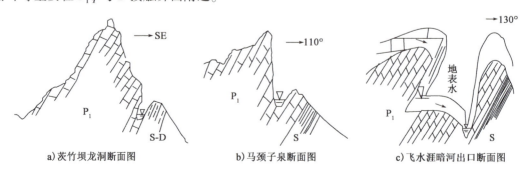

图2-6 岩层界面上发育的大型溶洞暗河出口

深层1号、2号溶洞出露在 P_2w—P_2c 非可溶岩向可溶岩过渡带上。溶洞2号底部出露的泥质灰岩和煤系地层,充分说明溶洞发育终止在界面上,且经调查及地质雷达探测发现,在深层毛坝东西两翼 P_1q 与 D 接触界面附近也有两股大的地下水流。

3) 受岩层产状影响特征

野外观察发现,毛坝溶洞发育严格受地层走向和倾向控制。由于强烈的褶皱构造薄,毛坝两翼岩层多为大角度陡倾岩层(倾角 50°~60°),这使岩层层面间的张开程度远大于节理裂隙面,有利于汇集降水,更有利于沿层面向下渗入。有相当数量的溶洞沿走向发育、沿倾向方向扩张是本地溶洞发育的一大特点。

另一方面,向斜岩层中薄层、中厚层的灰岩大量发育,往往在薄层层理的灰岩与厚层灰岩交界地带易出现顺层溶洞。如毛坝向斜抽水站溶洞,岩层近直立,沿岩层走向发育有一壁之隔的两个洞口,如图 2-7 所示。位于向斜核部的木叶村蛮子洞地层走向 NE 20°∠14°NW,溶洞沿岩层走向发育,沿倾向方向扩展洞深,如图 2-8 所示。分析认为,各类丰富节理裂隙使薄层层理灰岩极为破碎,易于被水流侵蚀,与较完整的厚层灰岩形成差异性水流界面,从而在两界面间的薄层灰岩中易产生洞穴。

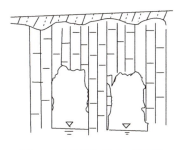
图 2-7　毛坝抽水站洞口剖面图

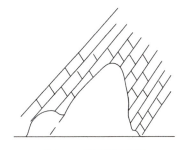
图 2-8　蛮子洞示意图

在深层,隧道层间裂隙也非常发育,是洞内涌水的一个主要途径,如图 2-9 所示。

4) 受褶皱构造影响特征

褶皱构造是产生节理裂隙的重要构造因素,强烈的构造运动遗迹使毛坝向斜区褶皱节理裂隙丰富异常,为岩溶发育创造良好空间,如图 2-10 所示。通过勘测并绘制岩溶发育分布图,可以看出,岩溶洼地在核部相对两翼发育,岩溶槽谷则主要集中在核部,少量分布在东翼地区,如图 2-11 所示。溶洞、暗河等地下岩溶形态在向斜构造的各部位均有分布,如向斜核部共有溶洞、暗河等 10 个,占各部位调查总数的 43%,西翼共分布有 5 个占 22%,东翼共分布 8 个占 35%,如图 2-12 所示。从规模上看,区域中主要的河流——木叶河就发源于向斜轴部的暗河。通过示踪试验(表 2-7)发现,毛坝向斜轴部汇水区形成长达 5km 的岩溶管道,这也说明了核部岩溶发育的特征。

示 踪 试 验 结 果　　　　　表 2-7

示 踪 剂	投放地点	投放时间	接收地点	距离(km)	接收时间	接收情况
稻壳	绿荫潭	2002年5月8日 16时15分	S-26	3		未收到
			毛坝抽水站	5	5月14日17时	收到13颗
			犀牛洞	1		未收到

图 2-9　隧道内顺层间裂隙喷水　　　　　图 2-10　毛坝区发育的小型褶皱裂隙

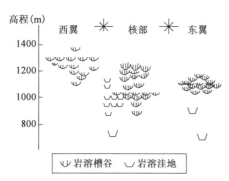
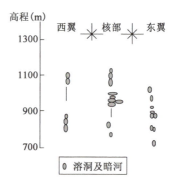

图 2-11　岩溶洼地、槽谷分布示意图　　　图 2-12　溶洞及暗河分布示意图

对于深层分布特征,根据钻孔揭露资料,地下绝大部分溶孔和溶隙大于5mm,表明地下水具有明显的溶蚀—侵蚀的能力。在除钻孔4外的其他三个钻孔中,除P_2w^1非可溶岩以外,溶孔、溶隙发育极为普遍,其中以接近向斜核部的2号钻孔、3号钻孔最为发育,在2号孔深312.57～320.40m,即高程821.27～829.10m 间有7～8m深的溶洞,当孔深至371.48m时,仍然发育8m×22mm的宽大溶隙。500m高程隧道揭露的几个溶洞出露位置,集中发育构造部位也在向斜核部转折端范围内。

5)受断层构造影响特征

毛坝区强烈的构造运动造成了区域断层密布特点,使岩溶的分布与断层有千丝万缕的联系:在地貌上,槽谷洼地与横向断层交汇时,会有大量的串珠状落水洞或岩溶现象出露或大型溶洞。如规模最大的横断层之一茨竹坝断层沿线的岩溶洼地和漏斗,茨竹坝龙洞等;水淹沱断层沿线的串珠状岩溶洼地和漏斗等。在构造部位,断层与高角度的岩层面裂隙共同组成格子状裂隙,特别是在向斜轴向转折处两侧尤为发育,它为地下水渗入和运移提供了特有的条件。如发育半节河断层附近的半节河;对这些具体溶洞暗河形态进行分析,其发育方向明显受断层控制,如:半节河南侧喷砂池断层走向近南北,近直立,断层带宽只有几十厘米,西盘北翼具有明显的牵引现象,如图2-13所示。犀牛洞洞口如图2-14所示。

图 2-13 半节河喷砂池平面(箭头示意断层两盘位移方向)

图 2-14 犀牛洞洞口

对于深层岩溶,由于断层改变深部岩溶水的补给条件从而增加了深岩溶发育程度。就一般规律而言,岩层埋藏深,接受地下水补给条件差,岩溶不发育,岩层富水性弱。然而由于本区深切断层的发育,如茨竹坝断层、岩洞湾断层、半节河断层、上蛮寨断层等切错到泥盆—志留系岩层;而小毛坝断层错断了吴家坪组,毛坝断层、水淹沱断层切错到大冶组底部,这些断层破碎带的存在和沟通作用,增加了下部岩层地下水补给来源,增强了下部岩层的溶蚀能力,提高了下部岩层富水性。该区深埋地下 600 余米的 P_1m 组富水性强就是因为 F_2 断层破碎带的存在和沟通作用。1 号孔与 2 号孔揭露的层间滑动断层 F_{02} 有一定导水能力,据抽水试验(与 P_1q 合在一起抽水),1 号孔单位流量 0.0247L/(s·m),渗透系数 0.00903m/d;2 号孔单位流量 0.102L/(s·m),渗透系数 0.0443m/d,均明显大于各自的上覆地层 $P_2w + P_2c$ 和 T_1d 组,可见其具有导水能力。

6)岩溶发育阶段影响特征

从图 2-11 溶洼地、槽谷底板分布图中还可以看出,岩溶洼地和槽谷在向斜的不同高程上具有成层性。其中西翼岩溶洼地分布在高程 1300~1200m 之间,基本上位于第一级夷平面上;东翼岩溶洼地多分布在高程 1100~1200m 之间,基本上位于第二级夷平面上;核部岩溶洼地多集中分布在 1000~1300m 之间,在两级夷平面上皆有分布,但有一部分低于 1000m 高程的岩溶洼地是现代单独岩溶地貌作用的产物。岩溶槽谷多分布在向斜的核部,有少量分布在向斜东翼。岩溶槽谷底高程,在 800~1200m 皆有分布,其中 1100m 以上是在第二级夷平面基础上发育起来的,在 1100m 以下的岩溶槽谷、洼地是现代岩溶地貌作用的产物。

对于深层,根据调查和钻孔资料(图 2-15),发现溶洞、暗河、泉水、溶隙和溶孔等地下岩溶在垂向上的分布基本与夷平面和现代岩溶地貌作用相适应。其中在高程 1000~1200m 分布的溶洞、暗河、泉水等相对较集中,约占总数的 52%,这个高程分布的岩溶形态基本上与第二级夷平面相适应。在高程 850~1000m 分布的溶洞等地

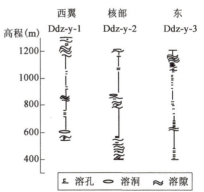
图 2-15 钻孔内溶孔溶隙溶洞示意图

下岩溶形态占总数的43%。而300~400m高程中依然有丰富的直径>5mm的溶孔、溶隙,这类高程上的岩溶基本上与现代岩溶地貌作用相适应。

2.3.4 深层岩溶碎屑沉积物物源分析

为了研究深层溶洞、管道的形成机制,利用隧道揭露溶洞的机会,采集了深层溶洞碎屑沉积物质,用沉积物学的物源分析方法,对深层的沉积物与毛坝向斜不同夷平面上的沉积物,不同高程、天然出露的各类溶洞管道内的碎屑沉积物等,进行了对比分析。

毛坝向斜封闭独立的水文地质条件决定了该区地下水的补给来源都来自地表降水,而地表广泛分布的槽谷、洼地、落水洞以及具有规模的伏流是该区地表水进入地下水管道的主要连接通道,隧道揭露的地下岩溶管道水流,与地表各高程的溶洞、管道存在着密切联系。为了证实这类管道系统的存在,同时研究地下岩溶管道水流的运移特征,利用隧道揭露溶洞的机会,采集了深层溶洞的沉积物质,用沉积物学的物源分析方法,对深层的沉积物与毛坝向斜不同夷平面及各级溶洞管道内的沉积物样,进行了岩石矿物组成、形状特征等系统对比分析。

1) 溶洞物质特征分析

(1) 隧道涌出物粒度成分

对毛坝向斜隧道溶洞涌出物质分析发现某颜色外观差别较大,如渝怀铁路Ⅰ线1号溶洞中以褐色为主,渝怀铁路Ⅰ线2号溶洞洞中部分水流显示红色,也有黄色细砂;渝怀铁路Ⅰ线3号溶洞则黄色淤泥较多,此外冲出物中夹杂有大块碎石、砂粒以及砾石,说明水流途径相异,物质来源复杂。

渝怀Ⅰ线1号溶洞,溶洞内含大量淤泥质粉质黏性土、砂砾石(图2-16)。在施工中稳定水量为$1000m^3/d$,对稳定涌出过程中的涌出物取样分析,经筛分试验,其试验结果见表2-8,由表可知,涌出物中各类不同粒径的物质含量比较均匀。

后期涌出物成分比例试验结果表　　　表2-8

成　　分	质量(g)	百分率(%)
黏土	525	30.1
砂	566	32.4
砾石	653	37.4

渝怀铁路Ⅰ线2号溶洞,在核部附近正洞DK354+461,首先钻探遇岩溶突水现象,钻孔喷出30m的朱红色泥砂浆水,含粉细砂量约60%,将下导坑淹埋160m,总泥沙量约$1000m^3$;钻进约15m后涌出水中含有大量黄褐色粉细砂;揭露溶洞溶腔内充填大量的水和含粉质的粉细砂夹砾石。其最大涌水量为$15000m^3/d$。

在多次涌水中伴随有流砂,其中一次涌泥、涌砂淤积长度为130m,掌子面附近淤积厚度达2~3.2m,涌砂量约$1300m^3$。在粒径组成上,以粒径小于0.2mm的粉细砂为主,其含量达到80%以上,冲出物中除了大块碎石、砂粒外,还有大量磨圆度极好的粗粒及卵砾,说明洞内含有河流相沉积物质(图2-17、图2-18)。

渝怀铁路Ⅰ线3号溶洞,为暴喷型突水突泥,威力巨大,溶洞突泥量高达$4200m^3$,含有大量的硬塑~可塑状黄色黏土(图2-19)。

图 2-16　1 号溶洞内碎屑沉积物

图 2-17　隧道内涌出粗砾

图 2-18　隧道涌出卵砾其长轴 90mm

图 2-19　XDK354+879 溶洞揭露后涌出淤泥

(2) 隧道涌出物的矿物成分

溶洞物质在矿物组分上,有来自岩浆岩区的石英、长石、磁铁矿、电气石,以及变质岩的标志相矿物绿帘石,沉积岩区的硅质岩、石灰岩、赤铁矿、黏土页岩、方解石等,其中主要以沉积岩区的硅质岩、岩浆岩区的石英为主,且粒径小于 0.25mm 的颗粒中,石英含量高达 46%。经镜下观察及岩石矿物的磨片分析发现,涌出物质形态复杂多样:如石灰岩、方解石分别呈棱角状、次棱角、次圆形,而黏土页岩则主要以次圆形、圆形为主,部分石英颗粒则呈现极光滑的次圆形、圆形,如图 2-20 所示。

2) 深岩溶碎屑沉积物物源分析

(1) 不同高程类型沉(堆)积物质特征分析

从深层所在的地质环境来看,毛坝向斜是地形倒置的高山,为乌江水系与清江水系的分水岭,区内没有外来河流,由两翼 P_1 石灰岩组成的高山到核部呈阶梯状凹槽地形,使地表降水主要由两翼集中汇流到向斜核部。而两翼外侧被巨厚 S-D 非可溶岩完全包围,使区内岩溶水不与外界发生水力联系。由此分析,外来物质不可能进入到区内,深层溶洞内很难沉积有区外物质,但隧道揭露溶洞中的碎屑沉积物矿物成分中,有的并不是毛坝向斜本身所具有的,如变质岩绿帘石等,特别是那些呈极圆形的硅质岩、石英是没有过境河流的毛坝向斜岩层所不能产生的。

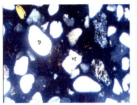
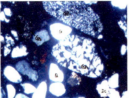
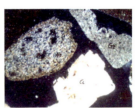

a) 粒径(0.075~0.25)mm× 125mm样品1　　b) 粒径(0.075~0.25)mm× 125mm样品2　　c) 粒径(0.075~0.25)mm× 50mm样品3　　d) 粒径(1~2)mm×125mm样品4

图 2-20　隧道溶洞沉积物矿物鉴定样

GZ-硅质岩;Q-石英;Li-褐铁矿;He-赤铁矿;Gi-水铝氧石;Lt-铝土矿;GZ_1-黄褐色硅质岩;Nt-黏土岩;Cc-方解石;Dc-白云石

为进一步确定隧道溶洞的物质来源,进而追溯出深层水流的循环途径,利用沉积学分析方法,采集了地表不同高程的各类型沉积物,与隧道内沉积物质进行对比研究。所采样品有:现代河流沉积细砂河样;不同高程溶洞碎屑沉积物(核部最低槽谷木叶河源头毛家院子溶洞内样;低于第二级夷平面高程两翼岩层溶洞犀牛洞、颜家槽溶洞物样);二级夷平面上沉积物样(南部半节河源头天然剖面、北部相应高程黎耳坪天然剖面沉积物样)。分别从反映物源特征的物质组成上、反映搬运特征的外表形态上对这些样品进行逐一分析,成分对比见表2-9。

毛坝向斜溶洞、暗河沉积物天然剖面岩石河矿物成分对比表　　表2-9

样品 物源	编号	粒径(mm)	硅质岩 微晶	硅质岩 细晶	硅质岩 黄褐	石灰岩	赤铁矿	铝土质页岩	砂页岩	褐铁矿	石英	长石	磁铁矿	电气石	锆石	绿帘石	方解石	白云石	黄铁矿	斜长石
隧道内溶洞沉积物样	No.1	0.5~0.25	√			√			√	√	√					√				
		0.25~0.075	√				√		√	√	√	√	√	√	√					
	No.6	2~1	√	√	√	√			√		√					√				
		1~0.5	√	√	√	√			√		√			√	√	√				
		0.5~0.25	√	√	√	√			√		√									
		0.25~0.075	√														√		√	
二级夷平面沉积物样	No.9	2~1	√	√	√				√		√									
		1~0.5	√	√	√				√											
		0.5~0.25	√	√	√				√											
	No.11	2~1	√	√	√				√		√									
		1~0.5	√	√	√															
		0.5~0.25	√	√	√															

续上表

样品		粒径 (mm)	硅质岩			石灰岩	赤铁矿	铝土质页岩	砂页岩	褐铁矿	石英	长石	磁铁矿	电气石	锆石	绿帘石	方解石	白云石	黄铁矿	斜长石
物源	编号		微晶	细晶	黄褐															
二级夷平面后缘溶洞沉积物样	No.8	5~2	√		√			√		√										
		2~1	√	√	√			√		√	√									
		0.5~0.25	√	√															√	
	No.17	2~1	√					√		√										
		1~0.5	√	√				√		√							√			
		0.5~0.25	√	√				√									√			
	No.18	5~2	√	√				√		√										
		2~1	√	√				√		√										
		1~0.5	√	√				√		√										
		0.5~0.25	√	√				√												√
		0.25~0.075	√															√		
地下水最低排泄点沉积物样	No.12	2~1	√	√		√		√		√										
		1~0.5	√	√		√		√		√										
		0.5~0.25	√	√		√		√		√	√									
		0.25~0.075	√	√		√		√								√				
	No.13	5~2	√	√		√		√		√										
		2~1	√	√		√		√		√										
		1~0.5	√	√		√		√		√							√			
		0.5~0.25	√	√		√		√												

注：√表示沉积物所含有的岩石矿物成分。

①细砂河现代沉积物(高程460m)。沉积物中砂页岩含量几乎为100%，仅夹杂有少量石灰岩。这与当地岩层中砂页岩、灰岩等成分一致。在形态特征上，大块漂砾以棱角状为主，砂粒组中，粒径大于0.5mm的多呈次棱角、次圆形，磨圆程度不高，具有就近搬运特征；而小于0.5mm的粒径多呈次圆形、圆形，磨圆程度高，属于河流相搬运特征。

②木叶河源头(毛家院子暗河)沉积物(高程923.98m)。物质成分复杂，有硅质岩、石灰岩、铝土页岩、砂页岩、石英、长石。从外形看，呈棱角状的硅质岩中来自当地燧石结核和燧石层，而呈次圆形的石灰岩、砂页岩、铝土泥岩则经过较长时间、较长距离搬运，而呈次圆形~圆形的、硬度较大的石英及部分硅质岩，分析应是经过更长时间、距离或多次搬运的结果，如图2-21所示。

③东翼犀牛洞(高程931.67m)、西翼颜家槽溶洞(高程1112.22m)。出露在第二级夷平面后缘的二叠系岩层中，虽然分属于东西两翼，但有类似的成分如硅质岩、石灰岩、铝土质泥页岩、砂岩、页岩、赤铁矿、褐铁矿以及石英。搬运方式也相似，如石英都出现在粒径1~2mm

粗砂中,呈次圆形~圆形,为远距离搬运;硅质岩、石灰岩等来源有两种:呈棱角形的为近源沉积的当地组分,呈次圆形、圆形的颗粒为多次搬运组合。在西翼二级夷平面后缘发育的颜家槽溶洞中沉积大块椭圆形砾石,表明溶洞物质中堆积有上级夷平面上大型河流搬运来的沉积物,如图2-22所示。

   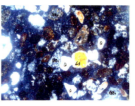

a) No.1木叶河源头干洞内沉积物　　b) No.12木叶河源头溶洞内沉积物　　c) No.12木叶河沉积物(粒径0.5~1mm×30)　　d) No.12木叶河沉积物[粒径(0.075~0.25)mm×30]

图2-21　木叶河源头(毛家院子暗河)沉积物质鉴定样

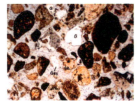  

a) No.18犀牛洞沉积物岩石矿物鉴定样:粒径(0.25~0.5)mm×30　　b) No.17颜家槽沉积物的岩石矿物鉴定样:粒径(0.5~1)mm×30　　c) No.18犀牛洞剖面沉积物　　d) 二级夷平面后缘颜家槽溶洞涌出卵砾

图2-22　犀牛洞与颜家槽溶洞沉积物鉴定样

④二级夷平面上沉积物分析(高程1160~1180m)。

该区地貌经历了两次大的准平原化,在山体夷平过程中,受到各种外力作用,尤其是地表水流的侵蚀,并且接受了随水流搬运而来的大量的沉积物质。不同阶段的夷平面上各保留着大量不同成因和厚度的沉积物,在高程1150~1160m第二级夷平面黎尔坪、半节河、犀牛洞附近调查发现,沉积层厚度一般都在5~8m之间,如图2-23所示。其上保留有大量的河流相沉积物:磨圆度极好的卵砾。说明夷平面上的松散沉积物及其上发育的溶洞管道携带物质,与隧道溶洞沉积物质之间存在关系。

图2-23　二级夷平面半节河堆积的沉积物,内含丰富卵砾,半节河剖面内磨圆度好的粗粒

其中南部半节河剖面具有明显的河流相沉积特征,如分选性良好,颗粒多呈次圆形;北部黎耳坪剖面,砾石风化严重,但仍有部分颗粒呈次圆形,总体上该区以圆形、次圆形的颗粒外形为主,主要为长距离搬运的外来成分,如图2-24所示。对其沉积物进行取样分析,矿物组成以硅质岩、铝土质泥页岩、褐铁矿、砂页岩等为主,如图2-25所示。

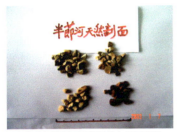
a) 半节河源头天然剖面内的沉积物
（形态多为圆形、次圆形）

b) 黎尔坪天然剖面内的沉积物
（形态多为次棱角状、次圆形）

c) 犀牛洞天然剖面沉积物
（以圆形、次圆形为主）

图 2-24　不同天然剖面沉积物及形状

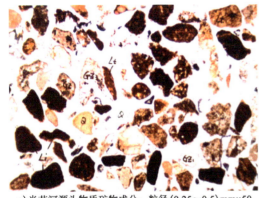
a) 半节河源头物质矿物成分：粒径(0.25～0.5)mm×50

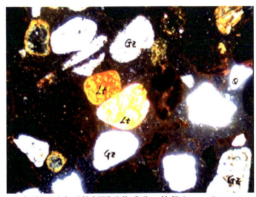
b) 半节河源头天然剖面矿物成分：粒径(0.5～1)mm×30

图 2-25　试样沉积物矿物分析

Gz-硅质岩；Q-石英；Li-褐铁矿；He-赤铁矿；Gi-水铝氧石；Lt-铝土矿；Gzl-黄褐色硅质岩；Nt-黏土岩；Ce-方解石；De-白云石

（2）与深岩溶碎屑沉积物质的对比

为便于对比，对以上各样品中主要岩石矿物成分按含量多少进行排列发现：细砂河以砂岩为主，含量约占95%，其余为石灰岩，反映出现代沉积的特征。而隧道涌出物粗粒径中以硅质岩为主，其余为褐铁矿，细粒径则以石英为主，与现代沉积物差异巨大，二者没有成生联系，见表2-10。

沉积物质主要成分对比分析简表　　　　　　　　　　　　　　表2-10

样品地点	比 例			
	30%～90%	1%～50%	2%～20%	2%～10%
隧道	硅质岩	石英	褐铁矿	—
木叶河	硅质岩	砂页岩	褐铁矿	石英
犀牛洞	硅质岩	页岩	褐铁矿	石英
颜家槽	硅质岩	页岩	泥岩	褐铁矿
半节河源头	硅质岩	泥页岩	褐铁矿	石英
半节河剖面	硅质岩	赤铁矿	褐铁矿	页岩

续上表

样品地点	比 例			
	30%~90%	1%~50%	2%~20%	2%~10%
梨尔坪剖面	硅质岩	砂页岩	褐铁矿	石英
细砂河	砂岩	石灰岩	—	—

但隧道溶洞沉积物与夷平面上的天然剖面、向斜核部、两翼暗河及溶洞中的物质却很相似。在这类物质组成中,硅质岩、砂页岩、石灰岩、赤铁矿等成分与隧道溶洞物质完全一致,而且颗粒形状、圆度等特征都类似,如都具有初次及多次、长时间搬运组合的特征,尤其石英颗粒都表现出很长时间、多次搬运的特征。不同之处仅是隧道溶洞沉积物未见其他岩浆岩成分,尤其是接触变质标志矿物绿帘石。推测隧道中变质岩绿帘石可能来源于一级夷平面上物质,由于没有取到一级夷平面中的松散物质,可作为进一步研究内容。

总之,现代河流及现代沉积物与隧道内物质没有相关性,如石英、长石、电气石、磁铁矿等在本地原岩中根本不存在,特别是磨圆程度高,呈椭圆状、圆状的矿物成分,远非本地组成向斜的岩石经岩溶管道中搬运所能达到;而隧道中属于沉积岩区的物质成分与二级夷平面及其溶洞内的沉积物成分具有明显的一致性,属于岩浆岩区成分的石英岩也有很大的相似性。

3)深层岩溶碎屑沉积物的搬运、堆积分析

野外调查中发现,由于深层溶洞突水,使地表距离隧道轴线12.4km外,向斜核部毛家院子暗河出口呈现阶段性干涸现象;且在雨季水位比平均水位还要下降50cm,如图2-26所示。图中的中部痕迹线为常年木叶河水位,在隧道轴线附近1km处的三股水泉(1号)不仅水位发生明显变化,而且流向由向南改为向北,表明隧道突水涌砂对地下水流变化的影响,证明了深层溶洞与地表岩溶间具有畅通的水力联系和物质搬运通道。

毛坝向斜第一级夷平面上汇集的降水经其上发育的漏斗、落水洞管道部分在第二级夷平面上流出,并把夷平面中携带的大量碎屑物质沉积下来,如其后缘S-67颜家槽溶洞搬运出的沉积物中有大量的砾石,粒径达6~9cm,可见水流搬运能量之高。其平面上的半节河发源地S-37溶洞为夷平面的后缘溶洞,在径流途中就有部分水流潜入夷平面地下补给深部岩溶管道,如图2-27所示,半节河伏流口部分河水渗入地下,河流流量将迅速减小。

图2-26 毛家院子暗河出口水位

图2-27 半节河伏流口

在隧道里程 DK354+460 处,2 号溶洞涌出大量黏土、砂、砾石等沉积物中,含有粒径 6～8cm、呈椭圆状的石灰岩砾石,这与颜家槽 S-67 溶洞排出的砾石相比[图 2-18、图 2-22d)],仅砾石成分略有不同,其他沉积物特征完全一致。说明第一级夷平面到 2 号溶洞间存在着错综复杂的岩溶管道联系。推测砾石可能经过第一级夷平面的降水汇集于洼地、槽谷,经落水洞或漏斗等竖向管道进入地下,在垂直管道与水平管道衔接处或在水平管道延伸部,地下水以高势能跨越二级夷平面,穿层直接进入深部岩溶管道沉积下来。或是由第一级夷平面随同汇集的降水,经岩溶管道搬运到第二级夷平面流出地表,形成由溶洞水补给的溪流,溪流在流程中遇到岩溶、管道,会部分或全部潜入地下补给深部岩溶水,类似于半节河;但由于溶洞出口形成溪流,流速降低,搬运能量下降,故只有直接进入岩溶管道,在强大动水压力作用下,才有可能进行大块卵砾的搬运。

总之,通过上述溶洞中沉积物成分对比,使我们更加确信深岩溶水是一、二级夷平面上的降水形成的暂时性洪水经岩溶洼地—落水洞、槽谷—落水洞、伏流—地下暗河等管道子系统辗转到深部岩溶管道中。这种沉积物对比方法,为推测深层水流循环和深埋长隧道揭露溶洞类型(如含砂量大小、粒径大小、岩石成分等)提供了一种直接简便的研究方法。

2.3.5 毛坝向斜深岩溶水特征

根据上述对深层溶洞沉积物物源的分析,推测出岩溶管道流为深岩溶水流的主要形式。本节将从岩溶水流特征的角度对毛坝深层水流类型及运移特征进行研究。

1)深层岩溶水分类

一般岩溶地下水流从水流特征上可分成集中管状流和分散流两种形式。隧道揭露的岩层中,发现这两种形式的水流在深层岩体同时存在。如大型溶洞突水的同时,隧道洞壁内还有不同类型的分散水流在流动;如洞壁不同部位和地段经常出现的漏水点,有从洞顶裂隙中喷淋而下,或是渗滴而下;有缓缓顺壁而下的隙流;有小股管道水流或是缓缓流出,或是喷射状涌出。这说明在深层岩溶中的水流形式既有大型管道水流,也有分散裂隙水流,如图 2-28 所示。

a) 整治过的洞顶喷林水流

b) 隧道揭露的大型管道突水后形成的稳定流

c) 隧道洞壁射出的裂隙流

图 2-28　深层岩溶中水流形式

结合本区两类岩溶的水流特征,研究水流系统从表层到深层的运移特征。

2)网状分散流系统

本区碳酸盐岩层直接接受地表降水补给,出露地表的岩层层面、节理、裂隙等互相交织,在宏观上似成网状，均匀分散在区内山体中，为降水渗入提供了极为方便的条件。在地表以下，这些节理裂隙和岩石孔隙，在岩溶水的溶蚀—侵蚀作用下则形成大小不等的网状溶隙和溶孔，构成大面积的网状分散隙流，成为地下水的一种储存空间和运移形式。

分散流的径流主要是在重力作用下沿着裂隙面由高向低运移，并在某些适当的地方以泉的形式出露地表。如广泛分布在区内不同岩层构造部位、不同高程的大小泉点，如毛坝隧道顶部三股水泉、穆林堡泉、石水井泉点等，一般属于这类水流的排泄形式。或是在一定范围内，通过断层等大型过水通道与地下管道水流系统发生一定水力联系，形成管道流的细小支脉。

3）集中管道流系统

（1）集中管道流的形成

管道流是岩溶区地下水流的主要径流形式，最初产生于区内的部分网状裂隙流，裂隙流在通道、水流和围岩三者相互制约和协同作用下自发形成介质岩溶化，即裂隙网络通道的逐步溶蚀扩展。由于裂隙介质在导水能力和网络连通程度等方面的空间差异，导致水流的分配不均匀，进而产生通道溶蚀扩展速度上的差异，形成了一个介质岩溶化的正反馈过程，即不均匀介质—不均匀水流—差异性溶蚀—更不均匀介质—更不均匀水流—更大差异性溶蚀……其水流经过多次不均匀的分配，形成局部较为集中的水流分布带，即管道流的最初雏形。故岩溶水管道流形成实质上是一个自组织过程，即通过自身的演化，把小的差异逐级放大为高层次的不均匀系统。

（2）管道系统的表现形式

这类不均匀水流系统在地貌上的表现是具有汇水作用的孤立的洼地、槽谷、落水洞、伏流等的形成。它们成为岩溶水流向深部汇集的关键环节：每一次的降水，使汇聚在各槽谷、洼地中的大量蓄水，与先期的地下水都可形成高水头差，从而加速地下水的流动速度，使先锋水流以更大的能量继续向深层扩展；而后边的水流则加速扩大洼地—落水洞的过水断面，开始形成这一汇水区内的独立岩溶管道雏形。当先锋水流到达区域性常年流水的河谷，由地下排出地表，并补给河流，形成了地下水运移至河谷排泄点的地下管道系统；或是受区域地貌影响，在强大压力作用下，在合适的地形及构造薄弱地带以暗河出口的形式排出地表，完成地下水在山体内的循环。

同时，地表的岩溶洼地—落水洞、岩溶槽谷—落水洞、伏流口—暗河已形成了使地表水畅通汇集转入地下的连接系统，即已形成一个初具规模的完整岩溶管道系统。

4）分散流与管道流关系

分散流与管道流这两类水流系统经过漫长地质年代的岩溶化过程后，在同一水文地质单元中达到了一种动态的平衡状态，表现出相对独立性。如在区域地下水循环相对稳定时，网状裂隙流与集中管道流表现出各自己的补径排轨迹。区内不同深度出露有大型的溶洞暗河，同时有广泛的小泉点、小裂隙水流。其流速、流量、方向等各有不同，如毛坝向斜木叶河源头毛家院子暗河是区域地下水一个主要集中排泄通道，随着木叶河至下游飞水涯段，沿途没有暗河出口，但水量逐渐增加，说明这一阶段必定有分散的地下水补给，而且主要是以溶隙或小的裂隙管道形式进行。

但当人为改变地下管道流的补、径、排系统后，这两类水系在建立新的水流平衡过程中，则表现出来紧密的联系性。毛坝深层溶洞揭露后，伴随着大量的突水突泥，隧道成为地下水流排泄的一个新途径,引起隧道汇水区地下水流途径改变,如在远离隧道的毛家院子暗河出口出现了阶段性的干涸。同时隧道附近地表三股水1号泉,由原来较稳定的水位,变成无法储存水的阶段性枯泉,而且泉水流向由南流向北,变成由北流向南。这时网状分散流在一定程度上反映出了地下管道流的变化。

5）毛坝向斜区的管道流

(1) 地址环境

对深岩溶发育起关键作用的是集中管道流,毛坝向斜独特的地质环境为管道流向深层运移提供了良好的条件。

①管道水流汇集环境。

本区水流补给是大气降水,毛坝区大量的岩溶槽谷、洼地为集中汇水提供了有利条件;地表槽谷洼地总体面积约110km²,其中岩溶洼地51个,平均0.46个/km²。主要发育在核部和断裂带附近,在三叠系、二叠系下统岩层中,槽谷、洼地多顺走向发育,而在较低凹的向斜东翼还发育有长度大于2km的巨型槽谷。这些槽谷、洼地底部大都有漏斗、落水洞,成为进入深层的主要补给通道;且向斜区的一些岩溶槽谷本身的切割深度就比较大,在统计的14个大型槽谷中,切割深度都在200m以上,其中C_{11}最大,达到450m。巨大的地形高差,使得地表径流更加强烈,促使地表降雨更易于汇集于槽谷形成暂时洪流,并使地表溪流、河流等易于灌入到槽谷洼地中,成为集中补给地下岩溶管道(如溶洞和暗河等)的补给源,也使地表径流从伏流口转入地下成为地下暗河补给源。而其中的落水洞、漏斗等竖向管道直接使汇集水流"灌入"地下,使地下水流趋于管道化流。

毛坝水流汇集还另有一个主要途径,由于受本区褶皱、断层、岩层产状等构造条件以及地貌特征的影响,岩溶水流初始分配差异就非常大,在适宜的构造区或岩体裂隙丰富发育部位,成为主要地表汇水部位,巨大的过水流量和水流侵蚀、溶蚀规模,使这些部位也成为深层岩溶大型管道水流补给区。

②管道水流的径流环境。

在水头差的作用下,这种大水量、大流速的管道流,呈现出类似河流运移的形式。它们严格地受到构造、断层、岩层产状的影响,沿着构造线、裂隙和顺层展布方向呈线状或带状分布;在所径流区域,会在最易溶蚀的各种构造面(如:层面、断裂面、节理裂隙面),根据水流与岩层作用形成竖向或横向溶洞,从而能够容纳更多过水量。

(2) 岩溶潜水管道流

管道流经过不同埋藏性质的含水层,形成了潜水流及承压水流等不同的地下水深循环特性。

潜水的补给主要分布在向斜核部(图2-29),含水层岩组在此直接出露地表,其上发育有岩溶洼地和槽谷地带,汇集大气降水,由漏斗、落水洞通过包气带补给潜水。另外,潜水层在东西两翼夷平面上也有出露,直接接受降雨补给,其上分布有天窗、溶洞。由于层间裂隙发育,两翼也成为一个主要的补给区。

根据1号、2号、3号、4号等钻孔揭露的潜水含水岩组的地下水埋深及水位分析(表2-11),潜水位主要在900~1000m高程。通过地表观测,毛坝南部区域的毛坝抽水站地下水位高程为1048.934m,北部毛家院子一带溶洞暗河地下水高程为920m,说明潜水地下水位是南高北低。从地表形态看,向斜轴向南高北低,说明地下径流与地表地形趋势基本一致。示踪试验表明,在向斜核部南端高程 1124.203m 的绿荫潭,到北端高程 1048.934m 的抽水站,存在长达 5km 的连通岩溶管道,由此分析出毛坝一个主要的潜水径流带:由补给区接受的暂时水流通过裂隙及落水洞、漏斗等竖向管道进入潜水层,沿着向斜核部,从南部到北部毛家院子为集中径流。排泄区位于毛家院子至飞水涯(高程 772.75m),其中毛家院子溶洞为潜水的集中排泄点,形成木叶河的发源地,排泄量为 1~1.5m³/s,从毛家院子至飞水涯为分散排泄段,总排泄量在飞水涯增大到 3~4m³/s。

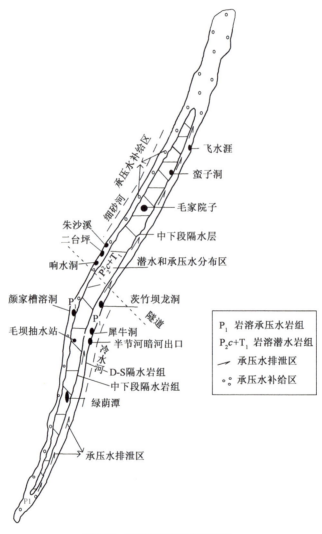

图 2-29　毛坝向斜地下水流特征

毛坝向斜地下水位及埋深　　　　　　　　　　　　　表 2-11

钻　孔　号	地下潜水位(m)	地下承压水位(m)
Ddz-y-1	1032.93	1041.61
Ddz-y-2	981.30	1000.31

续上表

钻 孔 号	地下潜水位(m)	地下承压水位(m)
Ddz-y-3	981.23	1004.61
Ddz-y-4	991.26	—

在深层区,向斜核部潜水循环系统深度已经达到 P_2^1w 岩层潜水隔水底板附近,如在钻孔 Ddz-y-2 号于高程 820~830m 出现溶洞高达 7~8m,于高程 692m 附近见溶孔 0.5~2.0m,溶隙达 18mm×46mm;在钻孔 Ddz-y-3 号孔于高程 615m 附近见 1~30mm 的溶孔;既有圆梁山隧道施工在 DK354+230~DK354+290 和 DK354+460~DK354+290 段遇到两个大型溶洞,已经到潜水 $T_1+P_2c+P_2^2w$ 含水岩组底部附近,即可溶岩与非可溶岩的界面附近。2 号溶洞底部出露的吴家坪组下段的泥质灰岩和煤系地层,充分说明溶洞终止在可溶岩与非可溶岩层的附近,也正好位于岩溶潜水层中地下水纵深径流的下界。

潜水层水流运动机制分析:岩溶地下水流不同于松散介质中的水流,具有含水岩体与不含水岩体交错镶嵌分布、孤立水流与统一地下水面共存的性质。当地下水已形成自由水面部位时,以管道流为主。运动形式以地下水的垂直分量与水平分量的合力方向(水力坡度)从高处向低处流动。水量大,流速快,溶蚀性强。在流动中,不断的下蚀作用使岩溶发育逐渐深入。

当地下水尚未形成自由水面的部位,主要以网状流的形式出现,这些岩层中裂隙溶隙等水流,在重力作用下沿高角度的层面、节理、断层等向深部运移,并对径流面进行侵蚀—溶蚀。或是在某一合适部位出露(如沿着断层破碎带),完成水循环。或是在条件适宜时联系到管道水流中,形成垂直、倾斜和水平状态的管道互相连接的独立的岩溶系统。在运移发展过程中,可能会产生这两种水流相结合,即孤立水流融入自由水面的统一水流中,形成统一水流的支脉。

(3)承压水流特征

承压水主要分布在 P_1 岩层中,狭窄的向斜盆地构造构成了该区独特的承压水的补排系统。补给区主要分布在地形较高的环状的 P_1 含水层中;承压区在 P_2^1W 地层覆盖范围内;由于向斜两翼志留—泥盆系砂页岩隔水层强度低、抗风蚀能力弱,形成较 P_1 灰岩低的地形,使与隔水层接触的 P_1 含水层底板出露高程远远低于 P_1 顶板高程,所以在与隔水层接触环带中,低于承压水头高程的含水层都会成为承压水的排泄区(图 2-30),从而形成了比较复杂多样的径流途径。

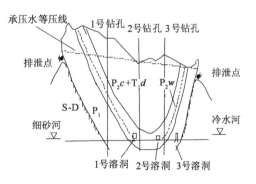

图 2-30 毛坝向斜剖面示意图

①向斜横向径流。P_1 岩层在西翼的出露高程远远高于东翼,其中西翼洼地平均高程均在 1314.2m,而东翼分布洼地平均高程在 1172.8m,平均高差约 150m,最大高差可达到 350m,而两翼距离仅为 2~3.5km,形成 3~4MPa 的巨大压力水头,在强大的水位差下,使西翼承压水流顺层有向东翼运移,在 P_2^1w 和 S-D 隔水顶底板间,形成一条强大的径流带,岩溶水流以 U 形管道形式运动至东翼的排泄区,主要排泄点有茨竹坝溶洞,在断层带附近的犀牛洞等;犀牛洞最大流量为 1750L/s,最小流量为 120L/s,相差 14.6 倍,但 120L/s 是稳定的流量,呈现承压水

流特征。

②纵向径流。向斜轴翘起的南北两端向中间核部运移,由于轴线上南端高程1000多米,而北端高约800~900m,使得南端两翼及核部出露P_1承压水从南向北顺层流动的趋势更加强烈,故承压水流主要在轴线中偏北的毛家院子一带沿断层越流补给上层潜水。

横向径流和纵向径流组成了毛坝承压水的主要径流形式,岩溶化承压水运移通道立体切块示意如图2-31所示。

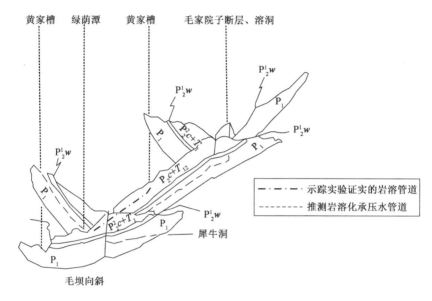

图2-31 岩溶化承压水运移通道立体切块示意图

③局部循环。由于隔水层被剥蚀,补给区域的部分水流运移过程中,遇到隔水层出露高程低于承压水位线的适宜地区,便以泉或溶洞暗河等溢流形式排泄出地表,形成补给区域中的补径排循环。如西翼的响水洞、二台坪、朱沙溪、老场屋等。另一方面,由于补给区西翼上存在有一级夷平面,在夷平面附近成为西翼水流又一个局部的排泄带,如发育在西翼的高程1112.219m的S-67颜家槽溶洞,受西翼降水补给,又在西翼排泄,为一个独立水流系统。

④岩溶承压水运动机制分析。岩溶承压水与岩溶潜水不同,它靠补给区和排泄区形成的水头差,使承压含水层地下水流出现由西向东、由北向南呈活塞式运动,水流途径类似U形管。在强大水头压力下,侵蚀性水流不断向深部溶蚀,形成以垂直管道为主的岩溶形态,溶洞等一般也以竖向型为主,如隧道在DK354+879里程遇到的竖向靴子形爆喷水流溶洞(监测水压力约为2.9MPa)。而在二级夷平面上P_1地层中发育的S-67的颜家槽洞是高水压溶洞,溶洞管道从缝隙状洞口喷出水柱高达5m,沿管道径流方向10~15m为一深度大于10m的竖井状管道(图2-32)。

而半节河源头的喷砂池,可从直径5m左右的水池中喷出大量细砾石和砂,组成砂坝,由水面至坝顶高3m左右,被搬运的砾石被击破呈碎块状,估计水柱高达数十米或近百米(图2-33、图2-34)。这些现象都反映出强大压力水头作用下承压水竖向侵蚀的特征。

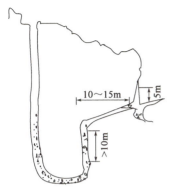 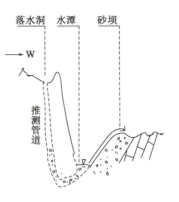 

图 2-32 颜家槽溶洞水流示意图　　图 2-33 半节河源头喷砂池剖面示意图　　图 2-34 喷砂池涌水时喷砂达 3m 高

2.3.6 岩溶发育深度问题

1) 岩溶发育深度概述

目前在岩溶发育深度的认识上,主要以当地水流最低排泄面作为岩溶发育的深度底线。这是基于岩溶水的垂直分布模式,认为河流谷底以下的深循环带内,随着深度增加,岩层节理、裂隙的发育在规模和程度上相对浅层部位都要缩小,水流下渗能力相对减小;随着远离地表水流携带的二氧化碳含量也会减少,地下水运动缓慢,交替循环微弱,水流的侵蚀—溶蚀强度也会大幅度降低,岩溶发育会随着深度增加逐渐停止,只发育有溶孔和溶隙,不能形成大型岩溶管道。

但是人们在大型河谷底下发现有深岩溶发育的现象,如长江流经岩溶区,在江面以上和江面下百余米处仍然有大型溶洞存在,如图 2-35 所示。长江宜昌发现在江面以下 120m 仍然存在的溶洞,四川猫儿峡、贵州乌江峡谷等也有类似情况。湖南涟源市地区岩溶承压水系统中承压区的 -500～-300m 深处溶洞很发育。

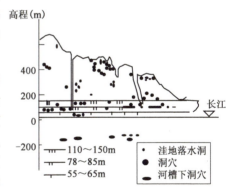

图 2-35 长江峡谷部分岩溶分布图

由于对这类深岩溶的认识主要是基于地质调查和钻孔勘测获得,局限了人们对深岩溶的深入研究。多数人认为用"古岩溶"解释比较好理解。除了从古岩溶角度去研究外,就是从局部地段特殊的水文地质及特殊水化学性质等角度进行分析解释,并划为以下主要类型。

(1) 断裂带深岩溶:循着断裂带的方向并与断裂性质有关。

(2) 硫化矿床氧化带深岩溶:硫化矿床氧化带越深,岩溶发育的深度也越大。

(3) 层内深岩溶:指承压的向斜盆地或单斜自流构造岩溶含水层内发育的深岩溶,这类岩溶主要是因为地质构造决定了其水文地质背景,岩溶发育深度不受排泄基准面的控制,没有固定高程,仅循着一定的岩溶含水层发育。

埋藏深岩溶：岩溶形成后，即为新生界所埋覆，洞穴处于以沉降为主的断裂活动的断块上。

随着对煤田水工建筑、深埋铁路隧道的建设不断增加，高大岩溶山脉、峡谷区深层溶洞被大量揭露。如在大巴山长隧道施工过程中发现，在地表岩溶泉水出口以下100～500m处还有溶洞；广西合山煤矿在-334m处依然有溶洞；建成的圆梁山铁路隧道及宜万铁路的诸多隧道中，都在低于当地排水基准面几百米以下揭露有溶洞管道。这些越来越多的深岩溶发育现象很难用局部构造特性及特殊矿物含量进行全部的解释。重新审视并研究深岩溶发育问题成为必要。

随着深埋隧道建设的不断展开，铁路工程中把岩溶区埋深大于500m所遇到的岩溶确定为深岩溶，并把其作为铁路深埋隧道所遇到的岩溶灾害提出来。目前在预测岩溶发育深度问题上，工程界还是以隧道所在区域的水流最低排水基准面作为岩溶发育的深度底线。所以工程建设中目前一直把隧道区水流最低排水基准面作为岩溶发育的深度底线，这也成为隧道深岩溶灾害预测的主要参数。

2）毛坝向斜岩溶发育深度分析

圆梁山毛坝向斜岩溶水的集中排泄点是毛家院子溶洞，洞口高程为920m，成为区内唯一长年流水木叶河的发育地。该河在飞水涯775m高程处流出区外，按岩溶发育理论，毛坝向斜的侵蚀基准面高程应是920m，或者为安全起见定在775m作为毛坝向斜的侵蚀基准面。

若把毛家院子溶洞作为岩溶水的最低排泄点，并看成是当地岩溶水最低排泄基准面。按传统岩溶发育理论，在最低排泄基准面以下，除河床下有谷底循环带发育有大的岩溶管道外，其下的深岩溶形态应是以溶孔和溶隙为主，地下水呈缓慢运动状态，接近层流，地下水中游离CO_2含量甚微，故不足以形成大型岩溶管道，更不可能发生突发性的突水涌泥沙等岩溶灾害。

但毛坝向斜段于隧道长度仅2.2km的距离内，施工中遇到大型溶洞管道3个，其中2号溶洞最大突水涌泥沙量高达4000m^3/h；3号溶洞最大突水涌泥沙量达3000m^3/h，在3d内涌出泥沙砾石量高达20700m^3，在S-D非可溶性岩层与P_1可溶性岩层接触界面处，虽然施工时未遇到大型溶洞，可是却探测到两股大的地下水流，可以预见沿该界面有大型溶洞管道存在，说明深层岩溶非常发育。

此外，在隧道疏干排水时引起距离隧道12.5km以外的木叶河（发源毛家院子溶洞）水位下降0.5m，地表的三股泉水在隧道施工一年后水位不仅下降显著，而且水流由南向北改道为由北向南。同时在隧道中见到极圆状卵砾石，与二级夷平面溶洞排出的砾石圆度完全一致，这些现象排除了隧道揭露的深层溶洞为古岩溶的可能性。

根据毛坝向斜深层揭露的溶洞，可确定毛坝向斜内岩溶发育深度特征。

(1) 无论是承压水型还是潜水型，岩溶发育的极限深度为含水层底板附近。

如圆梁山毛坝向斜于DK354+230～DK354+290和DK354+460～DK354+490里程发育的潜水型溶洞1号和2号恰好位于P_1^2w泥灰岩、黑色碳质页岩隔水层顶面上。里程DK353+200～DK355+400段，在两翼转折端的P_1m与S-D接触带附近探测出的两股大的承压水流，都充分证明大型岩溶管道发育极限深度不是当地排泄基准面，而是在岩溶化含水层与隔水层底板界面以上一定高度范围内。这是地表水通过落水洞、漏斗等竖向岩溶管道转成地下水，并向深部运动的下限。

(2)结合毛坝向斜浅层溶洞分布调查,确定目前岩溶有两个主要的集中发育带。

①历史上遗留下来的夷平面高程附近。浅层发育带主要位于高程为 1150~1160m 的二级夷平面附近,出露的暗河出口、溶洞、大型岩溶泉占毛坝向斜区溶洞或暗河的绝大部分,见表 2-12。

分布在二级夷平面上(1150~1160m)的暗河出口或溶洞和大泉 表 2-12

暗河或溶洞和大泉名称	分布的构造部位	出露高程(m)
水爬岩	毛坝向斜两翼	1140
黄家槽	毛坝向斜核部	1020
小毛坝泉群	毛坝向斜核部	1020
苦草坪泉群	毛坝向斜核部	1161.26
绿荫潭	毛坝向斜核部	1151.943
S-27	毛坝向斜东翼	1075.352
S-26	毛坝向斜东翼	1070.891
水推磨	毛坝向斜东翼	1019.773
毛坝抽水站	毛坝向斜核部	1048.934
S-37(半节河暗河出口)	毛坝向斜东翼	988.864
S-67(颜家槽)	毛坝向斜西翼	1112.219

②当地河流集中排泄带附近,如毛家院子暗河—木叶河附近高程 920m 处也是一个主要的岩溶发育带。

(3)区外的现代河流冷水细砂河对深度的影响。

位于里程 DK354+879 的 3 号爆喷型溶洞形成于向斜的东翼,远离核部及转折端;高程约 550m,远离隔水层,但区外东侧有冷水河,谷底高程约 600m,西侧有细砂河,谷底高程约 500m。虽然毛坝向斜中地下水与上述两条河流没有直接补排关系,但毛坝向斜是高悬在两条河流之上的蓄水盆地,区内的水流最终由地表河流排泄到区外两河中。深层承压水流在运移过程中,其径流深度受区外两条河流的影响是客观存在的,所以在其高程附近发育大型竖向溶洞并非偶然。

3)毛坝向斜深岩溶发育的影响因素

从岩溶形成的基本因素分析,控制深层岩溶形成有 3 个关键因素:

(1)地下水循环下限的深度,这是最基本的条件,因为只有水流能到达的地方才存在可溶性岩体和水相互作用的问题。

(2)地下水到达极限深度时的水流特征,即层流或紊流。因为它决定了水是否具有最低侵蚀性,是否能形成大型岩溶管道,还是仅仅发育孔径小于 5mm 的溶孔和溶隙。

(3)深循环地下水是否有携带足够数量具有溶蚀能力和侵蚀性的 CO_2。

4)水流的地质环境特征

毛坝向斜四周被巨厚的 S-D 非可溶性岩层完全包围封闭起来,地下水与外境几乎无任何的直接补排关系,是一个独立的水文地质单元,在毛坝向斜内无论是上层岩溶化潜水,还是下层岩溶化承压水,其地下水补、径、排等循环都是在这个单元内完成的,充分地把降水转化成地下水。

岩溶水不同于充满岩土孔隙的孔隙水,水流在含水岩层运移过程中,在未形成自由水面之前,相对于深层部位,都具有较大的势能;而两翼高角度的岩层层面以及密集断层、落水洞成为地下水流运移的有利通道,地下水沿着这类竖向水流通道,在重力作用下形成了向深部不断运移的强大势能。

当地下水已形成统一水面时,潜水从高处向低处流动;最终达到隔水层顶板。承压水则是靠补给区和排泄区的压力水头呈活塞式 U 形管形式运动。隧道掌子面上测试承压水流压力高达 2.9~3.5MPa,在这个强大水头压力作用下,为水流不断向下侵蚀—溶蚀提供了强大的原动力。总之,在巨厚的含水层中,无论潜水还是承压水都具有向深部含水层的底板运移的特征。

5)区域地貌演化与深岩溶水关系

岩溶地貌是漫长地质历史时期,内外动力对碳酸盐岩体进行综合作用的结果,一次构造运动相应会经历一次强烈的岩溶化作用,结果形成相应的一级夷平面,在夷平面后缘往往有溶洞、暗河分布,这些溶洞、暗河等代表了当时主要地下水循环途径。由于岩溶作用是不间断地进行,区域内的岩溶形态从形成之日起,就不断受到后期岩溶化的累积作用,它不仅使早期夷平形成的岩溶部分重新纳入现代岩溶作用中,而且在其上会重新发育岩溶槽谷、洼地,落水洞等,在夷平面以下重新形成新的岩溶管道,构成新的岩溶系统。

从毛坝向斜岩溶发育历史看,岩溶和岩溶水已经历了两个岩溶化阶段,在 1260~1280m 的第一级夷平面和 1150~1160m 的第二级夷平面后缘主要发育溶洞、暗河。可见,历史上的侵蚀基准面附近为岩溶较发育地带。

区域目前已进入第三个岩溶化阶段,即峡谷期阶段。主要代表为深切两翼的细砂河及冷水河;核部及二级夷平面上的洼地、槽谷则是现代地貌作用的结果,其上广泛发育的落水洞、漏斗等竖向管道,反映岩溶发育正处在青年时期,具有继续向深层发展的潜力,两河附近高程成为其主要的影响因素。

地貌特征显示,现代区域形成了三套相应的岩溶发育系统。通过对不同溶洞暗河及夷平面上的沉积物质进行对比分析,发现从深层至地表,在横向、纵向岩溶管道或密集的断层带的沟通下,三套岩溶系统存在着密切的水力联系。同时说明了地质作用及地貌演化赋予了不同时期的水流不断地穿层、穿石向深部发展的强大动力,毛坝向斜深岩溶水流形成模式如图 2-36 所示。

6)深层侵蚀性 CO_2 的丰富来源

毛坝向斜深层岩溶水流含有丰富的游离 CO_2,这与该区的气象水文地质等条件关系密切。

从大环境来讲,我国南方岩溶发育强烈主要与其土壤 CO_2 含量较高、雨水中 Ca^{2+} 浓度以及降水量、径流量较大有关,而毛坝向斜岩溶地貌及深岩溶正是在此自然地理环境中形成的产物。

(1)丰沛游离 CO_2 来源的水文气象基础

大气降水为毛坝向斜地下水的唯一补给源,由于该区地处西南山区,气候温和湿润,多年平均气温 17.7℃,最高气温为 44.1℃(1953 年 8 月 19 日),最低气温为 -8.4℃(1951 年 1 月 13 日)。多年平均降水量 1383.6mm,地形雨特性明显,随海拔高度的增加,年平均气温降低、雨量增加,丰富的雨量为毛坝区水流提供了充足的水源和丰富的 CO_2。

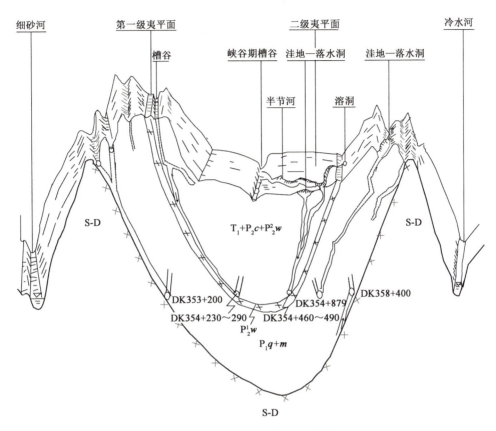

图 2-36　毛坝向斜深岩溶水流形成模式

(2) 地表生化作用对 CO_2 含量的补充

毛坝向斜地表虽然有部分基岩裸露的峰丛,但在夷平面及其上岩溶洼地、槽谷、溶丘等岩溶地貌上覆盖有不同厚度的土层,其上植被繁茂,其中有常绿的松柏针叶、阔叶乔木和大量的灌木草丛等,如图 2-37 所示。一方面植被及腐殖质层减少了表层土壤流失,增加了土壤水分,调节了水循环;另一方面由于植被的光合作用、腐殖质层的分解和土壤微生物呼吸等一系列生化作用,产生了大量的 CO_2(表 2-13),使得包气带土壤中的 CO_2 比大气中的 CO_2 含量高出 10~300 倍,为降雨入渗水流提供了丰富的 CO_2 来源。

不同植被类型下土壤 CO_2 浓度的变化　　　表 2-13

植被类型	土壤深度(cm)	CO_2 浓度(ppm)
山顶有林地	20	6600
	50	10000
山坡灌木林	20	2400
	50	1600
闲置旱地	20	2700
	50	2500

(3) 地表及地下水流形式对 CO_2 的补充

经过植被覆盖的地表水流源源不断地汇入区域中的漏斗等竖向管道中,如图 2-38 所示。强降雨所形成的暂时性洪水或泥石流会把大量的泥沙、砾石、生物残骸等随水流经竖向管道搬运到地下各种暗河管道中,大量固体物质表面附着大量空气,为地下水带来大量游离 CO_2,从而增加了水流深循环中 CO_2 含量。而地下岩溶管道并非完全充满地下水,地表空气与岩溶管道中流动,地下水会不断形成新的平衡。

图 2-37　被耕地灌木树林覆盖的地表　　　　图 2-38　毛坝区典型的洼地落水洞

(4) CO_2 循环交替的介质环境

①毛坝向斜长 65km、宽 2～3km,为狭窄的、两端翘起的、外围被 S-D 隔水层完全包围封闭的向斜蓄水构造盆地,地下水流不外泄。

②毛坝向斜含水岩组大面积出露地表,高度由四周向核部呈阶梯状降低,这种地形对降水汇集极为有利,能够最大限度地接受暂时性洪流,广泛发育的岩溶洼地、漏斗为降水转入地下提供了有利的条件。

③地貌上,经历两次发育旋回,目前处在第三次岩溶发育阶段,使岩溶水流由地表向纵深不断发展。构造上,岩溶岩组高角度的层面裂隙和与向斜轴近于直交的扭性断层带,为地下水流的运移提供了良好通道。而巨大的水头差使得承压含水层中活塞式 U 形管道发育,加速了承压水径流速度。

④隧道开挖引起地表隧道轴线 12.5km 外的毛家院子溶洞流出的水位降低 0.5m,同时引起三股水泉水位下降且流向发生改变,充分说明毛坝向斜内部岩溶管道连通性非常好。

7) 隧道工程中的岩溶发育深度问题

通过对圆梁山隧道毛坝向斜地表和地下岩溶调查及施工中调查的资料,也结合宜万铁路上几个岩溶地区隧道地表和地下岩溶调查及有限长度的隧道施工中的资料,认为根据铁路隧道工程需要,确定一个地段的岩溶发育深度时,应考虑以下三个相关的岩溶发育深度。

(1) 岩溶发育的极限深度:指上层岩溶化含水层与下层隔水层接触界面的深度,是岩溶地下水向纵深运动不能超越的深度。

(2) 地下水集中排泄点或带的深度:指岩溶潜水在当地过境河水面以上或附近集中分布的暗河出口或溶洞、大泉水的高程。

(3)无过境河流的地表分水岭段岩溶发育深度:指受目前当地岩溶发育阶段与地下水流场、区域地表水系影响的岩溶发育深度。

有区域过境河流的岩溶地区,隔水层顶面高出河床以上时,只需要考虑极限深度;若隔水层在区域过境流水面以下很深时,需要同时确定两个深度:集中排泄点或带的深度,岩溶发育的极限深度。因为在这两个深度之间仍然有大型岩溶管道发育,若铁路隧道线路高程恰好在此空间内,会碰到大型岩溶,一般在岩溶发育接近极限深度过程中,溶洞管道由竖向型转向水平型。

无过境河流或是在地表分水岭区,则要根据地貌演化特征、岩溶发育旋回确定的当地岩溶发育阶段(青年期、壮年期……),及其与区内地下水流、区外集中排泄带共同影响而达到的深度。

根据区内岩溶最低排泄点、其地下水流场及与区域地表水系的关系来确定深层岩溶可能发育部位,在宜万铁路岩溶深度预测上取得了很好的效果,如宜万铁路齐岳山东侧隧道进口,岩溶集中排泄带高程在1100~1200m,但根据区内夷平面高程、地表水特征、现代岩溶水流的流向等预测在900~1000m间应发育大量大型岩溶管道,这在施工过程中得到了验证。

这种判断深埋隧道设计高程以下是否还有深岩溶和岩溶水存在地质的理论方法,对隧道施工安全、施工造价、能否按原设计进行施工意义重大。

2.4 本章小结

本章介绍了我国岩溶隧道地质特征,分析了西南地区岩溶发育的地理位置特点、高程分带特点、地层分布特点、地质构造特点及地下水循环特点,并进一步研究了新圆梁山隧道岩溶发育特征。结合新圆梁山深埋隧道建设,利用隧道的开挖对毛坝向斜深层岩溶发育特征进行了零距离地质勘察和第一手监测资料的收集,通过与毛坝向斜岩溶分布特征进行对比分析,将深岩溶作为区域岩溶系统发育的一个部分,对其发育特征进行了系统研究,并利用不同水样化学对比分析方法论证了深循环水的侵蚀性;用"沉积物示踪剂"方法研究了地下水深循环途径,在深岩溶发育深度及其突水问题上提出新的理论。

1)深层岩溶的形成分布特征对比研究

其与浅(表)层形成分布特征一致:共同受到岩溶发育阶段、向斜褶皱、断层构造、岩性产状等的影响控制。岩溶水流使二者成为一个有机的结合体,共同组成区域完整的岩溶发育系统。深层岩溶只是区域岩溶系统的一个组成部分,发育阶段中的一个环节,不仅仅是受到某个特定因素控制的结果。

2)深层岩溶发育的极限深度

深层溶洞中1号、2号溶洞都出露在二叠系吴家坪下段(P_2^1w)隔水层界面附近以上。承压型3号溶洞虽然位于二叠系茅口组灰岩(P_1m)中部,远离泥盆—志留系(D-S)隔水层,但钻孔资料反映出,在溶洞以下约200m高程处依旧普遍存在着孔径大于5mm的具有侵蚀性的溶蚀洞穴,取钻孔水样分析,水中含有丰富的游离CO_2,具有侵蚀性,说明此高程的水流循环交替条件良好,岩溶具有继续发育的条件。在纵深方向上,溶洞发育最终深度都是含水层与隔水层界面附近。

3)岩溶集中带在深度上的分布特征

从岩溶发育阶段分析,岩溶在垂向上的分布基本上与夷平面和现代岩溶地貌作用相适应。尤其二级夷平面上后缘多集中分布了夷平时期形成的暗河管道出口及溶洞。反映出历史上最低排泄带附近为岩溶集中发育地带。目前该区域正处于现代岩溶作用阶段,代表地区为紧邻毛坝向斜两翼的细砂河、冷水河。在二级夷平面内发育起来的槽谷、洼地、落水洞、漏斗等竖向管道都主要受现代岩溶地貌作用影响。而深层的 3 号溶洞高程恰好与冷水河、细砂河相适应,虽然二者没有直接的地下水联系,但毛坝向斜是高悬在两条河流之上的蓄水盆地,区内的水流最终由地表排泄到区外,两河对其影响是客观存在的。

4)深岩溶水流特征

该区 P_2^1w 以上的 T_1、P_2 潜水层,P_2^1w 以下 $Pq+Pm$ 承压水层为毛坝提供了两套地下水系。无论承压水还是潜水,主要是以岩溶管道流形式存在,集中管道流是一种在水头差作用下,大流量、大流速路径严格受到构造产状影响的地下河流,往往在途经的薄弱结构面处形成大型溶洞,它是威胁隧道施工的主要水流。根据地质调查及沉积物示踪研究,把管道流划分为:槽谷—落水洞—暗河,洼地—落水洞—暗河,伏流口—地下水等几个常见子系统,这为预测深岩溶水循环途径提供了地质依据。

5)毛坝向斜深岩溶形成有利因素

根据岩溶形成的基本因素,深层岩溶形成必须满足三个基本特征:

①地下水循环的下限深度;

②地下水流特征,即为层流还是紊流决定水流有无侵蚀性;

③深循环水是否有足够数量的侵蚀性 CO_2。

(1)毛坝地质地貌条件为地下水流向深部运移提供了良好的外部环境

毛坝向斜作为一个独立的水文地质单元,使地下潜水和承压水的补、径、排等循环都是在这个单元内完成的。在运移过程中,岩溶水不同于充满岩土孔隙的孔隙水,其主要径流形式为管道流,相对于深层部位,具有极大的势能,在重力作用下,地下水有沿着裂隙或层面向深部不断运移的强大势能。同时,两翼高角度的岩层层面、节理以及密集高角度断层,为地下水流的通畅联系创造了有利条件。此外,该区承压水在强大水头压力作用下,不断向下侵蚀、溶蚀,唯一能够控制岩溶发育深度的是含水层的底板。

在巨厚的含水层中,能够满足水流的动力侵蚀条件和水流溶蚀特性的最低深度,就是目前岩溶发育的深度。这个深度会随着地质构造、地貌演化等发生变化。

(2)地貌演化、岩溶发育阶段的影响

毛坝经历了两次主要的夷平过程,目前毛坝正进入现代岩溶化阶段的青壮年期。早期夷平形成的岩溶系统受其影响,在纵横交错的岩溶管道或密集的断层、裂隙的沟通下,会穿越平层位继续向深部发育,并受在目前峡谷期最低排泄带(细砂河与冷水河)影响,在河谷高程形成一个岩溶管道集中带。

(3)深岩溶水侵蚀性 CO_2 来源

化学分析毛坝向斜深层岩溶水流中含有丰富的游离 CO_2,这与该区的气象水文地质等条件关系密切。

①地质环境:地形高耸狭窄,地质单元独立,使得该区降水除蒸发全部渗流到地下,高角度

断层、层间裂隙,大量的不同高程的槽谷、洼地、落水洞促使地表水流通畅快速进入深层,充足的水源为携带更多的 CO_2 提供了条件。

②地表生化作用:本区除部分灰岩裸露地表外,在发育的夷平面期形成的沉积层上、大量发育的槽谷洼地上等都覆盖有丰富的灌木、植被,这种底部为灰岩,表层为植被覆盖的松散沉积的双层结构,能够使地表水流下渗过程中补充大量的 CO_2。

③岩溶水流特征:洪水进入竖向管道会携带大量泥沙碎石植被残骸,其表层吸附大量的 CO_2。而地下岩溶管道并非完全充满地下水,地表空气与岩溶管道中流动地下水会不断形成新的平衡。

6)隧道建设中需要考虑的岩溶深度

传统的理论在谷底循环带以下则被称为深循环带,只发育有溶孔、溶隙,无法形成大型岩溶管道。新圆梁山隧道毛坝向斜段发育的深层溶洞充分说明:不能用"排泄基准"这一岩溶垂直分带概念来确定当地岩溶发育的深度。

根据铁路隧道工程需要,在隧道设计施工中要考虑到三个相关的岩溶发育深度:岩溶发育的极限深度、岩溶集中排泄点或带、当地目前岩溶发育阶段与区域地表水系及地下水的共同影响深度。应该指出的是,当隔水层分布高于过境河流水面时,该地岩溶发育只有极限深度,即地下水只沿隔水层顶面以上,以溶洞水、暗河、泉水等形式排出;当隔水层分布低于过境河流水面时,不仅在河水面附近有集中排泄点或带,而且在排泄点或带以下还有岩溶发育,可直至隔水层顶面的极限深度。

在无过境河流的分水岭地区,则首先确定当地目前岩溶发育处于哪个阶段,再根据山体内岩溶水的补、径、排等地下水流场和附近形成稳定河谷断面的地表水等因素综合分析,确定该区岩溶发育深度。只有建立这三类岩溶发育深度所共同影响下的岩溶管道与隧道设计线路的相交关系,才能够对隧道建设起到实际指导作用。

第3章　新圆梁山隧道方案比选与风险评估

既有圆梁山隧道修建过程中穿越毛坝向斜等岩溶十分发育区，施工过程中揭露了大型高压富水充填型溶腔，多次大规模突水突泥灾害给施工带来了巨大的风险和不便。新圆梁山隧道在修建过程中同样需考虑上述问题。为此本章提出3种不同的新圆梁山隧道越岭线路方案，并从地质条件、环境影响、土地利用、工程风险控制、运营管理及旅客出行、工程规模及投资等方面综合对比分析，确定最优的越岭线路方案。在考虑保护既有线的情况下，进一步对完全利用圆梁山平导方案、新圆梁山隧道方案、部分利用圆梁山平导方案比选；并对邻近既有线新圆梁山隧道平导扩挖施工方案开展风险评估，研究风险控制措施，确定该方案施工风险的可接受水平。

3.1　新圆梁山隧道越岭线路方案比选

圆梁山隧道各方案位于全线的越岭地段，属武陵山谷地区及溶蚀丘陵、溶蚀槽谷地貌区，以北北东向山脉与纵向河谷相间，兼有小型山间盆地的地貌景观为特色，且背斜核部大多成山，翼部多数为谷。地形地貌受岩性、构造、水文网等因素控制，碳酸盐岩分布区近河地段常形成陡峭的峡谷，局部地段悬崖峭壁连绵数十千米。远离峡谷地段保留了夷平面地形，地形起伏较小，岩溶发育。岩溶地貌如洼地、溶槽、漏斗、暗河等较发育；碎屑岩区以侵蚀作用为主，受构造骨架、岩性和水文网的影响，差异较大。侏罗系红层区，地貌主要显示为巨大的单斜山坡；志留系碎屑岩山区，多呈鳍脊状低山或中山，溪沟纵横交错。山脉高程一般为1000～1700m，高差为200～1000m，自然横坡30°～50°。圆梁山为乌江和沅水两水系分水岭。

测区处于扬子准地台东南部，属上扬子台坳。台坳的基底由环绕川中的结晶地块增生的中元古界组成。寒武系为远硅质及内源碳酸盐建造；奥陶系为异地碳酸盐及笔石页岩建造；志留系为海退序列的笔石页岩—砂泥质建造。由于加里东运动，该区隆升，台坳大部分地区缺失石炭系和泥盆系大部。下二叠为铝土质—碳酸盐建造；上二叠为海陆交互相含煤建造；三叠为碳酸盐建造。因此区内地层除缺失石炭系外，从侏罗系到寒武系均有出露，岩性以灰岩、白云岩、页岩、砂泥岩等为主。

测区构造单元属扬子准地台东南部,上扬子台坳中川东陷褶束之秀山穹褶束与黔江凹褶束接合部。褶皱轴走向一般为 N10°~35°E,常呈"S"形弯曲,轴向一般倾向东南。区内发育较多正断层,倾向东南,为燕山期褶皱二次纵张构造,是本区构造的第二个特征。区域性的褶皱为:咸丰背斜、毛坝向斜、桐麻岭背斜、木桶盖向斜、下坝背斜。大的区域性断裂有马喇湖正断层、毛坝向斜横张断裂组。次级褶皱及次级断裂构造发育。

区内地下水主要为岩溶水、基岩裂隙水,构造及地貌对岩溶地下水起着明显的控制作用。测区主要有 3 个独立的水文地质单元:毛坝向斜区单元、桐麻岭背斜区单元、木桶盖向斜区单元。各单元之间因泥盆、志留系隔水层的阻隔,基本无水力联系。

方案比选区内不良地质主要有岩溶和岩溶水、高水压、煤层瓦斯、锰矿采空区、高应力、高地温、危岩落石、顺层等。

3.1.1 新圆梁山隧道越岭线路比选

圆梁山地区地形地质复杂,环境敏感,隧道工程规模及施工难度大,在环境保护、施工安全、既有线运营安全,以及相关工程防灾救援和运营管理等方面均有较高要求。为降低工程风险、保证工程安全、保护环境并节约投资,本节在可行性研究文件基础上,根据区域地形地质条件,借鉴既有圆梁山隧道工程建设的经验和教训,研究了新圆梁山越岭线路方案,包括利用平导方案、圆梁山短隧方案及沿 G319 国道绕避圆梁山方案。各方案走向示意如图 3-1 所示。

(1)沿既有线(完全利用平导)方案

该方案线路起于既有线甘家坝站,沿既有线右侧利用既有金洞隧道预留工程,接入鱼泉站;出站后继续利用预留工程穿旗号岭隧道,设桥跨细沙河;利用圆梁山隧道右侧 30m 集施工中地质探测、通风、排水、增加工作面及运营期间排水、消防、救援、人员疏散等多功能的长 11182m 贯通平导进行扩挖设隧。出洞后,沿既有线右侧局部取直,绕开长潭沟站,在泔溪进站端的挨山大桥换边至左侧,引入泔溪车站,然后线路沿既有线左侧并行接入麻旺站,过酉阳,在龙潭出站端换边至既有线右侧,过茨竹坝、穿胡山隧道到达小浩(既有站关闭),出小浩后,经龙池线路两次取直,跨秀山河和梅江河并入既有线引入秀山站。

(2)圆梁山短隧方案

方案线路起于既有线甘家坝站左侧,沿既有线左侧新建 9135m 金洞隧道后接入鱼泉站,从鱼泉站引出之后,穿长 4533m 新建旗号岭隧道后折向东北,再调头向东穿长 7052m 新圆梁山隧道后折向南沿冷水河边设店子坪车站,再穿 4789m 的李家隧道顺长潭沟经泉孔、泔溪,后续路线与沿既有线(完全利用平导)方案相同。

(3)沿 G319 国道绕避圆梁山方案

该方案从绕避圆梁山不利地质构造和岩溶与地下水问题出发,线路由甘家坝右侧引出后,沿 G319 国道而行,经两河口以 7495m 的羊古老隧道穿长岗395;设小坝站,出站后上跨 G319 国道,在酉阳县城南边约 1.5km 处在 3998m 的白杨树隧道通过;过田坝,设 2538m 石垭子特大桥,进入板溪站;经楠木庄,在 6533m 的长河坝隧道穿茶园后,过溶溪;设长 5518m 的石板水隧道穿过木桶盖向斜,设沙河特大桥(长 1792m),在秀山站前与既有线并行。

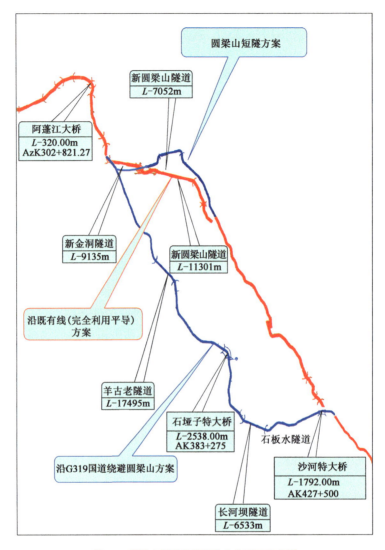

图 3-1　圆梁山隧道越岭线路方案平面示意图

3.1.2　不同方案的技术特征与经济效益分析

1）工程地质条件分析

越岭各方案工程地质条件及特点综合对比见表 3-1。

越岭各方案主要工程地质条件及特点综合对比　　　表 3-1

工程地质条件	沿既有线（完全利用平导）方案	圆梁山短隧方案	沿 G319 国道绕避圆梁山方案
地形地貌	测区地处渝、鄂、黔三省市毗连地区，为川东褶皱山地与鄂西山地、贵州高原的接壤带，属中低山地貌，相对高差达 800 余米	测区地处渝、鄂、黔三省市毗连地区，为川东褶皱山地与鄂西山地、贵州高原的接壤带，属中低山地貌，相对高差达 800 余米	测区地处渝、鄂、黔三省市毗连地区，为川东褶皱山地与鄂西山地、贵州高原的接壤带，属中低山地貌，相对高差达 800 余米

续上表

工程地质条件	沿既有线(完全利用平导)方案	圆梁山短隧方案	沿G319国道绕避圆梁山方案
地层岩性	地表第四系冲洪积、坡崩积、坡残积粉质黏土、黏土、卵石土、角砾土、碎石土等,下伏地层为二叠系至寒武系的页岩、砂岩、泥质灰岩、泥灰岩、白云质灰岩、灰岩、泥质白云岩、白云岩等,其中二叠系吴家坪组地层含煤	地表第四系冲洪积、坡崩积、坡残积粉质黏土、黏土、卵石土、角砾土、碎石土等,下伏地层为二叠系至寒武系的页岩、砂岩、泥质灰岩、泥灰岩、白云质灰岩、灰岩、泥质白云岩、白云岩等,其中二叠系吴家坪组地层含煤	地表第四系冲洪积、坡崩积、坡残积粉质黏土、黏土、卵石土、角砾土、碎石土等,下伏地层为二叠系至寒武系的页岩、砂岩、泥质灰岩、泥灰岩、白云质灰岩、灰岩、泥质白云岩、白云岩等,其中二叠系吴家坪组地层含煤
地质构造	线路穿越咸丰背斜、毛坝向斜、桐麻岭背斜,其中咸丰背斜断层极为发育,主要见一系列的高角度正断层、逆冲断层及倾角缓的逆掩断层;毛坝向斜压剪、横张断裂发育;桐麻岭背斜核部具二次褶皱构造,正、逆断层发育	线路穿越咸丰背斜、毛坝向斜、桐麻岭背斜,其中咸丰背斜断层极为发育,主要见一系列的高角度正断层、逆冲断层及倾角缓的逆掩断层;毛坝向斜压剪、横张断裂发育;桐麻岭背斜核部具二次褶皱构造,正、逆断层发育	线路穿越咸丰背斜、木桶盖向斜、下坝背斜;其中木桶盖向斜走向、延伸长度、规模、可溶和非可溶发育序列,甚至褶曲形态都与毛坝向斜极为相似
主要隧道穿可溶岩长度	新圆梁山隧道长11182m,穿毛坝向斜段为1945m	新圆梁山隧道长7052m,穿毛坝向斜段为2250m	石板水隧道长5518m,穿木桶盖向斜段为2470m
主要隧道地下水位埋深	毛坝向斜是一个两端扬起呈封闭状的储水构造,其隔水边界为志留系粉砂质页岩。向斜内部发育两层两种性质的岩溶水,上层为以岩溶管道水为主的岩溶水,高程在850m以上,下层为以岩溶裂隙水为主的承压岩溶水	毛坝向斜是一个两端扬起呈封闭状的储水构造,其隔水边界为志留系粉砂质页岩。向斜内部发育两层两种性质的岩溶水,上层为以岩溶管道水为主的岩溶水,高程在850m以上,下层为以岩溶裂隙水为主的承压岩溶水	木桶盖向斜亦是一个两端扬起呈封闭状的储水构造,其隔水边界为志留系粉砂质页岩。隧道路基面高程440m,仍处岩溶水水平循环带内
向斜段涌水量评估	$17.3 \times 10^4 m^3/d$(毛坝向斜)	$>17.3 \times 10^4 m^3/d$(毛坝向斜)	$>17.3 \times 10^4 m^3/d$(木桶盖向斜)
背斜段涌水量评估	$8.6 \times 10^4 m^3/d$	$8.6 \times 10^4 m^3/d$	$>8.0 \times 10^4 m^3/d$
主要隧道引起地表水失水范围	新圆梁山隧道最大埋深约725m,穿毛坝向斜段隧道路基面高程510m,引起地表环境水漏失影响范围垂直于线路方向宽约1.5km	新圆梁山隧道最大埋深约675m,穿毛坝向斜段隧道路基面高程约700m,引起地表环境水漏失影响范围垂直于线路方向预计宽约1.7km	石板水隧道最大埋深约495m,穿木桶盖向斜段隧道路基面高程约440m,开挖对地表水袭夺,对环境水的影响范围沿向斜轴向长1.9km以上
水文地质	地下水以裂隙型岩溶水[局部存在裂隙—溶洞(暗河)型岩溶水]为主,基岩裂隙水次之,并有少量松散岩层孔隙水分布	地下水以裂隙型岩溶水[局部存在裂隙—溶洞(暗河)型岩溶水]为主,基岩裂隙水次之,并有少量松散岩层孔隙水分布	地下水以裂隙型岩溶水[局部存在裂隙—溶洞(暗河)型岩溶水]为主,基岩裂隙水次之,并有少量松散岩层孔隙水分布

续上表

工程地质条件	沿既有线(完全利用平导)方案	圆梁山短隧方案	沿 G319 国道绕避圆梁山方案
主要工程地质问题	岩溶及深埋高压岩溶水、煤层瓦斯	岩溶及深埋高压岩溶水、煤层瓦斯、危岩落石、顺层偏压	岩溶及深埋高压岩溶水、煤层瓦斯、锰矿压矿及采空区
共同点	三个方案地形地貌、地层岩性、地质构造单元基本相同,主要褶皱构造相似,隧道均存在岩溶及深埋高压岩溶水、煤层瓦斯等主要工程地质问题		
主要优点	经大量综合勘探技术手段及施工开挖验证,地质条件清楚,可利用资料多;圆梁山隧道竣工以来,经过长期排水,平导内地下水位已降下来,高水位问题不突出	隧道以短隧道群通过。远离既有线,对既有隧道工程安全影响较小	避开了毛坝向斜储水构造区。远离既有线,对既有隧道工程安全影响较小
主要缺点	岩溶管道及溶洞发育部位施工可能对既有线有影响	高水位问题仍较严重;店子坪车站冷水河右岸陡坡分布有 2.5km 长危岩落石,处理难度大。李家隧道全隧小角度穿越桐麻岭背斜,其中隧道进口段长约 1.5km 段落近平行于背斜北西翼走向构造线,对隧道工程很不利。由于圆梁山短隧方案越岭高程高,圆梁山隧道出口后线路位于半坡顺层地段长达 21km,比利用既有平导越岭方案多 9km,增加处理工程量和难度	隧道垂直穿越木桶盖向斜储水构造,该构造发育情况与毛坝向斜类似,仍然存在岩溶高水位和岩溶水害严重问题。长河坝隧道压锰矿范围区长 2.5km,AK408+500~AK408+900 段存在采空区影响问题
工程地质评价	工程地质条件较差	工程地质条件较差	工程地质条件较差

推荐方案:完全利用平导方案地质条件清楚,可利用资料多;圆梁山隧道竣工以来,经过长期排水,平导内地下水位已降下来,高水位问题不突出,因此从地质角度建议采用沿既有线完全利用平导方案。

综合表中内容分析,渝怀二线圆梁山越岭段线路方案从地质选线原则出发,推荐沿既有线新建第二线方案。

2)环境影响分析

(1)各方案隧道外环境概况

①沿既有线(完全利用平导)方案。

隧道顶部在毛坝向斜区域内的村落主要为毛坝乡,分布有毛坝场、茨竹坝、半边槽、杨家崖、猪圈门、梨耳坪、后槽等居民点。据初步调查估算,隧道顶部在毛坝向斜区域内北侧 6km 及南侧 5km 范围内有住户 1200 多户。当地居民的生产、生活用水水源主要是地表出露的山泉水。目前,隧道顶部区域用水主要为农业生产用水和人畜生活用水,农业生产用水主要用作水田灌溉,旱地主要依靠大气降雨,部分旱地采用人工灌溉。

②圆梁山短隧方案。

隧道顶部在毛坝向斜区域内的村落主要为毛坝乡,分布有其江坝、大垭口、大槽、干坝等居民点。据初步调查估算,分布有住户1500余户。目前,隧道顶部区域用水主要为农业生产用水及人畜用水,农业生产用水主要用作水田灌溉,旱地主要依靠大气降雨,部分旱地采用人工灌溉。

③沿G319国道绕避圆梁山方案。

线路经过酉阳县两河口、钟多镇、溶溪等地,绕避毛坝乡。据初步调查,隧道顶部估算分布有住户1200余户。区域用水主要为农业生产用水及人畜用水,农业生产用水主要用作水田灌溉,旱地主要依靠大气降雨,部分旱地采用人工灌溉。

(2)各方案穿越环境敏感区概况

①酉阳大板营自然保护区概况。

酉阳大板营自然保护区范围涉及木叶乡的3个村和毛坝乡的3个村,总面积为212.46 km^2。辖区内最高峰灰千老梁子,海拔1895m,最低处细沙河谷口,海拔为460m。大板营自然保护区始建于1997年,酉阳县人民政府于2003年11月将酉阳大板营县级自然保护区申报市级自然保护区,并经重庆市人民政府批准实施,其最新总体规划修编于2011年5月完成。

根据国家标准《自然保护区类型与级别划分原则》(GB/T 14529—1993)规定,并结合大板营市级自然保护区的性质和特点,将大板营自然保护区确定为"保护天然集中分布的森林生态系统自然保护区"。

目前既有渝怀铁路由于修建年代早于该保护区划定时间,既有渝怀铁路位于保护区核心区、缓冲区及实验区内。根据现场调查,既有铁路隧道顶部植被主要为马尾松林、杉木林,以及西南绣球灌丛、黄荆、马桑灌丛和小果蔷薇、火棘灌丛以及五节芒草丛,占地范围内植被主要是黄荆、马桑灌丛和五节芒草丛。隧道顶部和工程占地范围内没有国家及地方保护植物分布。

既有渝怀铁路的交通走廊附近的动物主要是一些啮齿类的小型兽类,无珍稀保护动物分布。

②工程与保护区位置关系。

a.沿既有线(完全利用平导)方案。

既有渝怀铁路2000年开工时,大板营自然保护区尚未建立,新建二线工程与既有渝怀铁路等高并行,因此难以绕避该自然保护区。根据大板营自然保护区总体规划:渝怀铁路在YCK337+100~YCK344+500段基本以隧道形式通过大板营自然保护区实验区、缓冲区及核心区,进口位于实验区内,出口及施工场地均位于保护区外,穿越总长度约7.4km。线路与保护区具体位置关系,如图3-2所示。

b.圆梁山短隧方案。

渝怀铁路在YC1K339+000~YC1K346+000段以路基、桥梁及隧道形式穿越保护区、实验区、缓冲区,穿越总长约7km,其中隧道长约6.2km,隧道进口位于实验区范围内,出口不在保护区内。

c.沿G319国道绕避圆梁山方案。

该方案完全绕避自然保护区范围。

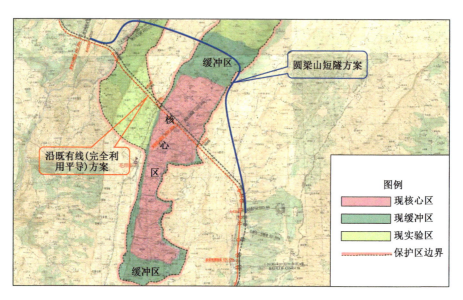

图 3-2 线路与大板营自然保护区位置关系示意图

(3) 环境影响方案比选

①沿既有线(完全利用平导)方案。

新建隧道紧沿既有工程行进,两隧道距离约 30m,和既有线处在同一个水文地质单元。新建隧道位于已形成的地下水降落漏斗范围内,不会在原有的基础上形成新的塌陷与新的泉点被疏干。

②圆梁山短隧方案。

从水文地质条件上看,圆梁山短隧方案由于是新开辟修建廊道,与沿既有铁路方案对地下水环境造成影响的主要因素均是毛坝向斜段的岩溶及高压岩溶水。基于毛坝向斜的岩溶发育规律,隧道方案的选择在高程上应尽量远离 850m 的岩溶管道发育下限,因此线路高程在约 700m 的短隧方案和线路高程在约 550m 的沿既有线(完全利用平导)方案相比较,沿既有线(完全利用平导)方案施工时揭穿岩溶管道的概率要低于短隧方案。同时既有线(完全利用平导)方案沿已开辟廊道行进,其水文地质条件揭示清楚,施工时对地下水环境的扰动要远小于新开辟一条新廊道所造成的影响。因此,从保护地下水环境的角度,沿既有线(完全利用平导)方案优于圆梁山短隧方案。

③沿 G319 国道绕避圆梁山方案。

从水文地质条件上看,沿 G319 国道方案虽避开了毛坝向斜岩溶富水区,但隧道垂直穿越木桶盖向斜轴部。该向斜走向、延伸长度、规模、可溶岩和非可溶发育序列,甚至褶曲形态都与毛坝向斜极为相似,隧道洞身 AK420+030～AK422+500 段为木桶盖向斜核部可溶岩地层,岩溶强烈发育,岩溶水害严重,开挖对地表水袭夺影响严重。从对地下水造成的影响来看,沿 G319 国道方案的不良影响将远大于既有线(完全利用平导)方案。因此,从保护地下水环境的角度,沿既有线(完全利用平导)方案优于沿 G319 国道方案。

另外,沿 G319 国道方案由于交通便利,线路所经地段人口分布密集,桥梁、路基地段易产生新的噪声振动环境影响。

3）土地利用分析

沿既有线（完全利用平导）方案可充分利用既有线预留工程，减少重新征地；圆梁山短隧方案和沿G319国道绕避圆梁山方案远离既有线另开辟走廊，分别比既有线完全利用平导方案增加新征用地304亩和826亩（1亩=666.67m²）。

4）工程风险控制

沿既有线（完全利用平导）方案，地质条件清楚，有Ⅰ线施工经验可借鉴，隧道工程施工风险及施工工期能有效控制。圆梁山短隧方案和沿G319国道绕避圆梁山方案需新开辟施工通道，沿线地质需要重新勘探，但是由于地下地质条件的不确定性，将来施工中还可能碰到圆梁山Ⅰ线施工时所遇到的工程地质问题，施工风险及施工工期不易有效控制。

5）运营管理及旅客出行分析

圆梁山短隧方案和沿G319国道绕避圆梁山方案由于线路远离既有线，局部地段Ⅱ线不能够引入既有车站，需要新建。圆梁山短隧方案和沿G319国道绕避方案比沿既有线（完全利用平导）方案分别需要新设1个和8个车站，这样就需要增加沿线车站及线路管理、守护、养护等人员，相应设施也要进行配套设置，站前、站后设备需要增加，各种生产生活设施需要重新接入，运营管理费成倍增加，且上、下行线路距离较远，在以后的运营过程中存在运输组织上不灵活的难题，对运营管理不利。

另沿G319国道绕避圆梁山方案，绕开了麻旺、酉阳两个中间站。麻旺为办理货运作业的中间站，上、下行货物需要分站办理，给货主带来不便。若有排空引起的上、下行方向空车交流，空车绕行距离较远。酉阳为办理客运作业的中间站，上、下行旅客需要分站坐车，给旅客带来不便。

6）工程规模及投资比较分析

（1）工程规模：沿既有线（完全利用平导）方案建筑长度最短；沿G319国道绕避圆梁山方案长度最长，分别较利用既有线（完全利用平导）方案和圆梁山短隧方案长分别为9.51km和4.13km。

（2）三个方案主要工程数量及投资比较见表3-2。

圆梁山隧道越岭方案主要工程数量及投资比较 表3-2

序号	项目		单位	沿既有线（完全利用平导）方案	圆梁山短隧方案	沿G319国道绕避圆梁山方案
1	建筑长度		km	100.77	106.15	110.28
2	房屋拆迁	民房	m²	118877	131475	199828
		厂矿及学校		3521	5521	5646
3	改移道路	乡村道路	km	1.123	3.123	3.629
		等级道路		2.357	3.357	8.485
4	用地	新征	亩	1781.7	2135.7	2684.3
		回收		337.7	309.7	—
		临时		1278.2	1256.1	1539.2

续上表

序号	项目				单位	沿既有线（完全利用平导）方案	圆梁山短隧方案	沿G319国道绕避圆梁山方案
5	路基工程	土石方	填方	A组填料	$10^4 m^3$	48.83	51.63	44.79
				其余填料		103.17	116.23	227.86
			挖方	土方		75.48	86.48	135.48
				石方		101.9	157.69	212.75
		柔性网			$10^4 m^2$	1.34	1.76	2.14
		弃渣墙			$10^4 m^3$	3.35	4.34	7.16
		加固工程	挡墙		$10^4 m^3$	9.00	10.10	13.33
			抗滑桩			5.62	6.42	6.56
			土工格栅		$10^4 m^2$	111.39	102.8	103.47
			土工布		$10^4 m^2$	25.76	29.07	33.22
		地基加固	搅拌桩		$10^4 m$	19.59	20.51	13.47
			CFG桩			8.40	7.08	4.89
6	桥涵工程	特殊桥梁	单线		座-延长米	1-448.1	1-636.5	—
			双线			—	—	—
		特大桥	单线	$H<50m$		3-2027.8	1-6629	12-10722
				$H\geq 50m$		—	6-3262.5	6-5933.4
		大中桥	单线	$H<50m$		26-4900.9	28-4900	39-10391
				$H\geq 50m$		—	3-667	2-669
7	隧道工程	$1000\leq L$			座-延长米	17-7606	23-9480	26-8303
		$1000<L\leq 3000m$				5-8865	7-9308	1-6994
		$3000<L\leq 6000m$				2-8321	3-12831	1-65665
		$6000<L\leq 10000m$				1-9112	2-16157	2-14028
		$10000<L\leq 15000m$				1-11197	—	—
8	桥隧合计				km	54.419	59.771	84.118
9	桥隧总长占线路长度				%	54.435	56.68	76.28
10	轨道工程	正线铺轨	无砟		km	20.308	16.157	14.028
			有砟			79.662	89.29	96.254
		站线铺轨	无砟			—	—	—
			有砟			5.982	4.875	14.699
		高速道岔/普通道岔			组	6/47	6/47	4/30
11	主要工程费				万元	244622.61	263287.11	324331.99
12	主要工程费差值				万元	—	18664.50	79709.38

注：表中 H 为桥下净空高度；L 为隧道长度。

由表3-2可见：沿既有线（完全利用平导）方案投资最少，较圆梁山短隧方案和沿G319国道绕避圆梁山方案分别节省18664.50万元和79709.37万元，沿G319国道绕避圆梁山方案投资最多。

3.1.3 圆梁山越岭线路方案确定

综上所述,沿既有线(完全利用平导)新方案线路最短,地质条件清楚,对环境影响较小,投资最少,工程风险可控,运营管理和旅客出行方便,故圆梁山越岭线路方案推荐采用沿既有线(完全利用平导)方案。沿既有线(利用平导)方案施工同样存在3个施工方案,即完全利用圆梁山隧道平导扩挖方案、新圆梁山隧道方案和部分利用圆梁山隧道平导施工方案。

3.2 沿既有线新圆梁山隧道方案比选

3.2.1 沿既有线隧道施工方案

对于沿既有线的线路方案,根据地形地质情况并结合既有工程,研究了完全利用圆梁山隧道平导扩挖方案(YCK)、新圆梁山隧道方案(YC1K)、部分利用圆梁山隧道平导方案(YC2K),其方案情况如下(比较起点为 YCK332 + 300 = YC1K332 + 300 = YC2K332 + 300,终点为 YCK349 + 470)。

圆梁山隧道方案比较如图 3-3 所示。

图 3-3　圆梁山隧道方案比较示意图

(1)完全利用圆梁山隧道平导扩挖方案

线路在新圆梁山隧道前利用旗号岭隧道平导出洞后,跨细沙河大桥,再完全利用既有圆梁山隧道右侧 30m 平导扩挖。该方案线路全长 17.17km,其中新圆梁山隧道长 11.182km。

(2) 新圆梁山隧道方案

线路在旗号岭隧道出口段即拉开与既有线的间距80m，新建一座新圆梁山隧道，把既有圆梁山隧道平导作为二线施工时的排水、通风及救援应急通道。该方案线路全长17.104km，其中新圆梁山隧道长10.99km。

(3) 部分利用圆梁山隧道平导方案

线路在圆梁山隧道进口段即拉开与既有线的间距80m，线路行进至避开高压富水区的二号溶洞段后在隧道内加反向曲线引进圆梁山隧道平导（右侧30m）。该方案线路全长17.155km，其中新圆梁山隧道长10.975km。

3.2.2 地质概况

完全利用圆梁山隧道平导扩挖方案、新建圆梁山隧道方案、部分利用圆梁山隧道平导方案的工程地质、水文情况大致相同，均处武陵山谷地貌区，区内广泛分布巨厚层的海相地层。主要工程地质问题是岩溶（高压）涌（突）水、突泥与（软岩）坍方、煤层瓦斯及其他有害气体。

2010年10月至12月对新建圆梁山隧道方案YCIK338+850~YCIK341+490段进行了可控音频大地电磁法（CSAMT）的物探工作，根据物探结果：该方案的工程地质条件与平导扩挖类似，但较完全利用平导方案少了1号溶洞，2号溶洞段长度为120m。

(1) 工程地质

隧区工程地质条件十分复杂，区内广泛分布巨厚层的海相地层，出露最老的地层为背斜轴部的寒武系中统高台组，最新为测区覆盖层第四系、向斜轴部的三叠系下统嘉陵江组、二叠系、泥盆系上统、志留系下统、奥陶系、寒武系，缺失整个石炭系以及志留系中、上统和泥盆系中、下统，隧道通过地层的岩性基本同既有圆梁山隧道。

(2) 水文地质

地下水以裂隙型岩溶水[局部存在裂隙—溶洞（暗河）型岩溶水]为主，基岩裂隙水次之，并有少量松散岩层孔隙水分布。存在P_2w+c和P_1q+m两层承压水，承压水压力高达4.42~4.6MPa。

(3) 地质构造及地震

测区地质构造复杂，区内主要发育毛坝向斜、桐麻岭背斜及伴生断裂，次级褶皱不发育，仅在桐麻岭背斜西翼发现一次级褶曲。区内的断裂构造主要为NNE向的纵向断裂和NWW向的横向断裂，向斜区内发育较多横向断裂。NNE向断层为具有压性特征的走向逆断层，NW向断层均为横向断层，多具扭张性特征。四周被志留系和泥盆系泥岩包围的紧密向斜核部二叠系及三叠系碳酸盐岩地层被一系列NW（NWW）向与EW向陡倾（倾角≥80°）的横向断裂所切割，断裂多具张扭性特征。本隧穿越4条断层，其中进口毛坝向斜段内1条，出口桐麻岭背斜段内3条，如图3-4所示。

根据《中国地震动参数区划图》（GB 18306—2015）中图A1和图B1，测区地震动峰值加速度为$0.05g$，地震动反应谱特征周期为0.35s。

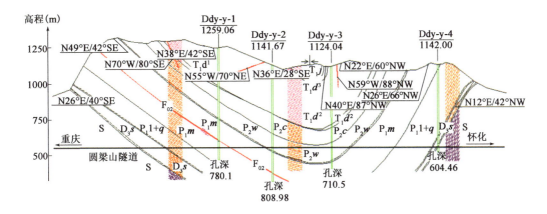

图 3-4 毛坝向斜隧道穿越区地质剖面示意图

3.2.3 主要工程地质问题

通过对隧区主要工程地质、水文地质的综合分析,预测隧道施工中存在的主要问题是岩溶(高压)涌(突)水、突泥与(软岩)坍方、地应力及变形、岩爆、煤层瓦斯及其他有害气体。

(1)岩溶(高压)涌(突)水、突泥与(软岩)坍方

隧道行进范围多发育较大规模的岩溶洞穴和管道,主要表现为充填宽大构造—溶蚀裂隙带与高压岩溶涌水突泥,构造地段存在高压富水情况。全隧共穿过5个溶洞,以平导为参照分别为平导PDK354+255~PDK354+275段1号溶洞,平导PDK354+435~PDK354+495段2号溶洞,平导PDK354+870~PDK354+940段3号溶洞,其中尤以2号溶洞岩溶最为发育,施工难度最大。

(2)地应力及变形、岩爆

产生岩爆地段由于受构造及地下水作用,既有线施工过程中并未显现明显岩爆特征,仅在局部地段有轻微岩爆发生,对施工影响不大。

(3)煤层瓦斯及其他有害气体

根据既有线施工情况,毛坝向斜核部二叠系茅口组(P_1m)含燧石结核灰岩、沥青质灰岩和吴家坪组(P_2w)灰岩、硅质灰岩、碳质页岩、含炭泥岩,底部发育一层厚10~30cm的薄煤层,全段刺激性可燃石油、天然气和瓦斯含量较高;局部存在高压气囊,施工中常可闻到刺鼻气味。

3.2.4 沿既有线新圆梁山隧道施工方案对比分析

完全利用圆梁山隧道平导扩挖方案由于占用了既有排水通道,需在新圆梁山隧道右侧增设泄水洞[净空尺寸:3.5m(宽)×3.8m(高)],新建圆梁山隧道和部分利用圆梁山隧道平导方案的新圆梁山隧道可利用既有平导作为施工通道,各方案工程平面如图3-5~图3-7所示。

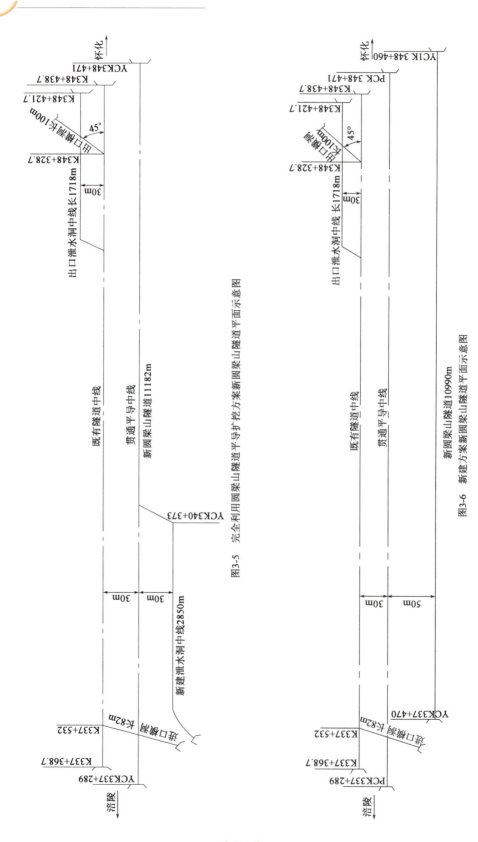

图3-5 完全利用圆梁山隧道平导扩挖方案新圆梁山隧道平面示意图

图3-6 新建方案新圆梁山隧道平面示意图

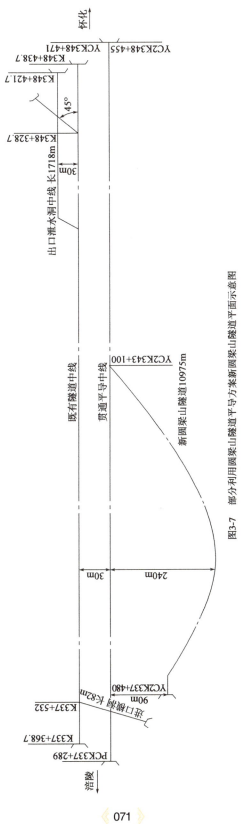

图3-7 部分利用圆梁山隧道平导方案新圆梁山隧道平面示意图

3.2.5 方案分析比较

1) 各方案地质情况比较

三个方案工程地质条件及特点综合对比见表3-3。

沿既有线新圆梁山隧道方案工程地质条件及特点综合对比　　　表3-3

工程地质条件	完全利用圆梁山隧道平导扩挖方案（YCK方案）	新圆梁山隧道方案（YC1K方案）	部分利用圆梁山隧道平导方案（YC2K方案）
地形地貌	测区地处渝、鄂、黔三省市毗连地区，为川东褶皱山地与鄂西山地、贵州高原的接壤带，属中低山地貌，相对高差达800余米	测区地处渝、鄂、黔三省市毗连地区，为川东褶皱山地与鄂西山地、贵州高原的接壤带，属中低山地貌，相对高差达800余米	测区地处渝、鄂、黔三省市毗连地区，为川东褶皱山地与鄂西山地、贵州高原的接壤带，属中低山地貌，相对高差达800余米
地层岩性	河谷地带分布冲洪积粉质黏土、淤泥质粉质黏土、卵石土，斜坡上零星覆盖残积层粉质黏土及坡崩积层块石土，下伏地层为二叠系至寒武系的页岩、砂岩、泥质灰岩、泥灰岩、白云质灰岩、灰岩、泥质白云岩、白云岩等，其中二叠系吴家坪组地层含煤	河谷地带分布冲洪积粉质黏土、淤泥质粉质黏土、卵石土，斜坡上零星覆盖残积层粉质黏土及坡崩积层块石土，下伏地层为二叠系至寒武系的页岩、砂岩、泥质灰岩、泥灰岩、白云质灰岩、灰岩、泥质白云岩、白云岩等，其中二叠系吴家坪组地层含煤	河谷地带分布冲洪积粉质黏土、淤泥质粉质黏土、卵石土，斜坡上零星覆盖残积层粉质黏土及坡崩积层块石土，下伏地层为二叠系至寒武系的页岩、砂岩、泥质灰岩、泥灰岩、白云质灰岩、灰岩、泥质白云岩、白云岩等，其中二叠系吴家坪组地层含煤
地质构造	线路穿越咸丰背斜、毛坝向斜、桐麻岭背斜，其中咸丰背斜断层极为发育，主要见一系列的高角度正断层、逆冲断层及倾角缓的逆掩断层；毛坝向斜压剪、横张断裂发育；桐麻岭背斜核部具二次褶皱构造，正、逆断层发育	线路穿越咸丰背斜、毛坝向斜、桐麻岭背斜，其中咸丰背斜断层极为发育，主要见一系列的高角度正断层、逆冲断层及倾角缓的逆掩断层；毛坝向斜压剪、横张断裂发育；桐麻岭背斜核部具二次褶皱构造，正、逆断层发育	线路穿越咸丰背斜、毛坝向斜、桐麻岭背斜，其中咸丰背斜断层极为发育，主要见一系列的高角度正断层、逆冲断层及倾角缓的逆掩断层；毛坝向斜压剪、横张断裂发育；桐麻岭背斜核部具二次褶皱构造，正、逆断层发育
水文地质	地下水以裂隙型岩溶水［局部存在裂隙—溶洞（暗河）型岩溶水］为主，基岩裂隙水次之，并有少量松散岩层孔隙水分布	地下水以裂隙型岩溶水［局部存在裂隙—溶洞（暗河）型岩溶水］为主，基岩裂隙水次之，并有少量松散岩层孔隙水分布	地下水以裂隙型岩溶水［局部存在裂隙—溶洞（暗河）型岩溶水］为主，基岩裂隙水次之，并有少量松散岩层孔隙水分布
主要工程地质问题	岩溶及岩溶水、煤层瓦斯等。施工揭示3处大型溶洞	岩溶及深埋高压岩溶水、煤层瓦斯、深埋大型溶洞等	岩溶及深埋高压岩溶水、煤层瓦斯、深埋大型溶洞等

续上表

工程地质条件	完全利用圆梁山隧道平导扩挖方案（YCK方案）	新圆梁山隧道方案（YC1K方案）	部分利用圆梁山隧道平导方案（YC2K方案）
穿深埋大型溶洞情况	穿1号、2号、3号溶洞长度实测分别为30m、60m、50m	穿1号、2号、3号溶洞长度推测分别为30m、120m、60m	穿1号、2号、3号溶洞长度实测及推测分别为30m、120m、60m
共同点	3个方案所处地质构造单元基本相同，均存在岩溶及深埋高压岩溶水、煤层瓦斯等主要工程地质问题。旗号岭进口穿志留系的页岩夹砂岩段对方案选择影响较小		
优点	经大量综合勘探技术手段及施工开挖验证，地质条件清楚，可利用资料多；隧道竣工以来，经过长期排水，平导内地下水位已降下来，高水位问题不突出	地质条件较清楚。既有线地质勘察及施工资料可作参考	利用平导段地质条件清楚，新建段既有线地质勘察及施工资料可作参考
缺点	岩溶管道及溶洞发育部位施工可能对既有线有影响	新圆梁山隧道位于既有线平导右侧50m，既有线揭示的岩溶等地质病害情况不能完全代表实际情况。可能出现一些独立的岩溶竖向通道，可能会碰到新的岩溶封闭体系及新的高水压问题；施工对既有线依然存在一定影响	利用平导段，岩溶管道及溶洞发育部位施工可能对既有线有影响。新建段可能出现一些独立的岩溶竖向通道，可能会碰到新的岩溶封闭体系及新的高水压问题；施工对既有线依然存在一定影响
工程地质评价	工程地质条件较差	工程地质条件较差	工程地质条件较差

推荐方案：完全利用圆梁山隧道平导扩挖方案地质条件清楚，可利用资料多；隧道竣工以来，经过长期排水，平导内地下水位已降下来，高水位问题不突出，因此从地质角度建议采用完全利用圆梁山隧道平导扩挖方案。

2）各方案优缺点比较

（1）完全利用圆梁山隧道平导扩挖方案

优点：完全利用圆梁山隧道平导扩挖方案的优点在于既有线平导施工时已探明整个隧道的地质情况，地质条件清楚，设计、施工均有针对性，且穿过2号溶洞的隧道长度较小，约60m，可从溶洞两端相向处理，平导衬砌可为加强支护施工提供支持，处理难度相对较小；既有隧道竣工以来，经过长期排水，平导内地下水位已降下来，水压较原始情况应有所降低；隧道穿越大板营自然保护区，原位平导扩挖不会改变既有工程的总体排水体系，且出渣量小，对环境影响小；隧道全部为平导扩挖，投资最小。

缺点：新建隧道与既有隧道线间距较小（30m），在较小间距下拆除抗水压衬砌并扩挖，对既有线运营安全存在一定风险;3号溶洞均为钢筋混凝土抗水压衬砌,拆除工程量大;由于侵占既有线排水通道,施工前进口端需增设泄水洞。

(2)新建圆梁山隧道方案

优点:新建隧道与既有线间距为80m,施工对既有线运营安全的影响较小。施工期间可利用既有平导作为Ⅱ线隧道的辅助坑道,同时可利用既有平导侧向探测新建隧道各处的不良地质,既有平导可经简单改造作为新旧隧道共用排水通道和防灾救援通道。

缺点:该方案未能利用平导已完全探明的地质情况,仅对YCIK338+850~YCIK341+490段进行了物探工作,但整个隧道地质情况相对于完全利用圆梁山隧道平导扩挖方案不够明确,不确定因素相对较多,施工安全隐患大,如遇见其他大型溶洞,工程灾害风险高;超前地质探测工作量较大,且穿过已探明2号溶洞的隧道长度120m,处理难度大;隧道穿越大板营自然保护区,隧道开挖可能会改变既有工程的排水体系,且出渣量大,对环境影响大;隧道完全新建,投资大。

(3)部分利用圆梁山隧道平导方案

优点:部分利用圆梁山隧道平导扩挖方案的优点在于2号、3号溶洞段采用新建隧道,不再对该段进行扩挖,对既有隧道工程影响较小;出口5.4km既有平导探明的地质情况大部分可为设计、施工所利用;进口段线路拉开,可利用既有平导排水,不需设置泄水洞。

缺点:新建段可能出现一些独立的岩溶竖向通道,遇到新的岩溶封闭体系及新的高压水危害的风险高;新建段穿越已探明2号溶洞的隧道长度约120m,处理难度大,同时线形也最差;隧道穿越大板营自然保护区,隧道开挖可能会改变既有工程的排水体系,出渣量较大,对环境影响较大。

3)各方案主要工程数量及投资比较分析见表3-4。

主要工程数量及投资表　　　表3-4

序号	项 目			单位	新建圆梁山隧道方案	部分利用圆梁山隧道平导方案	完全利用圆梁山隧道平导扩挖方案
1	建筑长度			km	17.507	17.521	17.530
2	房屋拆迁		民房	m^2	—	—	—
			厂矿及学校		—	—	—
3	改移道路		乡村道路	km			
			等级道路				
4	用地		新征	亩	11.8	11.9	11.2
			回收		—	—	—
			临时		32.8	32.7	31.1
5	路基工程	土石方	填方 A组填料	$10^4 m^3$	—	—	—
			填方 其余填料		—	—	—
			挖方 土方		0.2	0.3	0.1
			挖方 石方		3.0	4.3	2.9

续上表

序号	项目			单位	新建圆梁山隧道方案	部分利用圆梁山隧道平导方案	完全利用圆梁山隧道平导扩挖方案
5	路基工程	土石方	柔性网	$10^4\,m^2$	0.37	0.37	0.42
			弃渣墙	$10^4\,m^3$	—		
		加固工程	挡墙	$10^4\,m^3$	0.14	0.18	0.12
			抗滑桩		0.41	0.59	0.39
			土工格栅	$10^4\,m^2$	—		
			土工布	$10^4\,m^2$	0.28	0.31	0.35
		地基加固	搅拌桩	$10^4\,m$	—		
			水泥粉煤灰碎石桩（CFG桩）				
6	桥涵工程	特殊桥梁	单线	座-延长米	5-148.1	5-148.1	1-399
			双线		—		
		特大桥	单线 $H<50\,m$				
			单线 $H\geq50\,m$				
		大中桥	单线 $H<50\,m$				
			单线 $H\geq50\,m$		3-671	3-621.2	3-669.6
7	隧道工程	$1000\leq L$		座-延长米	2-422	2-375	2-450
		$1000<L\leq3000\,m$			—		
		$3000<L\leq6000\,m$			5-1487	5-1575	5-1575
		$6000<L\leq10000\,m$			—		
		$10000<L\leq15000\,m$			1-11182	1-10990	1-10975
8	桥隧合计			座-延长米	8-17210.1	8-17009.1	8-17068.6
9	桥隧总长占线路长度			%	98.3	97.1	97.36
10	轨道工程	正线铺轨	无砟	km	15.669	15.565	15.55
			有砟		1.838	1.956	1.98
		站线铺轨	无砟		—		
			有砟		—		
11	主要工程费			万元	60268.4	59818.4	59507.4
12	总投资			万元	89451.0	87656.0	88133.0
13	主要工程费差额			万元	760.9	310.9	0

由上表可以看出,三个方案投资相差不大,完全利用圆梁山隧道平导扩挖方案投资最少,新圆梁山隧道方案投资最多。

4)隧道方案比较分析意见

综上所述,由于地质条件复杂,新线与既有线的相互影响等因素控制,线路方案的决策难度很大,各方案都有优缺点,且风险侧重点各不相同,结合隧道地质条件、投资、穿越高压富水2号溶洞段施工难度及Ⅱ线对既有线运营的施工干扰影响等因素,沿既有线新圆梁山隧道推荐采用完全利用圆梁山隧道平导扩挖方案。

3.3 邻近既有线新圆梁山隧道平导扩挖施工风险评估

在隧道施工方案确定后,需根据新圆梁山隧道工程的特点对隧道的安全、环境、质量、投资、工期及第三方损失等风险进行评估,并侧重于安全风险。通过风险评估工作,识别所有潜在的风险因素,确定风险等级,提出风险处理措施,将各类风险降到可接受水平,从而达到保障安全、保护环境、保证质量、控制投资、提高效益的目的。

3.3.1 风险分级和接受准则

铁路建设工程风险分级应根据风险事件发生概率的等级、风险事件发生后果的等级,评定相应的风险等级,其分级标准与风险接收准则参照《铁路建设工程风险管理技术规范》(Q/CR 9006—2014)规定,等级标准见表3-5~表3-14。

风险事件发生概率等级标准 表3-5

概率范围	定性判别标准	概率等级
>0.3	频繁发生	5
0.03~0.3	可能发生	4
0.003~0.03	偶然发生	3
0.0003~0.003	很少发生	2
<0.0003	极不可能发生	1

注:"~"包括上限值而不包括下限值。

风险事件发生后果等级标准 表3-6

后果等级	5	4	3	2	1
严重程度	灾难性的	很严重的	严重的	较大的	轻微的

人员伤亡等级标准 表3-7

后果等级	5	4	3	2	1
人员伤亡数量(人)	$F \geq 30$ 或 $SI \geq 100$	$10 \leq F < 30$ 或 $50 \leq SI < 100$	$3 \leq F < 10$ 或 $10 \leq SI < 50$	$F < 3$ 或 $SI < 10$ 或 $MI \geq 5$	$MI < 5$

注:F代表死亡人数;SI代表重伤人数;MI代表轻伤人数。

稳定影响等级标准   表 3-8

后果等级	5	4	3	2	1
稳定影响	绝大部分群众有意见、反映极其强烈，引发大规模群体性事件	大部分群众有意见，反映特别强烈，引发较大规模群体性事件	部分群众有意见、反映强烈，引发矛盾冲突	多数群众理解支持但少部分人有意见，通过有效工作可防范与化解矛盾	绝大多数群众理解支持，极少数人有意见，矛盾易化解

环境影响等级标准   表 3-9

后果等级	5	4	3	2	1
自然环境影响	涉及范围非常大，周边生态环境发生严重污染或破坏	涉及范围很大，周边生态环境发生较重污染或破坏	涉及范围较大，邻近区域内生态环境发生污染或破坏	涉及范围较小，邻近区域内生态环境发生轻度污染或破坏	涉及范围很小，施工区生态环境发生少量污染或破坏
社会环境影响	恶劣的，或需转移安置 1000 人以上	严重的，或需转移安置 500～1000 人	较严重的，或需转移安置 100～500 人	需考虑的，或需转移安置 50～100 人	轻微的，或需转移安置少于 50 人

注：后果等级取自然环境影响或社会环境影响中对应的最高等级。

经济损失等级标准   表 3-10

后果等级	5	4	3	2	1
绝对经济损失（万元）	EL≥10000	5000≤EL<10000	1000≤EL<5000	100≤EL<1000	EL<100
相对经济损失（万元）	EL≥100	50≤EL<100	20≤EL<50	5≤EL<20	EL<5

注：1. EL-经济损失。
2. 相对经济损失的基数为原工程的造价。
3. 后果等级取绝对经济损失或相对经济损失中对应的最高等级。

工期延误等级标准   表 3-11

	后果等级	5	4	3	2	1
控制工期工程	绝对延误时间（月/单一事故）	>12	6～12	3～6	0.5～3	≤0.5
	相对延误时间(%)	>50	20～50	10～20	5～10	≤5
非控制工期工程	绝对延误时间（月/单一事故）	>24	12～24	6～12	1～6	≤1
	相对延误时间(%)	>100	50～100	25～50	10～25	≤10

注：1. 相对工期延误的基数为原工程的工期。
2. 后果等级取绝对延误时间或相对延误时间中对应的最高等级。

功能缺失等级标准　　　　　　　　　　　　　　　　　表 3-12

后果等级	5	4	3	2	1
功能缺失程度	完全丧失使用功能	主要功能严重缺失	主要功能部分缺失	辅助功能严重缺失	辅助功能部分缺失

注：主要功能是指工程满足安全、适用和结构耐久性等方面需求的属性；辅助功能是指工程满足运营维护等方面需求的属性。

风险等级标准　　　　　　　　　　　　　　　　　　　表 3-13

概率等级		后果等级				
		5	4	3	2	1
频繁发生	5	极高	极高	极高	高度	中度
可能发生	4	极高	极高	高度	高度	中度
偶然发生	3	极高	高度	高度	中度	中度
很少发生	2	高度	高度	中度	中度	低度
极不可能发生	1	中度	中度	中度	低度	低度

风险接受准则　　　　　　　　　　　　　　　　　　　表 3-14

风险等级	接受准则	处理措施
极高	不可接受	必须高度重视并规避，否则必须采取有效措施处理
高度	不期望	应重视并采取有效措施处理，加强风险监测
中度	可接受	宜采取有效措施处理，并进行风险监测
低度	可忽略	可不采取措施，但需关注，防止风险等级上升

3.3.2 风险识别

1）风险指标体系

通过对勘测资料、地勘报告及现状调查资料等进行分析，新圆梁山隧道风险指标体系见表 3-15。

新圆梁山隧道风险指标体系表　　　　　　　　　　　表 3-15

项目阶段	施工方法	目标风险	风险因素		风险事件					
					变形塌方	突水突泥	结构耐久性差	瓦斯	环境	既有线运营安全
施工图	矿山法	安全、环境、质量、投资、工期、第三方	地形	埋深	★					★
			地质	岩性	★	★	★		★	★
				构造（单斜、向斜、背斜、裂隙）	★	★			★	
				地下水	★	★			★	
			不良地质	岩溶、富水区	★	★			★	★
				地下水侵蚀			★			
				煤层	★		★	★	★	
				地应力	★		★			

续上表

项目阶段	施工方法	目标风险	风险因素		风险事件					
					变形塌方	突水突泥	结构耐久性差	瓦斯	环境	既有线运营安全
施工图	矿山法	安全、环境、质量、投资、工期、第三方	不良地质	盐溶角砾盐膨胀岩	★		★			
				地温					★	
			隧道	断面	★	★		★		★
				长度		★		★	★	
				坡度		★		★	★	★
			辅助坑道	类型		★		★	★	
				长度		★		★	★	
				位置		★		★	★	
				坡度		★		★	★	
				断面大小	★	★				

注:"★"表示该风险因素对风险事件有影响。

2)隧道基本单元识别

结合本阶段工程地质资料及隧道设计方案,对新圆梁山隧道存在的风险因素及可能发生的典型风险事件进行分析。

(1)洞口风险分析

隧道进口段利用既有平导扩挖,穿越志留系(S)地段围岩不太稳定,拱部出现小面积掉块与边墙局部剥落现象,浅埋、偏压。既有进口段为大跨车站隧道,新建隧道进口段与既有线较近。

隧道出口段为新建,穿越奥陶系(O)灰岩夹泥岩地段,浅埋、偏压。

(2)洞身风险分析

以岩性、地质构造、埋深、不良地质和特殊岩土、水文地质、环保要求等为分段依据,对全隧进行风险因素识别和单元划分,并对各单元风险事件进行预测,结果见表3-16。

新圆梁山隧道风险分析与单元划分 表3-16

序号	风险段落	长度(m)	风险因素	风险事件	备注
1	YDK337+300～YDK337+557	257	穿越志留系和泥盆系泥岩夹砂岩、页岩,进口浅埋,既有线为大跨车站隧道,邻近既有线	变形及塌方、影响既有线运营安全	
2	YDK337+557～YDK339+102	545	穿越志留下统泥岩夹砂岩、页岩,既有线为大跨车站隧道,邻近既有线	—	

续上表

序号	风险段落	长度(m)	风险因素	风险事件	备注
3	YDK339+102～YDK339+252	150	穿越泥盆系泥岩夹砂岩、灰岩,位于毛坝向斜左翼,岩层过渡段	—	
4	YDK339+252～YDK339+385	133	穿越二叠系灰岩,位于毛坝向斜西侧,线路位于岩溶水深部循环带,低瓦斯	突水	
5	YDK339+385～YDK339+413	28	穿越二叠系灰岩,夹页岩夹煤层、砂岩,位于毛坝向斜西侧,线路位于岩溶水深部循环带,地下水对混凝土腐蚀等级为H2,低瓦斯	瓦斯、突水	
6	YDK339+413～YDK339+752	339	穿越二叠系灰岩,位于毛坝向斜西翼,线路位于岩溶水深部循环带,低瓦斯	突水突泥	
7	YDK339+752～YDK339+827	75	穿越二叠系栖霞、梁山组灰岩,位于毛坝向斜西侧,穿越F_2断层,低瓦斯	变形塌方、突水突泥	
8	YDK339+827～YDK339+977	150	穿越二叠系栖霞、梁山组灰岩,位于毛坝向斜西侧,低瓦斯	突水突泥	
9	YDK339+977～YDK340+052	75	穿越二叠系栖霞、梁山组灰岩,位于毛坝向斜西侧,靠近轴部,低瓦斯	变形塌方、突水突泥	
10	YDK340+052～YDK340+332	280	穿越1号宽大构造—溶蚀裂隙带,毛坝向斜轴部,为一挤压破碎带,具倾向SW,岩体呈片状剥落,低瓦斯	变形及塌方	
11	YDK340+332～YDK340+922	590	毛坝向斜轴部,为一挤压破碎带,穿越2号宽大构造—溶蚀裂隙带,穿越3号宽大构造—溶蚀裂隙带,低瓦斯	变形及塌方	
12	YDK340+922～YDK341+137	215	穿越二叠系栖霞、梁山组灰岩,位于毛坝向斜西侧	突水	
13	YDK341+137～YDK341+302	165	穿越二叠系栖霞、梁山组灰岩过渡到泥盆系泥岩夹砂岩、灰岩	突水突泥	
14	YDK341+302～YDK341+392	90	穿越泥盆系泥岩夹砂岩、灰岩,存在岩溶管道水	变形及塌方	
15	YDK341+392～YDK341+602	210	穿越泥盆系泥岩夹砂岩、灰岩,出现喷发性可燃性气体,有顶钻现象并可听到气体喷发的嘶嘶声,全段地下水不发育	瓦斯	
16	YDK341+602～YDK342+332	730	穿越志留系泥岩夹砂岩、页岩	—	
17	YDK342+332～YDK342+662	330	YDK342+332～YDK342+667段为软岩变形段,穿越F_7断层	变形及塌方	

续上表

序号	风险段落	长度(m)	风险因素	风险事件	备注
18	YDK342+662~YDK343+412	750	穿越志留系泥岩夹砂岩、页岩	—	
19	YDK343+412~YDK343+712	300	穿越志留系泥岩夹砂岩、页岩过渡奥陶系灰岩夹页岩、煤线	变形及塌方、瓦斯	
20	YDK343+712~YDK344+557	845	穿越奥陶系灰岩夹页岩、泥岩夹砂岩、泥质灰岩	—	
21	YDK344+557~YDK344+832	275	穿越寒武系灰岩、白云岩,位于F_1断裂及其破碎带	变形塌方	
22	YDK344+832~YDK345+262	430	穿越寒武系灰岩、白云岩过渡至寒武系灰岩、白云岩夹泥岩	突水突泥	
23	YDK345+262~YDK345+397	135	穿越寒武系灰岩、白云岩夹泥岩		
24	YDK345+397~YDK345+422	25	穿越寒武系灰岩、白云岩夹泥岩过渡至白云岩夹泥岩	变形塌方	
25	YDK345+422~YDK345+502	80	穿越寒武系白云岩夹泥岩	—	
26	YDK345+502~YDK345+552	50	穿越寒武系白云岩夹泥岩,弯脚背斜	变形塌方	
27	YDK345+552~YDK345+872	220	穿越寒武系白云岩夹泥岩	—	
28	YDK345+872~YDK346+002	230	F_2断层及其影响带,拱部大面积滴水成线,因背斜核部地层层间滑动影响,岩体较破碎,节理较发育,围岩极不稳定	变形塌方	
29	YDK346+002~YDK346+362	360	穿越寒武系白云岩夹泥岩		
30	YDK346+362~YDK346+402	40	为F_1断层破碎带,岩体极为破碎,边墙大量渗水,拱顶滴水成线,围岩极不稳定,拱部坍塌严重,边墙剥落掉块严重	变形及塌方	
31	YDK346+402~YDK346+487	85	穿越寒武系灰岩、白云岩夹泥岩	—	
32	YDK346+487~YDK346+527	40	穿越寒武系灰岩、白云岩夹泥岩,位于F_7破碎带	变形塌方	
33	YDK346+527~YDK346+612	85	穿越寒武系灰岩、白云岩夹泥岩	突水突泥	
34	YDK346+612~YDK346+652	40	穿越寒武系高台组薄~中厚层状白云岩、泥质白云岩夹泥岩,局部小面积坍塌;地下水发育,边墙渗水,拱顶滴水成线	变形塌方	
35	YDK346+652~YDK346+822	170	穿越寒武系灰岩、白云岩夹泥岩	突水突泥	
36	YDK346+822~YDK346+962	140	穿越寒武系灰岩、白云岩夹泥岩,岩层过渡,地下水侵蚀	变形及塌方、突水突泥、地下水侵蚀	

续上表

序号	风险段落	长度(m)	风险因素	风险事件	备注
37	YDK346+962~YDK347+442	480	穿越寒武系灰岩、白云岩夹泥岩	突水突泥	
38	YDK347+442~YDK347+482	40	YDK347+494溶洞突水涌沙	变形及塌方、突水突泥	
39	YDK347+482~YDK347+922	440	YDK347+642~YDK347+822突水涌沙，YDK347+866溶洞、YDK347+902溶洞	变形及塌方、突水突泥	

3）风险清单表

根据以上风险分析及基本单元识别，本隧道存在的主要风险为变形及塌方、突水、突泥、地下水侵蚀、瓦斯、影响既有线运营安全等；此外，隧道中部穿越向斜、背斜核部及可溶岩，洞身槽谷地段，可能因隧道水源与地下水系及地表水源贯通，隧道施工对地下水及地表水源产生袭夺，从而导致环境风险及第三方风险。

对新圆梁山隧道主要存在的软岩变形及塌方、突水、突泥、地下水侵蚀、瓦斯、环境影响、邻近既有工程因素进行识别，识别结果见表3-17。

新圆梁山隧道风险清单表　　　　　表3-17

风险清单表			编号		日期	
隧道名称		新圆梁山隧道	审核		阶段	施工图
序号	风险事件	风险产生的原因	险源类别	后果		备注
1	变形及塌方	(1)埋深； (2)围岩软弱、破碎； (3)膨胀性围岩； (4)勘察未发现采空区； (5)含煤地层； (6)岩层顺层、偏压	G	可能引发安全事故和人员伤亡		
		(1)无超前地质预报设计或设计不全面； (2)支护措施薄弱； (3)含煤地层支护措施不当； (4)施工方法不合理； (5)监控量测方法不明确	D			设计需要检查
2	突水、突泥	(1)可溶性岩及储水构造； (2)岩溶管道水、充水溶洞； (3)可溶性岩与非可溶性岩接触带	G	可能引发重大安全事故及环境灾害		
		(1)无超前地质预报设计或设计不全面； (2)支护措施薄弱； (3)注浆方案针对性差； (4)监控量测方法不明确	D			设计需要检查

续上表

序号	风险事件	风险产生的原因	险源类别	后果	备注
3	地下水侵蚀	(1)地下水水质； (2)岩石的化学成分； (3)地下水的循环条件	G	结构耐久性差	
		(1)未预计到地下水中的侵蚀性； (2)衬砌耐久性设计不全面； (3)防排水设计不合理	D		设计需要检查
4	瓦斯	含煤地层	G	可能引发重大安全事故	
		(1)无超前地质预报设计或设计不全面； (2)通风设计不合理； (3)瓦斯监测设计有遗漏； (4)瓦斯段落不明确	D		设计需要检查
5	环境影响	(1)地下水位高； (2)地表井、泉、水库分布多； (3)地表水与地下水贯通	G		
		(1)缺乏设计预案； (2)防排水措施不当； (3)辅助坑道设计不合理	D		可能引发环境灾害及第三方风险

注：G表示地质因素；D表示设计因素。

3.3.3 初始风险评估

本阶段风险评估以定量、半定量为主，结合现有统计数据及现行规范、规定进行，根据已掌握的勘测、设计、施工各方面资料分析确定各风险因素导致的风险事件可能发生的概率和可能产生的后果。各风险因素导致相应事故发生的概率及后果分别按照表3-5～表3-12进行评级，风险的等级标准依据表3-13进行评估，施工图阶段的初始风险基于初设阶段的残余风险，施工图初始风险评估结果见表3-18。

通过与初步设计风险等级进行比较，施工图阶段初始风险基本无变化。

3.3.4 风险控制措施

1）洞口风险控制措施

隧道洞口主要风险为浅埋塌方，施工时对洞口基坑及临时开挖坡面采用喷锚防护，并对衬砌结构加强支护。

新圆梁山隧道初始风险等级表

表 3-18

序号	风险段落	隧道名称长度(m)	风险因素	风险事件	变形坍方 概率等级	变形坍方 后果等级	变形坍方 风险等级	突水、突泥 概率等级	突水、突泥 后果等级	突水、突泥 风险等级	地下水侵蚀 概率等级	地下水侵蚀 后果等级	地下水侵蚀 风险等级	煤层、瓦斯 概率等级	煤层、瓦斯 后果等级	煤层、瓦斯 风险等级	环境影响 概率等级	环境影响 后果等级	环境影响 风险等级	影响既有线运营安全 概率等级	影响既有线运营安全 后果等级	影响既有线运营安全 风险等级	备注
1	YDK337+300~YDK337+557	257	穿越志留系和泥盆系泥岩夹砂岩、页岩,进口浅埋,既有线为大跨车站隧道,临近既有线	变形及坍方,影响既有线运营安全	3	2	中度													3	2	中度	正线
2	YDK337+557~YDK339+102	545	穿越志留系留下统泥岩夹砂岩、页岩,临近既有线	无																			正线
3	YDK339+102~YDK339+252	150	穿越泥盆系泥岩夹砂岩、灰岩,位于毛坝向斜左翼,岩层过渡段	无																			正线
4	YDK339+252~YDK339+385	133	穿越二叠系灰岩,位于毛坝向斜西侧,线路岩溶水深部循环带,低瓦斯	突水,环境影响				2	1	低度							2	1	低度				正线
5	YDK339+385~YDK339+413	28	穿越二叠系灰岩,夹页岩,夹砂岩,位于毛坝向斜西侧,线路岩溶水深部循环带,低瓦斯	瓦斯,突水,环境影响				2	1	低度				2	1	低度	2	1	低度				正线
6	YDK339+413~YDK339+752	339	穿越二叠系灰岩,位于毛坝向斜西翼,线路岩溶水深部循环带影响	突水突泥,环境影响				2	1	低度							2	1	低度				正线
7	YDK339+752~YDK339+827	75	穿越二叠系栖霞、梁山组灰岩,位于毛坝断层F_2	变形及坍方,突水突泥,环境影响	3	2	中度	2	1	低度							2	1	低度				正线

续上表

序号	风险段落	长度(m)	风险因素	风险事件	变形塌方 概率等级	变形塌方 后果等级	变形塌方 风险等级	突水突泥 概率等级	突水突泥 后果等级	突水突泥 风险等级	地下水侵蚀 概率等级	地下水侵蚀 后果等级	地下水侵蚀 风险等级	煤层、瓦斯 概率等级	煤层、瓦斯 后果等级	煤层、瓦斯 风险等级	环境影响 概率等级	环境影响 后果等级	环境影响 风险等级	影响既有线运营安全 概率等级	影响既有线运营安全 后果等级	影响既有线运营安全 风险等级	备注
8	YDK339+827～YDK339+977	150	穿越二叠系栖霞、梁山组灰岩，位于毛坝向斜西侧	突水突泥				2	1	低度							2	1	低度				正线
9	YDK339+977～YDK340+052	75	穿越二叠系栖霞、梁山组灰岩，靠近轴部	变形及塌方、突水突泥	3	2	中度	2	1	低度							2	1	低度				正线
10	YDK340+052～YDK340+332	280	穿越1号宽大构造—溶蚀裂隙带，毛坝向斜轴部，为一挤压破碎带，具部倾向SW，岩体呈片状剥落	塌方、突水突泥、大变形、地下水侵蚀、环境影响	3	2	中度	3	2	中度	2	1	低度				3	2	中度				正线
11	YDK340+332～YDK340+922	590	毛坝向斜轴部，为一挤压破碎带，穿越2号宽大构造—溶蚀裂隙带、3号宽大构造—溶蚀裂隙带	塌方、突水突泥、大变形、地下水侵蚀、环境影响	3	2	中度	3	2	中度	3	2	中度				3	2	中度				正线
12	YDK340+922～YDK341+137	215	穿越二叠系栖霞、梁山组灰岩，位于毛坝向斜西侧	突水、环境影响				2	1	低度							2	1	低度				正线
13	YDK341+137～YDK341+302	165	通到泥盆系泥岩、梁山组灰岩夹砂岩、灰岩，低瓦斯	突水突泥、瓦斯、环境影响				2	1	低度				2	1	低度	2	1	低度				正线
14	YDK341+302～YDK341+392	90	穿越泥盆系泥岩夹砂岩、灰岩，存在岩溶管道水	塌方、大变形	3	2	中度																正线

续上表

隧道初始风险等级表　　编号　　　日期　　续上表
　　　　　　　　　　　审核　　　阶段

新圆梁山隧道

序号	风险段落	隧道名称 长度(m)	风险因素	风险事件	变形塌方 概率等级	变形塌方 后果等级	变形塌方 风险等级	突水突泥 概率等级	突水突泥 后果等级	突水突泥 风险等级	地下水侵蚀 概率等级	地下水侵蚀 后果等级	地下水侵蚀 风险等级	煤层瓦斯 概率等级	煤层瓦斯 后果等级	煤层瓦斯 风险等级	环境影响 概率等级	环境影响 后果等级	环境影响 风险等级	影响既有线运营安全 概率等级	影响既有线运营安全 后果等级	影响既有线运营安全 风险等级	施工图	备注
15	YDK341+392~YDK341+602	210	穿越喷发盆系泥岩夹砂岩、灰岩，出现喷发性可燃性气体，有顶钻现象并可听到气体喷发的嘶声，全段地下水不发育	瓦斯										2	1	低度							正线
16	YDK341+602~YDK342+332	730	穿越志留系泥岩夹砂岩、页岩	无																			正线
17	YDK342+332~YDK342+662	330	YDK342+332~YDK342+667段为软岩变形段，穿越断层 F_7	塌方、大变形	3	2	中度																正线
18	YDK342+662~YDK343+412	750	穿越志留系泥岩夹砂岩、页岩	无																			正线
19	YDK343+412~YDK343+712	300	穿越志留系泥岩夹砂岩、页岩过渡奥陶系灰岩夹页岩、煤线	变形及塌方、瓦斯	2	1	低度							2	1	低度							正线
20	YDK343+712~YDK344+557	845	穿越奥陶系灰岩夹页岩夹砂岩、泥质灰岩	无																			正线
21	YDK344+557~YDK344+832	275	穿越寒武系灰岩、白云岩，位于 F_1 断裂及其破碎带	突水突泥				2	1	低度							2	1	低度				正线
22	YDK344+832~YDK345+262	430	穿越寒武系灰岩、白云岩过渡至寒武系灰岩、白云岩夹泥岩	突水突泥				2	1	低度							2	1	低度				正线

续上表

隧道初始风险等级表

序号	风险段落	隧道名称 长度(m)	风险因素	风险事件	新圆梁山隧道 变形塌方 概率等级	后果等级	风险等级	突水突泥 概率等级	后果等级	风险等级	地下水侵蚀 概率等级	后果等级	风险等级	煤层、瓦斯 概率等级	后果等级	风险等级	环境影响 概率等级	后果等级	风险等级	影响既有线运营安全 概率等级	后果等级	风险等级	备注
23	YDK345+262~YDK345+397	135	穿越寒武系灰岩、白云岩夹泥岩	无																			正线
24	YDK345+397~YDK345+422	25	穿越寒武系灰岩过渡至白云岩夹泥岩	变形及塌方	2	1	低度																正线
25	YDK345+422~YDK345+502	80	穿越寒武系白云岩夹泥岩	无																			正线
26	YDK345+502~YDK345+552	50	穿越寒武系白云岩夹泥岩，弯脚背斜	变形及塌方	2	1	低度																正线
27	YDK345+552~YDK345+872	220	穿越寒武系白云岩夹泥岩	无																			正线
28	YDK345+872~YDK346+002	230	为F_2断层及其影响带，因背斜核部地层层间积滴水成线，滑动影响，岩体较破碎，节理较发育，围岩极不稳定	变形及塌方	3	2	中度																正线
29	YDK346+002~YDK346+362	360	穿越寒武系白云岩夹泥岩	无																			正线
30	YDK346+362~YDK346+402	40	为F_1断层破碎带，岩体极为破碎，边墙大量渗水，拱顶滴水成线，围岩极不稳定，拱部坍塌严重，边墙剥落掉块严重	变形及塌方	3	2	中度																正线

续上表

隧道初始风险等级表

序号	风险段落	隧道名称	长度(m)	风险因素	风险事件	变形塌方 概率等级	变形塌方 后果等级	变形塌方 风险等级	突水突泥 概率等级	突水突泥 后果等级	突水突泥 风险等级	地下水侵蚀 概率等级	地下水侵蚀 后果等级	地下水侵蚀 风险等级	煤层瓦斯 概率等级	煤层瓦斯 后果等级	煤层瓦斯 风险等级	环境影响 概率等级	环境影响 后果等级	环境影响 风险等级	影响既有线运营安全 概率等级	影响既有线运营安全 后果等级	影响既有线运营安全 风险等级	备注
31	YDK346+402~YDK346+487	新圆梁山隧道	85	穿越寒武系灰岩、白云岩夹泥岩																				正线
32	YDK346+487~YDK346+527		40	穿越寒武系灰岩、白云岩夹泥岩,位于F7破碎带	变形及塌方	2	1	低度																正线
33	YDK346+527~YDK346+612		85	穿越寒武系灰岩、白云岩夹泥岩	突水突泥				2	1	低度							2	1	低度				正线
34	YDK346+612~YDK346+652		40	状白云岩,泥质白云岩夹泥岩,局部小面积坍塌;地下水发育,边墙渗水,拱顶滴水成线	变形及塌方	3	2	中度																正线
35	YDK346+652~YDK346+822		170	穿越寒武系灰岩、白云岩夹泥岩	突水突泥				2	1	低度							2	1	低度				正线
36	YDK346+822~YDK346+962		140	穿越寒武系灰岩、白云岩夹泥岩,岩层过渡,地下水侵蚀	变形及塌方、突水突泥、地下水侵蚀	2	1	低度	3	2	中度	2	1	低度				3	2	中度				正线
37	YDK346+962~YDK347+442		480	穿越寒武系灰岩、白云岩夹泥岩	突水突泥				2	1	低度							2	1	低度				正线
38	YDK347+442~YDK347+482		40	YDK347+494溶洞突水涌沙	变形及塌方、突水突泥	3	2	中度	2	1	低度							2	1	低度				正线
39	YDK347+482~YDK347+922		440	YDK347+642~YDK347+822突水涌沙、YDK347+866溶洞、YDK347+902溶洞	变形及塌方、突水突泥	2	1	低度	3	2	中度							3	2	中度				正线

此外,进口段为既有平导扩挖,且既有隧道为大断面车站隧道,邻近既有线,施工时应加强监测量控。

2)洞身风险应对措施

(1)实施超前地质预报

根据地质资料,隧区可溶岩分布广,隧道位于志留、泥盆系泥岩、砂质泥岩夹粉砂岩、二叠系、三叠系灰岩、白云质灰岩夹泥岩、砂质泥岩,奥陶、寒武系灰岩、白云岩、灰质白云岩,可能遇隐伏岩溶出现涌水和突水;隧道洞身穿越毛坝向斜和弯脚背斜,隧道洞身穿越多个断层,节理发育,其中毛坝向斜段位于岩溶水深部循环带,穿越 1 号、2 号、3 号溶洞(既有隧道施工时发生过突水突泥);隧道多处穿越构造带或挤压破碎带;隧道 YDK341+215.5 底部为厚 0.2~0.3m 煤层,原既有平导开挖时多处出现瓦斯且浓度较高,隧道施工可能有瓦斯溢出;隧道内三叠系煤系地层及膏盐地层地下水具硫酸盐及酸性(H_2)侵蚀;新圆梁山隧道全隧与既有隧道走向近乎平行,线间距为 30m,施工可能会影响既有运营隧道的安全。施工时,全隧应通过超前地质预报手段探明掌子面前方地质条件,以便采取有效的施工措施,避免施工过程中突发灾害的发生。

(2)实施监控量测工作,及时反馈施工情况,验证设计和预防风险事件

在施工过程中,应按照设计文件中的监控量测要求对洞内围岩和支护结构的位移、变形、受力情况以及地表水、地表建筑、既有隧道等进行施工过程的完整监测,提供及时、可靠的信息,评定施工期间围岩和支护结构的稳定性及对周边环境的影响,避免安全事故、支护结构破坏、第三方损失等风险的发生。

(3)岩溶或断层破碎带富水区超前探水措施

①一般地段。要求全隧采用超前地质预报。每个断面设 1 个超前探孔,钻孔直径为 76mm,超前探孔探测长度为 30m,相邻两环探孔之间应搭接 5m。

②普通岩溶段落每个断面设 3 个超前探孔,穿越 1 号、2 号、3 号溶洞每个断面设 5 个超前探孔,钻孔直径为 76mm,超前探孔探测长度为 30m,相邻两环探孔之间应搭接 5m,其中 1 个探孔需取岩心,以便对掌子面前方地质条件进行分析、判断。实际施工中可根据现场揭示的地质情况及超前地质预测和预报的结果,合理调整超前钻孔探测的范围及密度,以便进一步落实隧道所处位置是否存在岩溶及其位置、规模等。若与设计不符,应及时调整施工措施,以确保施工及运营的安全。

③当超前探孔揭示出有岩溶富水层时,应增加超前探孔数量,准确摸清隧道掌子面前方的岩溶水出水位置、水压、水量等参数,根据超前地质预测预报结果,相应优化调整施工措施,以确保施工安全及结构安全。

④岩溶发育地段隧道开挖初期支护施作完毕,二次衬砌未施作前,对隧道基底进行综合物探及必要的钻孔验证,查明是否存在隐伏溶洞,并根据物探和钻孔结果确定整治方案。

(4)高度等级突水突泥风险减缓措施

根据超前探测情况,为确保施工安全及施工顺利进行,防止突水突泥发生,采用注浆堵水措施。对围岩进行径向注浆,形成围岩注浆固结圈,加固围岩及充填物,对充填溶洞段应限制排水,保证洞室稳定及安全。必要时设置拱墙或全环型钢钢架支护(根据需要可适当加密)。

(5)通过煤层防瓦斯措施

隧道正洞 YDK339+273~YDK340+935、YDK340+938~YDK341+226、YDK341+416~YDK341+552、YDK343+465~YDK343+695 段为低瓦斯段,瓦斯地段等级为三级,全隧为低瓦斯含煤隧道,应进行超前预测并加强通风及监测,以免造成危害。

(6)地下水侵蚀风险控制措施

全隧煤系地层地下水的化学侵蚀类型为硫酸盐侵蚀,环境作用类别为 H2,地下水对混凝土具中等侵蚀,应采用抗侵蚀性混凝土。其余地段地下水水质为 HCO_3^--Ca^{2+} 型,对混凝土无侵蚀性。为此采取以下风险控制措施:

①隧道衬砌结构采用强度等级 C40 的钢筋混凝土,并且设计明确为耐腐蚀混凝土。

②根据环境条件,泄水洞混凝土采用与正洞相同等级的耐腐蚀混凝土。

③正洞、泄水洞全部水沟,采用相应等级的耐腐蚀混凝土。

④施工中应对各段侵蚀性类型及等级进行复查,若有不符应及时提出。应根据现场取水化验结果、胶凝材料、骨料特性、所采用外加剂的技术要求,对混凝土的配合比进行调整,同时应按相关要求取样检验,并应达到规范《铁路混凝土耐久性设计规范》(TB 10005—2010)和设计要求。

3)邻近既有隧道施工措施

(1)新建隧道段施工时控制爆破,多分部开挖并控制每一循环开挖的装药量和一次开挖方量。

(2)洞身富水段 YDK340+142~YDK340+177、YDK340+772~YDK340+842,为 YK3.0 型衬砌段,邻近既有 1 号和 3 号岩洞处控制爆破施工,振速不超过 2.5cm/s,YDK340+332~YDK340+417,为 YK3.0 型衬砌段,邻近既有 2 号岩洞处理工程,采用机械配合人工开挖,及时支护和施作衬砌,以减少对既有线的影响。

(3)开展新旧工程观测和监测:观、监测点一般每 10m 设一组,每组不少于 4 个测点,监测异常区相应加密。既有线测点系统建立后,应进行初始测量并记录在案。各点在爆破后 30min 内应观测一次,其后每 24h 不少于 12 次;新建隧道段应相应加大监控量测频度。

(4)监测结果分析:分析新建工程对既有线的影响,及时调整爆破、循环进尺及支护等参数,以保证正常施工和对既有线影响最小。

(5)当变形异常时,应立即暂停掘进并加强隧道支护或支撑以保证施工和运营安全,同时报告有关单位。

4)穿越 1 号、2 号、3 号溶洞及高压水地段控制措施

针对 1 号、2 号、3 号溶洞充填粉细砂层高压富水地段(既有线施工时 2 号溶洞发生过较大的突水突泥),对注浆法、冻结法和双层大管棚、管幕法进行施工方案比选,经综合比选,1 号、3 号溶洞采用管棚+超前帷幕注浆法,2 号溶洞采用双层管棚+水平旋喷。

(1)注浆设计参数:周边注浆加固厚度为开挖轮廓线外 8.0m。

(2)旋喷设计参数:φ50cm 旋喷桩拱墙 5 环,加固厚度 1.98m;隧底 3 环,加固厚度 1.24m。

(3)注浆要求:注浆环按 6 环设计,各环孔间距 40cm。施工中根据出水点位置对注浆终孔位置进行调整,注浆方式宜根据成孔效果选用前进式或后退式注浆。

(4)水平旋喷要求:根据既有线施工平导揭示的情况,含粉细砂层 2 号溶洞长度为 80m,

拟定本次水平旋喷单侧长度为45m,注浆按"两端夹击"方案进行施工。

(5)注浆孔布置:注浆环按6环设计,各环孔间距40cm。共设计注浆孔128个。

(6)高压旋喷注浆参数:旋喷压力为25MPa,软弱带地压修正值为28~32MPa。

(7)浆液流量:70~100L/min。

(8)拔杆速度:10~20cm/min。

(9)旋转速度:15r/min。

注浆方式采用分段前进式或后退式注浆,浆液采用普通水泥砂浆、水泥—水玻璃双液浆、超细水泥、TGRM浆等配合使用。

5)环境影响风险控制措施

(1)为保护环境,隧道施工仍然执行"以堵为主,限量排放"的防排水原则。

(2)进出口充分贯彻"早进晚出,保护环境"的原则,降低仰坡刷坡高度,减少对洞口原有植被的破坏。

(3)弃渣挡护均采用C25混凝土挡墙,沿沟堆砌的渣场采用桩板墙结构进行防护,并在渣场坡面及顶面设置截水沟和导流水沟,防止水土流失。

(4)利用原有地表熟土和腐殖土,尽可能地修复原有生态系统,渣场顶面及平台范围采用植草、种植灌木、乔木等进行地表绿化,对原水土进行保护。

6)工期风险控制措施

该隧共分进口和进口泄水洞、出口两个工区,其中进口和进口泄水洞工区承担正洞施工5973.53m,出口工区承担正洞施工5198.47m,贯通里程YDK343+273.53。该隧道土建总工期为38.16个月,满足工期要求。

3.3.5 残余风险等级评定

通过对新圆梁山隧道初始风险等级评定,该隧道风险因素段落所关联的风险事件均为中度或低度风险,分别属于可接受或接受范畴,接受准则按表3-14办理。由于该隧道无风险变化段落,在初步设计阶段对风险段落已采取相应处理措施,因此该隧道残余风险同初始风险。

3.3.6 风险评估结果

该隧道初始风险及残留风险等级均为中度或低度风险,因此新圆梁山隧道在施工安全、环境保护、第三方损失等目标风险方面都是可以接受的,设计方案可行。

3.4 本章小结

本章对新圆梁山隧道修建方案进行比选,从工程地质条件、环境影响、土地利用、工程风险控制、运营管理及旅客出行、工程规模及隧道投资等方面进行对比,确定沿既有线(完全利用平导)施工方案,并进一步分析完全利用圆梁山平导扩挖方案(YCK 方案)、新圆梁山隧道方案(YC1K 方案)和部分利用圆梁山隧道平导方案(YC2K 方案)的施工优缺点及投资比较,最终确定采用完全利用圆梁山隧道平导扩挖方案。并对完全利用圆梁山隧道平导扩挖方案开展了风险评估,风险评估结果可以接受,说明该设计及施工方案可行。

第4章　新圆梁山隧道大型溶洞三维精准探测技术

治理岩溶突水隧道的首要工作是要知道溶洞的准确情况。采取有效方法对岩溶的形态规模、发育程度、充填介质状况、涌水压力等内容进行准确的预测预报，是制订合理防治对策的前提和基础。目前，国内外已形成的超前预报方法很多，根据预报距离，分为长期和短期两种预报形式。长期超前地质预报的预报距离为掌子面前方100～200m。对于隧道不良地质体的长期超前地质预报来说，国内外主要采用TSP隧道地震波勘探法来进行。短期超前地质预报是在长期超前地质预报的基础上进行的，预报距离为掌子面前方15～30m。短期超前地质预报，国内外主要采用地质雷达、瞬变电磁、水平钻探、红外探水和掌子面编录预测法（地质素描法）等进行。另外，按照预报方法隧道施工超前地质预报还可分为：地质分析法、地球物理方法。其中地质分析法包括工程地质调查法、超前导洞（坑）法，地球物理方法包括地质雷达探测法、瞬变电磁法、激化电极法、红外超前探水法、陆地声呐法等。

基于第3章"新圆梁山隧道方案比选与风险评估"可知，新圆梁山隧道采用既有平导扩挖施工方案在技术、经济效益具有明显的优势，且施工风险可接受。采用既有平导扩挖施工方法，在既有隧道平导基础上扩挖，既有平导施工时已经揭露掌子面的地质情况，因此，相对于新建隧道，无需开展超前水平钻探。同时，由于既有平导、泄水洞的存在，给隧道径向地质钻探、泄水洞钻探提供了很大的方便，可随时对各里程区间进行钻孔探测。因此，既有平导的存在为隧道施工前准确掌握隧道周边地质情况提供了有利条件。

鉴于上述情况，本章提出一种既有平导周边大型溶洞三维精准探测技术，介绍该技术的基本内涵、工法特点、工艺原理、施工流程及操作要点，并对新圆梁山隧道2号溶洞探测进行工程实践，建立新圆梁山隧道2号溶洞三维地质模型，查明隧道周边岩溶发育特征，为新圆梁山隧道平导扩挖施工奠定基础。

4.1　大型溶洞三维精准探测技术

4.1.1　新圆梁山隧道大型溶洞三维精准探测施工方法

1）隧道溶洞三维精准探测施工技术

（1）地质雷达

地质雷达的工作原理：由发射天线向被检测体内发射高频电磁波，当高频电磁波传至被检测体内两种不同介质的分界面时,由于两种介质的介电常数不同而使电磁波发生反射、折射,入射波、反射波和折射波的传播遵循反射定律和折射定律,反射波返回被检测体的表面,并被地质雷达的接收天线所接收,形成雷达图像。

(2)既有平导径向探测

利用既有平导,在平导溶洞范围前后每 10m 间距设 5 个探孔对溶洞范围进行孔探。探孔沿隧道径向钻进,其中 2 孔位于左右两侧、2 孔位于左右拱腰、1 孔位于隧底。

2)用于邻近既有线溶洞处理的大断面工作洞室探测施工技术

对新建二线 1 号、2 号、3 号溶洞工作室位置进行探测,在既有平导离止浆墙一定距离开始钻孔,环向两排钻孔分别对止浆墙轮廓及轮廓外环向 8m 进行探测,探孔共两环,每环 6 孔,在拱顶位置加设一个拱顶情况探测孔,探测溶洞边界,确保工作洞室扩挖安全。

3)基于溶洞精准探测的三维建模

(1)溶洞平面图绘制

将径向探孔得到的钻孔数据整理填入表格,根据每个探孔探得的溶洞边界位置及孔内围岩情况,以每个断面的 5 个探孔形成 1 组数据,整理得到多组数据后,使用计算机辅助设计软件 CAD 根据探孔里程绘制平导断面图及新建线隧道标准断面图,并将相应数据标准化,再使用整理得到的探孔数据利用 CAD 分别绘制多个隧道探孔断面图。

(2)溶洞三维模型绘制

绘制完成的溶洞平面图,探孔情况横断面图,既有线、新建线及溶洞之间的位置关系图,分别导入到 SketchUp 中,使用推拉、路径跟随及沙盘功能,创建溶洞及隧道立体模型;再将隧道纵断面导入 SketchUp,生成圆梁山地质构造模型;分析模拟平导、既有线、既有泄水支洞、新建泄水洞及溶洞之间的空间位置关系,根据模型分析溶洞发育情况,动态调整溶洞处理进度。

最后将绘制完成的模型导入 3DSMAX 中,根据制作需要渲染出不同尺寸和分辨率的动画,最后将分镜头的动画按顺序加入转场,剪辑后输入所需格式,形象展示溶洞构造情况及溶洞处理方案。

4.1.2 工法特点

该工法利用既有平导、既有泄水支洞及新建泄水洞立体三维关系,结合地质雷达、纵向超前探孔、径向探孔、探孔成像、地质探窗及地质取心等多种手段,形成协同立体探测溶洞边界技术,保证施工的安全。具体施工方法为:利用平导洞身探测溶洞纵横向发育情况,每隔 10m 对溶洞进行径向精确探测,然后利用探孔成像进一步探明溶洞内部发育情况;通过既有引水支洞及新建泄水洞分别探测溶洞多个方向上的外轮廓边界,再进行局部补探及探窗成像后完善局部探测数据。

邻近既有线在既有平导内,离止浆墙一定距离处环向布置两排两环钻孔,通过数据分析新建二线与既有线的关系,精准调整探测参数,确保在不影响既有线运营的同时对新建二线 1 号、2 号、3 号溶洞工作洞室止浆墙轮廓及轮廓外环向 8m 的溶洞发育情况进行精准探测。

利用前期三维精准探测数据结果,通过软件创建溶洞三维模型、分析平导周边溶洞的发育情况确定溶洞段落,提供准确施工里程。通过建立平导、既有线、既有泄水支洞、新建泄水洞及溶洞之间的空间位置关系三维模型,为溶洞处理技术及相关安全措施实施提供可靠数据支持,对溶洞处理过程进行动态调整,使溶洞处理形象化和可视化。

4.1.3 工艺原理

采用地质雷达纵向和环向探测,初步探测溶洞发育范围;根据地质雷达探测情况采用纵向超前探孔探测溶洞在隧道纵向方向发育情况;采用径向探孔探测溶洞在隧道横断面方向发育情况;采用泄水支洞探测隧洞拱顶上方溶洞发育情况,利用孔内成像设备,在完成钻孔后进行孔内情况观测。根据各个探测方法获得的溶洞发育信息,建立三维模型展示溶洞发育与隧道空间位置关系。

4.1.4 施工工艺流程

施工工艺流程如图 4-1 所示。

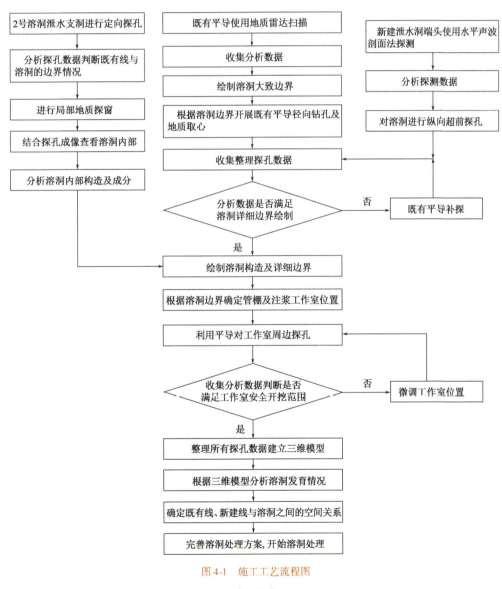

图 4-1 施工工艺流程图

4.2 新圆梁山隧道溶洞精准探测实践

4.2.1 地质雷达

地质雷达由发射天线向被检测体内发射高频电磁波,如图4-2所示。当高频电磁波传至被检测体内两种不同介质的分界面时,由于两种介质的介电常数不同而使电磁波发生反射、折射。入射波、反射波和折射波的传播遵循反射定律和折射定律,反射波返回被检测体的表面,并被地质雷达的接收天线所接收,形成雷达图像。雷达图像包含了被检测体的丰富信息,根据雷达图像特征对被检测体(如:不密实带、空洞、反射界面等)进行定性判释,再根据式(4-1)对被检测体的异常部位作定量解释。

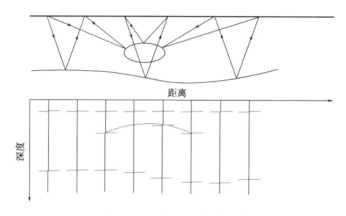

图4-2 地质雷达工作原理示意图

$$h = \frac{vt}{2} \tag{4-1}$$

式中:h——异常体(或不同介质分界面)深度;
v——电磁波在介质中的传播速度;
t——电磁波从检测体表面传播至检测体中异常部位(或不同介质分界面)后反射回表面的双程时间。

新圆梁山隧道溶洞段平导洞身地质雷达纵向在左边墙、左拱腰、左拱顶、拱顶、右拱顶、右拱腰、右边墙和隧底中线各布置1条测线,共8条探测线,如图4-3所示。采用100MHz天线对隧道地质情况进行径向探测,通长检测平导周边溶洞发育情况,初步确定溶洞在隧道纵向方向上发育范围,环向每间隔1m设置1环探测线,初步确定溶洞在隧道横向发育情况。

4.2.2 既有平导径向探测

线路关系平面如图4-4所示。

第4章 新圆梁山隧道大型溶洞三维精准探测技术

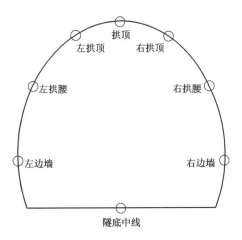

图 4-3 地质雷达探测测线布置示意图

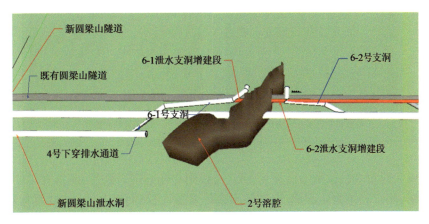

图 4-4 线路关系平面示意图

圆梁山隧道既有平导于 YDK340+337~YDK340+397 处穿越 2 号溶洞,如图 4-5 所示。

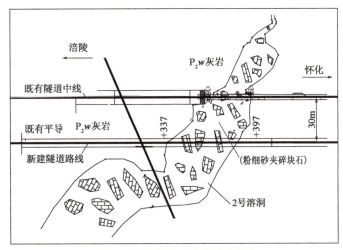

图 4-5 既有平导与溶洞关系示意图

利用既有平导,在平导溶洞范围前后每 10m 间距布置探测孔;环向 5 孔为探孔,用于对溶洞进行孔探,探孔径向钻进,2 孔位于左右两侧,2 孔位于左右拱腰,1 孔位于隧底。既有线侧水平钻孔长度 10m,斜向孔远离既有线不小于 12m,底板孔钻进完整岩盘 15m,新建泄水洞侧钻孔长度 30m。钻孔现场施工如图 4-6 所示。通过探测确定溶洞与既有平导高程关系及两者的距离。钻孔前使用全站仪对每个孔位精确放样,使用罗盘仪对钻孔角度进行测定,保证每个探孔均按设计位置及角度钻进。

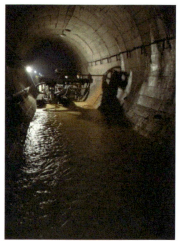
a) 钻机就位及孔位确定

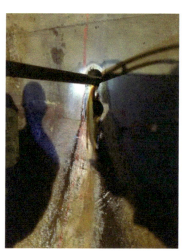
b) 平导径向探孔

图 4-6 现场施工情况

钻孔完成后对每个溶洞取心 2 组(图 4-7),检测心样的围岩强度,开展充填物化学成分分析及颗粒分析,测定充填物 c、φ 值、饱和含水率等参数。探测孔安装孔口管及闸阀,在出水部位测试水压,如图 4-8 所示。孔位具体布置如图 4-9、图 4-10 所示。

图 4-7 溶洞取心

图 4-8 压力表测试水压

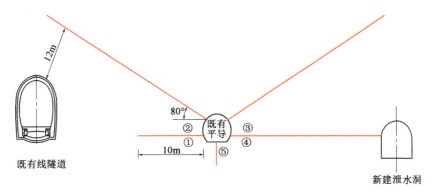

图 4-9　溶洞探测孔位横向断面图

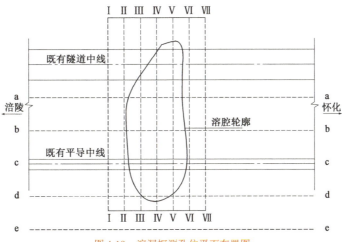

图 4-10　溶洞探测孔位平面布置图

4.2.3　2 号溶洞泄水支洞探测

圆梁山隧道既有的 6-1 及 6-2 泄水支洞设置于 2 号溶洞两侧,位于新建线与既有线之间,为截排 2 号溶洞的高位截水支洞。既有 6-1 泄水支洞底板面高于新建线开挖轮廓拱顶 8.17m,高于既有平导开挖轮廓拱顶 12.67m,纵坡 20.8%;既有 6-2 泄水支洞底板面高于新建线开挖轮廓拱顶 6.8m,高于既有平导开挖轮廓拱顶 11.3m,纵坡 18.2%,如图 4-11、图 4-12 所示。

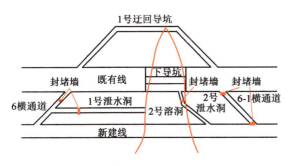

图 4-11　高位泄水支洞平面位置图

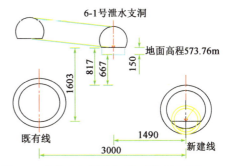

图 4-12　高位泄水支洞剖面位置图(尺寸单位:cm)

揭示 2 号溶洞的探孔方法:对 2 号溶洞 1 号、2 号引水支洞堵头断面进行单独探孔,探测位置为拱部及中部共 4 孔,在引水支洞往溶洞方向布孔,以一定夹角分别打向新建二线隧顶 5m、15m、25m、35m 的高度,钻孔长度以越过新建线开挖轮廓 5m 为停钻控制标准。对溶洞充填物取心,检测心样围岩强度,开展充填物化学成分分析及颗粒分析测定,充填物 c、φ 值以及饱和含水率等参数。钻孔过程做好记录,包括钻进压力、单孔出水量及出水位置。钻孔完毕后安装水压表。钻孔进入溶洞后需要继续钻进,探孔完毕后需绘制溶洞纵、横断面,如图 4-13、图 4-14 所示。

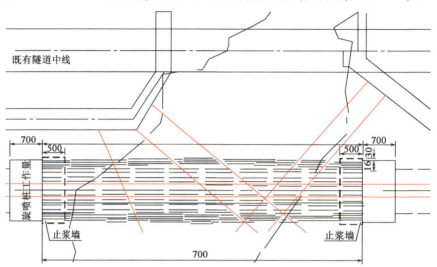

图 4-13　2 号溶洞探测孔位布置图(尺寸单位:cm)

钻孔完毕后退钻,将钻孔设备调离现场,清理孔内泥渣。对于退钻后孔内流水较浑浊的情况,必须等到水质变清澈之后再进行孔内成像,以免影响成像质量。将孔内成像设备的高清探头伸入孔口内,通过柔性推杆向孔内送进摄像头,并开启终端显示器上的录像及拍照功能,利用推杆上的长度标尺,详细记录孔内不同深度位置处的围岩情况,并根据显示内容标记异常位置孔深。在孔内成像施作完成后,将终端设备中记录的孔内情况录像及照片存储到计算机中,通过观察钻孔孔内围岩岩性、溶洞内填充介质的种类及溶洞出水情况,分析溶洞边界及内部构造成分,为绘制溶洞详细边界提供可靠数据,如图 4-15 所示。

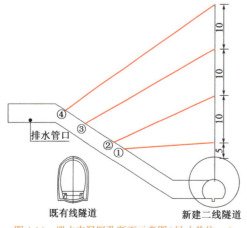

图 4-14　泄水支洞探孔断面示意图(尺寸单位:m)

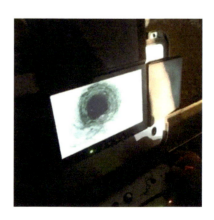

图 4-15　孔内成像现场操作

4.2.4 新建泄水洞端头探测

新圆梁山隧道新建泄水洞位于隧道右侧 30m, 穿过 1 号溶洞抵近 2 号溶洞, 大部分与线路平行, 设计纵坡 3‰, 坑底比新圆梁山隧道底板低 5.03m, 泄水洞于 YDK340+233.92 处下穿新圆梁山隧道与既有 6-1 号泄水支洞连接, 具体位置如图 4-16、图 4-17 所示。

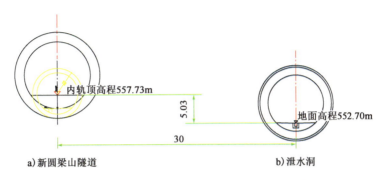

图 4-16 新建泄水洞与新圆山隧道剖面位置图（尺寸单位：m）

在新建泄水洞端头探测 2 号溶洞边界, 钻孔长度以进入溶洞 5m 为停钻控制标准, 对溶洞充填物取心, 检测心样围岩强度, 开展充填物化学成分分析、颗粒分析, 测定充填物的 c、φ 值以及饱和含水率等参数, 为新圆梁山隧道施工提供参考。探测孔安装孔口管及闸阀, 在出水部位测试水压。新建泄水洞掌子面探孔布置如图 4-18 所示。

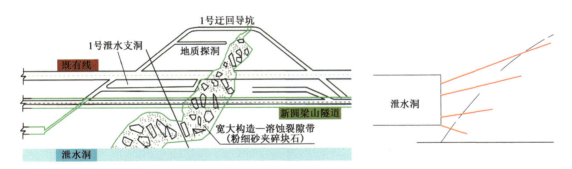

图 4-17 新建泄水洞与新圆梁山隧道线平面位置图

图 4-18 新建泄水洞掌子面探孔布置示意图

4.2.5 既有平导补探

既有平导 YDK340+300、YDK340+310 处距离 2 号溶洞较近, 在该处探测 2 号溶洞边界, 钻孔长度以进入溶洞 5m 为停钻控制标准。对溶洞充填物取心, 检测心样围岩强度, 开展充填物化学成分分析、颗粒分析, 测定充填物的 c、φ 值以及饱和含水率等参数, 为新圆梁山隧道施工提供参考。探测孔安装孔口管及闸阀, 在出水部位测试水压。平导补充探孔布置如图 4-19、图 4-20 所示。

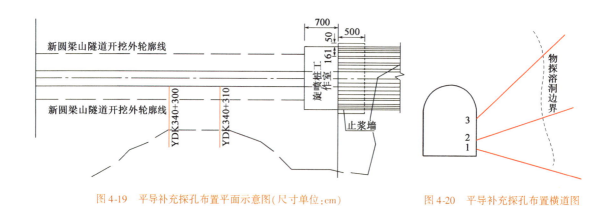

图 4-19 平导补充探孔布置平面示意图(尺寸单位:cm)　　图 4-20 平导补充探孔布置横道图

4.2.6 溶洞处理工作室对溶洞精准探测法

对新圆梁山隧道1号、2号、3号溶洞工作室位置进行探测,在既有平导与止浆墙的一定距离处开始钻孔,环向两排钻孔分别对止浆墙轮廓及轮廓外环向8m距离进行探测,探孔共两环,每环6孔,在拱顶位置加设一个拱顶情况探测孔如图4-21所示。探测溶洞边界时,为确保工作洞室扩挖安全,探孔位置按照设计洞室开挖轮廓预留8m岩盘,钻孔长度以进入溶洞5m为停钻控制标准。探孔完成后,根据实际边界调整洞室位置或进一步增加钻孔补勘。1号、3号溶洞增加13号探孔,探测溶洞充填物厚度。探测孔内安装孔口管及闸阀,在出水部位测试水压。工作室探测孔终孔位置如图4-22所示。

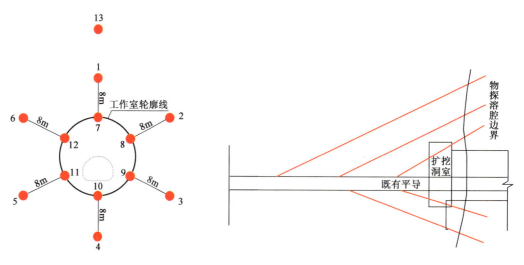

图 4-21 工作室探测孔终孔位置示意图　　图 4-22 工作室探测孔位布置示意图

探孔完成后在工作室端头采用水平声波剖面法探测工作室开挖范围内围岩的完整情况。测试时,在隧道边墙处发射低频声波信号,在另一处接收反射波信号。采用时域、频域分析探测反射波信号,并根据隧道施工掌子面地质调查、地面地质调查及隧道超前探孔地质调查情况推测隧道施工掌子面前方地质条件,了解前方岩体的变化情况,探测掌子面前方可能存在的岩性分界、断层、岩体破碎带、软弱夹层,以及岩溶等不良地质体的规模、性质及延伸情况,确定开挖面围岩完整情况,保证开挖安全。水平声波探测法应用及探测波形如图 4-23 ~ 图 4-25 所示。

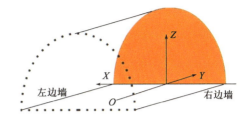

图 4-23　水平声波探测法测试布置坐标系

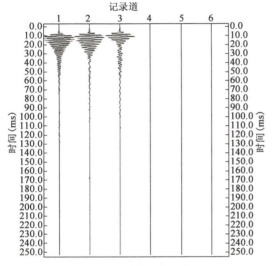

图 4-24　水平声波探测法波形图

图 4-25　水平声波探测法现场工作情况

4.3　新圆梁山隧道扩挖段周边岩溶空间赋存特征

4.3.1　溶洞平面分布

将径向探孔得到的钻孔数据整理并填入表格,根据每个探孔探得的溶洞边界位置及孔内围岩情况,以每个断面的 5 个探孔形成一组数据,整理得到多组数据后,使用 CAD 根据探孔里程绘制平导断面图及新圆梁山隧道标准断面图,并将相应数据标准化,再使用整理得到的探孔数据利用 CAD 分别绘制多个隧道探孔断面图,并标记每个探孔溶洞边界位置,如图 4-26 所示。

根据每个断面对应探孔里程左右边墙两个探孔的数据,绘制到隧道线路图中得到溶洞边界平面图,如图 4-27 所示。

使用高位泄水支洞的探孔数据,绘制形成完善的溶洞边界平面图,如图 4-28 所示。

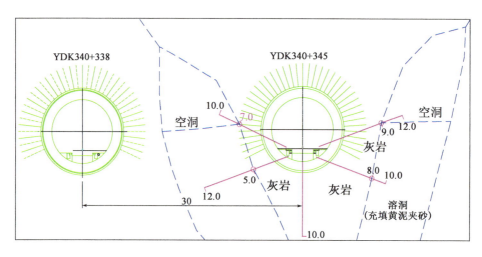

图 4-26 隧道探孔断面图(尺寸单位:m)

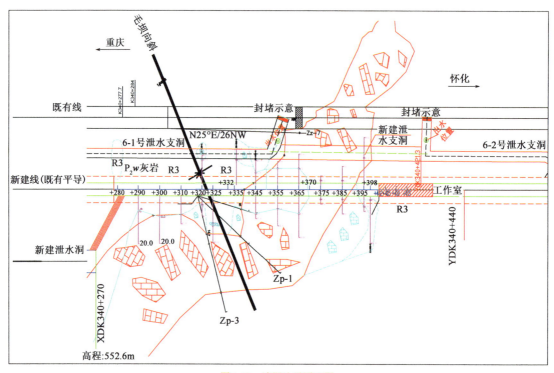

图 4-27 溶洞边界平面图

4.3.2 溶洞三维模型

根据绘制完成的溶洞平面图,探孔情况横断面图,既有线、新建线及溶洞之间的位置关系图,分别导入到 SketchUp 中,使用推拉、路径跟随及沙盘功能,创建溶洞及隧道立体模型,如图 4-29 所示。

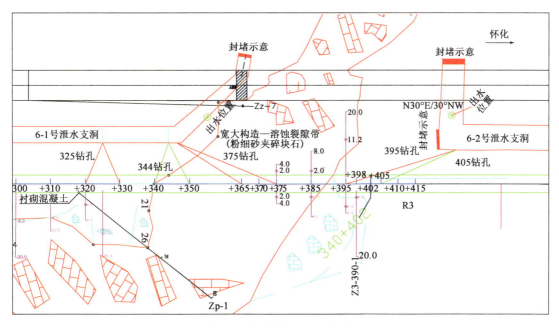

图4-28 完善的溶洞边界平面图

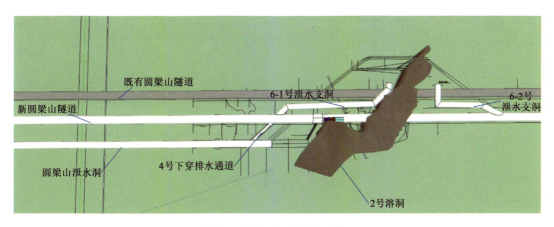

图4-29 溶洞及隧道立体模型图

再将隧道纵断面导入SketchUp,生成圆梁山地质构造模型,将多余的线条去除,进行标注等操作,完成溶洞三维模型的制作,如图4-30所示。分析平导、既有线、既有泄水支洞、新建泄水洞及溶洞之间的空间位置关系,根据模型分析溶洞发育情况,动态调整溶洞处理进度。

最后将绘制完成的模型导入3DSMAX中,先将摄影机的动画按照脚本的设计和表现方向调整好,并设定好摄影机的动画。模型的动画完成后,为模型赋材质,再设灯光。之后根据摄影机动画设定好的方向进行细部调节,调整好贴图和灯光后再加入环境。

根据制作需要渲染出不同尺寸和分辨率的动画。渲染完成之后,再进行修改和调整,加入景深、雾、矫正颜色等,最后将分镜头的动画按顺序加入,加入转场,剪辑后输出所需格式,形象展示溶洞构造情况及溶洞处理方案,如图4-31、图4-32所示。

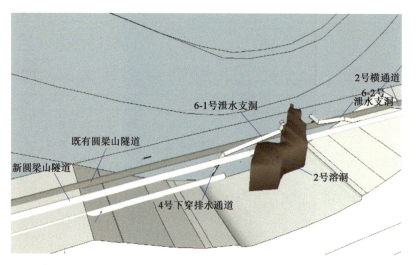

图4-30 溶洞三维模型图

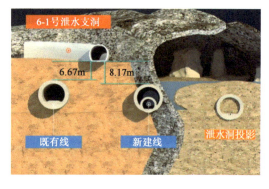

图4-31 既有线、新建线位置关系图

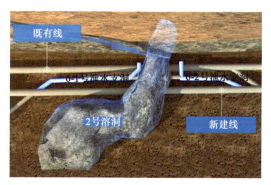

图4-32 溶洞三维动画图

4.4 本章小结

为查清平导周围溶洞空间分布特征,保证新圆梁山隧道扩挖的顺利施工,本章提出了一种隧道大型溶洞三维精准探测技术,阐述了该方法的主要内容、工法特点、工艺原理和工艺流程,并在新圆梁山隧道2号溶洞探测工程现场进行了应用,确定了溶洞空间分布特征。据此建立了既有线、新圆梁山隧道和2号溶洞的三维地质模型,查清了隧道周边岩溶发育特征,为新圆梁山隧道平导扩挖施工的实施提供了数据支撑。

第5章 邻近既有线平导扩挖施工技术

通过第3章新圆梁山隧道修建方案比选可知,采用完全利用圆梁山隧道平导扩挖方案在经济、技术等方面具有明显的优势。因此,本章将开展邻近既有线平导扩挖施工技术研究。原设计方案对1号、2号、3号富水溶洞段采取交叉中隔墙法(Center Cross Diaphragm Method, CRD法)对平导进行扩挖施工,CRD法对控制周围岩体变形以及掌子面的稳定性十分有利,但是施工过程复杂、工期长、费用高。结合隧道开挖揭露出的掌子面围岩特征、超前地质预报资料以及"帷幕注浆+管棚"支护效果等因素,可以考虑采用施工工期短、费用低、施工过程相对简单的中隔墙法(Center Diaphragm Method, CD法)扩挖施工方案。本章将对采用CRD法和CD法扩挖施工过程进行数值模拟,并选择出对本工程最有利的扩挖施工方案。

5.1 CRD法扩挖施工方案研究

5.1.1 扩挖施工工序设计

(1)开挖①号导坑。

使用在前一循环中架设的钢架,在超前管棚预支护掩护下开挖①号导坑,必要时喷射混凝土封闭掌子面;

在开挖的导坑周围初次喷射混凝土后,施作径向锚杆和锁脚锚杆;

架设拱部和中壁钢架,并且将混凝土复喷至设计厚度;

施作临时仰拱。在开挖导坑底部初次喷射混凝土之后,架设I18工字钢横支撑,并将横支撑与拱部及中壁钢架进行连接,然后将混凝土复喷至设计厚度。

(2)开挖②号导坑。

与开挖①号导坑同。

(3)开挖③号导坑。

在超前管棚预支护的掩护下开挖③号导坑,保留既有平导的衬砌,并在必要时喷射混凝土以封闭掌子面;

在开挖的导坑周边初次喷射混凝土后,施作径向锚杆和锁脚锚杆;

将中壁钢架和边墙钢架延长,然后将混凝土复喷至设计厚度;

施作临时仰拱:底部初次喷射混凝土之后架立 I18 工字钢横撑,并与边墙钢架和既有平导衬砌连接,复喷混凝土至设计厚度。

(4)开挖④号导坑。

与开挖③号导坑相同。

(5)开挖⑤号导坑。

开挖⑤号导坑(保留既有平导衬砌);

在开挖的导坑周边初次喷射混凝土后,施作径向锚杆;

将中壁钢架和边墙钢架延长,然后将混凝土复喷至设计厚度。

(6)开挖⑥号导坑。

与开挖⑤号导坑相同。

(7)掌子面按 3m 间距进行临时封闭,施作时间与间距可根据实际情况进行调整。

(8)根据现场监控量测情况,待初期支护变形稳定后,采用人工配合机械拆除临时支护以及既有平导衬砌,全断面施作二次衬砌。

采用 CRD 法施工步序如图 5-1 所示,图中①~⑥为导坑编号及开挖顺序。

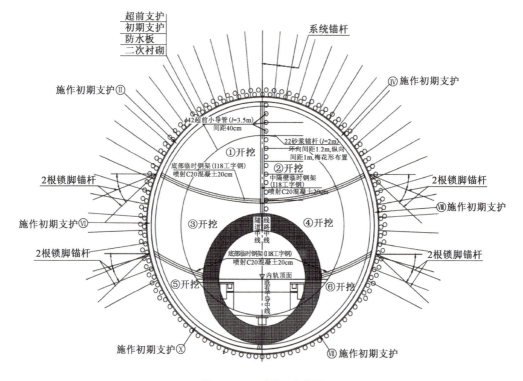

图 5-1 CRD 法施工步序图

5.1.2 模型建立

在进行隧道工程结构有限元模拟计算和分析时,原始介质的边界条件通常被特定的边界条件所替代,并选取周围岩体某一部位进行结构建模。为了减小边界效应,应尽可能使模型范围足够大。同时,在满足计算要求的情况下,为提高模型收敛性,应对计算模型进行简化。根据岩体开挖后二次应力状态及分布特征,围岩应力及应变仅在距地下结构开挖洞室中心 3~5 倍洞径的范围内受到影响较大。

根据上述建模原则,结合实际工程概况,本节数值模拟模型尺寸为 100m×30m×60m($x×y×z$),其中 XZ 平面为隧道横断面,Y 向为隧道轴线方向,代表隧道掘进方向。计算采用大型有限元软件 MIDAS-GTS 建立三维计算模型,模型中周围岩体及溶洞充填物采用 Mohr-Coulomb 准则,为均质弹塑性模型。采用弹性结构的梁单元模拟管棚,初次支护采取板单元进行模拟,本构模型使用弹性模型;喷射混凝土采用弹性结构板单元模拟。该模型仅考虑自重应力的影响而忽略构造应力的影响。模型计算边界的上边界为自由边界,无约束;底部施加固定约束;侧面边界施加水平约束。共划分 141477 个模型单元。

支护方式:采用"帷幕注浆 + 管棚"联合支护方式,管棚是由 ϕ127×5mm 的热轧无缝钢管加工而成,每节长 2~3m,采用 ϕ133×8mm、长 40cm 带螺纹的连接钢管接长(螺纹长度不小于 150cm),在管壁的周围钻设注浆孔,孔的直径为 10~16mm,孔与孔之间的间隔为 15~20cm,呈梅花形布设。管棚沿开挖轮廓线外布设,环向间隔 25cm,外插角 1°~3°(可根据实际情况进行调整),在模型中采用具有一定厚度的等效加固圈来模拟。

CRD 法开挖计算模型如图 5-2 所示。

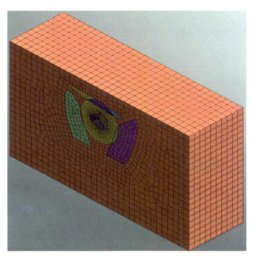
a) 数值计算模型

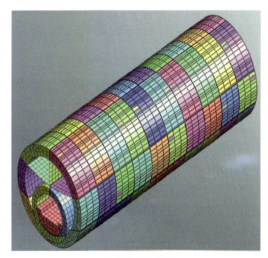
b) 隧道开挖模型

图 5-2 CRD 法开挖计算模型

5.1.3 参数选取

1) 围岩参数

在数值模拟中使用的参数是由地勘报告结合所取样品的室内试验检测结果来确定的,围岩参数值见表 5-1。

围 岩 参 数 表　　　　　　　　　　　　表 5-1

单轴抗压强度（MPa）	弹性模量（GPa）	重度（kN/m³）	黏聚力（MPa）	内摩擦角（°）	泊 松 比
0.48	0.60	20	50	24	0.35

2)帷幕注浆加固区等效重度和弹性模量

2号溶洞段岩石节理裂隙比较发育,围岩较为破碎,围岩的 c、φ 值可以通过帷幕注浆的方式来提高,同时注浆可以降低围岩的渗透系数,增强围岩的整体性。通过理论和工程经验可以计算得到帷幕注浆加固区围岩的等效重度和弹性模量。

(1)理论计算

帷幕注浆加固圈的重度根据围岩和浆液重度所占比例按式(5-1)计算。

$$\gamma_{sg} = m\gamma_g + (1 - m)\gamma_s \tag{5-1}$$

式中:γ_{sg}——等效加固圈的重度;

γ_g——浆液的重度;

γ_s——土体的重度;

m——加固圈中浆液重度所占比例。

式(5-2)为注浆加固区等效弹性模量的计算公式。

$$E_{注围} = \rho E_{注浆} + (1 - \rho)E_{围岩} \tag{5-2}$$

式中:$E_{注围}$——注浆加固区等效弹性模量;

ρ——充填率,$\rho = (0.6 \sim 0.7)\eta$,$\eta$ 为孔隙率;

$E_{注浆}$——注浆凝固后的弹性模量;

$E_{围岩}$——围岩的弹性模量。

(2)经验法

根据相关研究及工程经验,注浆的作用主要是改变原有围岩的 c、φ 值,从而提高围岩的性质。李河玉对粉质黏土注浆加固进行了室内试验,得出采用超细水泥—水玻璃浆液进行注浆加固,注浆加固后土体的黏聚力是未注浆土体黏聚力的11.25倍,摩擦角是未注浆土体摩擦角的1.46倍。

综合理论计算结果和过去的经验可认为帷幕注浆可以实现原始围岩的力学性质提高30%,注浆区计算参数见表5-2。

注浆区计算参数　　　　　　　　　　　　表 5-2

计算参数	弹性模量(GPa)	重度(kN/m³)	黏聚力(kPa)	内摩擦角(°)	泊松比
数值	0.78	24	65	32	0.35

3)管棚注浆加固区和注浆管棚的等效弹性模量

在数值模拟计算中,管棚注浆加固区和注浆管棚的弹性模量是采用效果等效的方式计算得到的,可按式(5-3)~式(5-5)计算得到两者的等效弹性模量,管棚注浆加固区计算参数见表5-3。

管棚注浆加固区计算参数　　　　表 5-3

计算参数	弹性模量(GPa)	重度(kN/m³)	黏聚力(kPa)	内摩擦角(°)	泊松比
数值	1.20	24	65	32	0.35

注浆管棚的等效弹性模量：

$$E_1 = \frac{E_{管棚} \times I_{管棚} + E_{浆液} \times I_{浆液}}{I_{管棚} + I_{浆液}} \tag{5-3}$$

注浆加固区的等效弹性模量：

$$E_2 = \rho E_{注浆} + (1-\rho) E_{围岩} \tag{5-4}$$

管棚注浆加固区等效弹性模量：

$$E = \frac{E_1 \times I_1 + E_2 \times I_2}{I_1 + I_2} \tag{5-5}$$

以上式中：E_1——注浆管棚的等效弹性模量；

$E_{管棚}$——管棚的弹性模量；

$E_{浆液}$——浆液凝固后的弹性模量；

$I_{管棚}$——管棚的惯性矩；

$I_{浆液}$——浆液凝固后的惯性矩；

E_2——注浆加固区的等效弹性模量；

$E_{围岩}$——围岩的弹性模量；

E——管棚注浆加固区等效弹性模量；

I_1——管棚注浆后的惯性矩；

I_2——注浆加固区的惯性矩；

$\rho = (0.6 \sim 0.7)\eta$，$\eta$ 为孔隙率。

4) 支护结构参数选取

模拟计算中使用的初期支护和二次衬砌的参数计算方法是等效刚度加权平均法，具体计算见式(5-6)、式(5-7)。

密度的等效计算公式：

$$\rho_{等效} = \frac{\rho_{钢} \times A_{钢} + \rho_{混凝土} \times A_{混凝土}}{A_{总}} \tag{5-6}$$

弹性模量的等效计算公式：

$$E = \frac{E_{钢} \times A_{钢} + E_{混凝土} \times A_{混凝土}}{A_{总}} \tag{5-7}$$

初期支护是网喷 20cm 厚的 CF25 钢纤维混凝土，然后使用 H200×150 型钢钢架支护，钢架的纵向间距为 50cm；二次衬砌是厚度为 120cm 的 C40 钢筋混凝土。支护结构换算后的计算参数见表 5-4。

支护结构计算参数 表5-4

支 护 结 构	厚度(m)	密度(kg/m³)	弹性模量(GPa)	泊 松 比
初期支护	0.2	2481.3	28.7	0.23
二次衬砌	1.2	2386.8	30.9	0.23

5.1.4 扩挖施工过程模拟

CRD法扩挖施工过程模拟见表5-5。

CRD法扩挖施工过程模拟 表5-5

工序	施工步骤说明	图 示
1	周边帷幕注浆,注浆加固圈宽度5m,拱墙范围采用双层管棚加固,仰拱范围采用单层管棚加固,管棚纵向长度30m,环向间隔25cm,外插角1°~3°	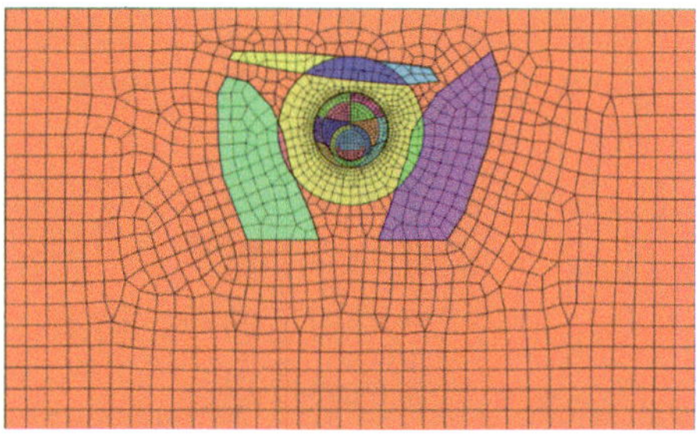
2	在帷幕注浆和超前管棚预支护掩护下开挖①号导坑,每次开挖0.5m	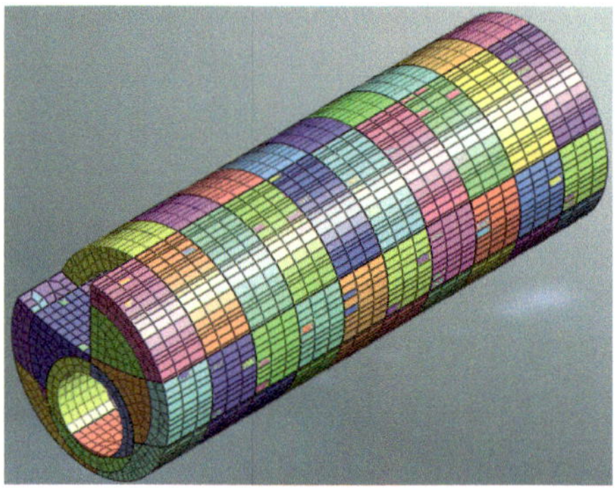
3	导坑周围初次喷射混凝土,并且在必要时喷射混凝土以封闭掌子面,施作径向锚杆和两根锁脚锚杆,对拱部及中壁钢架进行架设,施作临时仰拱,然后将混凝土复喷至设计厚度	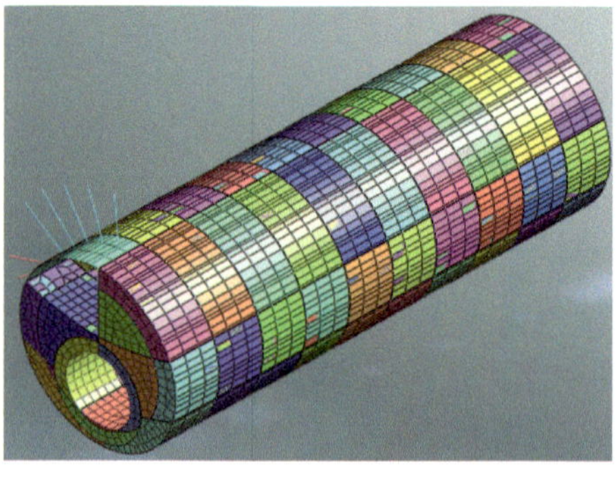

续上表

工序	施工步骤说明	图 示
4	①号导坑开挖长度3m时,在帷幕注浆和超前管棚预支护掩护下开挖②号导坑,每次开挖0.5m	
5	在②号导坑周围初次喷射混凝土,并且在必要时喷射混凝土以封闭掌子面,施作径向锚杆和两根锁脚锚杆,对拱部及中壁钢架进行架设,施作临时仰拱,然后将混凝土复喷至设计厚度	
6	②号导坑开挖长度3m时,在帷幕注浆和超前管棚预支护掩护下开挖③号导坑,每次开挖0.5m	

续上表

工序	施工步骤说明	图　　示
7	保留既有平导的衬砌,并且在必要时喷射混凝土以封闭掌子面,导坑周边初喷混凝土,施作径向锚杆和两根锁脚锚杆,将中壁及边墙钢架延长;施作临时仰拱,然后将混凝土复喷至设计厚度	
8	③号导坑开挖长度3m时,在帷幕注浆和超前管棚预支护掩护下开挖④号导坑,每次开挖0.5m	
9	保留既有平导衬砌,并且在必要时喷射混凝土以封闭掌子面,导坑周边初次喷射混凝土,施作径向锚杆和两根锁脚锚杆,将中壁及边墙钢架延长;施作临时仰拱,然后将混凝土复喷至设计厚度	

续上表

工序	施工步骤说明	图　示
10	④号导坑开挖长度3m时,在帷幕注浆和超前管棚预支护掩护下开挖⑤号导坑,每次开挖0.5m	
11	保留既有平导衬砌,并且在必要时喷射混凝土以封闭掌子面,导坑周边初次喷射混凝土,施作径向锚杆,将边墙钢架延长,然后将混凝土复喷至设计厚度	
12	⑤号导坑开挖长度3m时,在帷幕注浆和超前管棚支护掩护下开挖⑥号导坑,每次开挖0.5m	

续上表

工序	施工步骤说明	图　示
13	保留既有平导衬砌,并且在必要时喷射混凝土以封闭掌子面,导坑周边初次喷射混凝土,施作径向锚杆,将边墙钢架延长,然后将混凝土复喷至设计厚度	
14	结合监控量测情况,待初期支护变形稳定后,采用人工配合机械拆卸临时支护,拆卸既有平导衬砌	
15	全断面施作二次衬砌,进入下一循环施工	

5.1.5　模拟结果分析

在山岭隧道施工过程中,由于其埋深较大,一般不需要对地表沉降进行分析。因此,从围岩的变形和围岩塑性区的特征进行分析,可以体现围岩开挖过程中受到的扰动程度以及围岩的稳定性,这些因素决定施工方案的优劣。

1)Z 轴方向沉降变形分析

通过 MIDAS-GTS 有限元软件模拟和分析,可以得到隧道围岩 Z 轴方向在每个施工步数下的变形位移云图。因为在数值模拟的过程中开挖施工步数较多,并且中间过程的变形位移云图参考价值不大,所以,仅对隧道围岩 Z 轴方向在所有施工步数完成后的变形位移进行分析。Z 轴方向沉降变形云图如图 5-3 所示。

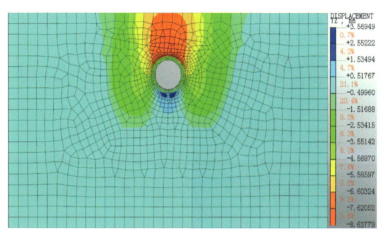

图 5-3 Z 轴方向沉降变形云图
(DISPLACEMENT-变形位移,以下同)

从沉降变形云图可以看出,采取 CRD 法扩挖施工监测断面沉降变形最大值为 8.64mm,发生在隧道拱顶的位置;隆起变形最大值为 3.57mm,发生在隧道拱底的位置。从最大变形值来看,隧道沉降和隆起变形在施工安全容许的范围内。

2)X 轴方向收敛变形分析

通过 MIDAS-GTS 有限元软件模拟和分析,可以得到隧道围岩 X 轴方向在每个施工步数下的变形位移云图。因为在数值模拟的过程中开挖施工步数较多,并且中间过程的变形位移云图参考价值不大,所以,仅对隧道围岩 X 轴方向在所有施工步数完成后的水平收敛变形进行分析。X 轴方向水平收敛变形云图如图 5-4 所示。

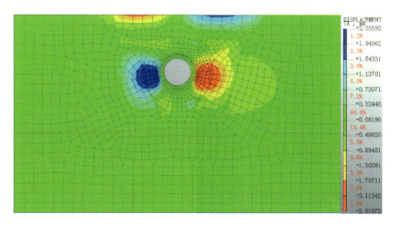

图 5-4 X 轴方向收敛变形云图

从水平收敛变形云图可以看出,采用CRD法扩挖施工监测断面隧道右侧水平收敛变形最大值为2.52mm,隧道左侧水平收敛变形最大值为2.36mm,左右两侧最大水平收敛变形均发生在拱腰的位置。从隧道左右侧水平收敛变形数值来看,隧道水平收敛变形在施工安全容许的范围内。

3）塑性区特征分析

通过数值模拟,图5-5显示了CRD法扩挖施工方案下隧道围岩塑性区的分布情况,反映了扩挖施工对隧道周边围岩的扰动情况。

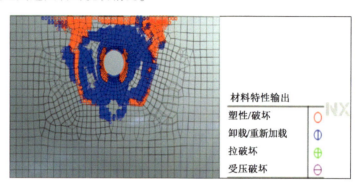

图5-5 围岩塑性区特征云图

从围岩塑性区云图中可以看出,在CRD扩挖施工方案下塑性区出现在围岩洞室左右两侧,对称分布,洞周围岩处于稳定状态。

5.2 CD法扩挖施工方案研究

5.2.1 扩挖施工工序设计

（1）开挖①号导坑：

使用在前一循环架设的钢架,在超前管棚预支护掩护下开挖①号导坑,并且在必要时喷射混凝土以封闭掌子面；

在导坑周围初次喷射混凝土后,施作径向锚杆和锁脚锚杆；

架设拱部钢架,将混凝土复喷至设计厚度；

施作临时仰拱,在导坑底部初次喷射混凝土之后,架立I18工字钢横支撑,并将横支撑与拱部钢架连接,然后将混凝土复喷至设计厚度。

（2）开挖②号导坑：

在超前管棚预支护掩护下开挖②导坑,保留既有平导衬砌,并且在必要时喷射混凝土以封闭掌子面；

在导坑周边初次喷射混凝土后,施作径向锚杆和锁脚锚杆。

（3）开挖③号导坑：

与开挖②号导坑同。

(4) 开挖④号导坑：

在超前管棚预支护掩护下开挖④导坑，保留既有平导衬砌，并且在必要时喷射混凝土以封闭掌子面；

导坑周边初喷混凝土。

(5) 开挖⑤号导坑：

与开挖④号导坑相同。

(6) 掌子面按3m间距进行临时封闭，施作时间间隔可根据实际情况进行调整。

(7) 根据现场监控量测情况，待初期支护变形稳定后，采用人工配合机械拆除临时支护以及既有平导衬砌，全断面施作二次衬砌。

采用CD法施工步序如图5-6所示，图中①~⑥为导坑编号及开挖顺序号。

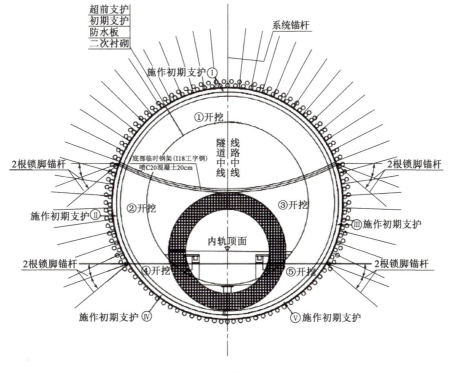

图5-6 CD法施工步序图

5.2.2 模型建立

进行隧道工程结构有限元模拟分析时，原始介质边界条件通常被特定的边界条件代替，并选取周围岩体某一部位进行结构建模。为了减小边界效应，应尽可能使模型范围足够大。同时，在满足计算要求的情况下，为提高模型的收敛性，应对计算模型进行简化。根据岩体开挖后二次应力状态及分布特征，围岩应力及应变仅在距地下结构开挖洞室中心3~5倍洞径范围内受到影响较大。

根据上述建模原则，结合实际工程概况，本节数值模拟模型尺寸为100m×30m×60m（x×

$y×z$),其中 XY 平面为隧道横断面,Y 向为隧道轴线方向,代表隧道掘进方向。计算采用大型有限元软件 MIDAS-GTS 建立三维计算模型,模型中周围岩体及溶洞充填物采用 Mohr-Coulomb 准则,为均质弹塑性模型。采用弹性结构的梁单元模拟管棚,初期支护使用板单元模拟,本构模型采取弹性模型;喷射混凝土使用弹性结构板单元进行模拟。该模型仅考虑自重应力的影响而忽略构造应力的影响。模型计算边界的上边界为自由边界,无约束;底部施加固定约束;侧面边界施加水平约束。本构模型共划分 141477 个模型单元。

支护方式:采用"帷幕注浆+管棚"联合支护方式,管棚是由直径为 127mm、壁厚为 5mm 的热轧无缝钢管加工而成,每节长 2~3m,采用 $\phi 133×8mm$、长 40cm 带丝扣的连接钢管接长(螺纹段不小于 150mm),在管壁的周围钻设注浆孔,孔的直径为 10~16mm,孔与孔之间的间隔为 15~20cm,呈梅花形布设。管棚沿开挖轮廓线外布设,环向间隔 25cm,外插角 1°~3°(可根据实际情况进行调整),在模型中采用具有一定厚度的等效加固圈来模拟。

CD 法开挖计算模型如图 5-7 所示。

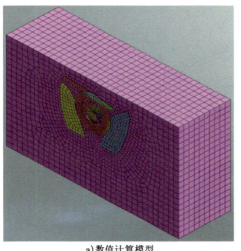
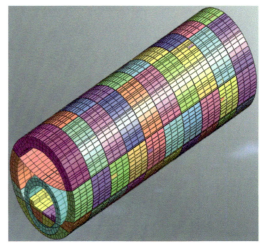

a)数值计算模型   b)隧道开挖模型

图 5-7 CD 法开挖计算模型

5.2.3　参数选取

CD 法开挖计算模型的参数选取同 CRD 法,详见 5.1.3 节。

5.2.4　扩挖施工过程模拟

CD 法扩挖施工过程模拟见表 5-6。

5.2.5　模拟结果分析

在山岭隧道施工过程中,由于其埋深较大,一般不需要对地表沉降进行分析。因此,从围岩的变形和围岩塑性区的特征进行分析,可以体现围岩开挖过程中受到的扰动程度以及围岩的稳定性,这些因素决定施工方案的优劣。

CD 法扩挖施工过程模拟 表 5-6

工序	施工步说明	图　示
1	周边帷幕注浆,注浆加固圈 5m,拱墙范围采用双层管棚加固,仰拱范围采用单层管棚加固,管棚纵向长 30m,环向间隔 25cm,外插角 1°~3°	
2	在帷幕注浆和超前管棚预支护掩护下开挖①号导坑,每次开挖 0.5m	
3	在导坑周围初次喷射混凝土,并且在必要时喷射混凝土以封闭掌子面,施作径向锚杆和两根锁脚锚杆,架设拱部钢架,施作临时仰拱,然后将混凝土复喷至设计厚度	
4	①号导坑开挖长度 3m 时,在帷幕注浆和超前管棚预支护掩护下开挖②号导坑,每次开挖 0.5m;保留既有平导衬砌	

续上表

工序	施工步说明	图 示
5	在②号导坑周围初次喷射混凝土,并且在必要时喷射混凝土以封闭掌子面,施作径向锚杆和两根锁脚锚杆,然后将混凝土复喷至设计厚度	
6	②号导坑开挖长度 3m 时,在帷幕注浆和超前管棚预支护掩护下开挖③号导坑,每次开挖 0.5m;保留既有平导衬砌	
7	在③号导坑周围初次喷射混凝土,并且在必要时喷射混凝土以封闭掌子面,施作径向锚杆和两根锁脚锚杆,然后将混凝土复喷至设计厚度	
8	③号导坑开挖长度 3m 时,在帷幕注浆和超前管棚预支护掩护下开挖④号导坑,每次开挖 0.5m	

续上表

工序	施工步说明	图　　示
9	保留既有平导衬砌,并且在必要时喷射混凝土以封闭掌子面,并且在开挖导坑周边初次喷射混凝土	
10	④号导坑开挖长度3m时,在帷幕注浆和超前管棚预支护掩护下开挖⑤号导坑,每次开挖0.5m	
11	保留既有平导衬砌,并且在必要时喷射混凝土以封闭掌子面,然后在开挖导坑周边初次喷射混凝土	
12	结合监控量测情况,待初期支护变形稳定后,采用人工配合机械拆卸临时支护,拆卸既有平导衬砌	

工序	施工步说明	图　示
13	全断面施作二次衬砌，进入下一循环施工	

1) Z 轴方向沉降变形分析

通过 MIDAS-GTS 有限元软件模拟和分析，可以得到隧道围岩 Z 轴方向在每个施工步数下的变形位移云图。因为在数值模拟的过程中开挖施工步数较多，并且中间过程的变形位移云图参考价值不大，所以，仅对隧道围岩 Z 轴方向在所有施工步数完成后的变形位移进行分析。Z 轴方向沉降变形云图如图 5-8 所示。

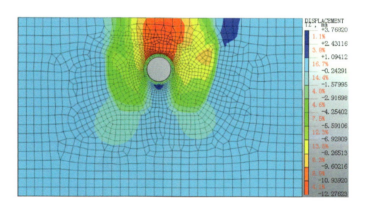

图 5-8　Z 轴方向沉降变形云图

从沉降变形云图可以看出，采取 CD 法扩挖施工监测断面沉降变形最大值为 12.28mm，发生在隧道拱顶的位置；隆起变形最大值为 3.77mm，发生在隧道拱底的位置。从最大变形值来看，CD 法扩挖施工比 CRD 法扩挖施工围岩竖向变形位移大。

2) X 轴方向收敛变形分析

通过 MIDAS-GTS 有限元软件模拟和分析，可以得到隧道围岩 X 轴方向在每个施工步数下变形位移云图。因为在数值模拟的过程中开挖施工步数较多，并且中间过程的变形位移云图参考价值不大，所以，仅对隧道围岩 X 轴方向在所有施工步数完成后的水平收敛变形进行分析，X 轴方向水平收敛变形云图如图 5-9 所示。

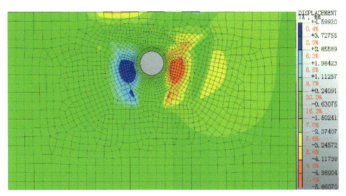

图 5-9　X 轴方向收敛变形云图

从水平收敛变形云图可以看出,采用 CD 法扩挖施工监测断面隧道右侧水平收敛变形最大值为 5.86mm,隧道左侧水平收敛变形最大值为 4.6mm,左右两侧最大水平收敛变形均发生在拱腰的位置。从隧道水平收敛变形数值来看,CD 法扩挖施工比 CRD 法扩挖施工围岩水平收敛变形大。

3)塑性区特征分析

图 5-10 显示了 CD 法扩挖施工方案下隧道围岩塑性区的分布情况,反映了 CD 法扩挖施工对隧道周边围岩的扰动情况。

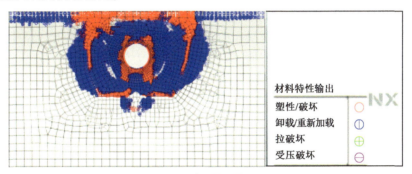

图 5-10　围岩塑性区特征云图

从围岩塑性区云图中可以看出,在 CD 扩挖施工方案下塑性区出现在围岩洞室周围,围岩塑性区在洞室周围已经贯通,洞周围岩处于失稳状态。

5.3　两种扩挖施工方案模拟结果对比分析

本节从数值模拟结果的围岩变形和围岩塑性区特征两方面进行对比分析,研究哪种施工方案更安全。

5.3.1　Z 轴方向沉降变形分析

对比分析两种扩挖施工方案在 Z 轴方向的拱顶沉降变形,如图 5-11 所示为隧道围岩拱顶在整个扩挖施工过程中沉降变形趋势。

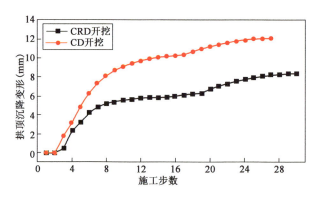

图 5-11　两种施工方式拱顶沉降变形对比

由图 5-3、图 5-8 可以看出两种施工方法的位移云图整体上有明显的区别，但其拱顶位移走向趋近；隧道围岩在 Z 轴方向的沉降变形趋势偏隧道右边一侧，即隧道围岩沉降量在右边一侧大于左边的一侧，这种现象是由于高压富水溶洞在隧道左右两侧的分布范围不同造成的，在隧道右侧分布相比左侧要多，所以施工时务必注意隧道右侧的沉降变形，开挖后要时刻监控围岩的沉降变形，并且在必要时增强围岩支护的强度，确保施工安全。通过图 5-11 可以看出两种施工方法的拱顶沉降变形数值并不一致，但是随着施工的进行，拱顶沉降变化趋势基本一致。采取 CRD 法扩挖施工，监测断面沉降变形最大值为 8.64mm，发生在隧道拱顶的位置；隆起变形最大值为 3.57mm，发生在隧道拱底的位置。采取 CD 法扩挖施工，监测断面沉降变形最大值为 12.28mm，发生在隧道拱顶的位置；隆起变形最大值为 3.77mm，发生在隧道拱底的位置。从 Z 轴方向的变形来看，显然 CRD 法扩挖施工在控制围岩变形效果方面较 CD 法更佳。

5.3.2　X 轴方向收敛变形分析

对比分析两种扩挖施工方案在 X 轴方向水平收敛变形，随着施工的进行围岩的水平收敛变形趋势如图 5-12 所示。

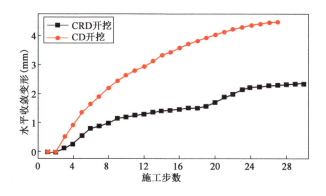

图 5-12　两种施工方式水平收敛变形对比

由图 5-4、图 5-9 可以看出两种施工方法的位移云图整体上有明显的区别,但其水平收敛变形走向趋近。其产生原因是隧道左右两侧存在高压富水充填溶洞,充填物自稳能力差引起两侧围岩产生了较大的水平收敛变形。溶洞距离隧道开挖线比较近,施工时务必注意拱腰处的水平收敛变形,实时监控量测。在必要时增强围岩支护的强度,保障施工安全。根据图 5-12 可以看到两施工方法的水平收敛变形数值并不一致,但是水平收敛变形随着施工的进行变化趋势基本一致,总体来看 CD 法扩挖施工时水平收敛变形速率较快,并且变形量在整个施工期间都比 CRD 法大。采用 CRD 法扩挖施工监测断面隧道右侧水平收敛变形最大值为 2.52mm,隧道左侧水平收敛变形最大值为 2.36mm;采用 CD 法扩挖施工监测断面隧道右侧水平收敛变形最大值为 5.86mm,隧道左侧水平收敛变形最大值为 4.6mm。两种扩挖施工下隧道左右两侧最大水平收敛变形均发生在拱腰的位置。从 X 轴方向的水平收敛变形来看,显然 CRD 法扩挖施工在控制围岩变形效果方面较 CD 法更佳。

5.3.3 塑性区特征分析

通过数值模拟,由图 5-5 可以看出,在 CRD 法扩挖施工方式下,围岩塑性区在隧道开挖洞室周围的分布情况为:围岩塑性区基本上分布在隧道开挖洞室左右两侧,呈左右对称分布,但是围岩塑性区并没有在隧道周围贯通,洞周围岩还处于稳定状态。由图 5-10 可以看出采用 CD 法开挖隧道围岩塑性区的范围明显比 CRD 法开挖隧道围岩塑性区的范围扩大了很多,并且 CD 法开挖隧道周围的塑性区在隧道洞室周围贯通,说明洞周围岩已经处于失稳状态。显然对于该工程,采用 CRD 法开挖方式是更安全的。

在围岩条件差以及隧道周边存在高压富水充填溶洞的情况下,隧道扩挖施工时须严格限制围岩收敛变形。通过 CRD 法和 CD 法开挖施工过程数值模拟对比分析,得出采用 CRD 法扩挖施工对围岩收敛变形控制效果更好,限制围岩位移以及控制围岩塑性区更为有效。CRD 法是通过把开挖面化整为零,减小掌子面一次开挖面积,然后配合超前预支护措施使各个开挖断面封闭成环,这样对控制围岩扰动范围更加有效,所以在扩挖施工过程中 CRD 法比 CD 法对围岩变形控制得更好。因此,综合考虑认为 CRD 法是适用于本工程扩挖施工最优的方案。

5.4 新圆梁山隧道平导扩挖施工技术

5.4.1 隧道洞身开挖方法

隧道严格按新奥法原理组织施工,施工过程中严格执行监控量测,开挖采用光面爆破(控制爆破)技术进行爆破开挖和非爆破的铣挖法、机械开挖进洞施工。隧道采用简易台车辅助人工利用风动凿岩机钻孔。

地质情况较好地段采用非电毫秒雷管起爆、光面爆破及控制爆破技术,严格控制爆破振速,控制超欠挖,特殊地段及软弱围岩地段采用控制爆破技术或非爆破开挖,隧道均采用无轨运输方式出渣。

新圆梁山隧道平导扩挖Ⅱ级围岩、Ⅲ级硬质围岩采用全断面法开挖，Ⅲ级软质围岩及Ⅳ、Ⅴ级围岩采用台阶法开挖，邻近既有构筑物时，均采用台阶法开挖，高水压地段采用个别设计台阶法开挖，通过1号、2号、3号溶洞地段，采用CRD法开挖；泄水洞Ⅱ级、Ⅲ级、Ⅳ级围岩采用全断面法开挖，Ⅴ级围岩采用台阶法开挖，邻近既有构筑物时，均采用台阶法开挖。

5.4.2 隧道洞身开挖工艺

洞身开挖主要施工工艺流程及作业程序如图5-13～图5-16所示。

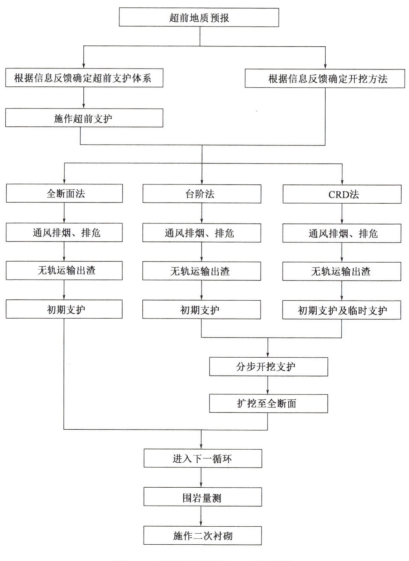

图5-13 隧道断面开挖施工工艺流程图

第 5 章 邻近既有线平导扩挖施工技术

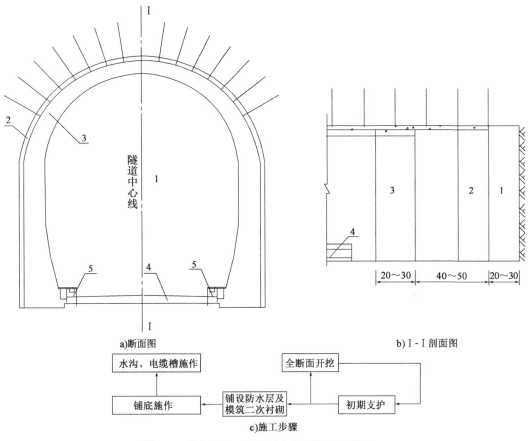

图 5-14 隧道全断面法施工作业程序图(尺寸单位:m)
1-全断面开挖;2-初期支护;3-铺设防水板及模筑二次初砌;4-铺底;5-水沟、电缆槽

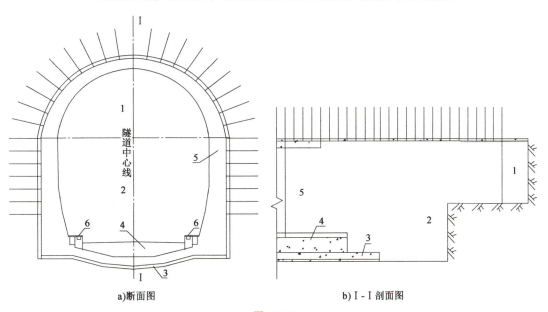

图 5-15

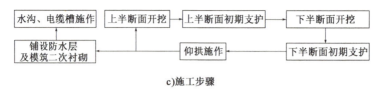

c)施工步骤

图 5-15 隧道台阶法施工作业程序图

1-上半断面开挖及初期支护;2-下半断面开挖及初期支护;3-仰拱混凝土浇筑;4-仰拱填充混凝土浇筑;5-铺设防水板及模筑二次衬砌;6-水沟、电缆槽施作

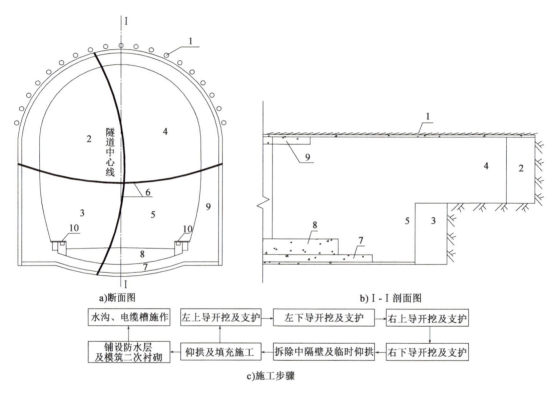

图 5-16 隧道 CRD 法施工作业程序图

1-超前支护;2-左侧上导坑开挖及初期支护;3-左侧下导坑开挖及初期支护;4-右侧上导坑开挖及初期支护;5-右侧下导坑开挖及初期支护;6-拆除中隔壁及临时仰拱;7-仰拱混凝土浇筑;8-仰拱填充混凝土浇筑;9-铺设防水板及模筑二次衬砌;10-水沟、电缆槽施作

5.5 邻近既有线爆破方案设计

5.5.1 钻爆作业程序

(1) 测量放线

钻孔前测量放样,准确绘出开挖轮廓线及周边眼、掏槽眼和辅助眼的位置,用激光铅垂仪

控制边线。距开挖面50m处埋设中线桩,每100m设置临时水准点。每次测量放线的同时,要对上次爆破断面进行检查,利用隧道开挖断面量测系统对测量数据进行处理,及时调整爆破参数,以达最佳爆破效果。

(2)钻孔作业

钻眼前,钻工要熟悉炮眼布置图,严格按钻爆设计实施。特别是周边眼和掏槽眼的位置、间距及数量,未经主管工程师同意不得随意改动。

定人定位,周边眼、掏槽眼由经验丰富的司钻工钻孔,使钻孔位置误差不大于5cm,保持钻孔方向平行,严禁相互交错。

周边眼钻孔外插角度控制:眼深3m时外插角<3°,眼深5m时外插角<2°,使两茬炮接口处台阶不大于15cm。

同类炮眼钻孔深度要达到钻爆设计要求,眼底保持在一个铅垂面上。

(3)周边眼的装药结构

周边眼装药结构是控制超欠挖的重要条件,严格控制周边眼装药量,采用合理的装药结构,使炸药沿孔深均匀分布。爆破采用不耦合装药结构,不耦合装药系数控制在1.4~2.0范围内,如图5-17所示。

图5-17　周边眼不耦合装药结构图

(4)装药及起爆

根据岩石强度选用不同猛度爆速的炸药,有水地段及周边眼选用乳化炸药,其余均用2号岩石硝铵炸药。周边眼用$\phi 25 \times 200$mm小药卷,不耦合装药;其余炮眼用$\phi 40 \times 200$mm药卷,连续装药。采用塑料导爆管复式起爆网路非电起爆。

装药按钻爆设计图确定的装药量定人、定位、定段别,自上而下顺序进行,导爆管要"对号入座"。所有炮眼均以炮泥堵塞,堵塞长度不小于20cm。

(5)爆破作业管理控制

按照"一标准、二要求、三控制、四保证"的原则进行光面爆破施工。

"一标准"即一个控制标准。

"二要求"即钻眼作业要求和装药联线作业要求。

"三控制"即控制钻眼角度、深度、密度;控制装药量和装药结构;控制测量放线精度。

"四保证"即做好思想保证,端正态度,纠正"宁超勿欠"的错误思想;做好技术保证,及时根据爆破实际情况调整钻爆设计参数;做好施工保证,落实岗位责任制,组织质量控制(Quality Control,QC)小组活动,严格执行工序自检、互检、交接检;做好经济保证,落实经济责任制。

装药前,所有炮眼全部用高压风吹洗;严格按爆破设计的装药结构和药量施作。

严格按设计的连接网络实施,控制导爆索连接方向和确保连接点牢固性。

(6) 控制爆破

控制爆破施工,设计对既有隧道和道路允许爆破振动速度不大于 5cm/s;对既有房屋及铁路明线工程爆破振动速度不大于 2.5cm/s;对既有铁路双线车站段、邻近 1 号、3 号溶洞段爆破振动速度不大于 2.5cm/s 作为控制基准。控制爆破作业段最大一段允许装药量:

$$Q_{\max} = R^3 \times \frac{\left(\frac{v_{\mathrm{kp}}}{k}\right)^3}{a} \tag{5-8}$$

式中:$Q_{\max}$——最大一段爆破药量(kg);

v_{kp}——安全速度(cm/s),取 $v_{\mathrm{kp}} = 2\mathrm{cm/s}$;

R——爆破安全距离(m);

k——地形、地质影响系数;

a——衰减系数。

k、a 值是针对隧道的具体情况,在多次试爆基础上通过 k、a 值回归分析后确定。$Q_{\max}$ 为根据爆破物距爆心的安全距离要求,并由此推出的每段的最大装药量。

根据以往施工经验,爆破产生大振速部位通常为:掏槽爆破、底板或底角爆破、周边光面(预裂)爆破。为此,采用的措施:一是采用楔形复式掏槽技术;二是根据爆破振动衰减规律公式反算控制最大单响起爆药量,将药量大的炮眼分段进行起爆。

5.5.2 爆破方案

1) 非电毫秒雷管的选用

目前使用的导爆管为非电起爆系统中的毫秒雷管 1~7 段,其间隔时间小于 50ms;而 7 段之后,段与段起爆间隔大于 50ms。对于隧道爆破掘进,实际爆破表明起爆间隔大于 50ms,爆破振动基本不叠加。鉴于此,现场爆破时采用分段起爆,保证同一段别雷管同时起爆炸药用量均在安全用药量范围以内,控制爆破振速,减少爆破对既有线的影响。非电毫秒雷管段别及延期时间见表 5-7。

非电毫秒雷管段别及延期时间表　　表 5-7

段　别	延时(ms)	段　别	延时(ms)
1	<13	11	460±40
2	25±10	12	555±45
3	50±10	13	650±50
4	75+15	14	760±55
5	110±15	15	880±60
6	150±20	16	1020±70
7	200±20	17	1200±90
8	250±25	18	1400±100
9	310±30	19	1700±130
10	380±35	20	2000±150

2) 初步选择每循环进尺

因本隧道施工为平导扩挖,距既有线间距30m,泄水洞距离既有线60m,故平导扩挖Ⅱ、Ⅲ级围岩全断面每循环掘进4.5m,Ⅲ、Ⅳ级围岩无拱架段台阶法每循环掘进4m;Ⅳ级围岩有拱架段台阶法每循环掘进2.4m;Ⅴ级围岩每循环掘进1.6m;泄水洞开挖Ⅱ~Ⅳ级围岩全断面每循环掘进4.5m,Ⅴ级围岩台阶法每循环掘进3m,可以满足爆破振速和隧道本身掘进安全要求。

3) 爆破设计

光面爆破周边炮眼采用小药卷间隔装药和不耦合装药,辅助眼采用普通装药。

4) 爆破控制要点

(1) 采用光面爆破技术和微震控制爆破技术,严格控制装药量,以减小对既有线扰动,控制超欠挖,控制洞渣粒径以利于挖掘机、装载机装渣。

(2) 隧道开挖每个循环都进行施工测量,控制开挖断面,在掌子面上用红油漆画出隧道开挖轮廓线及炮眼位置,误差不超过5cm。并采用激光准直仪控制开挖方向。

(3) 钻眼按设计方案进行。钻眼时掘进眼保持与隧道轴线平行,除底眼外,其他炮眼口比眼底低5cm,以便钻孔时的岩粉自然流出,周边眼外插角控制在3°~4°。掏槽眼严禁互相打穿相交,眼底比其他炮眼深20cm。

(4) 装药前炮眼用高压风吹干净,检查炮眼数量。装药时,专人分好段别,按爆破设计顺序装药,装药作业分组分片进行,定人定位,确保装药作业有序进行,防止雷管段别混乱,影响爆破效果。每眼装药后用炮泥堵塞。

(5) 起爆采用复式网络、导爆管起爆系统,连接时,每组控制在12根以内;连接导爆管使用相同的段别,且使用低段别的导爆管。导爆管连接好后有专人检查,检查连接质量,看是否有漏连的导爆管,检查无误后起爆。

(6) 质量控制要点。

①炮眼钻设质量标准。

钻孔要做到"准、顺、平、齐"。

准:按周边孔参数要求,孔位要选准。

顺:侧墙孔孔口要顺开挖轮廓线布置,使孔底均位于开挖允许的超欠范围内。

平:各炮眼相互平行(孔口和孔底距相等)。

齐:孔底要落在同一平面上,爆出的断面要整齐,便于下一循环作业。

保证钻孔质量措施:光爆钻孔时,由爆破设计技术员统一指挥协调行动,认真实行定人、定位、定机、定质、定量的"五定"岗位责任制;分区按顺序钻孔,避免相互干扰、碰撞、拥挤;固定钻孔班,以便熟练技术,掌握规律,提高钻孔的速度和准确性。

②炮眼装药质量标准。

炮眼装药前应清理干净;炸药选取合理,一般采用2号岩石硝铵炸药,有水的采用乳化炸药;周边眼采用小直径药卷间隔装药,其他眼采用集中装药结构;起爆方式采用毫秒雷管分段起爆。

③爆破标准。

开挖断面不得欠挖;炮眼利用率在95%以上,光面爆破的半壁炮眼留痕率Ⅲ级围岩在

95%以上、Ⅳ级围岩在80%以上;相邻两循环炮眼衔接台阶不大于150mm;爆破岩面最大块度不大于300mm。

5.6 本章小结

本章通过数值模拟软件模拟了 CRD 法和 CD 法扩挖施工方案,然后对两种扩挖施工方案下围岩拱顶沉降变形、水平收敛变形以及围岩塑性区等进行了对比分析,并根据以往隧道施工方案和现场实际工程概况对 CRD 法和 CD 法扩挖施工步序进行设计,得出结论为:隧道扩挖施工过程中 CRD 法比 CD 法对围岩变形控制的效果更好。根据新圆梁山隧道工程的特点,从安全的角度出发确定 CRD 法为本工程扩挖方案,最终选取 CRD 法进行溶洞段隧道施工。在此基础上,提出了新圆梁山隧道平导扩挖施工技术及邻近既有线爆破方案设计。

第6章　邻近既有线穿越溶腔的释能控压施工技术

新圆梁山隧道需穿越邻近既有线的高压富水充填溶洞,其技术难度主要为在保证既有线安全的前提下进行充填溶洞处治,因为溶洞体邻近既有线,施工风险难度大,溶洞体内存在高水压力,排水困难,高位泄水支洞开挖风险较大,施工组织难度大,洞内交叉施工干扰大。本章首先介绍了宜万铁路穿越高压富水充填溶腔的释能降压技术,并对其在新圆梁山隧道穿越邻近既有线高压富水充填溶腔的适用性进行探讨,并进一步提出了以既有线安全为导向的释能控压技术,开展了其在穿越新圆梁山隧道2号溶洞施工过程中的应用。

6.1　宜万铁路释能降压施工技术适用条件

宜万铁路施工过程中,曾多次遭遇高压富水充填溶腔,如马鹿箐隧道"+978m高压富水充填溶腔"、大支坪隧道"+990m高压富水溶腔"、云雾山隧道"+526m高压富水溶腔"、野三关隧道"+602m高压富水充填溶腔",发生多次突水突泥灾害,给施工带来巨大的风险和挑战。在长期工程实践、研讨与溶洞处治过程中,逐渐形成了以揭穿高压富水充填溶腔为目的的"释能降压法",成功地对高压富水充填溶腔实施释能降压,使得溶腔得以安全顺利施工和贯通,为隧道安全施工提供了有力的保障。

6.1.1　释能降压施工技术简介

(1) 释能降压法概念

释能降压法是针对复杂的高压富水充填溶腔所采取的有计划、有目的地控制爆破揭示,从而释放溶腔所存储的能量,降低施工及运营过程中水土压力对隧道的影响,之后,通过配套处治措施完成溶腔处治。

释能降压技术主要内容包括:岩溶特征分析、邻近界面锁定、相邻洞室分隔、洞外排水规划、专项定控爆破、预警预报监控、配套措施实施。

(2) 释能降压法施工方针

总结宜万铁路多个高压富水充填溶腔采取释能降压处理的经验,对释能降压法提出"十八字"("探介质、锁边界、选时机、一炮放、严监控、通道畅")施工方针。

(3)释能降压法结构组成

根据释能降压法在宜万铁路四座Ⅰ级风险隧道高压富水充填溶腔中的研究与应用,确定释能降压法工作程序与工作内容结构组成如图6-1所示。

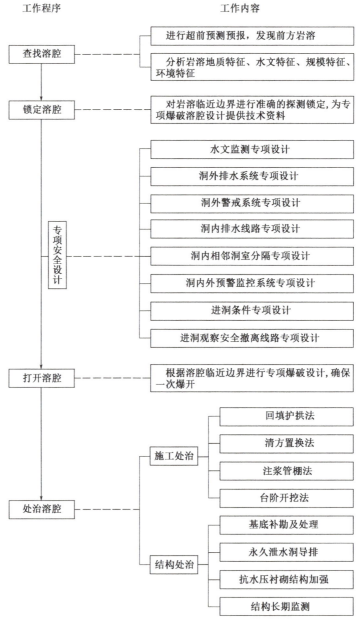

图6-1 释能降压法工作程序与工作内容结构组成

(4)释能降压法主要技术内容

释能降压法处治高压富水充填溶腔以安全为前提,以溶腔为中心,安全设计、安全监控、安全处治、安全运营,使安全贯穿于设计、处治、运营各阶段的全过程。释能降压法共分为4个作业步骤、8项专项安全设计。4个作业步骤为:查找溶腔阶段、锁定溶腔阶段、打开溶腔阶段和处治溶腔阶段。8项专项安全设计为：水文监测专项设计、洞外排水系统专项设计、洞外警戒系统专项设计、洞内排水线路专项设计、洞内相邻洞室分隔专项设计、洞内外预警系统专项设计、进洞条件专项设计、进洞观察安全撤离线路专项设计。

6.1.2 释能降压技术在新圆梁山隧道中的适用性

对于邻近既有铁路穿越高压富水充填型溶腔的隧道修建，在国内是极为少见的。如何控制溶腔高水压保证既有线的安全，如何保证溶腔水能正常排出不影响铁路运行，如何保证后期对排水系统的维护检修，都是值得研究的内容。释能降压技术在宜万铁路施工实践中提出，采用该技术成功地穿越多个高压富水充填溶腔，为隧道的安全施工提供了保障。但由于该技术是在特定的工程实践中提出的，并未考虑溶腔岩溶水大量排放对山体水系和生态环境的破坏、排水系统的长期维护、既有线的安全、排水对铁路运行的影响等因素，因此，释能降压法并不适合新圆梁山隧道穿越邻近既有线高压富水溶腔这种情况。新圆梁山等大型岩溶隧道新建二线面对多项新的诉求：保证列车运输安全，既有隧道溶腔段不产生新的病害；保证原有溶腔水路系统不能遭受大的改变；保证溶腔岩溶水不大量排放，避免诱发隧址区生态危机。因此，在充分借鉴和吸收传统释能降压工法的基础上，改变低位泄水的做法，提出一种以既有线安全为导向、借助高位泄水支洞释能和溶腔群联动独立泄水控压系统的穿越高压富水溶腔释能控压技术迫在眉睫。

6.2 邻近既有线释能控压技术

6.2.1 邻近既有线穿越溶腔的高位释能控压泄水支洞施工技术

随着我国国民经济的不断增长，铁路网络的不断补充，大量新建二线铁路项目的不断批复与开工，相对于新建线路，新建二线的施工难度大大提高，工程质量标准与安全要求更是近乎苛刻，尤其是在邻近既有线条件下新建穿越大型溶腔群的二线铁路时，施工难度之大与安全质量标准之高不可言喻。目前我国含溶腔隧道日益增多，部分含溶腔隧道也通车多年，但由于施工技术的不成熟导致隧道的后期缺陷越来越明显，大量隧道出现严重渗水、开裂甚至超限沉降等问题，逐渐影响到铁路运营的安全，而此类缺陷问题的整治措施也较为烦琐，不仅浪费人力物力，整治过程还会影响铁路的正常运营。通过科学组织、精心谋划，总结形成隧道邻近既有线穿越溶腔的高位释能控压泄水支洞施工技术，该技术体系包括高压富水溶腔群高位独立释能控压泄水系统施工技术、改进型自进式管棚+限量注浆+超前小导管穿越溶腔群超前支护技术、邻近既有线局部限量定位爆破开挖及双层衬砌综合施工技术三个方面的内容。

本工法满足了国内铁路含大型溶腔隧道新建二线多项新的诉求：保证列车运输安全，既有隧道溶腔段不产生新的病害；保证原有溶腔水路系统不遭受大的改变。通过高位泄水支洞释能控压后，将溶腔水引至隧道底部通过下穿涵洞排入泄水洞内，针对高压富水型溶腔群施工高位独立泄水控压系统,最大化降低既有隧道和新建二线隧道的水压力,保证隧道运营安全,降低隧道维修风险及整治难度;减少对山体水系的破坏,取得较大的经济效益、环保效益和社会效益。

6.2.2 工法特点

(1)高压富水溶腔群高位独立释能控压泄水系统施工技术

采用高位泄水支洞对高压富水溶腔群进行独立释能控压泄水。高位释能控压泄水支洞施工利用地质雷达和超前钻孔相结合的方法开展地质预报,超前钻孔采用发散形式,钻孔范围均在开挖轮廓线以外,钻孔机械采用履带式高压风动钻机(风压2MPa以上),软弱地层每小时钻进15m以上,大量节约了时间成本。通过在施工完成后的高位支洞内部设置多个$\phi150mm$径向管,孔口安装精密压力表及限流限压球阀进行泄水控压,再通过高位泄水支洞将水引至下穿隧道底部的排水通道,进而引入新建泄水洞排至洞外,有效地将溶腔与隧道分割开进行独立排水,最大限度地保障后期隧道运营安全。

(2)改进型自进式管棚+限量注浆+超前小导管穿越溶腔群超前支护技术

由于泄水洞邻近既有运营铁路线,若采用常规的帷幕注浆的方案对泄水洞溶腔进行处理,将会造成泄水孔封堵引起水压上升,从而对运营线造成极大的安全风险。因此采用自进式管棚进行超前支护+限量注浆+超前小导管穿越溶腔群超前支护技术。泄水支洞穿越溶腔的超前支护主要采用$\phi76mm$自进式管棚与$\phi42mm$小导管相结合的方式,管棚和小导管需限量注浆,但浆液不能向周围大范围扩散,浆液利用自研的"一体化卧式水泥自动制浆系统"生产,通过送浆设备及送浆管道把浆液送至工作面。$\phi76mm$自进式管棚施工选用超前探孔的履带式高压风动钻机,但需改装自进式管棚转换接头,通过改良履带式高压风动钻机钻杆接头与自进式管棚的连接方式,可以迅速有效地在软弱地层内对溶腔群中大型块石进行支撑,管棚施作完毕后利用自研的"一体化卧式水泥自动制浆系统"进行限量注浆加固,管棚稳定加固后通过拱架结合超前小导管及时支护下一循环开挖工作面,保证高位支洞循环开挖安全。自进式管棚施工机械及其构件,如图6-2所示。

a)履带式高压风动钻机　　　　　　　b)$\phi76mm$自进式管棚

图　6-2

c) 自进式管棚转换接头　　　　　　d) 自进式管棚连接头

图 6-2　自进式管棚施工机械及其构件

(3) 邻近既有线局部限量定位爆破开挖及双层衬砌综合施工技术

溶腔段水位降低至支洞开挖底部以下,通过地质雷达、超前钻孔及钻孔成像形成的探测数据,对溶腔内部发育构造进行结构分析,对高风险块石精确定位。针对每块巨石准确计算爆破所需装药量,将爆破振速限制在 2.5cm/s 以内逐个爆破,避免因爆破开挖而影响既有线的运营安全。开挖后及时施作双层初期支护进行加固,保证施工安全。

溶腔段支洞采用圆形断面形式,开挖方式主要为局部爆破配合小型挖机开挖,出渣采用电动扒渣机,初期支护采用双层 I20 工字钢拱架,二次衬砌采用 50cm 厚钢筋混凝土。

6.2.3　工艺原理

(1) 超前探孔和自进式管棚机械选型原理

超前探孔机械需 360°旋转,终孔位置需在支洞开挖线 8m 以外,探孔机械和自进式管棚机械通用。采用高风压钻具系统,加快探孔速度。

(2) 超前探孔、自进式管棚施工及超前小导管工艺原理

每循环超前探孔、自进式管棚施工前,需在掌子面施工 20cm 厚的喷射混凝土。

超前探孔选用履带式高压风动钻机(风压 2MPa 以上),保证钻进速度和一般破碎地段不卡钻。探孔钻头和自进式管棚钻头均为 ϕ110mm,探孔、塌孔或卡钻时换用自进式管棚钻进,探完后自进式管棚留在孔内作为支护结构。由于自进式管棚的施工效率高,可节省大量购买普通钻杆的成本,提高经济效益。

自进式管棚施工和超前探孔不同之处:管棚施工动力在后端,钻进速度慢,适合软弱、易塌孔和卡钻地层;探孔施工动力在钻杆前端,钻进速度快,适合围岩较完整、不易塌孔地层。加工自进式管棚转换接头,使管棚施工与探孔施工采用同一机械。管棚施工时在围岩较完整、不易塌孔地层采用高风压探孔方法成孔,当出现塌孔或卡钻时换用自进式管棚钻进,可加快管棚施工速度。

支洞每循环开挖前施工 2.5m 长的 ϕ42mm 小导管,小导管前段做成尖锥状,尾端与初期支护钢架焊接;石质地段采用风枪成孔后穿入小导管,土质地段采用风枪直接顶入小导管。

(3) 支洞水位降低施工工艺原理

在既有平导内向溶腔方向径向钻孔放水,孔口安装孔口管、闸阀及水压表。通过水压表可确定水位高度是否降低到支洞开挖底部以下,以及确定放水钻孔的孔数。

泄水支洞上坡段施工水平钻孔作为水位观察孔,不仅可以进一步验证水位高度,而且水位上升时也可作为排水孔。

(4) 泄水支洞开挖、支护工艺原理

地质预报、水位降低、超前支护等准备工作完成后,进行支洞开挖。施工过程严格遵循"短进尺、弱爆破、强支护、勤量测和及时成环"的原则。开挖方式为台阶+临时仰拱法,主要采用小型挖机开挖,局部孤石钻孔爆破;开挖每循环进尺一榀拱架间距,出渣采用电动扒渣机和自卸车。初期支护采用双层 I20 工字钢拱架,每 3m 进行仰拱拱架成环和仰拱施工;每 2m 布置一组监控量测点,每 8h 测量一次;及时施作二次衬砌,二次衬砌采用 50cm 厚钢筋混凝土。现场施工情况如图 6-3 所示。

a) 既有平导内径向钻孔放水

b) 既有平导内钻孔安装闸阀

c) 既有平导内钻孔安装水压表

d) 支洞上坡段水平钻孔放水

图 6-3 现场施工情况

6.2.4 施工工艺流程

释能控压施工工艺流程如图 6-4 所示。

第6章 邻近既有线穿越溶腔的释能控压施工技术

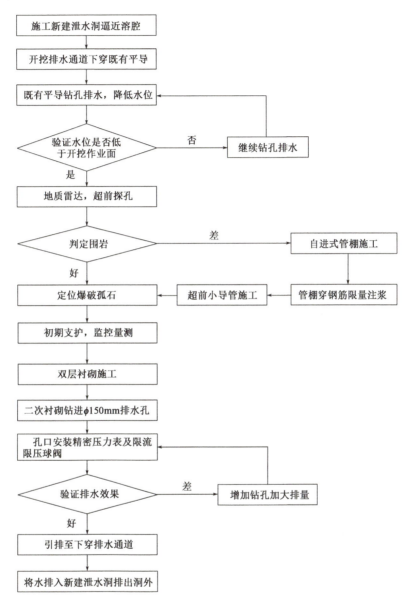

图6-4 释能控压施工工艺流程图

6.3 新圆梁山隧道2号溶腔高位释能控压工程应用

新圆梁山隧道穿越毛坝向斜，毛坝向斜核部和东翼在深部滞流带，隧道洞身附近发育3个大型高压富水深埋充填型溶洞：1号溶洞距离进口2842m，长62m，埋深555m；2号溶洞距离进口3060m，长119m，埋深579m；3号溶洞距离进口3472m，长70m，埋深584m。

既有6-1及6-2泄水支洞设置于2号溶洞两侧，位于新圆梁山隧道与既有线之间，为截排

2号溶洞的高位截水支洞而设。既有6-1泄水支洞底板面高于新建线开挖轮廓拱顶8.17m,高于既有平导开挖轮廓拱顶12.67m,纵坡20.8%;既有6-2泄水支洞底板面高于新建线开挖轮廓拱顶6.8m,高于既有平导开挖轮廓拱顶11.3m,纵坡18.2%。排水连接通道位于2号溶洞既有泄水支洞6-1号至6-2号之间,设计纵坡1%,同时,排水连接通道位于新圆梁山隧道与既有线之间,平行于新圆梁山隧道,距新圆梁山隧道中心线14m,距离既有线16m。排水连接通道由既有6-1号及6-2号泄水支洞相向施工,连通6-1号及6-2号泄水支洞,形成排水系统,减少2号溶洞涌水对新圆梁山隧道的影响。

6.3.1 独立释能控压泄水系统设计

既有圆梁山隧道施工高压富水2号充填溶洞段时经历多次涌水涌泥,给工程建设造成了极为严重的影响;新圆梁山隧道施工过程中,为解决2号溶洞仰拱施工、降低开挖风险和确保运营安全,通过召开多次专家论证会,最终确定采用释能控压泄水系统设计。

按照设计先施工新建泄水洞至设计里程逼近溶腔,配合使用改进型自进式管棚及超前小导管从6-1号支洞开挖高位排水支洞穿过溶腔,开挖过程中通过局部定位限量爆破高风险孤石,高位支洞施工完毕后立即进行初期支护及双层衬砌的施作。待衬砌加固稳定后,通过在施工完成后的高位支洞内部设置多个φ150mm径向管,孔口安装精密压力表及限流限压球阀进行泄水控压,再通过高位泄水支洞,引入新建泄水洞排至洞外,有效地将溶腔与隧道分割开进行独立排水,最大限度地保障了后期隧道运营安全。独立释能控压排水系统如图6-5所示。

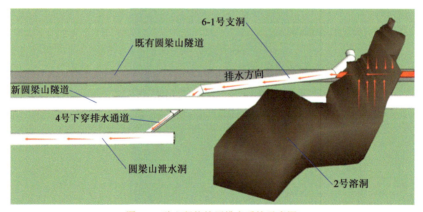

图6-5 独立释能控压排水系统示意图

6.3.2 改进型自进式管棚安装

高位支洞邻近既有运营铁路,若采用常规的帷幕注浆的方案对泄水洞溶腔进行处理,将会造成泄水孔封堵引起水压上升,从而对运营线造成极大的安全风险。由于自进式管棚施工与超前探孔管棚施工相比动力在后端,钻进速度慢,适合软弱、易塌孔和卡钻地层施工。加工自进式管棚转换接头,使管棚施工与探孔施工采用同一机械。管棚施工在围岩较完整、不易塌孔地层采用高风压探孔方法成孔,遇到塌孔或卡钻时换用自进式管棚钻进,可加快管棚施工速度,并且保证高位支洞施工安全。

管棚安装施工工艺流程如图6-6所示。

第6章 邻近既有线穿越溶腔的释能控压施工技术

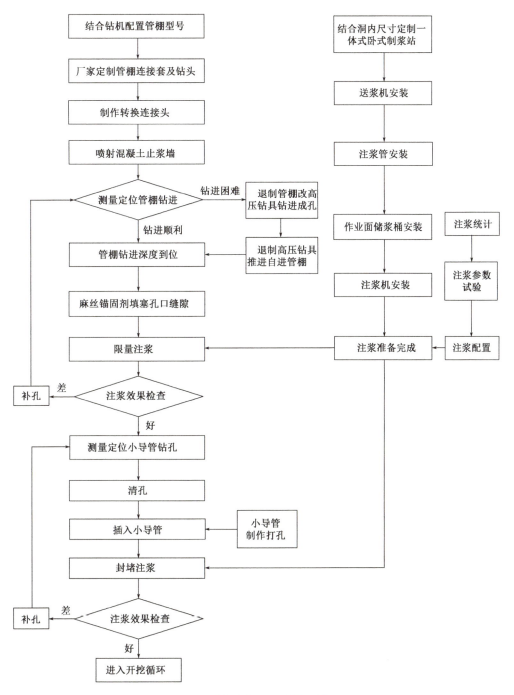

图6-6 管棚安装施工工艺流程图

1) 施工参数

既有泄水支洞排水连接通道于拱部120°区域设置φ76mm自进式管棚,每循环设置11根,环向间距30cm,施工长度15m,外插角6°~8°,循环开挖长度12m,预留搭接长度3m。φ76mm自进式管棚采用套筒连接。施工参数如下所述。

(1)管棚规格:外径76mm,壁厚9mm,热轧无缝钢管;
(2)管距:环向间距30cm;
(3)倾角:外插角6°~8°。

2)管棚加工

管棚堆放时应保证管棚的准直度,避免其翘曲。管棚长度15m,由6根长度2m、1根长度3m的节段通过连接套筒螺纹连接构成,按设计管棚数量分别加工2m和3m管棚节段。

3)测量放样

利用全站仪测量放样,按设计放出管棚孔口位置,注明管棚编号。

4)安装钻机

按照管棚钻机工作高度开挖施作钻孔平台,平台无虚土,以防钻孔时钻机晃动。测量放线确定钻机钻孔方向,确保管棚施作方向正确,管棚超前支护效果合格。

5)管棚施作顺序

钻孔前对管棚进行编号。现场采用1台钻机由下至上,从两侧向中间,以先钻奇数孔后钻偶数孔的顺序进行管棚施作。管棚施钻时注意第1节管棚长度,保证同一断面管棚接头数不大于50%。

6)配管

按钻孔编号,根据设计对每个孔进行配管和编号,顺序相连的2个孔的第一节的管棚长度分别为3m和2m,以保证接头不在同一断面上。管棚节段间采用连接套筒螺纹连接方式。

7)管棚施作

管棚的外插角为6°~8°。管棚施作前,用全站仪测量钻杆首尾端的空间方位,以保证钻机转轴及钻杆的轴线与管棚的轴线相一致。钻进过程中要始终注意钻杆角度的变化,并保证钻机不移位。每钻进一节管棚用仪器复核钻孔的角度是否正确,以确保钻孔方向。管棚施作完成50%时,测量控制偏斜度(施工误差:径向不大于2cm),发现偏斜超过设计时及时纠正。管棚施工在围岩较完整、不易塌孔地层采用高风压探孔方法成孔,遇到塌孔或卡钻时换用自进式管棚钻进,可加快管棚施工速度。

8)限量注浆

利用自研的"一体化卧式水泥自动制浆系统"进行浆液生产,注浆前将水泥储存在水泥仓中,掺加水泥时通过出料斗放入拌和机内,双水泥出料斗能保证水泥掺加效率。拌和用水则存储在水池中,泵送入拌和机中,采用计算机控制计量设备准确按照配合比称量拌制,保证掺量准确。通过送浆机及送浆管道把浆液送至工作面储浆桶内,然后采用数控液压注浆泵注浆。制浆系统工作原理如图6-7所示。

注浆前应进行现场注浆试验,注浆前将管棚口间隙用速凝水泥或其他材料堵塞严密,以防浆液冒出。堵塞时设置排气孔。单孔灌浆量计算公式如下:

$$V = \pi R^2 H \eta \alpha \beta \tag{6-1}$$

式中:V——注浆量(m^3);

R——扩散半径(m),取2m;

H——注浆管有效长度(m),取15m;

η——地层孔隙率,取0.01;

α——注浆系数,取值范围为 0.7~0.9,取 0.7;
β——浆液损耗系数,取值范围:1.1~1.4,取 1.1。

$$V = \pi \times R^2 \times H \times \eta \times \alpha \times \beta = 3.14 \times 2^2 \times 15 \times 0.01 \times 0.7 \times 1.1 = 1.451 \mathrm{m}^3 \text{（取 } 1.5 \mathrm{m}^3\text{）}$$

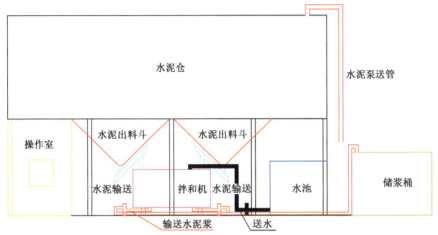

图 6-7 卧式制浆系统工作原理图

制浆系统工作时通过计算机操作台严格控制水灰比、单次制浆量及外加剂掺量。需要注浆时使用数控液压注浆泵实现控制注浆,限制注浆速度及注浆量,根据需要实时调整,在保证注浆达到预期效果的同时确保注浆不影响既有线安全。计算机操作台如图 6-8 所示,现场施工情况如图 6-9~图 6-11 所示。

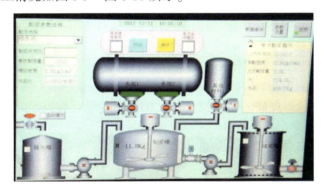

图 6-8 制浆系统操作界面图

图 6-9 制浆系统

图 6-10 自进式管棚施工

图 6-11 自进式管棚灌满浆

6.3.3 超前小导管施工

(1)钻孔

岩质地段小导管采用钻孔安设,钻孔采用 YT-28 风枪;土质地段小导管直接风枪顶入。钻孔前根据设计要求定出孔位,钻孔直径为 50mm。

(2)安装

将小导管穿过钢拱架,并采用钻机顶入,顶入长度不小于钢管长度的 90%,并用高压风将钢管内的砂石吹出。为了便于超前小导管插入围岩内,钢管前端做成尖锥状,尾部加焊 ϕ6mm 加劲箍。小导管安装好后,用塑胶泥封堵孔口及周围裂隙,必要时在小导管附近及工作面喷射混凝土,以防止工作面坍塌。

(3)注浆

小导管注浆可采用群管注浆,一般一次采用 3~5 根管。注浆前应进行注浆试验,以确定合适的注浆参数。浆液采用水泥浆液(添加 5% 水玻璃),水泥浆液的水灰比为 1:1,注浆量以灌满小导管为准。

6.3.4 支洞开挖

(1)开挖方式

主要采用小型挖机开挖,局部孤石钻孔爆破,尽量减少开挖对既有隧道影响。孤石爆破先确定炮孔位置、炮孔深度及装药量。

爆破前实地探测勘察溶腔内块石体积、形状及位置,根据不同体积的块石采用不同的炮孔数量、炮眼深度、炸药量等。参照长期爆破施工经验,考虑既有线行车安全,针对体积大于 $30m^3$ 的孤石爆破装药量控制在 $0.2kg/m^3$,炮孔采用梅花形布置,间距 80cm,孔数根据装药量控制;体积为 $10~30m^3$ 的孤石爆破装药量控制在 $0.15kg/m^3$,炮孔采用单排布置,间距 80cm,孔数根据装药量控制;体积小于 $10m^3$ 的孤石爆破装药量控制在 $0.05kg/m^3$,炮孔在重心处布置 1 孔。

孤石爆破采用局部限量定位爆破法,孔径为 42mm,爆破参数见表 6-1。

孤石爆破参数设计 表 6-1

孤石体积(m^3)	孔深(m)	最小抵抗线(m)	孔间距(m)	堵塞长度(m)
30 以上	1.2 以上	0.8~1.0	0.8	全部封堵
10~30	0.8~1.2	0.5~0.8	0.8	0.6~1.2
10 以下	0.5~0.8	等于孔深	0	孔深的 2/3 以上

在施工中以"岩变我变"为施工原则,根据围岩情况采取适宜的开挖施工工法,块石爆破施工工艺流程如图 6-12 所示。开挖每循环进尺为一榀拱架间距,出渣采用电动扒渣机和自卸车。

(2)振速监测

爆破时需要在既有隧道对应爆破点位置对爆破振速进行实时监测,将爆破振速限制在 2.5cm/s 以内,逐个爆破。如遇振速偏高时,及时调整爆破参数或开挖方式,避免因爆破开挖而影响既有线的运营安全。

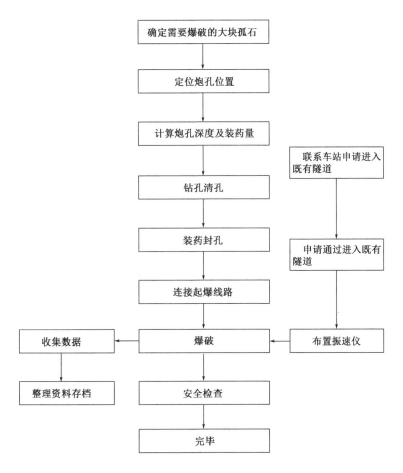

图 6-12 块石爆破施工工艺流程图

(3) 台阶法 + 临时仰拱

施工工序为①~⑪,如图 6-13 所示。

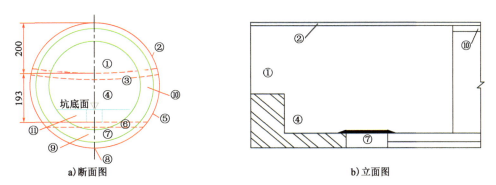

a) 断面图 b) 立面图

图 6-13 施工工序步进图(尺寸单位:cm)

①-上台阶开挖;②-上台阶初期支护;③-施工临时仰拱;④-下台阶开挖;⑤-下台阶初期支护;⑥-下台阶临时仰拱;⑦-仰拱开挖;⑧-仰拱初期支护;⑨-仰拱浇筑;⑩-拱部及边墙二次衬砌浇筑;⑪-水沟及填充浇筑

施工现场情况如图6-14所示。

a) 爆破振速监测

b) 临时仰拱

c) 掌子面围岩

d) 挖机开挖

图6-14　施工现场情况

6.3.5　双层钢拱架安装

1) 钢拱架的制作与拼装

钢架按设计要求预先在洞外结构件厂加工成型,经过预拼装满足设计及规范要求后,运输至掌子面用螺栓连接成整体。钢架加工后进行试拼,允许误差:沿隧道周边轮廓误差不大于3cm;螺栓孔眼中心线误差不超过±0.5cm;钢架平放时,平面翘曲小于±2cm。

2) 测量定位

按设计位置现场测量定位。首先测定出隧道中线,确定高程,然后再测定钢拱架的纵向位置;确保钢拱架平面与隧道中线垂直。

3) 钢拱架的安设

钢拱架应在初喷混凝土后及时架设,每榀钢拱架组合时,其间的连接板要对齐密贴,沿钢拱架外缘每隔1m用混凝土预制块楔紧。为确保钢拱架的整体受力和稳定,并防止钢拱架下沉,在施工时,除使用纵向连接钢筋将各榀钢拱架连成一体外,同时将钢拱架脚焊在锁脚锚杆上,并与径向锚杆焊为一体。架立钢构件时,要使其与混凝土喷射面密贴,在拱脚底部设托板,以增大其受力面积,控制拱架下沉量。第一层钢拱架施工完毕后,按照第一层拱架作业内容和施工顺序,立即进行第二层钢拱架施工,如图6-15所示。

图6-15 第二层拱架

6.3.6 二次衬砌施工及排水孔施作

1)仰拱、仰拱填充施工

仰拱距离掌子面不超过3m,若达到3m立即施作仰拱,起到早闭合、防坍塌的作用。填充混凝土,在仰拱混凝土达到一定强度后整幅灌注。

2)边墙、拱顶衬砌施工

施作时间满足下列条件:

(1)隧道水平净空变化速度及拱顶或底板垂直位移速度明显下降。

(2)隧道位移相对值已达到总相对位移量的90%以上。

在满足上述条件后尽快施作二次衬砌。自稳性很差的围岩,可能长时间达不到基本稳定条件,当初期支护的混凝土产生大量明显裂缝,而支护能力又难以加强,变形无收敛趋势时,提前施作仰拱及二次衬砌,采取增设钢筋和提高混凝土强度等级的措施。

3)$\phi 150mm$排水孔施工

待仰拱二次衬砌施工完毕后,通过在二次衬砌边墙上施钻多个$\phi 150mm$排水孔,并在孔口安装精密压力表及限流限压球阀进行泄水控压,控制水压在0.2MPa以下,在保证二次衬砌安全的前提下进行控制排水。通过高位泄水支洞将水引至下穿隧道底部的排水通道,进而引入新建泄水洞排至洞外,可有效地将溶腔与隧道分割开独立排水,最大限度地保障后期隧道运营安全,能在不影响行车的同时对排水系统进行定期维护与检修,如图6-16、图6-17所示。

图 6-16　二次衬砌钻排水孔　　　　　　　图 6-17　引排水至下穿排水通道

6.3.7　实施效果

2 号溶腔高位释能控压泄水支洞工程已经全部开挖完成,二次衬砌施工完成,工期、质量满足要求。高位释能控压泄水系统顺利贯通,解决了溶腔独立排水的问题,为正洞的扩挖提供安全保证,有效将洞内每天约 10 万 m^3 水量排出洞外,避免溶洞水进入隧道影响行车,为施工及运营降低安全风险,保证后期隧道运输安全;高位释能控压泄水支洞施工工法与帷幕注浆工法相比(通过 68m 长的溶腔段),降低了水压力,有效缩短了工期;通过应用改进型自进式管棚,减少钻杆使用,使管棚一步到位,减少了人力投入及材料投入,节约了大量施工成本,为隧道溶洞解除了安全风险,保证了工期,创造了经济效益。本工法泄水系统为独立式排水系统,后期检修维护时不影响铁路行车,大量节省了保养附加成本。

6.4　本 章 小 结

针对邻近既有线隧道处理大型溶洞排水问题,通过释能控压技术的研究和应用,使隧道施工在处理溶洞水方面的技术、进度及处理效果得到较大的提高,解决了溶洞内部块石隐患,通过自进式管棚配合定位爆破技术及双层衬砌有效结合保证了高位泄水支洞的结构稳定,降低了后期扩挖正洞对其的影响,同时也消除了溶洞段排水系统对隧道运营安全的影响,为后期排水系统的维护检修提供了条件,为高压富水溶腔排水处理提供了可靠的解决方案,可为其他邻近既有线的大型富水溶腔的排水提供借鉴。

第7章 溶洞段隧道超前预加固技术研究

本章主要对新圆梁山隧道穿越 2 号溶洞段超前预加固技术进行研究。开展冻结法、帷幕注浆法、管幕法、水平旋喷法四种施工方案的比选,确定最优预加固方法。经过比选确定超前帷幕注浆为本工程采用的注浆方式,其起到堵水、降低围岩的渗透系数、加固围岩的作用。对帷幕注浆加固圈进行研究,通过工程类比法、力学分析法、允许渗水量法初步确定帷幕注浆加固圈的厚度,然后用岩石真实破裂过程分析系统(Realistic Failure Process Analysis,RFPA)对不同的注浆加固圈厚度和浆液进行模拟分析。在此基础上对施工和运营期间的由围岩或二次衬砌与注浆结实体共同组成的复合围岩安全的厚度进行研究,并且确定帷幕注浆方案,对超前小导管和管棚两种超前预支护方法进行比选研究,最终确定合理的超前预加固工艺,并通过注浆效果检验验证了预加固技术的合理性。

7.1 岩溶隧道穿越溶洞段预加固技术方案及其适用性

为有效提高围岩与洞体稳定性,方便施工并保证安全,对于软弱或松散围岩尤其富含地下水地层采取超前预加固技术加固地层是必需的。基本方法即各种管径的定向或管棚注浆支护,衍生和专用方法有帷幕注浆法、管幕法、冻结法、水平旋喷法等。由于新圆梁山隧道高压富水充填 2 号溶洞地质条件极差,既有隧道施工处理历经多次反复极为艰巨。因此,需对上述方法的适用性及安全性进行对比研究。

7.1.1 冻结法

冻结法是采用人工制冷方法将低温冷媒送入松散软弱地层中,使地层中的水与周围土颗粒发生冻结,从而形成高强度、弹性大和抗渗性好的冻结壁,并在冻结壁的保护下进行内部开挖和永久支护结构施工的一种特殊地层加固方法。冻结法的基本设计方案如下:

(1)水平一次性全长冻结,冻结厚度为 4.0m,冻结管采用 $\phi127mm \times 5mm$ 无缝钢管,环向间距1.0m,每环共计 50 孔。

(2)2 号溶洞与洞口距离大于 3km,由洞外提供低温水源将使能耗及管路损耗加大,且限于场地条件,应选择玻璃钢冷却塔(产能 100~150t/h)作为冷却水供应设备,钻孔设备选用

TSJ-2000型钻机。

（3）地层冻结供冷工艺参数和指标：积极冻结盐水温度为 -26 ~ -24℃，冻结壁交圈时间为 25 ~ 28d，最早开挖时间为25d，积极冻结时间为25 ~ 40d，维护冻结盐水温度为 -20 ~ -18℃，维护冻结时间为36d，如图7-1、图7-2所示。

图7-1　冻结法施工实例

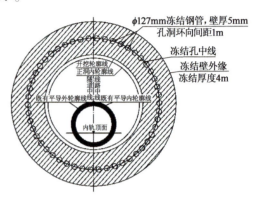

图7-2　冻结孔断面布置图

7.1.2　帷幕注浆法

帷幕注浆法是借助于压力将具有胶凝能力的浆液通过一定的管路注入岩土层空隙、裂隙与空洞中，将其中的水分与空气赶走，使松散破碎的岩土层胶结起来，改善岩土层性能的一种施工方法。对于隧道工程，注浆的主要目的：防渗和堵水、固结及改善围岩性能、改善支护衬砌受力条件。帷幕注浆法的基本设计方案如下所述。

借鉴既有圆梁山隧道施工经验，新圆梁山隧道2号溶洞注浆设计采用开挖前超前帷幕注浆。注浆范围为开挖轮廓线外5m，每一循环注浆长度为25m，开挖长度20m，保留5m止浆岩盘，每循环注浆应设置止浆墙，墙厚2m。初期支护施工完成后径向注浆，注浆孔按梅花形布置，环向间距160mm，纵向间距300mm。实际操作时可根据现场地质条件适当调整注浆孔布置参数，如图7-3 ~ 图7-5所示。

图7-3　超前帷幕注浆现场施工图

7.1.3　管幕法

管幕法系由小口径推进工法演变而来。构筑隧道时，在预穿越的路段两端设置工作井室，推入一系列钢管，管与管间以锁口结合，并在锁口处注入止水剂，使之成为连续的管幕而达到挡土及止水的效果，继而在此管幕形成的封闭空间内进行隧道施工（图7-6、图7-7）。管幕法的基本设计方案如下：

（1）钢管采用 $\phi 900 \times 25mm$ 热轧无缝钢管制成。为增加钢管刚度，在钢管内灌注混凝土。

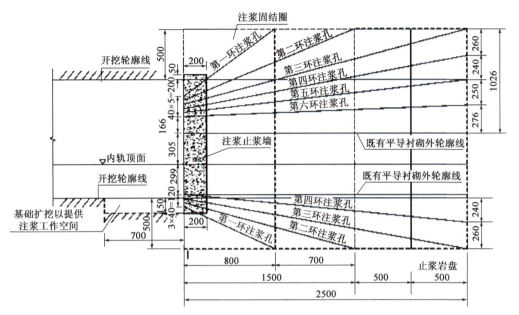

图 7-4 超前帷幕注浆纵剖面图(尺寸单位:cm)

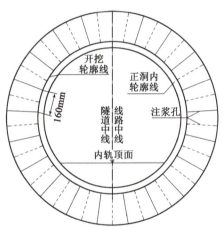

图 7-5 径向注浆断面布置示意图

图 7-6 管幕法施工实例

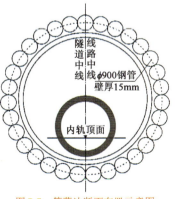

图 7-7 管幕法断面布置示意图

(2)每节钢管长度为16m,钢管采用分段连接,各分段之间采用焊接连接。环向钢管间依靠锁口相连,并在锁口处注入止水剂,形成密封的止水帷幕。

(3)洞身段施作钢管幕应根据情况设置管幕工作室。

(4)注浆材料采用水泥混凝土,注浆压力一般为0.5~1.0MPa,其浆液配合比、注浆压力应根据现场试验调整。

7.1.4 水平旋喷法

水平旋喷法是将施有高压的胶凝浆液通过旋退的水平钻杆喷嘴射到地层土体内,钻杆周边一定范围内土体被高能浆液喷射击碎而成为浆土混合体,其固结后便形成了水平圆柱的水泥土体。沿隧道轮廓周边施作的密排旋喷桩体,单桩之间相邻咬合填补形成封闭状态,每桩必要时可以加入钢管。水平旋喷法的基本设计方案如下:

(1)衬砌开挖轮廓线外围施作4环水平旋喷桩,加固圈厚度为1.61m。桩径500mm,桩与桩环向(层向)间距0.37m,相邻加固体咬合厚度大于0.13m。

(2)桩长35m,两端相向施作,外插角为6°~8°,搭接长度为5m。

(3)为保证掌子面稳定,在开挖掌子面施作水平旋喷桩,桩径 φ500mm,桩间距1.0m,如图7-8、图7-9所示。

图7-8 水平旋喷法施工实例

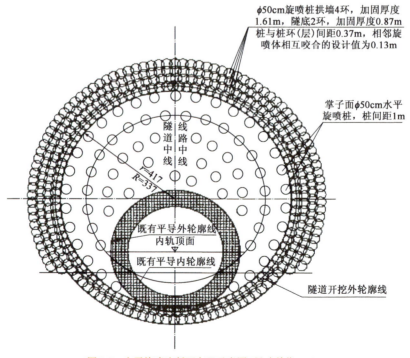

图7-9 水平旋喷法断面布置示意图(尺寸单位:cm)

7.1.5 不同工法适用性分析

结合 2 号溶洞特征,工法比较结论汇总见表 7-1。

2 号溶洞预加固工法比较表　　　　表 7-1

工法	安全使用性	地质适应性	经济、工期实用性	既有工程经验
冻结法	(1)冻结孔成孔困难; (2)高水压、高流速水体下,冻结效果有待验证; (3)需要大量的设备和外部资源,必须保持连续施工,易受外部环境影响	(1)施工难度大,要求较高; (2)含水、充填粉细砂地层解冻后没有自稳能力,隧道整体稳定性无抗力支撑,解冻后结构失稳风险大; (3)若溶洞体存在空洞,地层缺失条件下冻结法效果堪忧	工期长、造价高	(1)冷冻法用于山岭隧道高水压粉细砂层溶洞无可借鉴先例; (2)既有圆梁山隧道 2 号溶洞施工时,已对冻结法和注浆法两方案进行模型验证,最终认为冻结法方案不合理
帷幕注浆法	(1)岩体注浆后具备一定的自稳能力,水流冲刷不易造成大规模的突水突泥; (2)扩散范围和速度受岩体节理和岩层等影响,扩散呈脉状,扩散和加固范围不均匀,为保证安全,需同时采用其他预加固措施; (3)进行注浆施工期间,可进行水平旋喷桩、超前大管棚、小导管等辅助施工,进一步保障施工安全	(1)地质适应性较强,施工方便、灵活,可根据地质水文特征,动态调整注浆参数,改善岩土力学性能,提高其整体稳定性; (2)含高压水、充填粉细砂地层通过单一的注浆法较难保证隧道施工及结构安全,宜作为一种较好的辅助或补强措施	(1)造价相对于管幕法、冷冻法较低; (2)工期相对冻结法较短,长于管幕法及水平旋喷法	有既有圆梁山隧道 2 号溶洞成功的经验可供借鉴
管幕法	(1)水密性不佳; (2)洞内场地狭窄,所需机械设备较庞大,施工较为不便	施工难度大,其精准性要求较高,钢管顶进的方向不易控制,尤其是在高水压粉细砂地层中,若采用管幕法,须在全断面注浆改善地层完成后方可顶进	造价仅低于冻结法	(1)管幕法用于山岭隧道高水压粉细砂层溶洞处治无可借鉴先例; (2)多应用于建筑区城市地下空间开发
水平旋喷桩	(1)强度高、抗渗性好; (2)旋喷桩体均匀性好,可有效控制土体变形; (3)旋喷桩可加入承力劲性材料形成较强超前支护	主要适用于均质体地层,采用高压注浆对隧道周边土体进行置换,形成较高强度的加固层	施工速度快,造价较高	厦深铁路梁山隧道和兰渝铁路桃树坪隧道采用水平旋喷桩成功穿越软弱地层

通过以上各工法的综合分析比较,结合既有圆梁山隧道施工经验,经专家多次论证,新圆梁山隧道 2 号溶洞段预加固工法采用"帷幕注浆法"。

新圆梁山隧道为既有平导扩挖,并穿越高压、富水充填 2 号溶洞,施工难度大,风险高。为了降低风险,新圆梁山隧道施工时需对围岩进行预加固,本节通过对冻结法、帷幕注浆法、管幕法、水平旋喷法 4 种预加固工法穿越 2 号溶洞段进行分析比较,并借鉴相关工程实例,最终采用帷幕注浆法对围岩进行加固,确保安全。

7.2　超前帷幕注浆加固范围研究

根据以往的计算结果和工程实践可知,在隧道周边存在隐伏溶洞情况下,隧道、隐伏溶洞直径的增大以及隧道与溶洞之间距离的减小,都会导致隧道与隐伏溶洞最近点的相对位移增大,其中隧道与隐伏溶洞的距离对隧道安全的影响最为显著。二者间距离减小的影响主要表现为降低隧道与隐伏溶洞间岩层的稳定性。大量岩溶区隧道施工实践表明,隧道与隐伏溶洞间岩层的失稳、垮塌是岩溶区隧道常见的工程地质问题之一。研究岩溶区隧道与周围隐伏溶洞间的安全距离,确保二者间岩层的稳定性对保证岩溶区隧道施工及运营期的安全具有重要的现实意义。根据隧道与周围隐伏溶洞的相对位置关系,本节针对平导扩挖导致隧道周边围岩安全厚度不足情况下帷幕注浆时的复合围岩安全厚度进行研究,对比分析不同注浆加固圈厚度、不同注浆材料时,复合围岩的抗水压能力,确保施工与运营期间复合围岩的安全厚度,为隧道设计施工提供必要的分析参考依据。

7.2.1　溶洞的简化处理及力学模型的建立

目前关于岩溶隧道的研究主要集中在隧道周围溶洞探测、岩溶地质灾害描述、施工处治工艺和施工方法等几个方面,定性分析较多,定量研究滞后,缺乏机理性研究。造成上述现状的一个突出原因是山岭隧道岩溶形态复杂多变,溶洞空间分布及规模千变万化,当采用理论分析、数值模拟等定量分析手段研究岩溶隧道突水、突泥及溶腔与隧道间岩层垮塌等灾害机理时,大多针对具体工程的地质条件和岩溶状况进行,从而使得研究结论不具有普遍性,难以推广应用。

根据前述对山岭隧道岩溶发育特征、施工中具有较高风险的地下岩溶形态、岩溶构造与隧道的位置关系及其尺寸大小、岩溶隧道的灾害形式等的分析,对山岭隧道——岩溶系统概化模型做以下简化。

针对图 7-10 所示溶洞,选择最危险截面 YDK340+360 进行研究[图 7-10a)],在此截面基础上概化出合理的力学模型,采取数值模拟的手段,对不同注浆体材料、注浆加固范围以及不同围岩厚度情况下的注浆加固体范围进行研究。因为既有隧道和 6-1 号泄水支洞对于复合围岩安全厚度研究没有影响,故只选取既有平导扩挖后的隧道与溶腔进行研究,对于分布于隧道周边的隐伏溶洞,如充填型溶洞、空溶洞、地下暗河或岩溶管道等岩溶形态,将隧道和溶洞分别简化成圆形断面、圆形或椭圆形断面,模型边界采用位移限制条件。

按照莫尔—库仑强度准则建立隧道与周边隐伏溶腔间复合岩层最小防突厚度计算模型,如图 7-11 所示。依据模型计算结果判定岩层稳定性及突水可能性,且可据此确定施工中岩溶隧道周边隐伏溶腔的最小探测范围和注浆加固参数。

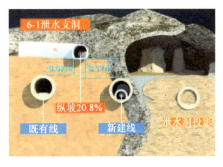
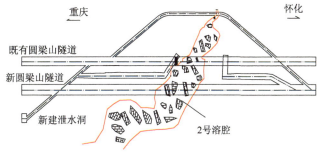

a) YDK340+360断面图   b) 2号溶洞溶腔俯视图

图 7-10　2 号溶洞溶腔示意图

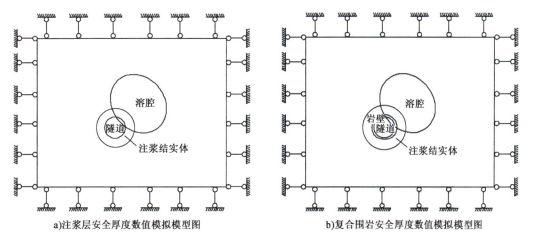

a) 注浆层安全厚度数值模拟模型图   b) 复合围岩安全厚度数值模拟模型图

图 7-11　概化计算模型图

7.2.2　隧道与隐伏溶洞间岩层的垮塌机理

在洞径大于两倍隧道半径或跨度的溶洞影响范围内有隧道穿过时，溶洞对隧道稳定性的影响主要表现为隧道与溶洞间岩层的垮塌失稳。岩溶区隧道与周围隐伏溶洞间岩层在隧道未开挖时，在周围岩体的约束作用下处于稳定的平衡状态。隧道的开挖使得隧道与溶洞间岩层的位移约束消失，岩层将发生向隧道空间或溶洞空间的挠曲变形。在外加荷载和开挖扰动等的联合影响下，岩层可能会因变形过大或外荷的冲击作用而破坏。

本节从分析隧道扩挖导致岩层状态变化入手分析隧道围岩的破坏机理。在溶洞影响带内，隧道开挖使得隧道与隐伏溶洞间岩层的位移约束消失，导致岩层刚度减小，柔度增加。在岩层自身重力作用下，当溶洞位于隧道两侧时，由于横向约束消失，岩层临隧道一侧出现拉应力，而临溶洞一侧出现较大的压应力。岩石抗拉能力较差，当岩层中拉应力超过岩体的抗拉强度时，岩层将会出现拉裂破坏，引起隧道围岩坍塌。对高压充填型含水溶洞而言，溶洞中的岩溶水使得隧道周边的岩体处于饱水状态，降低了围岩的力学强度指标，同时直接作为外荷载作用在隧道与溶洞间的岩层上，使其稳定性进一步恶化。另外爆破振动、施工机械和人员的重量也将使岩层受到一定的附加荷载。

7.2.3 扩挖揭穿溶腔时注浆安全厚度数值模拟研究

1）模型说明

RFPA 是一个能模拟岩石从裂纹萌生、扩展直至断裂全过程的数值分析系统,该系统基于连续介质力学和损伤介质力学原理,具有应力分析和破坏分析两方面功能。其显著特点是将岩石类材料的不均匀性参数引入到计算单元,充分考虑了岩石介质的非均匀性。本节模拟分析水平侧溶洞造成溶洞隧道系统破坏的过程及特征。考虑溶洞为富水有压溶洞,水压随着季节变化不断增大。在采取释能控压技术后,溶腔内水压值控制在 0.1MPa。在溶腔内壁施加法向应力边界条件来模拟溶腔内的水压力作用。计算模型设置溶洞初始水压为 0.01MPa,溶洞水压以每步 0.01MPa 不断增大,直到注浆层发生结构破坏。模型基本尺寸如图 7-11a)所示。模型按平面应变问题考虑,共划分为 $400 \times 400 = 160000$ 个单元,模型的上下边界和左右边界为位移约束条件,隧道内径取 10m,帷幕注浆圈厚度按照溶腔段注浆参数分别取 3m、4m、5m、6m、7m、8m,帷幕注浆浆材比选 4 种浆液,分别为水泥—水玻璃双液浆、超细水泥—水玻璃双液浆、单液水泥浆、超细水泥浆。

溶洞隧道的围岩力学参数见表 7-2。模型中考虑了材料性质的随机性,把材料细观结构的力学性质按照 Weibull 分布进行赋值。其中,均质度 m 表示材料性质的均匀性,m 越大,材料的宏观性质越均匀。考虑到模型最小单元的尺寸为 15cm,可取 $m = 50$。考虑到岩石类脆性材料的抗拉强度远小于抗压强度,采用修正后的库仑准则包含拉伸截断作为单元破坏的强度判据。

围岩参数表   表 7-2

单轴抗压强度 (MPa)	弹性模量 (GPa)	重度 (kN/m³)	黏聚力 (MPa)	内摩擦角 (°)	泊松比	渗透系数 (cm/s)
24	50	24	3.5	55	0.23	1.2×10^{-7}

粉细砂层的浆液注入率为 15% ~ 20%,根据浆液试验实测值,对浆液和粉细砂层结实体的强度和弹模进行折算,表 7-3 ~ 表 7-6 为 4 种帷幕注浆浆液参数表。

单液水泥浆结实体参数表   表 7-3

弹性模量 (GPa)	泊松比	重度 (kN/m³)	黏聚力 (kPa)	内摩擦角 (°)	单轴抗压强度 (MPa)
10	0.35	25	65	35	1.5

水泥—水玻璃双液浆结实体参数表   表 7-4

弹性模量 (GPa)	泊松比	重度 (kN/m³)	黏聚力 (kPa)	内摩擦角 (°)	单轴抗压强度 (MPa)
8	0.37	24	64	33	0.78

超细水泥浆结实体参数表   表 7-5

弹性模量 (GPa)	泊松比	重度 (kN/m³)	黏聚力 (kPa)	内摩擦角 (°)	单轴抗压强度 (MPa)
15	0.40	26	67	30	3

第7章 溶洞段隧道超前预加固技术研究

超细水泥—水玻璃双液浆结实体参数表 表7-6

弹性模量（GPa）	泊松比	重度（kN/m³）	黏聚力（kPa）	内摩擦角（°）	单轴抗压强度（MPa）
11	0.30	23	60	35	1.0

2）数值模拟计算与分析

2号溶洞段隧道围岩较破碎，自稳能力较差，并且岩溶水压力较大，施工时极易发生塌方和突水涌泥现象，进而危害工程施工安全。经勘查地质资料显示YDK340+360为最易发生突水涌泥灾害的断面，该断面处隧道周围的溶洞被揭穿，并且该处的隧道围岩节理裂隙比较发育，承受的水压力也较大；故选择YDK340+360作为典型的断面进行模拟。

采用RFPA软件，基于强度折减理论，对不同注浆厚度情况下的注浆效果运用平面有限单元法进行数值模拟。考虑到相似的工程中Ⅴ级以上围岩的注浆圈厚度取5~8m，由此，分别对注浆圈厚度为3m、4m、5m、6m、7m、8m的情况进行数值模拟，根据数值模拟结果对比分析在不同注浆加固圈厚度下注浆体结构的稳定性，然后优选出最佳的注浆加固圈厚度。

3）注浆层安全厚度数值模拟研究

（1）3m范围帷幕注浆

在无围岩条件下，3m范围帷幕注浆模型加载至0.09MPa时发生结构破坏，如图7-12所示。

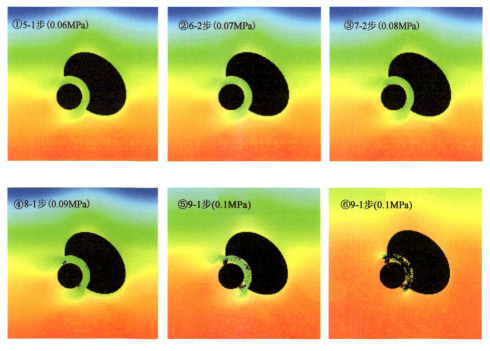

a)加载破坏前后最小主应力图

图 7-12

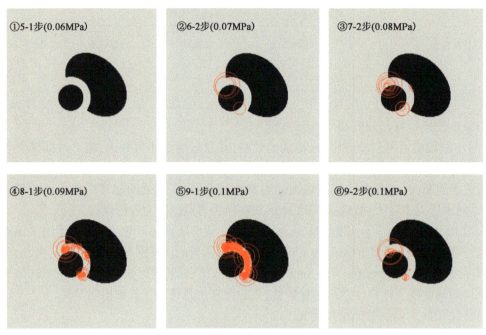

b)加载破坏前后声发射图

图 7-12　3m 范围帷幕注浆时的最小主应力图及声发射分布图

图 7-12 所示为隧道轮廓外 3m 范围帷幕注浆数值模拟计算结果的最小主应力图和声发射图。声发射图[图 7-12b)]中红色表示此处发生拉伸破坏,白色表示此处发生受压破坏。如最小主应力图[图 7-12a)]所示,溶腔内水压增加到 0.08MPa 时,注浆结实体外围并未发生破坏,只是在注浆结实体内部出现了一些拉伸裂纹,当溶腔内水压达到 0.09MPa 时,注浆结实体出现大范围拉伸破坏,此时可将 0.09MPa 视为该种工况下的极限抗水压值。声发射图显示,注浆结实体破坏形式为拉伸破坏。

(2)4m 范围帷幕注浆

在无围岩条件下,4m 范围帷幕注浆模型加载至 0.1MPa 时发生结构破坏,如图 7-13 所示。

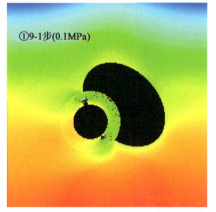

a)加载破坏前后最小主应力图

图　7-13

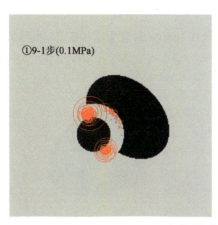

b)加载破坏前后声发射图

图 7-13　4m 范围帷幕注浆时的最小主应力图及声发射分布图

(3) 5m 范围帷幕注浆

在无围岩条件下,5m 范围帷幕注浆模型加载至 0.15MPa 时发生结构破坏,如图 7-14 所示。

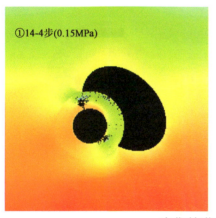

a)加载破坏前后最小主应力图

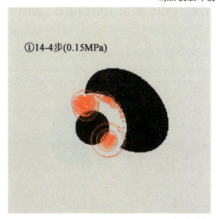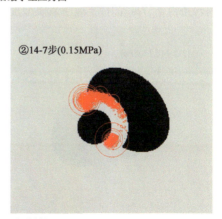

b)加载破坏前后声发射图

图 7-14　5m 范围帷幕注浆时的最小主应力图及声发射分布图

(4) 6m 范围帷幕注浆

在无围岩条件下，6m 范围帷幕注浆模型加载至 0.16MPa 时发生结构破坏，如图 7-15 所示。

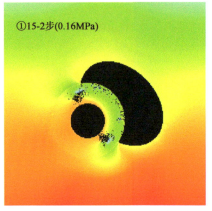
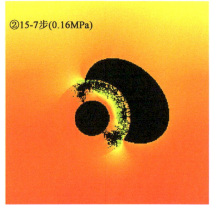

a) 加载破坏前后最小主应力图

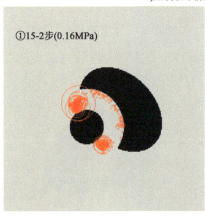

b) 加载破坏前后声发射图

图 7-15　6m 范围帷幕注浆时的最小主应力图及声发射分布图

(5) 7m 范围帷幕注浆

在无围岩条件下，7m 范围帷幕注浆模型加载至 0.18MPa 时发生结构破坏，如图 7-16 所示。

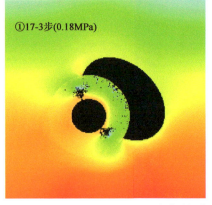
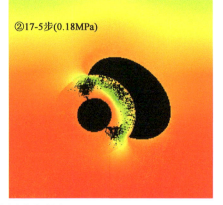

a) 加载破坏前后最小主应力图

图　7-16

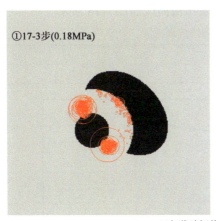
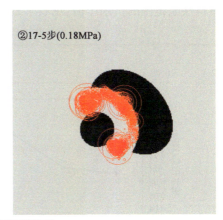

b)加载破坏前后声发射图

图 7-16　7m 范围帷幕注浆时的最小主应力图及声发射分布图

(6)8m 范围帷幕注浆

在无围岩条件下,8m 范围帷幕注浆模型加载至 0.18MPa 时发生结构破坏,如图 7-17 所示。

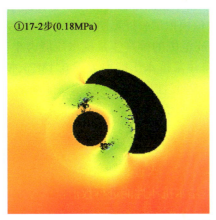

a)加载破坏前后最小主应力图

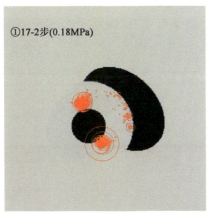
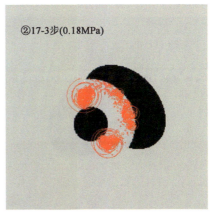

b)加载破坏前后声发射图

图 7-17　8m 范围帷幕注浆时的最小主应力图及声发射分布图

不同帷幕注浆范围的抗水压值,见表7-7;抗水压值曲线如图7-18所示。

不同帷幕注浆范围的抗水压值　　　　　　　表7-7

注浆范围(m)	3	4	5	6	7	8
抗水压值(MPa)	0.09	0.1	0.15	0.16	0.18	0.18

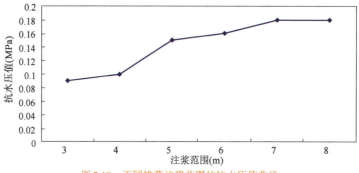

图7-18　不同帷幕注浆范围的抗水压值曲线

在既有平导扩挖揭穿溶腔情况下,极易发生突水突泥灾害。通过注浆层安全厚度数值模拟研究,可以为施工现场帷幕注浆范围提供依据。由于新圆梁山隧道采取了释能控压技术,溶腔水压控制在0.1MPa,通过观察不同注浆厚度数值模拟试验计算结果的最小主应力图和相应加载步的声发射图,可以发现:隧道轮廓外小于5m范围的帷幕注浆抗水压能力小于0.1MPa,不能够满足设计要求;隧道轮廓外5m范围的帷幕注浆抗水压能力大于0.1MPa,能够满足设计要求,而且在隧道轮廓5m外增大帷幕注浆的范围时,注浆结实体抗水压能力增量不大。注浆体的破坏形式为受拉破坏。综合考虑到帷幕注浆的经济性和安全性,应该采用隧道轮廓外5m范围的帷幕注浆。

4)注浆材料对比分析研究

在无围岩条件下,当帷幕注浆范围为5m时对水泥—水玻璃双液浆、超细水泥—水玻璃双液浆、单液水泥浆、超细水泥浆4种不同注浆材料的堵水抗压性能进行数值模拟对比分析研究。

(1)水泥—水玻璃双液浆

在无围岩条件下,加载至0.1MPa时发生结构破坏,如图7-19所示。

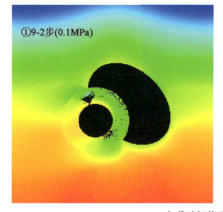

a)加载破坏前后最小主应力图

图　7-19

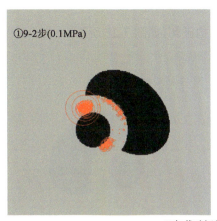
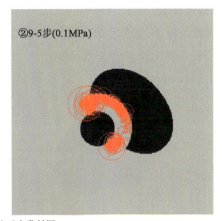

b) 加载破坏前后声发射图

图7-19　水泥—水玻璃双液注浆时的最小主应力图及声发射分布图

(2) 超细水泥—水玻璃双液浆

在无围岩条件下，加载至 0.13MPa 时发生结构破坏，如图 7-20 所示。

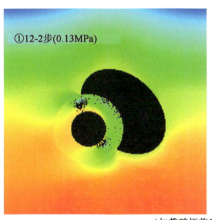
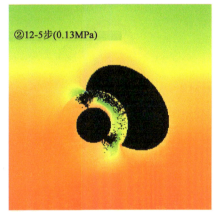

a) 加载破坏前后最小主应力图

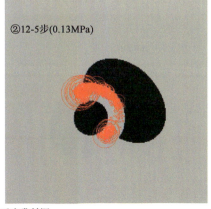

b) 加载破坏前后声发射图

图 7-20　超细水泥—水玻璃双液注浆时的最小主应力图及声发射分布图

(3) 单液水泥浆

在无围岩条件下,加载至 0.15MPa 时发生结构破坏,如图 7-21 所示。

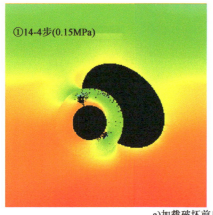

a)加载破坏前后最小主应力图

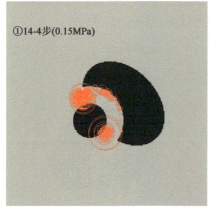
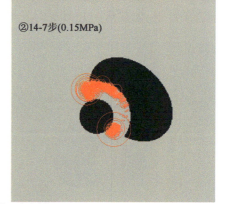

b)加载破坏前后声发射图

图 7-21　单液水泥浆注浆时的最小主应力图及声发射分布图

(4) 超细水泥浆

在无围岩条件下,加载至 0.26MPa 时发生结构破坏,如图 7-22 所示。

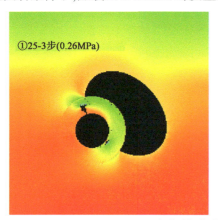

a)加载破坏前后最小主应力图

图　7-22

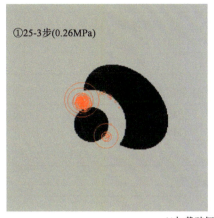 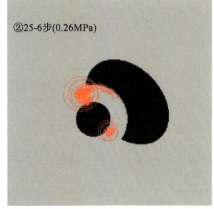

b)加载破坏前后声发射图

图 7-22 超细水泥浆注浆时的最小主应力图及声发射分布图

不同注浆材料的抗水压值见表 7-8。

不同注浆材料抗水压值   表 7-8

注浆材料	水泥—水玻璃双液浆	超细水泥—水玻璃双液浆	单液水泥浆	超细水泥浆
抗水压值（MPa）	0.1	0.13	0.15	0.26

通过对比分析，隧道轮廓外 5m 范围的帷幕注浆情况下，单液水泥浆、超细水泥浆、水泥—水玻璃双液浆、超细水泥—水玻璃双液浆极限抗水压值均大于 0.10MPa，且均能够满足设计堵水抗压要求，施工现场可根据需要选择不同的浆材进行帷幕注浆堵水施工。

7.2.4 施工与运营期间复合围岩安全厚度研究

1）模型说明

考虑溶洞为富水有压溶洞，水压随着季节变化而变化。如果未采取释能控压技术，溶腔内水压值可达 3MPa。虽然新圆梁山隧道平导扩挖前采取了释能控压技术，将溶腔内水压控制在 0.1MPa，但是在隧道施工和后期运维期间可能发生泄水洞堵塞，从而导致溶腔水压升高。因此，进行施工和运维期间复合围岩安全厚度的研究很有必要。在复合围岩强度较高时，计算模型设置溶洞初始水压为 0.1MPa，溶洞水压以单步增量 0.1MPa 加载，直到复合围岩结构发生破坏。在复合围岩强度较低时，计算模型设置溶洞初始水压为 0.01MPa，溶洞水压以单步增量 0.01MPa 加载，直到复合围岩结构发生破坏。模型基本尺寸如图 7-11b)所示。模型按平面应变问题考虑，共划分为 $400 \times 400 = 160000$ 个单元。模型的上下边界和左右边界为位移约束条件，隧道内径取 10m。考虑到新圆梁山隧道平导扩挖后剩余原岩厚度 0~7m 不等，因此，对施工期间由围岩和注浆体组成的复合围岩安全厚度进行研究时，围岩厚度依次取为 1m、3m、5m、7m。对运维期间由二次衬砌和注浆体组成的复合围岩安全厚度进行研究时，二次衬砌厚度取临时二次衬砌与二次衬砌结构总厚度 2m，注浆圈均取 5m 范围的单液水泥浆帷幕注浆，见表 7-9~表 7-11。

围岩参数表　　　　　　　　　　　　　　　　　　　　　　　表7-9

单轴抗压强度（MPa）	弹性模量（GPa）	重度（kN/m³）	黏聚力（MPa）	内摩擦角（°）	泊松比	渗透系数（cm/s）
24	50	24	3.5	55	0.23	1.2e-7

单液水泥浆结实体参数表　　　　　　　　　　　　　　　　表7-10

弹性模量（GPa）	泊松比	重度（kN/m³）	黏聚力（kPa）	内摩擦角（°）	单轴抗压强度（MPa）
10	0.35	25	65	35	1.5

二次衬砌参数表　　　　　　　　　　　　　　　　　　　　表7-11

单轴抗压强度（MPa）	弹性模量（GPa）	重度（kN/m³）	黏聚力（MPa）	内摩擦角（°）	泊松比	渗透系数（cm/s）
40	38	24	3.4	50	0.23	1.2e-7

2）数值模拟计算与分析

（1）复合围岩安全厚度研究

对不同围岩厚度与5m厚帷幕注浆体的复合围岩安全厚度进行研究，围岩厚度依次取1m、3m、5m、7m。

①1m围岩厚度。

在1m厚围岩条件下，加载至0.2MPa时注浆体发生破坏，如图7-23所示。

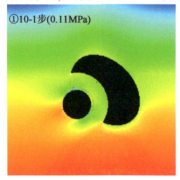
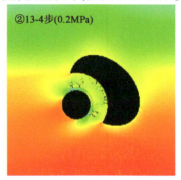
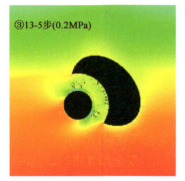
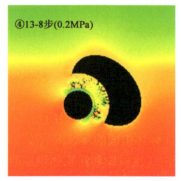

a）加载破坏前后最小主应力图

图 7-23

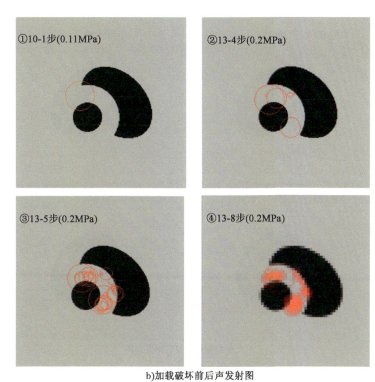

b) 加载破坏前后声发射图

图 7-23　1m 围岩厚度情况下注浆体破坏前后最小主应力图及声发射分布图

在 1m 厚围岩条件下，加载至 0.3MPa 时围岩发生破坏，如图 7-24 所示。

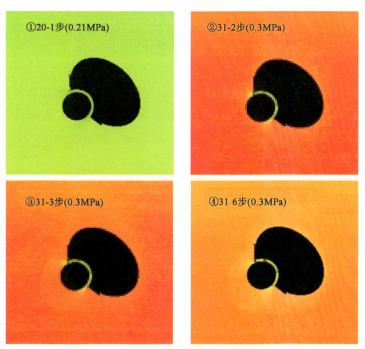

a) 加载破坏前后最小主应力图

图　7-24

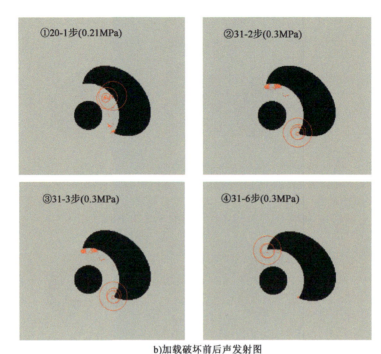

b)加载破坏前后声发射图

图 7-24　1m 围岩厚度情况下围岩破坏前后最小主应力图及声发射分布图

图 7-23、图 7-24 所示为隧道轮廓外 1m 围岩厚度情况下进行 5m 范围帷幕注浆数值模拟计算结果的最小主应力图和声发射图。在声发射图[图 7-23b)、7-24b)]中红色表示此处发生拉伸破坏,白色表示此处发生受压破坏。如图 7-23a)所示,溶腔内水压增加到 0.2MPa 时,注浆结实体出现大范围拉伸破坏,此时可将 0.2MPa 视为该种工况下的注浆结实体的极限抗水压值,声发射图显示,注浆结实体破坏形式为拉伸破坏。

由于注浆结实体内圈有隧道围岩存在,所以复合围岩条件下使得注浆结实体内部更难被拉坏,因此围岩的存在可以提高注浆结实体的承载性能。在注浆结实体破坏后,围岩仍能继续承载,在计算到第 20-1 步时围岩并无裂纹产生,直到第 31 步时,围岩内部首先出现拉伸裂纹,最终导致围岩整体发生拉伸破坏。

②3m 围岩厚度。

在 3m 厚围岩条件下,加载至 0.4MPa 时注浆体发生破坏,如图 7-25 所示。

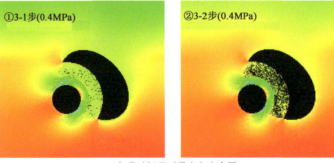

a)加载破坏前后最小主应力图

图　7-25

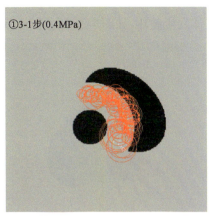

b) 加载破坏前后声发射图

图 7-25　3m 围岩厚度情况下注浆体破坏前后最小主应力图及声发射分布图

在 3m 厚围岩条件下,加载至 1.1MPa 时围岩发生破坏,如图 7-26 所示。

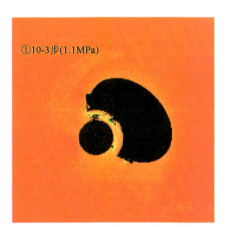
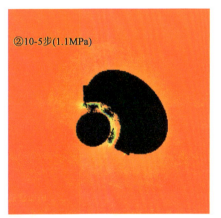

a) 加载破坏前后最小主应力图

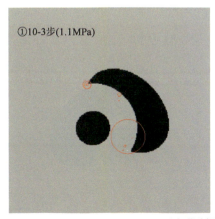

b) 加载破坏前后声发射图

图 7-26　3m 围岩厚度情况下围岩破坏前后最小主应力图及声发射分布图

③5m 围岩厚度。

在 5m 厚围岩条件下,加载至 0.5MPa 时注浆体发生破坏,如图 7-27 所示。

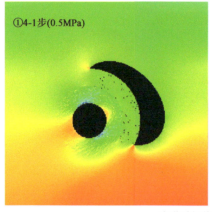
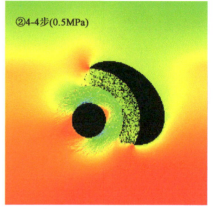

a)加载破坏前后最小主应力图

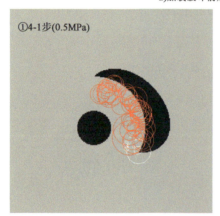

b)加载破坏前后声发射图

图 7-27　5m 围岩厚度情况下注浆体破坏前后最小主应力图及声发射分布图

在 5m 厚围岩条件下,加载至 2.1MPa 时围岩发生破坏,如图 7-28 所示。

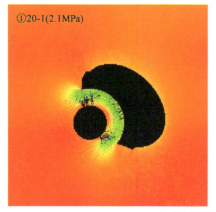
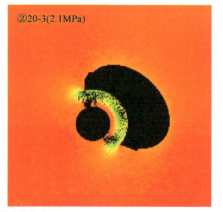

a)加载破坏前后最小主应力图

图　7-28

b)加载破坏前后声发射图

图 7-28　5m 围岩厚度情况下围岩破坏前后最小主应力图及声发射分布图

④ 7m 围岩厚度。

在 7m 厚围岩条件下,加载至 0.5MPa 时注浆体发生破坏,如图 7-29 所示。

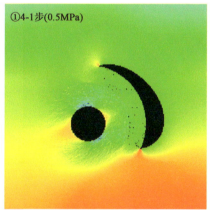 

a)加载破坏前后最小主应力图

b)加载破坏前后声发射图

图 7-29　7m 围岩厚度情况下注浆体破坏前后最小主应力图及声发射分布图

在7m厚围岩条件下,加载至2.6MPa时围岩发生破坏,如图7-30所示。

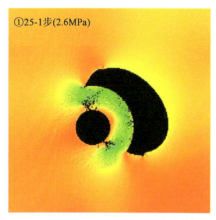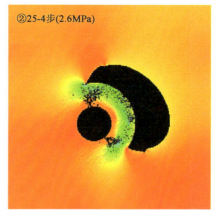

a) 加载破坏前后最小主应力图

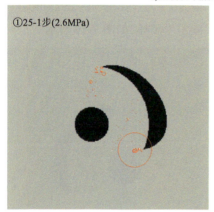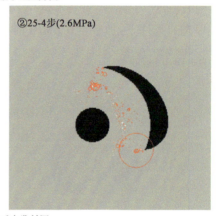

b) 加载破坏前后声发射图

图7-30　7m围岩厚度情况下围岩破坏前后最小主应力图及声发射分布图

不同围岩厚度时复合围岩的极限抗水压力值见表7-12,围岩、注浆结实体厚度与极限抗水压力值关系曲线如图7-31所示。

不同围岩厚度极限抗水压力值　　表7-12

围岩厚度(m)	1	3	5	7
注浆体极限抗水压力值(MPa)	0.2	0.4	0.5	0.5
围岩极限抗水压力值(MPa)	0.3	1.1	2.1	2.6

通过不同围岩厚度情况下的复合围岩安全厚度研究发现,在注浆结实体厚度不变情况下,围岩厚度越大,注浆结实体能承受的极限水压值越高,这主要是因为围岩的存在使得注浆圈内部更难发生受拉破坏。从计算结果的破坏图也可以看出,有围岩情况下,在注浆结实体破坏后,围岩仍然能够承载。通过计算还发现,当围岩厚度达到5m时,注浆结实体的极限抗水压力值达到0.5MPa,并且围岩体厚度越大,围岩的极限抗水压力值越大。随着围岩厚度的增加,极限抗水压力值增加的幅度逐渐减小。

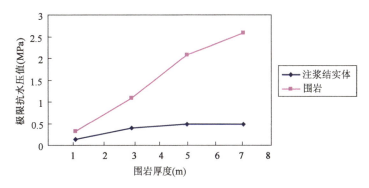

图7-31　围岩、注浆结实体厚度与极限抗水压力值关系曲线

（2）运维期间安全厚度研究

在隧道周边无围岩情况下，施作二次衬砌后，对2m厚二次衬砌与5m厚帷幕注浆体组成的复合围岩安全厚度进行数值模拟研究。

①模型加载到0.5MPa时，注浆体率先被破坏，如图7-32所示。

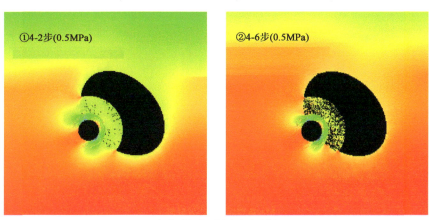

a)加载破坏前后最小主应力图

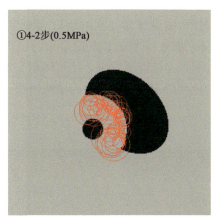

b)加载破坏前后声发射图

图7-32　运维期间注浆体破坏前后最小主应力图及声发射分布图

②模型加载到2.2MPa时，二次衬砌被破坏，如图7-33所示。

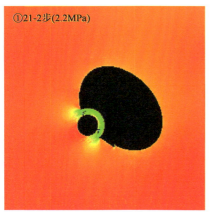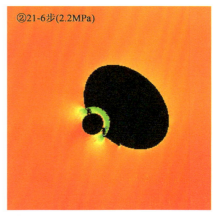

a)加载破坏前后最小主应力图

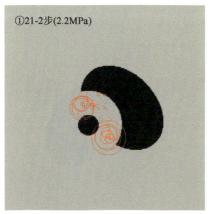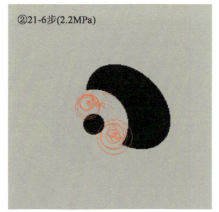

b)加载破坏前后声发射图

图7-33　运维期间二次衬砌破坏前后最小主应力图及声发射分布图

数值模拟结果显示，即使在无围岩存在的情况下，隧道施作二次衬砌后，会使得注浆体的安全性显著提高。这主要是因为二次衬砌采用C40混凝土结构，C40混凝土的抗拉强度要远大于注浆体，所以二次衬砌结构开裂前，注浆体内部并无拉破坏发生。注浆体承受水压力作用直到被压溃，二次衬砌结构依然完整，直到水压上升至2.2MPa，二次衬砌结构内部才产生张拉裂隙。

7.3　溶洞段隧道超前预支护方案研究

溶洞段隧道预支护的原始设计方案是使用长度为4.5m的超前小导管。由现场勘查资料可知，2号溶洞段围岩节理裂隙较发育，岩体自稳能力比较差；又因为超前小导管的长度较短，纵向预支护范围短，小导管另一端没有办法打入整体性较好的围岩内，因而导致小导管起不到梁的支撑作用。综合以上因素,选择拱墙支护范围较长的管棚支护进行加固,仰拱范围单层管棚加固,结合相应超前帷幕注浆措施实施,并于帷幕注浆完成后进行管棚施作,管棚纵向长30m。本节将对"超前小导管+帷幕注浆"与"管棚+帷幕注浆"两种超前预支护方案进行比选。

7.3.1 MIDAS-GTS 简介

MIDAS-GTS 是岩土和隧道进行应力分析和渗透分析通用的分析软件,不管多复杂的几何模型都能通过可视化直观建模。数值计算模拟出来的结果使用表格、图形等形式自动输出。MIDAS-GTS 已经通过 QA/QC 质量管理体系认证,可确保计算结果的质量及准确性,确定结构的变形、应变、应力及反作用等可用 MIDAS-GTS 结构分析;MIDAS-GTS 可供的分析功能模块:静力分析,渗流分析,应力—渗流耦合分析,固结分析,施工阶段分析,动力分析,边坡稳定分析等。

MIDAS-GTS 岩土工程分析程序可形象地模拟出现场条件、施工时的整个过程、提供多种材料模型及边界条件。其具有岩土工程分析所需的基本分析功能,并提供包括最新分析理论的强大的分析功能。与目前的数值方法相比,MIDAS-GTS 独特的优点是建模简单方便,无需命令流操作。通过迭代方法的求解丢弃占用大量存储的刚度矩阵,与其他有限元软件程序相比,节省了内存;计算结果可以更准确、有效地模拟土层的塑性破坏和塑性流动;它比其他有限元软件可以更接近实际的模拟岩土工程施工过程。该程序采用视觉输入。

7.3.2 超前小导管+帷幕注浆预支护方案

1)模型建立

在对隧道结构开展有限元模拟计算和分析时,通常是挑选某一部分围岩进行建模,原始边界条件一般也被特定的边界条件替代,使模型范围尽量大的目的是减小边界效应。与此同时,为了提高模型的收敛性,在满足计算需求的前提下应将计算模型进行简化。一般以为,围岩应力、应变受影响的范围是距离地下结构开挖洞室中心 3~5 倍孔径的范围。

依据以上建模原则并结合实际工程概况,本节设计的数值模拟模型尺寸为 $100m \times 30m \times 60m(x \times y \times z)$,命 XZ 平面是隧道横断面,Y 向是隧道纵轴线方向,表示隧道掘进方向。采用大型有限元软件 MIDAS-GTS 创建三维计算模型,模型中把围岩和溶洞填充物质设为均质弹塑性模型。本构模型选用 Mohr-Coulomb 弹塑性模型。帷幕注浆加固区域及小导管加固区域按实体单元进行模拟,本构模型选用 Mohr-Coulomb 弹塑性模型;初期支护用板单元模拟,本构模型选用弹性模型;二次衬砌用实体单元,本构模型选用弹性模型。该模型只考虑自重应力的影响不考虑构造应力的影响。模型计算边界是上边界自由,无约束;底部给以固定约束;侧面边界给予水平约束。共划分 142881 个模型单元,如图 7-34、图 7-35 所示。

支护方式:使用"帷幕注浆+超前小导管"预支护方式,采用 $\phi 42 \times 4mm$ 的小导管,外插角为 $9° \sim 12°$,长度 4.5m,在开挖轮廓线周围双层布设,环向间隔 0.225m,纵向间隔 3m。

开挖方式:采用 CRD 法进行扩挖。

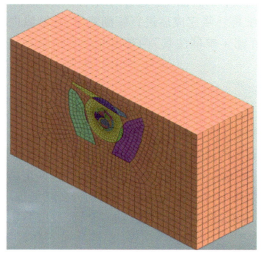

图 7-34 隧道整体网格划分　　　　　　图 7-35 超前小导管等效模型

2）参数选取

（1）围岩参数

数值模拟计算中使用的围岩参数是根据地勘资料以及现场所取试样的室内试验结果确定的，表 7-13 是模拟计算中使用的围岩参数。

围 岩 参 数 表　　　　　　表 7-13

参数项	弹性模量 （GPa）	泊松比	重度 （kN/m³）	黏聚力 c （MPa）	内摩擦角 φ （°）	单轴抗压强度 （MPa）
参数值	0.60	0.35	20	0.05	24	0.48

（2）帷幕注浆加固区等效重度和刚度

2 号溶洞段岩石节理裂隙发育，较为破碎，岩体稳定性差，通过注浆的方式充填裂隙、固结填充物提高岩土体的黏聚力 c 值、内摩擦角 φ 值，降低围岩的渗透系数，从而起到加固围岩和堵水的作用。采用理论公式和经验法可以计算出帷幕注浆加固区的等效重度和弹性模量。

理论计算：帷幕注浆加固圈的重度是根据围岩和浆液重度所占比例计算的，可按式（7-1）计算。

$$\gamma_{sg} = m\gamma_{g} + (1-m)\gamma_{s} \tag{7-1}$$

式中：γ_{sg}——加固圈的等效重度；

m——加固圈中浆液重度所占比例；

γ_{g}——浆液的重度；

γ_{s}——土体的重度。

通过式（7-2）计算注浆加固区等效弹性模量。

$$E_{注围} = \rho E_{注浆} + (1-\rho) E_{围岩} \tag{7-2}$$

式中：$E_{注围}$——注浆加固区等效弹性模量；

ρ——系数，$\rho = (0.6 \sim 0.7)\eta$，$\eta$ 为孔隙率；

$E_{注浆}$——注浆凝固后的弹性模量；

$E_{围岩}$——围岩的弹性模量。

经验法：根据实际工程经验和相关研究，注浆的主要作用是改变原始围岩的 c、φ 值，从而提高围岩性质。李河玉对粉质黏土注浆加固进行了室内试验，得出采取超细水泥—水玻璃浆液进行注浆加固，注浆加固后土体的黏聚力是未注浆土体黏聚力的 11.25 倍，内摩擦角是未注浆土体内摩擦角的 1.46 倍。

综合理论计算和过去的经验可认为帷幕注浆可以实现原始围岩的力学性质提高 30%，注浆加固区参数见表 7-14。

注浆加固区计算参数　　　　　　　　　　表 7-14

参数项	弹性模量(GPa)	泊松比	重度(kN/m³)	黏聚力 c(kPa)	内摩擦角 φ(°)
参数值	0.78	0.35	24	65	32

（3）超前小导管计算参数

超前小导管一般用在软弱破碎的围岩中，通常是把超前小导管打到围岩中，为了提高围岩的稳定性，采用超前小导管进行注浆加固围岩。超前小导管的计算参数见表 7-15。

超前小导管计算参数　　　　　　　　　　表 7-15

参数项	弹性模量(GPa)	泊松比	重度(kN/m³)	直径(mm)	厚度(mm)
参数值	206	0.3	78.5	42	4

注浆后的超前小导管的等效弹性模量可按式(7-3)计算。水泥砂浆凝固后的弹性模量为 $E_{浆液} = 15\text{GPa}$，惯性矩为 $I_{浆液} = 6.559724 \times 10^{-8} \text{m}^4$；超前小导管的弹性模量 $E_{小导管} = 206\text{GPa}$，惯性矩为 $I_{小导管} = 8.71477802 \times 10^{-8} \text{m}^4$；注浆后的小导管的等效弹性模量可以通过把以上数据代入式(7-3)计算得到，计算得出注浆超前小导管的弹性模量为 $E_{注浆小导管} = 124\text{GPa}$。

$$E_{注浆小导管} = \frac{E_{小导管} \times I_{小导管} + E_{浆液} \times I_{浆液}}{I_{小导管} + I_{浆液}} \tag{7-3}$$

（4）支护结构参数选取

在数值模拟计算中使用的初期支护和二次衬砌的参数计算方法是等效刚度加权平均法，这些参数的具体计算方法如下。

密度的等效计算公式：

$$\rho_{等效} = \frac{\rho_{钢} \times A_{钢} + \rho_{混凝土} \times A_{混凝土}}{A_{总}} \tag{7-4}$$

弹性模量的等效计算公式：

$$E = \frac{E_{钢} \times A_{钢} + E_{混凝土} \times A_{混凝土}}{A_{总}} \tag{7-5}$$

初期支护时先用厚20cm的CF25钢纤维混凝土网喷,然后用H200型钢钢架进行支护,钢架纵向间距为50cm;二次衬砌为厚度120cm的C30混凝土。支护结构参数通过以上公式计算得到,见表7-16。

支护结构计算参数 表7-16

参数项	支护结构	厚度(m)	密度(kg/m^3)	弹性模量(GPa)	泊松比
参数值	初期支护	0.2	2481.3	28.7	0.23
	二次衬砌	1.2	2386.8	30.9	0.23

3)模拟结果分析

(1)隧道围岩在 Z 轴方向沉降变形分析

图 7-36 是通过 MIDAS-GTS 模拟计算,在"帷幕注浆 + 超前小导管"预支护方式下,隧道围岩 Z 轴方向沉降变形云图。

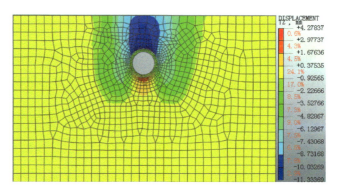

图 7-36　隧道 Z 轴方向沉降变形云图

从隧道 Z 轴方向沉降变形云图中可以看出,隧道最大的沉降量为 11.33mm,发生在拱顶处;最大隆起为 4.28mm,发生在底部仰拱处。隧道 Z 轴方向沉降左右对称分布。

以数值模型计算中 $y=15m$ 截面为分析断面,分析在"帷幕注浆 + 超前小导管"预支护方式下,随着施工的进行隧道 $y=15m$ 断面拱顶沉降,如图 7-37 所示。

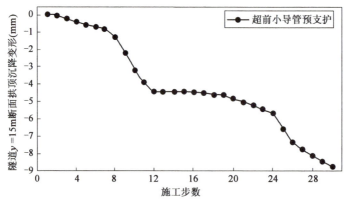

图 7-37　超前小导管预支护下隧道 $y=15m$ 断面拱顶沉降变形

从图 7-37 中可以看出,在超前小导管预支护下隧道 $y=15\text{m}$ 断面拱顶随着施工进行沉降变形最大为 8.76mm,从第 6 步到第 12 步沉降速率较快,可能是由于开挖面增大没有及时支护造成的,之后随着支护的进行沉降速率逐渐下降。

(2)隧道围岩在 X 轴方向收敛变形分析

图 7-38 是通过 MIDAS-GTS 模拟计算,在"帷幕注浆 + 超前小导管"预支护方式下,隧道围岩在 X 轴方向水平收敛变形云图。

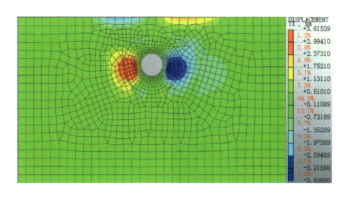

图 7-38　隧道 X 轴方向水平收敛变形云图

从图 7-39 中可以看出,隧道左侧最大水平收敛量为 3.62mm,发生在左拱腰处;隧道右侧最大水平收敛量为 3.84mm,发生在右拱腰处;从收敛数据可以看出,隧道左右侧水平收敛变形相差不大。

(3)塑性区特征分析

图 7-39 显示了在超前小导管预支护下隧道围岩塑性区的分布情况,反映了在超前小导管预支护下施工对隧道周边围岩的扰动情况。

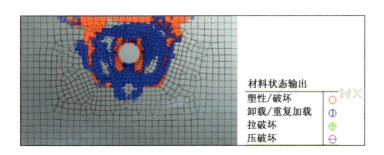

图 7-39　围岩塑性区特征云图

由图可知,隧道周边大部分围岩进入塑性状态,形成新的平衡。左侧拱腰处围岩塑性区的宽度为 3.56m,右侧拱腰处围岩塑性区的宽度为 3.86m;左右侧拱脚处围岩塑性区的宽度分别为 5.81m 和 5.72m;左右拱肩两侧分别为 4.83m 和 4.75m;拱顶出现少部分塑性区;隧道底部的围岩没有被破坏,还处于弹性变形状态。还可以看出隧道的边墙、拱脚和拱肩部的围岩破坏较严重,围岩的塑性区范围较大。

7.3.3 管棚+帷幕注浆预支护方案

1) 管棚预支护

在超前帷幕注浆完成并检测满足设计要求后,为了保障溶洞段开挖施工的安全性,沿着开挖轮廓线周边安设管棚。由管棚形成的刚性支护系统与超前帷幕注浆加固系统相互配合,以增强超前帷幕注浆的加固效果,并且管棚内可以进行注浆,起到加固管棚周围岩体的作用,与岩体形成喇叭形刚性支护结构,提高管棚支护的刚度,在施工期间可以避免或减少泥浆通过管棚间隙流入开挖的空间内。

管棚配合钢架使用,拱墙范围采用双层管棚加固,仰拱范围采用单层管棚加固,结合相应超前帷幕注浆措施实施,并于帷幕注浆完成后进行管棚施作,管棚纵向长30m。

2) 计算模型

进行隧道结构有限元模拟计算和分析时,原始介质的边界条件通常被特定的边界条件所替代,并选取周围岩体某一部位进行结构建模。为了减小边界效应,应尽可能地使模型范围足够大。同时,在满足计算要求的情况下,为提高模型收敛性,应对计算模型进行简化。一般认为围岩应力及应变仅在距隧道开挖洞室中心3~5倍洞径范围内有影响。

根据上述建模原则,结合实际工程概况,本节数值模拟模型尺寸为100m×30m×60m($x×y×z$),其中 XZ 平面为隧道横断面,Y 向为隧道纵轴线方向,代表隧道掘进方向。计算采用大型有限元软件 MIDAS-GTS 建立三维计算模型,模型中周围岩体及溶洞充填物采用 Mohr-Coulomb 准则,为均质弹塑性模型。采用弹性结构的梁单元模拟管棚,初期支护采用板单元模拟,本构模型采用弹性模型;喷射混凝土采用弹性结构板单元模拟。模型仅考虑自重应力的影响而忽略构造应力的影响。模型计算边界为上边界为自由边界,无约束;底部施加固定约束;侧面边界施加水平约束。共划为141477个模型单元,如图7-40所示。

支护方式:采用"管棚+帷幕注浆"预支护方式。管棚是由 ϕ127×5mm 的热轧无缝钢管加工而成,每节长2~3m;采用 ϕ133×8mm、长40cm 螺纹的连接钢管接长(螺纹段长度不小于15cm);在管壁的周围钻设注浆孔,孔的直径为10~16mm,孔与孔之间的间隔为15~20cm,呈梅花形布设。管棚沿开挖轮廓线外布设,环向间隔25cm,外插角为1°~3°(可根据实际情况进行调整),如图7-41所示。

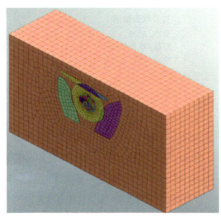

图7-40 隧道整体网格划分

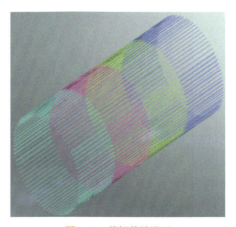

图7-41 管棚等效模型

开挖方式:采用 CRD 法进行扩挖。

3)参数选取

(1)围岩参数

在数值模拟中使用的参数是由地勘报告结合所取样品室内试验检测结果确定的(围岩参数值见表 7-13)。

(2)帷幕注浆加固区等效重度和刚度

2 号溶洞段岩石节理裂隙发育,较为破碎,岩体稳定性差,通过注浆的方式充填裂隙、固结填充物提高岩土体的 c、φ 值,降低周围岩体的渗透系数,从而起到加固周围岩体和堵水的作用(注浆加固后的围岩计算参数见表 7-14)。

(3)管棚计算参数

管棚的作用是在隧道开挖轮廓线外形成一个类似圆筒的结构,这个圆筒结构具有较大的刚度,从而能够保证隧道在施工的过程中掌子面的安全,数值模拟管棚计算参数见表 7-17。

管 棚 计 算 参 数　　　　表 7-17

参数项	直径(mm)	壁厚(mm)	弹性模量(GPa)	泊松比	重度(kN/m³)
参数值	127	5	206	0.3	78.5

管棚在注入浆液后的等效弹性模量可以根据式(7-6)进行计算。浆液在凝固后的弹性模量为 $E_{浆液}=15\text{GPa}$,其惯性矩为 $I_{浆液}=8.23549665\times10^{-7}\text{m}^4$;管棚的弹性模量为 $E_{管棚}=206\text{GPa}$,惯性矩为 $I_{管棚}=8.1411232\times10^{-7}\text{m}^4$;注浆后的管棚的等效弹性模量可以通过将以上数据代入式(7-6)得到,注浆管棚的弹性模量 $E_{注浆管棚}=109\text{GPa}$。

$$E_{注浆管棚}=\frac{E_{管棚}\times I_{管棚}+E_{浆液}\times I_{浆液}}{I_{管棚}+I_{浆液}} \quad (7-6)$$

(4)支护结构参数选取

模拟计算中使用的初期支护和二次衬砌的参数计算方法是等效刚度加权平均法,具体计算参数见表 7-16。

4)计算结果分析

(1)隧道围岩在 Z 轴方向沉降变形分析

图 7-42 是通过 MIDAS-GTS 模拟计算,在"帷幕注浆+管棚"预支护方式下,隧道围岩在 Z 轴方向沉降变形云图。

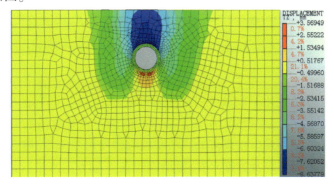

图 7-42　隧道 Z 轴方向沉降变形云图

从隧道 Z 轴方向沉降变形云图中可以看出,隧道围岩的最大沉降为 8.64mm,发生在拱顶处;最大隆起为 3.57mm,发生在底部仰拱处。隧道 Z 轴方向沉降左右对称分布。从变形云图以及数据来看,隧道围岩在 Z 轴方向沉降变形量在最大允许沉降变形量范围之内。

以数值模拟计算模型中 $y=15m$ 截面为分析断面,分析在管棚预支护下,随着施工的进行隧道 $y=15m$ 断面拱顶沉降,如图 7-43 所示。

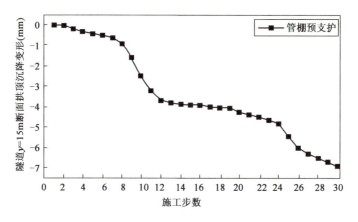

图 7-43 管棚预支护下隧道 $y=15m$ 断面拱顶沉降变形

从图 7-43 中可以看出:在管棚预支护下隧道 $y=15m$ 断面拱顶随着施工进行沉降变形最大为 6.91mm,第 8 步到第 12 步沉降较快,可能是由于开挖面增大没有及时支护引起的,之后随着支护的进行拱顶沉降速率下降。

(2)隧道围岩在 X 轴方向收敛变形分析

图 7-44 所示是在"帷幕注浆 + 管棚"预支护方式下,隧道围岩在 X 轴方向水平收敛变形云图。

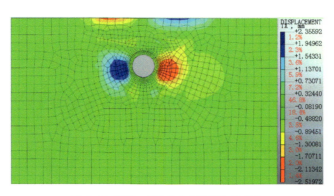

图 7-44 隧道 X 轴方向水平收敛变形云图

从隧道围岩在 X 轴方向水平收敛变形云图中可以看出,隧道围岩在开挖洞室左侧的水平收敛变形量最大为 2.52mm,隧道围岩在开挖洞室右侧最大水平收敛变形量为 2.36mm,隧道左右侧最大水平收敛变形均发生在拱腰处。从左右收敛变形量来看,隧道左右水平向的收敛变形相差不大。从变形云图以及数据来看,隧道围岩在 X 轴方向水平收敛变形量在最大允许收敛变形量范围之内。

(3) 隧道围岩塑性区特征分析

图 7-45 显示了管棚预支护下隧道围岩塑性区的分布情况,反映了在管棚预支护下施工对隧道周边围岩的扰动情况。

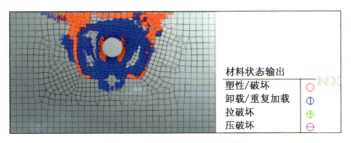

图 7-45　围岩塑性区特征云图

从图 7-45 可以看出:隧道周边大约一半围岩进入塑性状态,形成新的平衡,左侧拱腰处围岩塑性区的宽度为 2.56m,右侧拱腰处围岩塑性区的宽度为 2.85m;左右侧拱脚处围岩塑性区的宽度分别为 4.85m 和 4.79m;左右拱肩两侧围岩塑性区分别为 3.81m 和 3.72m,拱顶基本没有塑性区,拱低围岩比较稳定,还处于弹性变形状态。还可以看出隧道的边墙、拱脚和拱肩部的围岩破坏严重,围岩的塑性区相对较大。

7.3.4　超前预支护方案比选分析

图 7-46 是以计算模型中间 $y=15m$ 断面为监测断面,隧道围岩拱顶在两种超前预支护方式下随开挖步数的拱顶沉降变形。

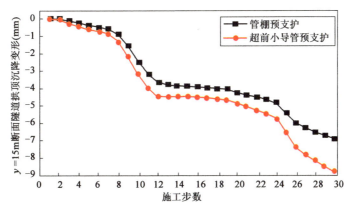

图 7-46　两种超前预支护方法下隧道 $y=15m$ 断面拱顶沉降变形对比

从图 7-46 可以看出,在两种超前预支护方法下,隧道在 $y=15m$ 断面处的拱顶沉降随着施工的进行而不断增加,并且在管棚预支护方式下拱顶沉降小于超前小导管预支护方式下拱顶沉降,说明管棚预支护更有利于控制围岩的稳定。由此拱顶沉降变形规律可以推断出各个断面拱顶在施工过程中具有相同沉降变形规律,为类似隧道工程预测拱顶沉降提供了依据。

通过 MIDAS-GTS 对两种超前预支护方案的计算和分析,下面以表格的形式来对比分析两种超前预支护方案下隧道围岩的沉降、隆起、收敛变形以及围岩塑性区特征,对比结果见表 7-18、表 7-19。

沉降及收敛变形对比分析　　　　　　　　　　表 7-18

对 比 项		预支护方式	
		超前小导管	管棚
沉降变形	沉降（mm）	11.33	8.64
	隆起（mm）	4.28	3.57
周边收敛变形（mm）		3.84	2.52

围岩塑性区特征对比分析　　　　　　　　　　表 7-19

预支护方式	位　　　置					
	左拱腰(m)	右拱腰(m)	左拱脚(m)	右拱脚(m)	左拱肩(m)	右拱肩(m)
超前小导管	3.56	3.86	5.81	5.72	4.83	4.75
管棚	2.56	2.85	4.85	4.79	3.81	3.72

从表 7-18 的对比中可以看出管棚超前支护对控制拱顶围岩的沉降、拱底围岩的隆起以及周边收敛变形更有利，与超前小导管预支护相比，沉降变形可减小 24% 左右，收敛变形可减小 34% 左右，采用管棚超前预支护比超前小导管预支护围岩变形降低非常明显。塑性区的大小反映着围岩稳定的状况，从塑性区云图 7-39 和图 7-45 以及表 7-19 可以看出采用管棚预支护比超前小导管预支护塑性区特征数值减小了，说明开挖对围岩扰动减少，所以采用管棚超前预支护更有利于保护围岩的稳定性。综合考虑 2 号溶洞段隧道围岩的特征以及管棚在支护效果、施工、注浆等方面的优点，因此确定 2 号高压富水溶洞段隧道采用管棚进行超前预支护。

7.4　超前帷幕注浆工艺和注浆效果检测

7.4.1　注浆参数设计

1）止浆墙设计

超前帷幕注浆的止浆墙可以抵抗注浆压力，防止注浆过程中出现漏浆、跑浆，同时止浆墙还可以固定孔口管，减少注浆过程中孔口管安装时间，加快施工进度。按照表 7-20 进行止浆墙厚度取值。

铁路工程止浆墙厚度经验选取表　　　　　　　　　　表 7-20

参　数　值		帷幕注浆加固圈厚度(m)			
		2	3	5	8
止浆墙厚度(m)	平导	—	0.8~1.0	1.0~2.0	—
	正洞	—	—	1.5~2.0	2.0~3.0

帷幕注浆厚度取 5m，对照表 7-20 中的数值，故选取止浆墙厚度为 2m。

2）纵向注浆长度

超前帷幕注浆纵向注浆长度与注浆地层的地质条件、钻机能力、注浆工艺等因素有关。地层条件的好坏直接影响注浆效果;钻机能力越差,钻孔距离越长,钻孔内的岩粉越难排出,注浆效果难以保证,此时注浆长度应该缩短;大量的超前帷幕注浆工程实践发现注浆存在"楔形效应",注浆距离越远,注浆效果越差,所以,纵向注浆长度应该取合理的范围。可通过以下几种方法确定纵向注浆长度。

(1) 工程类比法

根据目前国内外相关工程机械的技术水平,结合圆梁山隧道施工经验,纵向注浆长度每循环宜选择 20~30m。

(2) 经验公式计算

为了保证隧道掌子面的稳定,在一环注浆结束后应预留一定距离的岩盘作为下一循环注浆的止浆岩盘。一般情况下,开挖长度、纵向注浆长度以及预留长度之间的关系如图 7-47 所示。

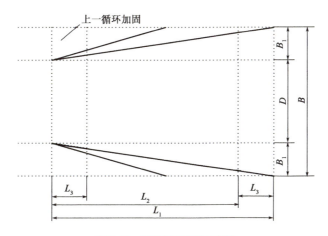

图 7-47　注浆加固范围示意图

超前帷幕注浆预留长度和纵向开挖长度可按经验公式进行计算确定。

$$L_2 = (0.7 \sim 0.8)L_1 \tag{7-7}$$

$$L_3 = (0.2 \sim 0.3)L_1 \tag{7-8}$$

式中:L_1——每循环注浆长度(m);

L_2——注浆开挖长度(m);

L_3——预留长度(m)。

隧道施工中,每循环开挖 20m,通过计算可得,溶洞段超前帷幕注浆长度取 25m。

7.4.2　注浆工艺试验

1) 试验设计

帷幕注浆加固圈设计为隧道开挖轮廓线外 5m,注浆材料为普通水泥、快硬硫铝酸盐水泥、超细水泥及水玻璃。注浆浆液分为普通水泥单液浆、普通水泥—水玻璃双液浆、快硬硫铝酸盐水泥—水玻璃双液浆、超细水泥单液浆、超细水泥—水玻璃双液浆,注浆方式采用分段前进式注浆方式,分段长度 3~5m,浆液扩散半径 2m。

2)试验准备

结合 2 号溶洞前期注浆效果情况,对卡钻较多、个别孔位出现串浆漏浆、注浆压力不上升、注浆效果不佳等现象,进行注浆参数和工艺优化。

现场需 XG-HZJ=80B 制浆站 1 座,KBY90/15-22 双液注浆机 10 台,优博林钻孔机 2 台。注浆及管棚施工所需的机具人员配置齐全,所有注浆材料提前准备到位,如图 7-48 所示。

a)洞内制浆站

b)制浆压浆机

c)注浆流量仪

d)注浆孔位

图 7-48 试验准备

施工技术准备工作:注浆施工前选择注浆材料及浆液配合比。注浆前根据方案进行了浆液配合比试验工作,测定浆液胶凝时间、密度及结石率等参数。

3)注浆试验

根据注浆要求在注浆开始前需进行注浆试验。对 21、104、28 共 3 个孔进行注浆试验,试验孔号分布如图 7-49 所示,注浆现场如图 7-50 所示。

(1)21 号孔,采用普通水泥单液浆,水灰比 1:1,共注浆 14.3m^3,压力达到 0.8MPa,封孔。暂停 6h 后,重新进行扫孔开始注超细水泥+水玻璃双液浆,调整水灰比为 0.8:1,共注浆 10.6m^3,压力达到 2.1MPa,停止注浆,封孔。暂停 3h 后,再次扫孔注浆,共注浆 7.1m^3,压力达到 2.8MPa,停止注浆,稳压 5min。

(2)104 号孔,采用普通水泥单液浆,水灰比 1:1,共注浆 16.5m^3,压力达到 1.1MPa。发现浆液从 94 号孔渗出,94 号孔与 104 号孔直线相距 120cm,因串浆停止注浆,封孔。暂停 6h 后,再次扫孔改注超细水泥+水玻璃双液浆,水灰比 0.8:1,共注浆 10.7m^3,压力达到 2.7MPa,停止注浆,稳压 5min。

(3)28 号孔,采用普通水泥单液浆,水灰比 1:1,注浆过程严格控制注浆速度不大于 5m^3/h,

共注浆 11.4m³,压力达到 1.7MPa,停止注浆,封孔。暂停 8h 后,重新进行扫孔开始注普通水泥单液浆,调整水灰比为 0.8∶1,共注浆 10.3m³,压力达到 2.0MPa,由于压力无法达到设计值 2~3MPa 之间,停止注浆,封孔。暂停 7h 后,再次扫孔改注超细水泥+水玻璃双液浆(水灰比为 0.8∶1),共注浆 7.5m³,压力达到 2.8MPa,停止注浆,稳压 5min。

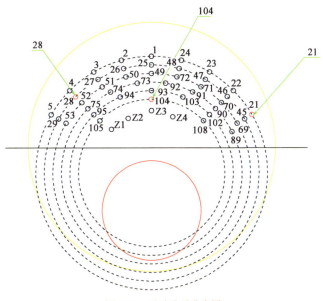

图 7-49　试验孔号分布图
注:图中数字为试验孔号。

a)注浆扫孔

b)注浆打孔

图 7-50　注浆现场

根据 3 孔注浆试验情况,基本确定了注浆量、浆液配合比、凝结时间、注浆终压等参数,试验得到以下结论。

(1)进行单液浆施工,发现 6-1 号和 6-2 号泄水支洞严重漏浆,压力不上升,通过试验需多次扫孔以双液浆方式效果较好。双液浆注浆压力上升明显,仍有串浆现象。根据溶洞充填情况和浆液串浆情况,浆液进入溶洞不是均匀扩散,很可能通过裂隙、岩溶管道或淤泥体内劈裂缝隙扩散较远。超细水泥—水玻璃双液浆,水灰比 0.8∶1 比较合适;普通水泥—水玻璃双液浆,水灰比宜选择 0.8∶1。

（2）单孔注浆量比较大，开始注浆压力上升不明显，无法达到预期注浆效果，后期通过改变注浆方式，注浆压力上升，超细水泥扩散非常均匀。

7.4.3 超前帷幕注浆方案及工艺

1）超前帷幕注浆方案

新圆梁山隧道所处2号溶洞地质段采取YDK340+285~YDK340+330只施作右侧半断面帷幕注浆，YDK340+330~YDK340+405施作全断面帷幕注浆。

其中帷幕注浆孔按6环设置，注浆开孔孔径不小于108mm，终孔直径不小于90mm，各孔间距40cm，终孔间距不大于3m，每端注浆长度25m，搭接长度5m，设置2m厚止浆墙，设置注浆孔108个，注浆完成后施钻8孔检测孔，检查注浆效果。注浆参数见表7-21。

注 浆 参 数 表　　　　　　　　　表7-21

序　号	参 数 名 称	正　洞
1	加固范围	隧道开挖轮廓线外5m范围
2	扩散半径(m)	2
3	注浆压力(MPa)	2.0~3.0
4	注浆速度(L/min)	5~110
5	围岩孔隙率	破碎围岩:10%~20%;溶腔充填物:20%~50%
6	浆液充填系数	0.8以上
7	浆液损耗系数	0.2~0.3

2号溶洞内充填物主要为粉细砂，充填物颗粒小、透水路径多，常规注浆材料难以进入，使得钻孔注浆施工极其困难，并且在高水压下泥沙大量涌出，极易发生涌水涌砂。综合考虑决定，注浆材料以超细水泥—水玻璃双液浆为主、普通水泥—水玻璃双液浆为辅进行注浆。普通水泥—水玻璃双液浆配合比为水:水泥=0.8:1，超细水泥—水玻璃双液浆配合比为水:水泥=0.8:1，胶凝时间为5h。双液浆配合比为水泥浆:水玻璃=1:0.5，水玻璃浓度为40波美度(°Be′)，胶凝时间35s。

2）注浆顺序

注浆顺序按"由外到内、由上到下、间隔跳孔"的原则进行，以达到控制注浆，挤密加固的目的。

3）钻孔注浆工艺

（1）先用钻机钻孔，孔直径为130mm，孔深1.8m，在孔内安设并固结ϕ108mm、长2m的孔口管。

（2）利用孔口管钻设ϕ90mm注浆孔，当钻孔深度达到5m时开始进行注浆作业。

（3）钻孔注浆方式采取前进式分段注浆，注浆分段长度3~5m，即每钻进3~5m，注浆一次。注浆结束后再钻3~5m深进行注浆。依次循环，直至结束该孔注浆。

（4）钻孔过程中遇到突水、涌泥时应立即停止钻孔进行注浆。

超前帷幕注浆断面设计如图7-51所示，超前帷幕注浆工艺流程如图7-52所示。

第 7 章 溶洞段隧道超前预加固技术研究

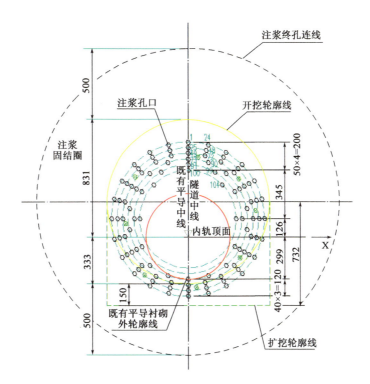

a)开孔布置图(尺寸单位：cm)

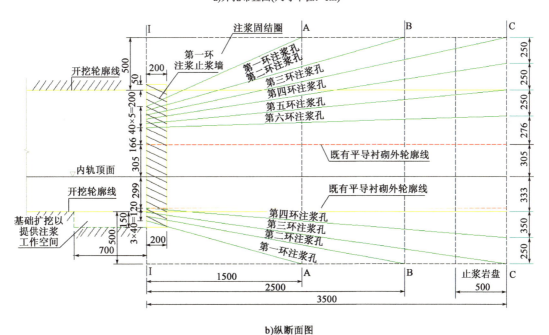

b)纵断面图

图 7-51 超前帷幕注浆断面设计图(尺寸单位:cm)

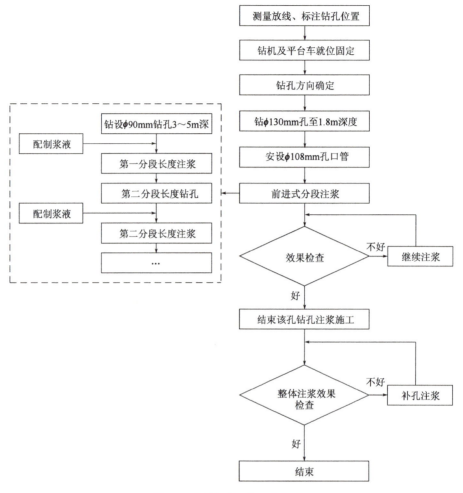

图 7-52 超前帷幕注浆工艺流程图

4）注浆结束标准

（1）单孔注浆结束标准

在超前帷幕注浆过程中，压力逐渐上升，流量逐渐下降。当注浆压力达到设计终孔压力时，即可结束该孔注浆。

（2）全段注浆结束标准

当所有注浆孔均已经达到注浆结束标准并无漏注现象，可以结束全段注浆，或按总注浆孔的 5%~10% 设计检查孔，检查孔满足设计要求时，可以结束全段注浆。

7.4.4 超前帷幕注浆效果现场检验

1）围岩松动圈测试

对于需要进行注浆堵水和加固的岩溶发育区和围岩破碎带，为了检验帷幕注浆是否达到堵水和加固目的，其注浆堵水效果和加固范围可以间接地根据围岩松动圈的厚度进行检验。

因此,为了确定和验证帷幕注浆效果,在隧道开挖后现场进行了围岩松动圈测试,测试结果见表 7-22。

围岩松动圈测试结果　　　　　　　　表 7-22

段　落	检测位置	围岩情况		松动圈厚度(m)	
		围岩级别	围岩特点	检测数据	平均值
未注浆段	YDK334+885	Ⅳ	裂隙发育	1.03~1.53	1.35
	YDK335+715	Ⅳ	裂隙较发育	1.05~1.66	1.27
	YDK336+350	Ⅲ~Ⅳ	裂隙一般发育	0.88~1.13	1.00
注浆段	YDK340+355	Ⅴ	裂隙较发育	0.90~1.17	1.04
	YDK340+375	Ⅴ	裂隙较发育	0.87~1.29	1.02

由表 7-22 可知,在隧道开挖后围岩中围岩的松动圈厚度最大能够达到 1.66m,这主要是在裂隙较发育的Ⅳ级围岩段中。据此,可以推算裂隙较发育的Ⅴ级围岩段的围岩松动圈厚度应该超过 1.66m。注浆后的裂隙较发育的Ⅴ级围岩段围岩松动圈厚度约为 1m,这和Ⅳ级围岩段松动圈在未注浆之前的厚度是一样的,这也同时说明采用 5m 注浆加固圈加固后的裂隙比发育较严重的Ⅴ级围岩段的围岩等级提高了一个级别。如果把计算准则定为裂隙较发育段Ⅳ级围岩的松动圈在未注浆前的厚度测试结果的最大值,其最大值的 3 倍能够和 5m 的加固圈相一致。因此,对于需要注浆堵水的裂隙较发育的Ⅴ级围岩段,注浆加固圈厚度应至少按其围岩松动圈厚度的 3 倍计算。通过对围岩松动圈厚度的检测和分析,可以看出其结果与数值模拟结果基本相同。

2)径向检查孔

隧道各帷幕注浆段完成平导扩挖和支护施工后,在施作系统锚杆($L=3.5m$)和锁脚锚杆($L=4.0m$)施工过程中,钻孔均未出水。同时在 2 号溶洞段选取了 YDK340+295 和 YDK340+325 作为检测断面,每个断面布设了 3 个径向检查孔,分别位于隧道断面的拱腰和左右拱顶处,每个检查孔的深度为 5m,利用钻机钻至设计孔深,发现 3 个检查孔均未出水,这也能够表明在 2 号溶洞段把围岩注浆厚度定为 5m 能够达到堵水的效果。

图 7-53 为 2 号溶洞注浆后孔内摄像图,从孔内摄像看出注浆效果良好。另外,2 号溶洞平导内安装 2 个水压表,监测水压为 0.15~0.2MPa。

3)注浆后渗水情况监测

为了确定帷幕注浆后隧道渗水情况,在 2 号溶洞段隧道分 3 个区间进行渗水量监测,监测结果见表 7-23。

渗水监测结果　　　　　　　　表 7-23

监测区间	YDK340+285~YDK340+295	YDK340+295~YDK340+330	YDK340+330~YDK340+405
区间内最大单点渗水量(L/min)	1.13	1.20	1.32
区间内各点渗水量之和(L/min)	2.05	2.33	2.46

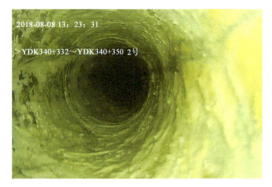 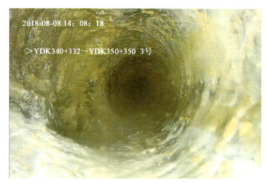

a)新圆梁山隧道YDK340+332截面孔内摄像

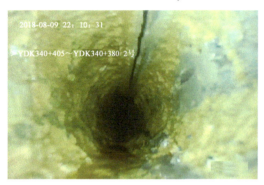 

b)新圆梁山隧道YDK340+405截面孔内摄像

图7-53　部分断面孔内摄像

由表7-23中监测的数据可以看出,帷幕注浆堵水后实际渗水量均小于设计规定单孔渗水量10L/min,说明2号溶洞段隧道帷幕注浆堵水达到了设计要求和预期效果,满足隧道开挖期间渗水量的要求。

4)涌水量对比

帷幕注浆施工过程中,钻孔的涌水量总体呈现出减少趋势,如图7-54所示。由此可知,溶腔总体注浆效果非常明显,并且注浆效果随着注浆的进行不断提高。

a)注浆前　　　　　　　　　　　　　　b)注浆后

图7-54　注浆前后涌水量对比

5）检查孔取心法

溶腔帷幕注浆后，钻心检查孔应该成孔完整，不能有涌砂、涌泥现象，流水量应该小于 0.1L/m·min，检查孔放置 1h 后，也不得发生上述现象，否则，应进行补孔注浆或调整帷幕注浆设计。检查孔取心率应达到 70% 以上，岩心强度应达到 0.2MPa 以上。根据检查孔取心可判断注浆参数效果良好，如图 7-55 所示。

a)取心(1)　　　　　　　　　　　　b)取心(2)

图 7-55　检查孔取心

7.5　本章小结

通过对 2 号溶洞段隧道超前预加固方案的研究，可以得出如下结论：

（1）针对新圆梁山隧道为既有平导扩挖施工，并穿越高压、富水充填 2 号溶洞，施工难度大，风险高。通过对冻结法、帷幕注浆法、管幕法、水平旋喷法 4 种预加固工法进行对比分析，结合既有圆梁山隧道施工经验，新圆梁山隧道穿越 2 号溶洞段预加固工法采用"帷幕注浆法"进行加固可以确保施工安全。

（2）在既有平导扩挖揭穿溶腔情况下，隧道轮廓外 5m 范围的帷幕注浆抗水压能力大于 0.1MPa，能够满足设计要求，而且在隧道轮廓 5m 外增大帷幕注浆的范围时，注浆结实体的抗水压能力增量不大，综合考虑到帷幕注浆的经济性和安全性，应该采用隧道轮廓外 5m 范围的帷幕注浆。

（3）根据隧道轮廓外 5m 范围的帷幕注浆情况，发现 4 种液浆的抗水压能力均大于 0.1MPa，且均能够满足设计堵水抗压要求，施工现场可根据需要选择不同的注浆材料进行帷幕注浆堵水施工。

（4）即使在无围岩存在情况下，隧道施作二次衬砌后，会使得注浆结实体的抗水压能力显著提高，这主要是因为二次衬砌结构采用的 C40 混凝土的抗拉强度要远大于注浆结实体，所以二次衬砌结构开裂前，注浆结实体内部并无拉破坏发生，注浆结实体承受水压力作用直到被压溃，二次衬砌结构依然完整，直到水压上升至 2.2MPa，二次衬砌结构内部才产生张拉裂隙。

（5）通过不同围岩厚度情况下的复合围岩安全厚度研究，发现注浆结实体厚度不变情况下,围岩厚度越大,注浆体能承受的极限水压值越高,这主要是因为围岩的存在使得注浆圈内部更难发生受拉破坏。在注浆体破坏后,围岩仍然能够承载。当围岩厚度达到 5m 时,注浆体的极限抗水压值达到 0.5MPa,随着围岩厚度的增加,围岩抗水压能力越大,抗水压能力增加的幅度逐渐减小。

(6)在控制拱顶围岩沉降、拱底围岩的隆起以及隧道围岩水平收敛变形等方面,管棚预支护比超前小导管预支护的效果更好;在隧道围岩拱顶沉降变形方面,管棚预支护比超前小导管预支护可减小 24% 左右;在隧道围岩水平收敛变形方面,管棚预支护比超前小导管预支护可减小 34% 左右。综合考虑 2 号溶洞段隧道围岩的特征以及管棚在支护效果、施工、注浆等方面的优点,确定 2 号溶洞段采用管棚进行超前预支护。

(7)通过现场注浆工艺试验,确定了超前帷幕注浆方案和工艺,经过围岩松动圈测试、径向检查孔、渗水情况检测、涌水量对比、钻孔取心等手段检验,确定了溶腔段超前帷幕注浆效果良好,保证了隧道施工期间的安全。

第8章 隧道外水压力作用下衬砌安全性分析

合理地确定衬砌背后水压力及其变化规律对隧道结构设计至关重要。依据无限含水层中井的渗流理论,将深埋高水压隧道渗流模型进行合理化假设来开展研究。采用"堵水限排"设计方案,新圆梁山隧道设计最高水压为3MPa。当隧道排水路径通畅时,衬砌背后不承受水压力,衬砌具有足够的安全储备,若衬砌排水通道发生堵塞,将导致衬砌背后水压力增大。本章对衬砌背后水压力解析解进行研究,在此基础上,开展富水地层隧道衬砌承受全环均匀水压力下的内力和安全性研究,探究不同截面形式、不同衬砌厚度和不同配筋率下衬砌抗水压能力。

8.1 衬砌背后水压力力学模型研究

8.1.1 地下水在孔隙型岩体中的连续性方程

根据质量守恒定律,地下水在孔隙型岩体中的连续性方程为:

$$-\left[\frac{\partial}{\partial x}(\rho v_x) + \frac{\partial}{\partial y}(\rho v_y) + \frac{\partial}{\partial z}(\rho v_z)\right] + W = \frac{\partial}{\partial t}(\rho n) \tag{8-1}$$

式中:ρ——液体密度(kg/m^3);
v_x、v_y、v_z——地下水渗流速度矢量的分量;
　　n——孔隙度;
　　W——汇源流量。

假定1:隧道地下水渗流服从达西(Darcy)定律:

$$\begin{cases} v_x = -k_x J_x = -k_x \dfrac{\partial H}{\partial x} \\ v_y = -k_y J_y = -k_y \dfrac{\partial H}{\partial y} \\ v_z = -k_z J_z = -k_z \dfrac{\partial H}{\partial z} \end{cases} \tag{8-2}$$

式中:k_x、k_y、k_z——X、Y、Z三个方向的渗透系数;

J_x、J_y、J_z——X、Y、Z 三个方向的水力梯度；
　　　　H——水头分布函数。

假定2：不考虑水和岩体骨架的压缩性，并且运动要素不随时间变化（稳定流），即式(8-1)右侧为0。

假定3：没有汇源补给或排泄，即 $W=0$。

假定4：围岩为各向同性介质 $k_x = k_y = k_z$。

将式(8-2)代入式(8-1)得到均质各向同性承压含水层中地下水稳定运动微分方程。

$$\frac{\partial^2 H}{\partial x^2} + \frac{\partial^2 H}{\partial y^2} + \frac{\partial^2 H}{\partial z^2} = 0 \tag{8-3}$$

8.1.2 隧道衬砌水压力的计算

郑波和王建宇研究指出隧道断面形状对衬砌水压力折减系数的影响较小，可以忽略不计，其影响大小主要由衬砌与围岩的渗透系数比值决定，将隧道衬砌假定为圆形，进行轴对称分析与计算，将复杂问题简单化，渗流模型如图 8-1 所示。

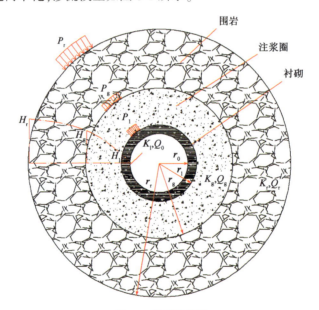

图 8-1　模型示意图

P_r-围岩表面水压力；P_g-注浆圈外表面水压力；P_l-衬砌背后水压力；H_r-远场围岩的稳定水头；H_g-注浆圈外表面水头；l_r-衬砌背后水头；K_r-围岩渗透系数；K_g-注浆圈渗透系数；K_l-衬砌渗透系数；r_r-远场稳定水头处围岩半径；r_g-注浆圈半径；r_l-衬砌外半径；r_0-衬砌内半径；Q_0-隧道排水量

为得到轴对称解，需要在上节基本假定的基础上进一步做出如下理想化假定。

假定5：隧道排水直接由衬砌表面渗出，$Q = \text{const}(r)$，即不同过水断面的流量相等且与断面半径无关，水流流线方向与隧道轴线方向垂直。

假定6：由于地下水头高度相对衬砌厚度较大，衬砌渗透力可约等于作用在衬砌上的表面力，该表面力取该处的孔隙水压力且隧道周围水压力相对隧道轴线呈对称分布。

根据地下水动力学理论进行分析,渗流应满足连续性方程(8-3)。为了进行轴对称求解计算,建立柱坐标系统,以半径方向为 r 轴,轴线方向为 Z 轴。

$$\nabla^2 H = 0 \tag{8-4}$$

$$\frac{1}{r}\frac{\partial}{\partial r}\left(r\frac{\partial H}{\partial r}\right) + \frac{1}{r^2}\frac{\partial^2 H}{\partial \theta^2} + \frac{\partial^2 H}{\partial z^2} = 0 \tag{8-5}$$

水流垂直于 Z 轴,故 $\frac{\partial^2 H}{\partial z^2}=0$,由于该隧道为轴对称结构,则 $\frac{\partial^2 H}{\partial \theta^2}=0$。

$$\frac{\partial}{\partial r}\left(r\frac{\partial H}{\partial r}\right) = 0 \tag{8-6}$$

对上式积分: $\left(r\frac{\partial H}{\partial r}\right)=C$。

根据达西定律,每延米隧道的涌水量如下:

$$Q_0 = 2\pi r K \frac{\partial H}{\partial r} \tag{8-7}$$

$$\mathrm{d}H = \frac{Q_0}{2\pi K}\frac{1}{r}\mathrm{d}r \tag{8-8}$$

两边积分得:

$$\int_{H_1}^{H_2}\mathrm{d}H = \frac{Q_0}{2\pi K}\int_{r_1}^{r_2}\frac{1}{r}\mathrm{d}r \tag{8-9}$$

引入边界条件:

$$r = r_0, H = 0;$$
$$r = r_l, H = H_l;$$
$$r = r_g, H = H_g;$$
$$r = r_r, H = H_r\text{。}$$

得到:

$$\begin{cases} H_l - 0 = \dfrac{Q_0}{2\pi K_l}\ln\left(\dfrac{r_l}{r_0}\right) \\ H_g - H_l = \dfrac{Q_0}{2\pi K_g}\ln\left(\dfrac{r_g}{r_l}\right) \\ H_r - H_g = \dfrac{Q_0}{2\pi K_r}\ln\left(\dfrac{r_r}{r_g}\right) \end{cases} \tag{8-10}$$

由式(8-10)得到每延米隧道排水量:

$$Q_0 = \frac{2\pi H_r K_l}{\ln\dfrac{r_l}{r_0} + \dfrac{K_l}{K_g}\ln\dfrac{r_g}{r_l} + \dfrac{K_l}{K_r}\ln\dfrac{r_r}{r_g}} \tag{8-11}$$

将式(8-11)所得 Q_0 代入式(8-10),隧道衬砌背后的水头为:

$$H_l = \frac{H_r}{\ln\frac{r_l}{r_0} + \frac{K_l}{K_g}\ln\frac{r_g}{r_l} + \frac{K_l}{K_r}\ln\frac{r_r}{r_g}}\ln\frac{r_l}{r_0} \tag{8-12}$$

注浆圈外表面水头:

$$H_g = \frac{H_r\ln\left(\frac{r_l}{r_0}\right)}{\ln\frac{r_l}{r_0} + \frac{K_l}{K_g}\ln\frac{r_g}{r_l} + \frac{K_l}{K_r}\ln\frac{r_r}{r_g}} + \frac{H_r\ln\left(\frac{r_g}{r_l}\right)}{\frac{K_g}{K_l}\ln\frac{r_l}{r_0} + \ln\frac{r_g}{r_l} + \frac{K_g}{K_r}\ln\frac{r_r}{r_g}} \tag{8-13}$$

因此,衬砌背后水压力为:

$$p_l = \gamma_w H_l = \frac{\gamma_w H_r\ln\left(\frac{r_l}{r_0}\right)}{\ln\frac{r_l}{r_0} + \frac{K_l}{K_g}\ln\frac{r_g}{r_l} + \frac{K_l}{K_r}\ln\frac{r_r}{r_g}} \tag{8-14}$$

同样,注浆圈背后水压力为:

$$p_g = \gamma_w H_g = \gamma_w\left[\frac{H_r\ln\left(\frac{r_l}{r_0}\right)}{\ln\frac{r_l}{r_0} + \frac{K_l}{K_g}\ln\frac{r_g}{r_l} + \frac{K_l}{K_r}\ln\frac{r_r}{r_g}} + \frac{H_r\ln\left(\frac{r_g}{r_l}\right)}{\frac{K_g}{K_l}\ln\frac{r_l}{r_0} + \ln\frac{r_g}{r_l} + \frac{K_g}{K_r}\ln\frac{r_r}{r_g}}\right] \tag{8-15}$$

8.2 计算模型及典型衬砌断面形式选取

8.2.1 衬砌背后水压力分布分析

当采取堵水限排措施时,根据隧道水力势的分析可大致画出围岩及隧道的水力势图,如图8-2所示。

根据隧道排水通畅程度的不同,衬砌受力又可以分为两种情况,如图8-3所示。

隧道排水通畅时,衬砌背后纵向排水管将水全部排出,但在仰拱处会承受一定的水压力;当隧道排水系统堵塞时,衬砌中水不能完全排出,衬砌背后水压力满布隧道整个横断面,排水量降低的同时,衬砌背后水压力升高,但隧道排水纵向管处水压力为0。为了计算方便及进行不同工况的比较,假定衬砌背后水压力均匀分布到衬砌背后,根据新圆梁山隧道"堵水限排"设计,衬砌最高水压力取为3MPa。

第 8 章 隧道外水压力作用下衬砌安全性分析

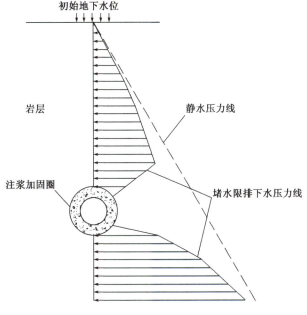

图 8-2 隧道及围岩水力势图

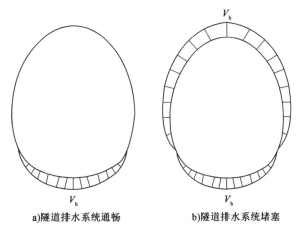

a) 隧道排水系统通畅　　　　b) 隧道排水系统堵塞

图 8-3 隧道水压力分布

8.2.2 衬砌荷载分析

图 8-4 所示为荷载—结构法计算模型,模拟在施作防水板、排水系统全堵塞的情况下,衬砌背后承受均匀静水压力的工况。隧道衬砌为防水式衬砌,高水压隧道其水荷载远大于围岩压力,二次衬砌承担全部围岩压力和水压力,计算考虑结构自重、围岩压力和水压力,各种作用系数为 1,围岩和衬砌荷载用地基弹簧来模拟。

新圆梁山隧道毛坝向斜高压富水段为 V 级围岩,根据《铁路隧道设计规范》(TB 10003—2016)确定围岩荷载和地基承载力。

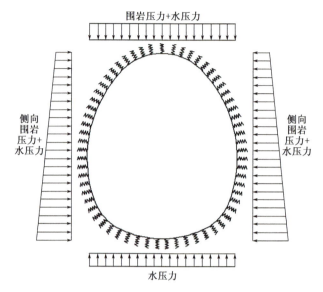

图 8-4 荷载—结构法计算模型

(1) 垂直均布荷载 q 按式(8-16)计算。

$$q = \gamma h \tag{8-16}$$

$$h = 0.45 \times 2^{s-1} \omega \tag{8-17}$$

式中：h——等效荷载高度值(m)；

γ——围岩的重度(kN/m³)；

ω——宽度影响系数，$\omega = 1 + i(B-5)$；

B——坑道宽度(m)；

i——B 每增减 1m 时的围岩压力增减率；当 $B<5$m 时，取 $i=0.2$；当 $B>5$m 时，取 $i=0.1$；

s——围岩级别。

(2) 水平匀布荷载 e 根据《铁路隧道设计规范》(TB 10003—2016)表 D.0.1，取为 $0.4q$。

混凝土采用 C40，重度取 25kN/m³，弹性模量取为 33.5GPa，泊松比为 0.2。计算得到的围岩参数见表 8-1。

围岩参数 表 8-1

参数项	围岩级别	重度 γ (kN/m³)	弹性抗力系数 K (MPa/m)	垂直均布荷载 q (kPa)	水平均布荷载 e (kPa)
参数值	V	18	150	194.4	77.76

8.2.3 单线铁路隧道典型断面

新圆梁山隧道铁路等级为国铁 I 级，设计行车速度为 120km/h，牵引种类为电力牵引，参考规范《铁路隧道设计规范》(TB 10003—2016)附录 A，隧道建筑限界如图 8-5 所示。

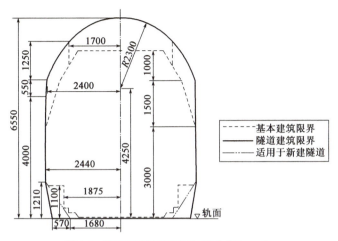

图 8-5 隧道建筑限界示意图(尺寸单位:mm)

针对隧道建筑限界,参照新圆梁山隧道的工程地质情况和前人研究结果对隧道断面进行研究,共比较 6 种断面形式,其中 a 型衬砌和 b 型衬砌的上半断面与新圆梁山隧道衬砌设计相同,对仰拱深度和仰拱形式进行比较分析,a-2 型和 c 型为新圆梁山隧道采用的衬砌形式,6 种衬砌形式如图 8-6 所示。

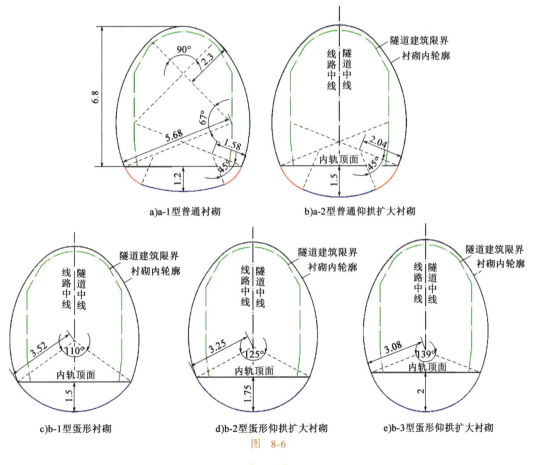

图 8-6

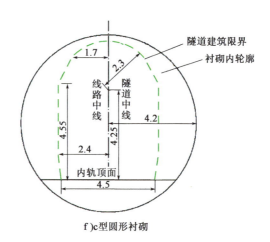

f) c型圆形衬砌

图8-6 衬砌结构形式(尺寸单位:m)

研究普通、蛋形、圆形3种衬砌形式的受力特点和安全系数,并研究仰拱扩大对隧道安全系数的影响。

一般水压力小于0.25MPa时,为低水压;高于0.5MPa时,为高水压;介于两者之间为中水压。水压力计算范围为1.25~3.0MPa,以0.25MPa的梯度增加。

8.2.4 计算模型和网格划分

计算采用MIDAS-GTS来模拟,模型中衬砌用梁单元模拟,衬砌与围岩之间采用仅受压的曲面弹簧模拟,用荷载—结构法进行计算。计算中a-1型、a-2型、b-1型、b-2型、b-3型、c型衬砌分别被划分为54、58、54、56、58、60个单元,单元按照+Y、+X方向进行排序,其中隧道左侧衬砌为奇数单元,偶数单元位于隧道右半衬砌,如图8-7所示。其中1、2单元为拱底,3~12单元为隧道仰拱,13~20单元为拱脚,21~48单元为拱腰,48~60单元为拱顶。

8.3 不同水压力下衬砌内力分析

8.3.1 计算工况

本节对衬砌在水压力作用下的内力变化进行研究,对衬砌的内力进行分析可为了解衬砌在水压力作用下的破坏机理和抗水压衬砌的设计提供思路。本节对a-1型、b-1型和c型断面衬砌在0MPa、0.25MPa、0.5MPa、0.75MPa、1.25MPa水压力下的衬砌内力进行研究,着重对衬砌拱底、拱脚、拱腰、拱顶等部位进行分析,具体工况见表8-2。

水压力作用下衬砌内力计算分析工况　　　　表8-2

断面形式	衬砌厚度(cm)	水压力(MPa)
a-1、b-1、c	60	0、0.25、0.5、0.75、1.0、1.25

a-1、b-1、c 3 种衬砌形式截面网格划分如图 8-7 所示。

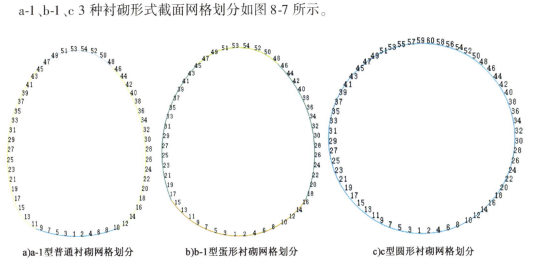

a)a-1型普通衬砌网格划分   b)b-1型蛋形衬砌网格划分   c)c型圆形衬砌网格划分

图 8-7 3 种衬砌形式网格划分

8.3.2 力的分布及变化规律

部分衬砌在不同水压力作用下的受力计算结果如图 8-8 ~ 图 8-10 所示。

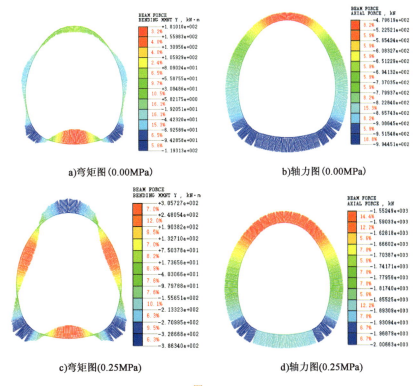

a)弯矩图(0.00MPa)   b)轴力图(0.00MPa)

c)弯矩图(0.25MPa)   d)轴力图(0.25MPa)

图 8-8

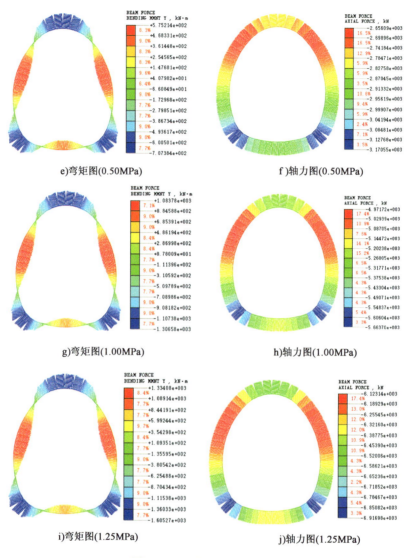

e) 弯矩图(0.50MPa)　　　　　f) 轴力图(0.50MPa)

g) 弯矩图(1.00MPa)　　　　　h) 轴力图(1.00MPa)

i) 弯矩图(1.25MPa)　　　　　j) 轴力图(1.25MPa)

图 8-8　a-1 型普通衬砌受力图

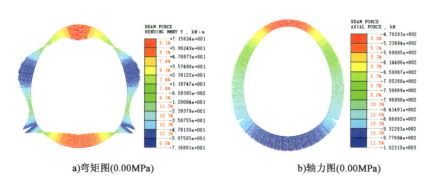

a) 弯矩图(0.00MPa)　　　　　b) 轴力图(0.00MPa)

图 8-9

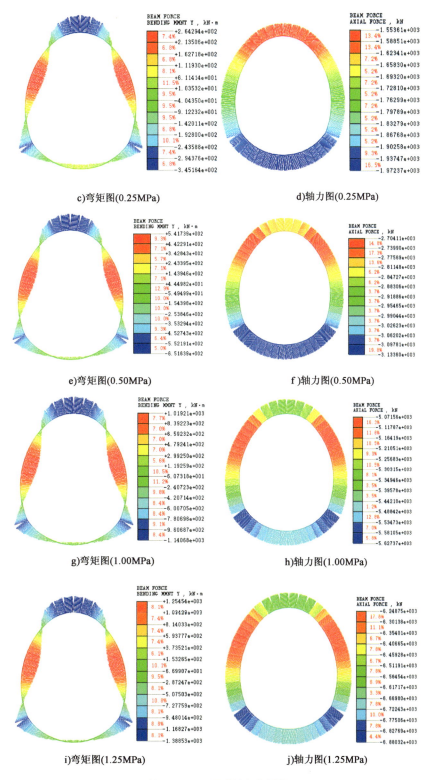

图8-9 b-1型蛋形衬砌受力图

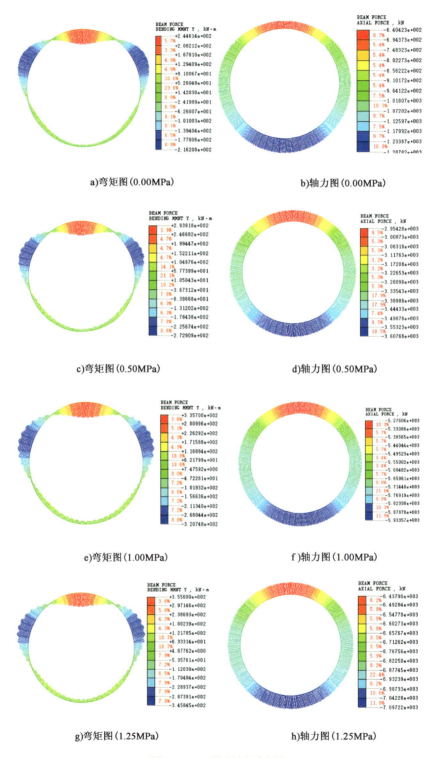

图 8-10　c 型圆形衬砌受力图

从图 8-8~图 8-10 中可以看出：衬砌在水压力的作用下受力发生变化，在水压力大于 0.25MPa 时，隧道弯矩的分布形式变化不大；a-1 型和 b-1 型衬砌弯矩的分布形式相差不大，弯矩极值主要出现在拱顶、拱腰、拱脚处。比较图 8-8 和图 8-9，在水压力作用下，衬砌始终承受压力，轴力的分布形式在发生变化。在不同水压力下，a-1 型衬砌和 b-1 型衬砌的轴力分布类似，两种衬砌轴力的极值都是从拱顶和拱底向拱腰和拱脚转移：当水压力大于 0.25MPa 时，轴力最大值始终位于拱脚处，轴力最小值由拱顶向拱腰转移，且水压力越高，轴力最小值越往下偏移。从图 8-10 可看出，c 型衬砌在水压力作用下弯矩的极值一直分布在拱顶和拱腰上，轴力极值一直分布在拱顶和拱底，这是圆形衬砌特殊的"稳定性"。

8.3.3 轴力分析

选择轴力变化趋势最大点进行研究。经上节分析已知，高水压下 a-1 型衬砌和 b-1 型衬砌的轴力最值点位于拱腰和拱脚，其中拱腰处为压力最小值点，拱脚处为压力最大值点。在进行隧道轴力分析时，可以假定这些内力较大的部位破坏，研究这些部位的内力变化情况。基于对称性，选择单侧进行研究，a-1 型和 b-1 型衬砌都选择拱腰和拱脚 2 个点，c 型衬砌选择拱顶和拱底 2 个点进行研究，共计 6 个点。

参考图 8-7，其中以 13 和 37 单元作为 a-1 型衬砌的拱脚和拱腰分析单元；b-1 型衬砌选取 15 和 37 单元来分析衬砌拱脚和拱腰轴力的变化；c 型衬砌选取 1 和 59 单元分析拱底和拱顶轴力的变化。

得到的轴力和水压力关系曲线，如图 8-11 所示。

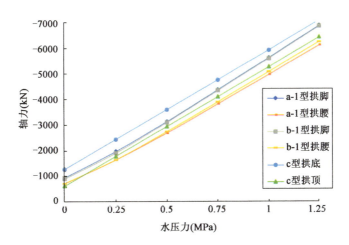

图 8-11 衬砌轴力和水压力关系曲线

从图 8-11 中可以看出，衬砌混凝土始终处于受压状态，隧道衬砌轴力与水压力基本呈线性关系，不同衬砌形式及不同位置的轴力相互之间大致呈平行关系。同一水压力作用下衬砌轴力大小排序：c 型拱底 > a-1 型和 b-1 型拱脚 > c 型拱顶 > a-1 型和 b-1 型拱腰，圆形衬砌拱底的轴力值大于其他形式的衬砌，a-1 型和 b-1 型的拱脚和拱腰轴力相差不大。a-1 型拱腰和 b-1 型拱腰处轴力相差不到 100kN，a-1 型拱脚和 b-1 型拱脚处轴力相差也不到 100kN。c 型的

轴力线性函数为 $y = -4647.8x - 1283.3$。衬砌各部位轴力在水压力作用下,变化率相差不大的,每增加 1.0MPa 水压力,衬砌轴力增加约 4600kN。

8.3.4 弯矩分析

同轴力分析一样,对弯矩变化大的点进行研究。从图 8-8g)和图 8-9g)中可看出,a-1 型和 b-1 型衬砌弯矩极值点位于拱顶、拱腰和拱脚,从图 8-10g)中可看出圆形衬砌弯矩极值点在拱顶和拱腰处,共对 8 个点进行研究。

参考图 8-7,a-1 型拱脚、拱腰、拱顶用 13、31、53 单元来研究;b-1 型拱脚、拱腰、拱顶以 15、31、53 单元作为分析单元;c 型衬砌选取 35 和 59 单元分析拱腰和拱顶弯矩的变化。

得到的弯矩与水压力关系曲线,如图 8-12 所示。

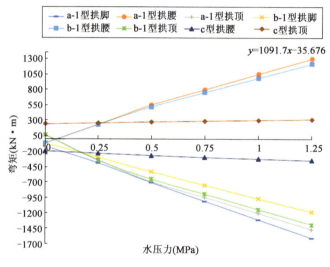

图 8-12 衬砌弯矩和水压力关系曲线

从图 8-12 可知,衬砌弯矩与水压力大致线性相关,同轴力不同的是,衬砌弯矩随水压力变化的快慢不同。高水压下正弯矩排序:a-1 型拱腰>b-1 型拱腰>c 型拱顶;负弯矩排序:a-1 型拱脚>a-1 型拱顶>b-1 型拱顶>b-1 型拱脚>c 型拱腰。另一方面,有些部位如 a-1 型拱顶、a-1 型拱腰、b-1 型拱顶、b-1 型拱腰在低水压情况下发生了弯矩符号的改变,这与衬砌轴力始终受压的情况是不同的;a-1 型和 b-1 型在拱顶和拱腰处弯矩相差不大,b-1 型拱脚处弯矩小于 a-1 型,表明蛋形衬砌能减小拱脚处衬砌弯矩;圆形衬砌在高水压情况下,虽然衬砌弯矩也在水压力的作用下逐渐增大,但其增加的幅度极小,弯矩值远小于其他衬砌,线性分析得到 c 型衬砌拱顶的线性回归方程为 $y = 59.337x + 244.98$,a-1 型衬砌拱腰的线性回归方程为 $y = 1091.7x - 35.676$,变化率相差达到 18 倍。

结合 8.3.3 节可知,同等高水压情况下,圆形衬砌轴力大于其他形式的衬砌,而弯矩远小于其他形式的衬砌,衬砌偏心距小,很难发生偏心受拉破坏,圆形衬砌在高水压情况下极大可能发生轴力作用下的混凝土受压破坏。

8.4 衬砌厚度对结构受力的影响

8.4.1 计算工况

前节对衬砌厚度60cm情况下的不同衬砌形式在水压力下衬砌内力特点进行分析,通过改变衬砌厚度,分析隧道内力变化,能给隧道衬砌设计提供参考。根据图8-8和图8-9和对衬砌内力的分析可知a-1型衬砌和b-1型衬砌受力相似,因此,本节对a-1型、c型两种衬砌形式进行研究,研究a-1型、c型两种衬砌在水压0MPa、0.25MPa、0.5MPa、0.75MPa、1.0MPa、1.25MPa、2.0MPa、3.0MPa下,衬砌受力随衬砌厚度的变化特征,所取典型分析单元与8.3节相同,具体计算工况,见表8-3。

衬砌厚度对结构受力影响工况　　　　表8-3

断面类型	衬砌厚度(cm)	水压力(MPa)
a-1型、c型	40、60、80、100、120	0、0.25、0.5、0.75、1.0、1.25、2.0、3.0

8.4.2 a-1型衬砌轴力分析

1)轴力的分布及变化规律初探

图8-13列出了a-1型衬砌在0.00MPa、0.25MPa、0.50MPa、1.00MPa、2.00MPa、3.00MPa水压力作用下,衬砌厚度为40cm和120cm时的数值分析结果。

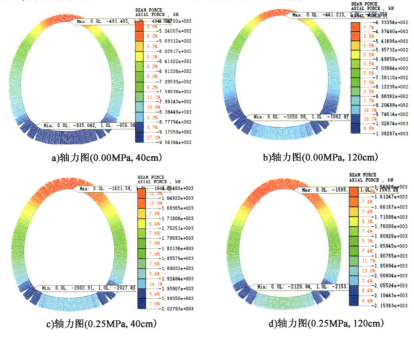

a)轴力图(0.00MPa, 40cm)　　　b)轴力图(0.00MPa, 120cm)

c)轴力图(0.25MPa, 40cm)　　　d)轴力图(0.25MPa, 120cm)

图 8-13

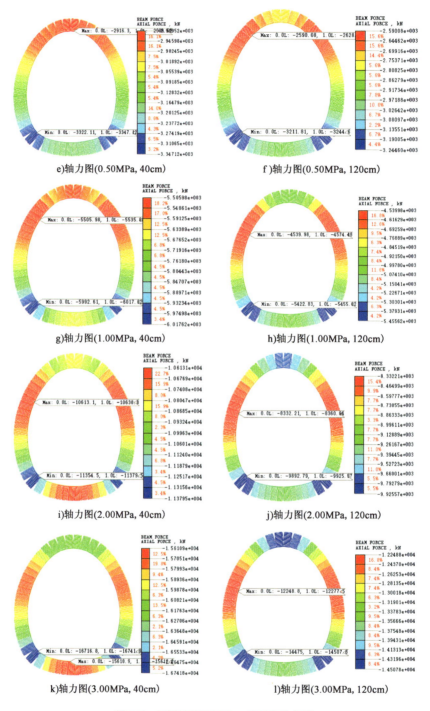

图 8-13　不同衬砌厚度下 a-1 型衬砌轴力图

从图 8-13 中可看出衬砌在水压力的作用下,轴力(忽略负号)最大值始终处于拱脚处,水压力作用下轴力最小值发生从拱顶→拱腰→拱底的位置转换。在中低水压情况下,衬砌拱顶处轴力最小,在极高水压下,拱底为轴力最小值,当 40cm 衬砌承受 3.0MPa 水压力时,拱底处轴力为 15610kN,为衬砌轴力最小值。

2) 轴力随衬砌厚度变化研究

从图 8-13 中可看出,在水压力 0.5~3.0MPa 下,轴力最值位于拱腰和拱脚处,对拱腰(37单元)和拱脚(13 单元)进行研究。轴力与衬砌厚度的关系曲线如图 8-14 所示。

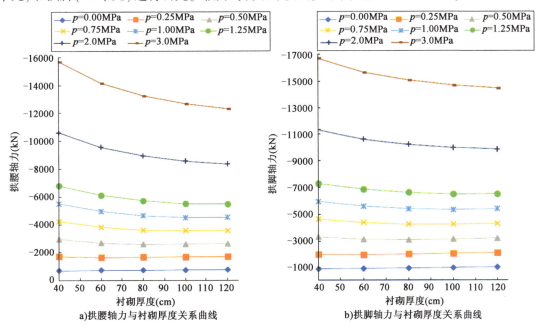

图 8-14　不同水压力下拱腰和拱脚轴力与衬砌厚度关系曲线

从图 8-14a)和 8-14b)可看出:隧道轴力与衬砌厚度的关系与衬砌承受的水压力有关,在小于 0.5MPa 水压力时,衬砌厚度增加并不能减小衬砌轴力,甚至衬砌的轴力还有所增大;当衬砌背后水压力大于 0.5MPa 时,随着衬砌厚度的增加衬砌轴力有所减小,其减小幅度与水压力大小有关,水压力越大其轴力减小幅度越大。衬砌厚度从 40cm 增加到 120cm,其轴力计算结果,见表 8-4。

衬砌(厚度 0.4m 和 1.2m)轴力计算结果　　　　表 8-4

水压力 p (MPa)	拱　腰		$N_{0.4}/N_{1.2}$ (%)	拱　脚		$N_{0.4}/N_{1.2}$ (%)
	$N_{0.4}$(kN)	$N_{1.2}$(kN)		$N_{0.4}$(kN)	$N_{1.2}$(kN)	
0.0	-713	-766	107.42	-918	-1050	114.44
0.25	-1728	-1700	98.39	-2003	-2121	105.89
0.5	-2982	-2643	88.65	-3322	-3212	96.68
0.75	-4246	-3591	84.57	-4652	-4314	92.73
1.0	-5519	-4540	82.26	-5993	-5423	90.49
1.25	-6793	-5490	80.83	-7333	-6536	89.12
2.0	-10613	-8359	78.76	-11354	-9892	87.12
3.0	-15706	-12329	78.50	-16716	-14475	86.59

从表 8-4 可看出,在低水压情况下,衬砌厚度的增加并不能减小拱脚处的轴力,还会造成衬砌轴力的增加,在高水压情况下,增加衬砌厚度确实能减小隧道轴力,但减小程度有限。在 3MPa 水压力下,衬砌由 40cm 增大到 120cm,拱脚轴力仅仅减小了 13.41%,拱腰处轴力减小幅度大于拱脚,但其轴力也仅减小了 21.5%,因此,通过增加衬砌厚度,减小隧道轴力是不可行的。

8.4.3　a-1 型衬砌弯矩分析

1) 弯矩的分布及变化规律

对衬砌拱顶、拱腰和拱脚在 0.00MPa、0.25MPa、0.50MPa、1.00MPa、2.00MPa、3.00MPa 水压力作用下、衬砌厚度为 40cm 和 12cm 时的弯矩进行研究,部分计算结果如图 8-15 所示。

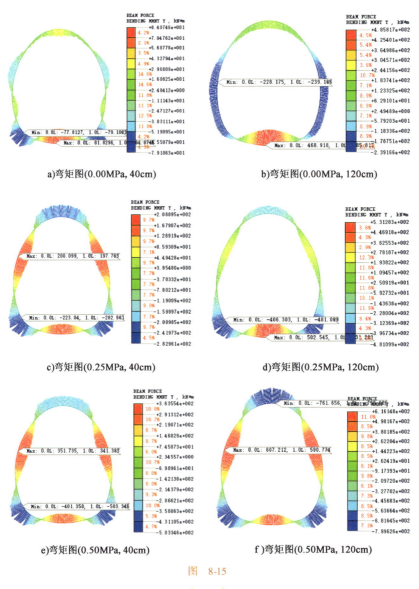

a) 弯矩图(0.00MPa, 40cm)　　　　b) 弯矩图(0.00MPa, 120cm)

c) 弯矩图(0.25MPa, 40cm)　　　　d) 弯矩图(0.25MPa, 120cm)

e) 弯矩图(0.50MPa, 40cm)　　　　f) 弯矩图(0.50MPa, 120cm)

图 8-15

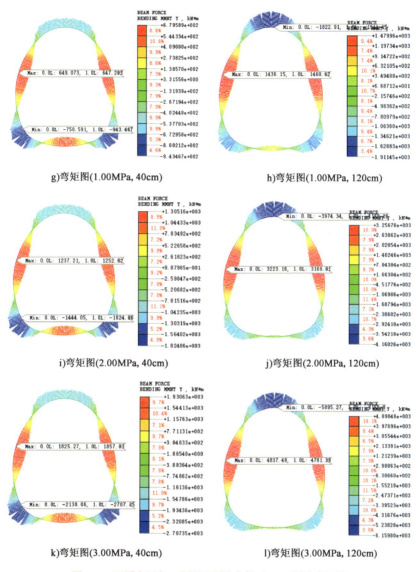

g) 弯矩图(1.00MPa, 40cm)　　h) 弯矩图(1.00MPa, 120cm)

i) 弯矩图(2.00MPa, 40cm)　　j) 弯矩图(2.00MPa, 120cm)

k) 弯矩图(3.00MPa, 40cm)　　l) 弯矩图(3.00MPa, 120cm)

图 8-15　不同水压力、不同衬砌厚度条件下 a-1 型衬砌弯矩图

从图 8-15 中可看出,衬砌的弯矩分布与衬砌承受的水压力有关,在低水压力(0.25MPa 以下)作用下,衬砌最大负弯矩位于拱脚,最大正弯矩的位置与衬砌厚度相关,随着衬砌厚度的增加,最大正弯矩由拱腰转移到拱底。中高水压力作用下,同一衬砌厚度,衬砌弯矩分布形式变化不大,但衬砌弯矩的分布与衬砌厚度有关,薄的衬砌最大正弯矩位于拱腰处,最大负弯矩位于拱脚处,厚的衬砌最大正弯矩同薄衬砌一样位于拱腰处,最大负弯矩却位于拱顶处。因此,薄的衬砌应预防拱脚出现受拉破坏,衬砌越厚,拱顶处负弯矩越大,拱脚不是最危险点,越需要保证拱顶衬砌施工质量,防止拱顶出现偏心受拉破坏。

2) 拱脚处弯矩随衬砌厚度变化分析

对拱脚处(13 单元)的弯矩随衬砌厚度的变化规律进行研究,得到的关系曲线如图 8-16 所示。

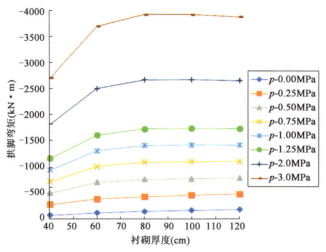

图 8-16　不同水压力下 a-1 型衬砌拱脚弯矩与衬砌厚度关系曲线

从图 8-16 中可看出：衬砌拱脚一直承受负弯矩，拱脚处弯矩在衬砌厚度 40~60cm 时，拱脚弯矩随衬砌厚度的增大而增大，且衬砌承受的水压力越大，拱脚处弯矩的增加幅度越大；在 60~80cm 之间，虽然弯矩还在增大，但弯矩值已经趋于稳定；衬砌厚度大于 80cm 时，增加衬砌厚度对拱脚处弯矩没有影响，甚至在水压力大于 1.0MPa 且衬砌厚度大于 100cm 时，弯矩会减小 0~50kN·m。

3）拱腰处弯矩随衬砌厚度变化分析

对拱腰处(31 单元)的弯矩随衬砌厚度的变化规律进行研究，得到的关系曲线如图 8-17 所示。

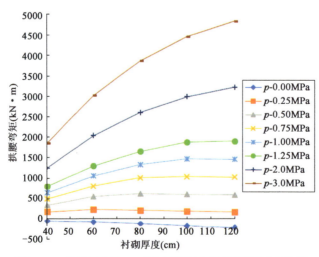

图 8-17　不同水压力下 a-1 型衬砌拱腰弯矩与衬砌厚度关系曲线

由图 8-17 可看出，衬砌拱腰处不承受水压力时，拱腰承受负弯矩，且衬砌越厚，弯矩越大。当承受水压力时，衬砌拱腰处为正弯矩；在承受水压力的情况下，拱腰弯矩先随衬砌厚度的增加而增加，之后弯矩趋向平稳并出现少量减小（水压力 0.25MPa，衬砌厚度 60cm 时，弯矩减小；水压力 0.5MPa，衬砌厚度 80cm 时，弯矩减小；水压力 0.75MPa 和 1.0MPa，衬砌厚度 100cm

时弯矩减小);在极高水压情况下,由于衬砌厚度的限制,拱腰处弯矩一直在增加,严重危害隧道安全。

4) 拱顶处弯矩随衬砌厚度变化分析

对拱顶处(53 单元)的弯矩随衬砌厚度的变化规律进行研究,得到的关系曲线如图 8-18 所示。

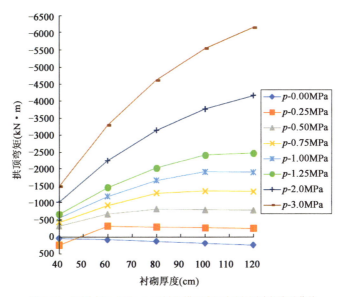

图 8-18　不同水压力下 a-1 型衬砌拱顶弯矩与衬砌厚度关系曲线

比较图 8-17 和图 8-18,尽管拱顶与拱腰弯矩方向不同,拱顶处弯矩随衬砌厚度变化的规律与拱腰极其相似,弯矩都是经历增加→平稳→稍许减小的过程。当水压力小于 1.25MPa、衬砌厚度大于 100cm 时,弯矩已经平稳。对图 8-17 和图 8-18 进行比较还可以发现,拱顶处弯矩大于拱腰。

8.4.4　c 型衬砌计算结果分析

1) 轴力分析

c 型衬砌在 0.00MPa 和 3.00MPa 水压力作用下,衬砌厚度为 40cm 和 120cm 时的轴力计算结果如图 8-19 所示。

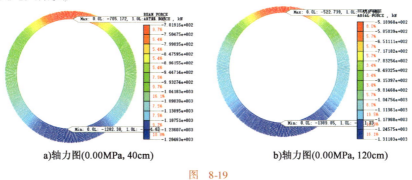

a)轴力图(0.00MPa, 40cm)　　　　b)轴力图(0.00MPa, 120cm)

图　8-19

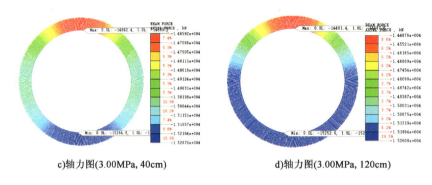

c) 轴力图(3.00MPa, 40cm)　　　　d) 轴力图(3.00MPa, 120cm)

图 8-19　不同水压力作用、不同衬砌厚度条件下 c 型衬砌轴力图

从图 8-19 中可看出,圆形衬砌的轴力最大值点位于拱底,最小值点位于拱顶。绘出拱底(1 单元)和拱顶(59 单元)轴力随衬砌厚度变化的关系曲线,如图 8-20 所示。

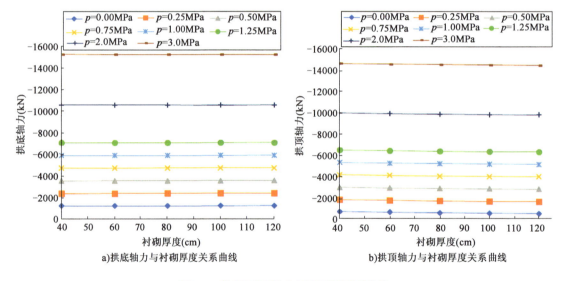

a) 拱底轴力与衬砌厚度关系曲线　　　　b) 拱顶轴力与衬砌厚度关系曲线

图 8-20　拱底和拱顶轴力与衬砌厚度关系曲线

从图 8-20 中可看出,曲线与横轴始终处于近乎平行状态,在不同衬砌厚度下,圆形衬砌的轴力变化不大,经计算得到,40cm 厚度衬砌和 120cm 厚度衬砌的拱底轴力值相差不到 3%,拱顶轴力值相差不到 10%。圆形衬砌的轴力很大程度上由水压力决定,受衬砌厚度影响不大。

2) 弯矩分析

c 型衬砌在 0.00MPa 和 3.00MPa 水压力作用下,衬砌厚度为 40cm 和 120cm 时的弯矩计算结果如图 8-21 所示。

从图 8-21 中可看出,尽管衬砌厚度和水压力不同,c 型衬砌弯矩的最值点始终处在拱顶(59 单元)和拱腰处(35 单元),随着衬砌厚度、水压力的增大,衬砌最大负弯矩沿着拱腰下移。c 型衬砌弯矩的最值点始终位于拱顶和拱腰处。

绘出的 c 型衬砌弯矩—衬砌厚度关系曲线如图 8-22 所示。

第 8 章 隧道外水压力作用下衬砌安全性分析

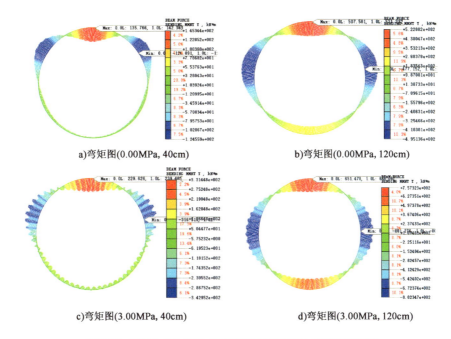

a) 弯矩图(0.00MPa, 40cm)　　　　b) 弯矩图(0.00MPa, 120cm)

c) 弯矩图(3.00MPa, 40cm)　　　　d) 弯矩图(3.00MPa, 120cm)

图 8-21　不同水压力作用、不同衬砌厚度条件下 c 型衬砌弯矩图

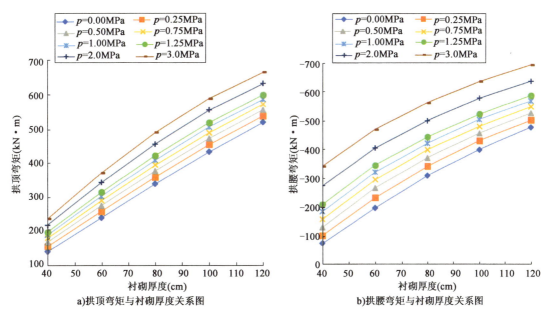

a) 拱顶弯矩与衬砌厚度关系图　　　　b) 拱腰弯矩与衬砌厚度关系图

图 8-22　c 型衬砌弯矩与衬砌厚度关系图

从图 8-22 中可看出：c 型衬砌与 a-1 型衬砌弯矩逐渐平稳的趋势不同，圆形衬砌弯矩随衬砌厚度的增加不断加大，衬砌弯矩与衬砌厚度近乎线性相关；圆形衬砌的弯矩远远小于 a-1 型衬砌，在水压力 3.0MPa、衬砌厚度 120cm 的条件下，不管是正弯矩还是负弯矩都小于 700kN·m，这时 a-1 型衬砌的弯矩已经达到 6000kN·m，说明圆形衬砌形式能显著减小衬砌弯矩。

8.5 不同衬砌断面形式安全性比较研究

8.5.1 隧道结构安全度判断

隧道衬砌可能发生拉破坏和压破坏两种破坏形式,《铁路隧道设计规范》(TB 10003—2016)按破损阶段检算构件截面强度,根据不同的组合选择不同的安全系数。

当轴向力的偏心距 $e_0 \leqslant 0.2h$ 时,素混凝土和砌体矩形截面中心及偏心受压构件的抗压强度应按式(8-18)计算。

$$KN \leqslant \varphi \alpha R_a bh \tag{8-18}$$

公式右侧为衬砌偏心受压时极限承载力。

当轴向力的偏心距 $e_0 \geqslant 0.2h$ 时,即抗拉强度控制截面承载力时,衬砌安全系数由抗拉强度控制,按(8-19)计算。

$$KN \leqslant \varphi \frac{1.75 R_l bh}{\dfrac{6e_0}{h} - 1} \tag{8-19}$$

式中:K——安全系数;

N——计算得到的隧道轴力;

φ——构件的纵向弯曲系数,对于隧道衬砌,$\varphi = 1$;

R_a——混凝土的极限抗压强度;

α——轴向力的偏心影响系数;

R_l——混凝土的极限抗拉强度;

b——衬砌截面的宽度,计算时取 1m;

h——衬砌截面的厚度。

α 的计算公式为:

$$\alpha = 1.000 + 0.648 \left(\frac{e_0}{h}\right) - 12.569 \left(\frac{e_0}{h}\right)^2 + 15.444 \left(\frac{e_0}{h}\right)^3 \tag{8-20}$$

式中参数符号意义同前。

规范规定混凝土受压破坏的安全系数 K 为 2.4,混凝土达到极限抗拉强度时安全系数为 3.6。

8.5.2 计算工况

8.2.3 节共列举了 6 种衬砌断面形式,其中 a 型衬砌和 b 型衬砌上断面一样,下断面进行优化,对单线铁路隧道普通衬砌和蛋形衬砌抗水压能力进行比较研究,探究单线铁路隧道仰拱扩大对衬砌安全系数的影响。不同断面形式的工况计算见表 8-5。

第8章 隧道外水压力作用下衬砌安全性分析

不同断面形式计算工况　　　　　　　　　表8-5

衬砌断面形式	衬砌厚度 H（cm）	水压力 p（MPa）	围岩竖向荷载 q（kPa）	围岩水平荷载 e（kPa）	弹性反力系数 K（MPa/m）
a-1型、a-2型、b-1型、b-2型、b-3型、c型	60	0~3.0	194.4	77.76	150

由于对称性,仅对衬砌左半断面的安全系数进行研究,图8-7已经对 a-1 型、b-1 型、c 型衬砌进行网格划分,a-2 型、b-2 型、b-3 型网格划分,如图8-23所示。

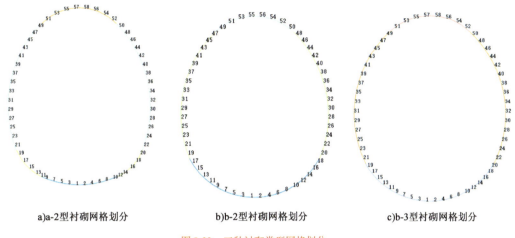

a) a-2型衬砌网格划分　　　b) b-2型衬砌网格划分　　　c) b-3型衬砌网格划分

图 8-23　三种衬砌类型网格划分

利用对称性,对衬砌左半断面安全系数进行研究。衬砌左侧单元为 1、3、5、7、9……53、55、57、59、60,随着单元号的增大,研究对象从拱底到拱腰再到拱顶。

8.5.3　计算结果分析

1) 不同水压力下各衬砌的安全系数

对隧道安全系数进行研究,得到不同水压力作用下衬砌的各个单元的安全系数,如图8-24所示。

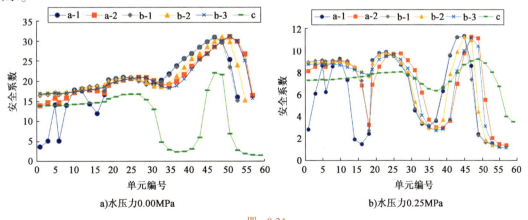

a) 水压力0.00MPa　　　　　　　b) 水压力0.25MPa

图 8-24

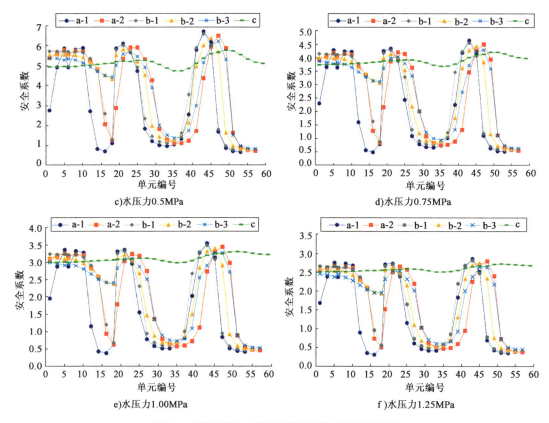

图 8-24　不同水压力作用下不同断面形式衬砌安全系数

通过分析图 8-24 我们可以发现如下规律：

（1）从图 8-24a) 可看出，水压力为 0 时，圆形衬砌和 a-1 型普通衬砌是最危险的，其整体安全系数小于其他形式的衬砌，圆形衬砌拱顶和拱腰安全系数最小，a-1 型普通衬砌在无水压下拱底安全系数最小。在不受水压力的情况下，盲目采用圆形衬砌，既不经济，也不科学。

（2）从图 8-24b)～f) 可看出，随着水压力的增大，圆形衬砌抗水压的性能开始显现出来，随着水压力的增大，圆形衬砌安全系数曲线越来越平缓，安全系数的极差越来越小，说明圆形衬砌能抵抗较大的水压力。

（3）从图 8-24b)～f) 可看出，随着水压力的增大，普通衬砌和蛋形衬砌的安全系数整体下降，其中拱顶、拱腰和拱脚的安全系数远小于衬砌其他部位，初步判断拱顶安全系数＜拱腰安全系数＜拱脚安全系数。

2）不利位置安全系数随着水压力变化

通过上述分析可知，衬砌拱顶、拱腰和拱脚为衬砌最不利位置。拱顶、拱腰和拱脚处的安全系数随水压力的变化趋势如图 8-25 所示。

从图 8-25 可以看出拱脚安全系数＞拱腰安全系数＞拱顶安全系数。

（1）从图 8-25a)、b) 两图中可看出，在高水压和中低水压作用下，不同型式衬砌拱顶和拱腰安全系数表现不同。当水压力小于 0.45MPa 时，拱顶安全系数排序为 a-1 型＞b-1 型＞a-2 型＞b-2 型＞b-3 型，拱腰安全系数排序为 b-1 型＞a-1 型＞a-2 型＞b-2 型＞b-3 型。因此在

0.45MPa下采用蛋形衬砌和加深仰拱并不一定增大拱顶和拱腰的安全系数。

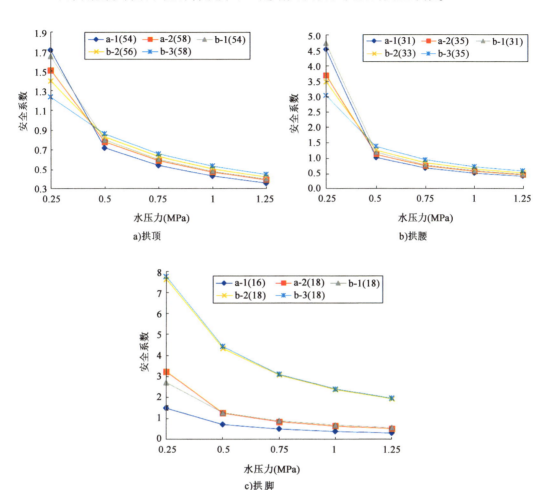

图 8-25　不同不利位置安全系数与水压力关系曲线

（2）从图 8-25a）、b）、c）三图中可看出，当水压力大于 0.45MPa 时，拱顶和拱腰的安全系数排序均为 b-3 型＞b-2 型＞b-1 型＞a-2 型＞a-1 型。因此在水压力大于 0.45MPa 时采用蛋形衬砌和加深仰拱能增大拱顶和拱腰的安全系数，提高衬砌的安全性。对于拱脚来说不管在低水压还是高水压下，采用蛋形衬砌和加深仰拱都能增大拱脚的安全系数。

8.6　衬砌厚度对衬砌安全性的影响

新圆梁山隧道抗水压衬砌为仰拱深度 1.5m 的普通衬砌。针对新圆梁山隧道衬砌结构开展衬砌厚度对衬砌承载力的影响研究，以 a-2 型衬砌和 c 型为例，探究衬砌厚度对衬砌安全性的影响。

8.6.1 全环等厚加厚对衬砌安全系数的影响

1）计算工况

对衬砌全环进行等厚加厚，具体计算工况见表8-6。

均匀加厚计算工况　　　　　　　　　表 8-6

衬砌类型	衬砌厚度（cm）	水压力（MPa）
a-2 型	40、60、80、100、120	0、0.25、0.5、1.0、1.5、2.0
c 型	60、80、100、120	1.0、1.5、2.0、2.5、3.0

2）a-2 型衬砌计算结果分析

不同水压力作用下，a-2 型衬砌计算结果，如图8-26所示。

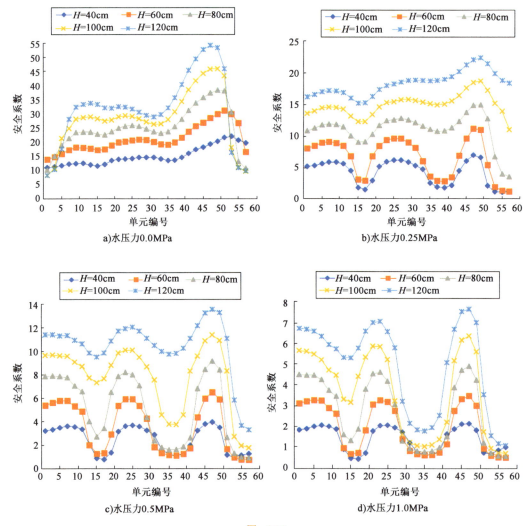

图 8-26

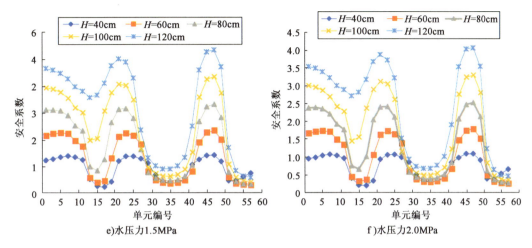

图 8-26　不同水压作用下 a-2 型衬砌厚度与安全系数关系曲线

由图 8-26 可以得到以下结论：

（1）从图 8-26a）可看出，在无水压下，随着衬砌厚度的增大，除了拱顶和拱底外，其他位置的安全系数均随衬砌厚度的增大而增大。

（2）从图 8-26b）~ f）可看出，在 0.25 ~ 1.0MPa 时，衬砌厚度越大，整体衬砌的安全性均在提高，其中拱顶、拱脚和拱底的安全系数增大幅度最小。随着水压力的增高，衬砌拱脚、拱腰和拱顶的安全系数下降幅度越大，三处不利位置与衬砌其他部位的安全系数相差也变大。

对拱顶（57 单元）、拱腰（33 单元）和拱脚（13 单元）三处不利位置和拱底（1 单元）进行分析，得到各单元安全系数与衬砌厚度的关系曲线，如图 8-27 所示。

从图 8-27 中可以发现：

整体而言，随着衬砌厚度的增大，各位置的安全系数均增大。说明在不同水压力作用下，衬砌厚度对安全系数有很大影响。

（1）从图 8-27a）看出，拱顶与其他部位不同，拱顶安全系数先随着衬砌厚度的增大而减小，而后随着衬砌厚度的增大而增大。

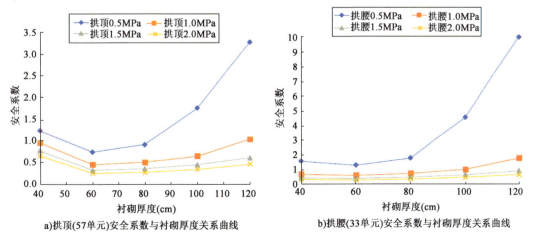

图 8-27

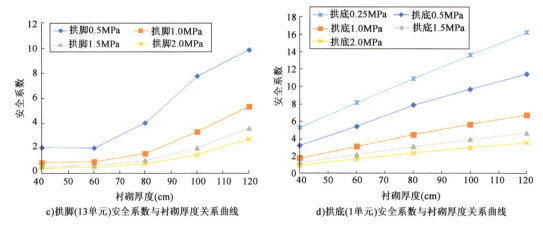

图 8-27 不同不利位置安全系数与衬砌厚度关系曲线

（2）从图 8-27a)、b）两图可知，当水压力等于 0.5MPa，衬砌厚度为 60~80cm 时，衬砌安全系数增加不大，当衬砌厚度大于 80cm 时，拱顶和拱腰安全系数显著增加；当水压力大于 1.0MPa 时，增大衬砌厚度对提高拱顶和拱腰的安全性意义不大。

（3）将图 8-27a)、b) 和 c) 对比发现，增大衬砌厚度对提高拱脚安全系数的作用比拱顶和拱腰更有效。当水压力大于或等于 1.0MPa 时，拱脚的安全系数还在提高。当衬砌厚度小于 80cm 时，拱顶、拱腰和拱脚的安全系数由水压力决定，增大衬砌厚度并不能提高安全系数。

（4）图 8-27d) 更能代表一般位置安全系数与水压力和衬砌厚度的关系，拱底安全系数与衬砌厚度呈线性增加，说明增大衬砌厚度对增加非不利位置安全系数是有效的。

上述计算结果表明，在设计高水压衬砌时，应关注拱顶、拱腰及拱脚的内力集中，通过改变衬砌断面形式和危险位置加强配筋等手段提高安全系数。盲目地增加衬砌厚度，而不改善衬砌危险点受力情况，不但使衬砌不能抵抗高的水压力，还会造成材料的浪费。

3）c 型衬砌计算结果分析

不同水压力作用下，c 型衬砌计算结果如图 8-28 所示。

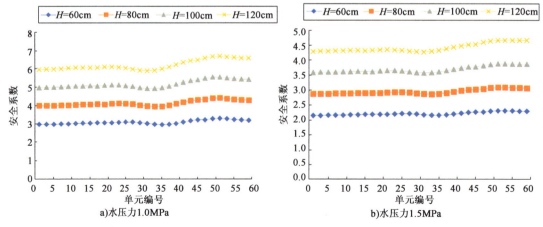

图 8-28

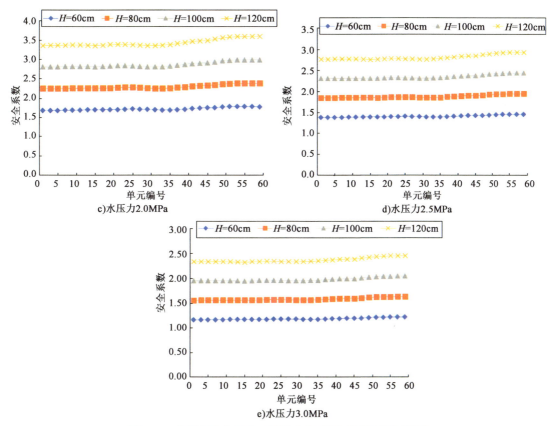

图 8-28 不同水压力作用下 c 型衬砌安全系数与衬砌厚度关系曲线

从图 8-28 中可以看出，圆形衬砌安全系数曲线为一个趋近平直的直线，其中拱底的安全系数最小；另外在计算中发现，圆形衬砌各个单元均为小偏心受压破坏。从前节可知圆形衬砌的弯矩远小于普通衬砌和蛋形衬砌，再加上圆形衬砌轴力较大。因此，圆形衬砌在高水压力作用下，轴力增大，拱底混凝土发生受压破坏，弯矩对衬砌安全性的影响并不大。

拱底为隧道最危险点，对拱底安全系数与衬砌厚度、水压力关系进行研究，如图 8-29 所示。

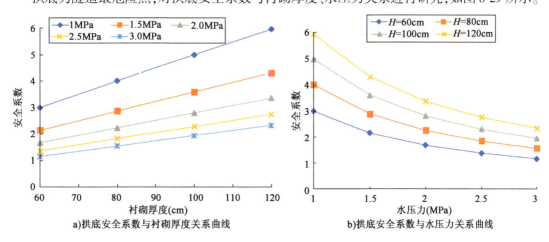

图 8-29 圆形衬砌拱底安全系数与衬砌厚度和水压力关系曲线

从图 8-29a)中可看出圆形衬砌拱底的安全系数与衬砌厚度呈线性增加关系;从图 8-29b)中可看出,同一衬砌厚度下,随着水压力的增大衬砌拱底的安全系数减小。

8.6.2 局部加厚对衬砌安全系数的影响

1)计算工况

对拱顶和仰拱采用非均匀加厚,计算在 0.5MPa 和 1.0MPa 水压力作用下的安全系数,计算工况见表 8-7。

非均匀加厚计算工况 表 8-7

工 况	二次衬砌厚度(cm)		工 况	二次衬砌厚度(cm)	
	仰拱和拱腰	拱顶		拱顶和拱腰	仰拱
1	40	50	5	40	50
2	40	60	6	40	60
3	60	70	7	60	70
4	60	80	8	60	80

2)计算结果分析

计算出上述工况安全系数,并与全环均匀加厚安全系数进行比较。不同工况下的安全系数曲线如图 8-30 所示。

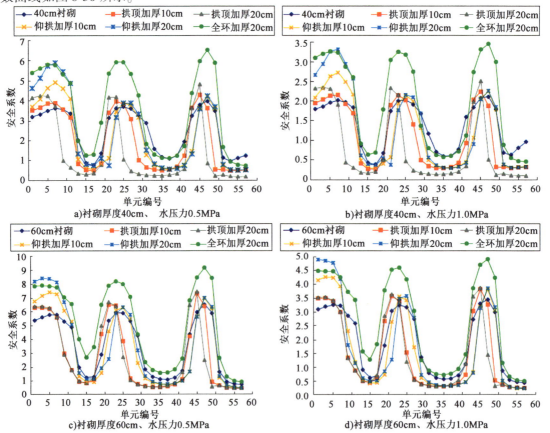

图 8-30 不同工况条件下衬砌安全系数曲线

从图 8-30 可以得出：

（1）从整体来看全环加厚比局部加厚效果要好，全环加厚安全系数更大。

（2）拱顶加厚 20cm 的情况下，衬砌的安全系数最低，拱顶加固既不能增加拱顶处安全系数，也不能提高衬砌其他部位安全系数，抗水压衬砌设计时应避免使用拱顶加厚。

（3）仰拱加厚能增加仰拱处安全系数，但并不能增加衬砌其他部位安全系数，仰拱加厚对提高衬砌其他位置安全系数意义不大。

对 5 单元、15 单元、25 单元、35 单元、45 单元、55 单元不同加厚方式下安全系数进行研究。不同单元的安全系数如图 8-31 所示。

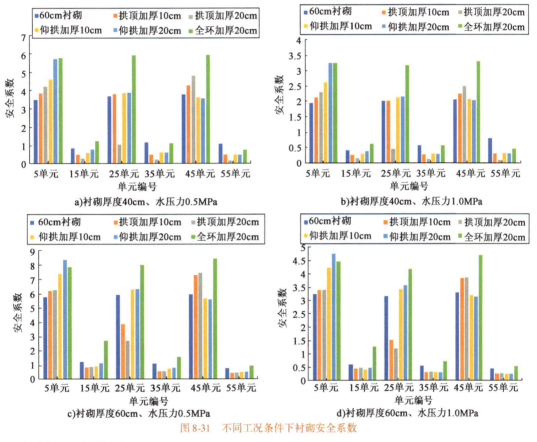

图 8-31　不同工况条件下衬砌安全系数

从图 8-31 可以得出：

（1）全环等厚加厚比局部加厚效果更好，在上述所有工况中局部加厚各单元安全系数都小于全环等厚加厚。

（2）从图 8-31a）、b）中看出，拱顶加厚 20cm 不仅不会增加拱顶处安全系数，还导致拱顶（55 单元）和拱腰处（25 单元、35 单元）安全系数显著降低；在图 8-13c）、d）中也同样如此。这表明仅增加拱顶厚度，会严重危害衬砌安全。

（3）增加仰拱厚度，能增加仰拱处安全系数，拱脚变截面处的安全系数会降低，同时也对拱腰和拱顶安全系数造成不利影响，施工中应采用渐变截面进行结构优化来提高仰拱安全系数。

由上述分析可知，拱顶加厚不仅不能增加拱顶处安全系数，还使得衬砌拱顶、拱腰和拱底的安全系数减小；适当增加仰拱厚度能增加仰拱处的安全系数，但也会对拱腰和拱顶造成危害，施工中应采用优化处理防止内力集中；施工中应该尽量采用全环加厚，其次考虑仰拱加厚，谨慎对待拱顶加厚。

8.7 配筋率对衬砌安全性的影响

8.7.1 e_0/h 与水压力和衬砌厚度的关系

由 8.6 节已知，随着衬砌厚度的增大，拱顶、拱腰、拱脚的安全系数逐渐减小，并在 80cm 处达到稳定。若采用混凝土衬砌，衬砌的安全性不能保证，这是因为混凝土为抗压不抗拉的材料，在高水压下，混凝土会发生拉裂破坏。对隧道在高水压下的偏心距 e_0 进行研究，发现随着衬砌厚度的增大，衬砌结构的 e_0/h 在增大，越来越多的单元处于大偏心受拉状态。对 a-2 型衬砌进行研究，得到在隧道不同衬砌厚度条件下，e_0/h 与水压力和衬砌厚度的关系，如图 8-32 所示，图中 p 为水压力。

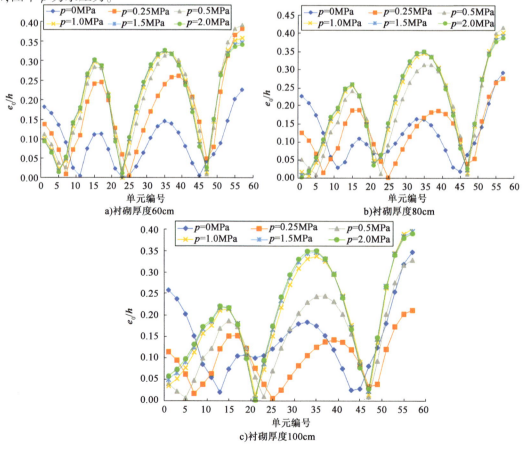

图 8-32　不同厚度的 a-2 型衬砌 e_0/h 与水压力关系图

从图8-32中可以看出,随着衬砌厚度及水压力的增加,衬砌的e_0/h逐渐加大,拱脚、拱腰和拱顶处偏心距最大。当衬砌厚度为60cm时,拱顶多处单元的e_0/h大于0.2,为受拉控制;衬砌厚度增加到80cm时,各单元的偏心距均有所加大,不仅拱顶,拱腰处多处单元均处于受拉状态。当衬砌厚度为100cm、水压力大于1.0MPa时,拱脚处也开始处于受拉状态。对拱顶、拱腰和拱脚处偏心距进行研究,得到不同衬砌厚度和不同水压力下拱脚、拱腰和拱顶的e_0/h曲线,如图8-33所示。

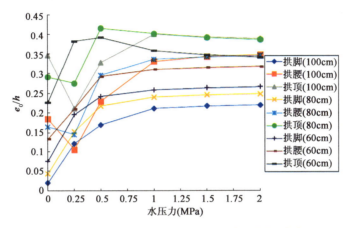

图8-33 不同位置与衬砌厚度下e_0/h与水压力关系曲线

从图8-33中可看出,当水压力超过1.0MPa后,各单元的e_0/h趋于稳定,拱顶为最危险点;衬砌厚度为80cm时,其拱顶e_0/h已经和100cm厚衬砌拱腰处e_0/h相差不大。对水压力1.0MPa时衬砌安全系数与衬砌厚度进行研究,得到不利位置衬砌厚度与e_0/h关系曲线,如图8-34所示。

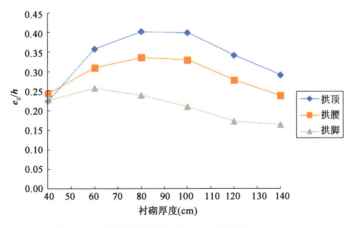

图8-34 不利位置衬砌厚度与e_0/h关系曲线(1.0MPa)

从本节可知拱脚、拱腰和拱顶在衬砌厚度小、水压力高的情况下处于受拉状态。结合8.5节和8.6节对安全系数的研究可知,多数情况下拱脚、拱腰和拱顶的安全系数小于3.6。因此,仅靠混凝土无法保证衬砌结构的安全性,需要对衬砌进行配筋,来提高衬砌的抗拉强度。

8.7.2 钢筋混凝土安全系数计算

对于钢筋混凝土构件,当受压区高度 $x > 0.55h$ 时,为小偏心受压构件,截面强度计算公式如下:

$$KNe \leq 0.5R_a bh_0^2 + R_g A'_g (h_0 - a') \tag{8-21}$$

当受压区高度 $x \leq 0.55h$ 时,为极限受拉构件,其截面强度计算公式如下:

$$KN \leq R_w bx + R_g (A'_g - A_g) \tag{8-22}$$

$$KNe \leq R_w bx \left(h_0 - \frac{x}{2} \right) + R_g A'_g (h_0 - a') \tag{8-23}$$

式中:R_a——混凝土的抗压极限强度;

R_w——混凝土弯曲抗压极限强度;

R_g——钢筋的抗拉或抗压极限强度计算强度;

A_g、A'_g——纵向受拉、受压钢筋的截面面积;

a、a'——受拉和受压钢筋至截面近边的距离;

h——衬砌截面厚度;

b——衬砌截面宽度;

h_0——截面有效高度;

e——受拉钢筋重心至轴向力作用点的距离;

x——混凝土受压区高度;

其余符号意义同前。

《铁路隧道设计规范》(TB 10003—2016)规定钢筋混凝土出现受拉破坏时的安全系数为 2.4,混凝土受压破坏时安全系数为 2.0。

计算步骤:

(1)计算偏心距 $e_0 = M/N$;

(2)确定混凝土截面的受压区高度 x,规范中受压区高度的计算公式为:

$$R_g (A_g e \mp A'_g e') = R_w bx \left(e - h_0 + \frac{x}{2} \right) \tag{8-24}$$

解方程得:

$$x = \sqrt{(e - h_0)^2 + 2R_g (A_g \mp A'_g e')/(R_w b)} - (e - h_0) \tag{8-25}$$

(3)确定大小偏心类型:

当 $x \leq 0.55h_0$ 时,用式(8-22)和式(8-23)来验算;

当 $x > 0.55h_0$ 时,用式(8-21)来计算。

(4)判断是否安全:大偏心构件安全系数大于 2.4,小偏心构件安全系数大于 2.0。

8.7.3 配筋率对衬砌安全性的影响

新圆梁山隧道 K1.0 型衬砌为 80cm 厚的 a-2 型衬砌;K1.5 型衬砌为 100cm 厚的 a-2 型衬砌。以新圆梁山隧道的衬砌类型为依托,探究配筋率对隧道安全系数的影响。新圆梁山隧道 K1.0 型衬砌安全系数与配筋率的关系曲线,如图 8-35 所示。

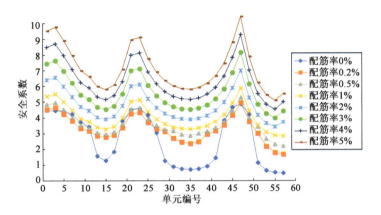

图 8-35　K1.0 型衬砌配筋率与衬砌安全系数关系曲线(1.0MPa)

由图 8-35 得到如下规律：

（1）在不配筋的情况下拱脚、拱腰和拱顶处安全系数最小。结合 8.7.1 节可知，当衬砌厚度为 80cm、水压力为 1.0MPa 时，拱脚有 3 个单元，拱腰有 7 个单元，拱顶有 4 个单元处于受拉破坏状态。当不配筋时，衬砌拱脚、拱腰和拱顶三个区域的安全系数呈深的低凹曲线，这三个危险区域的安全系数均小于 3.6，不满足安全要求。

（2）当施加钢筋后，衬砌拱脚、拱腰和拱顶三个区域的安全系数迅速提高，与衬砌其他区域的安全系数的差距减小，安全系数曲线变得平缓。计算过程中对配筋率和大偏心受拉单元的个数进行统计，发现当配筋率为 0.2% 时，大偏心单元有 9 个；当配筋率为 0.5% 时，大偏心单元有 7 个；当配筋率为 0.9%，大偏心单元仅拱顶一个；配筋率达到 1% 时，拱顶已经处于受压破坏，没有受拉破坏控制下的单元。这说明增加配筋率使得原来一些受拉状态的单元，变为受压状态，提高了结构安全性。

（3）拱脚（15 单元）、拱腰（35 单元）和拱顶（57 单元）安全系数与配筋率的关系曲线如图 8-36 所示。

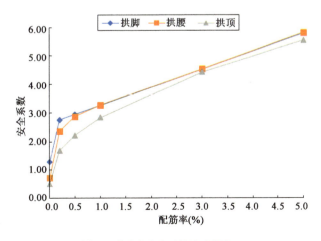

图 8-36　不利位置配筋率与安全系数关系曲线(80cm,1.0MPa)

从图 8-36 可看出,配筋率大于 0.5% 时,配筋率同安全系数近似满足线性关系;同样配筋率的情况下,拱脚和拱腰的安全系数相差不大,拱顶安全系数最小。当配筋率为 1% 时,拱顶安全系数为 2.85,结构已经处于安全状态。计算中发现当衬砌配筋率为 0.7% 时,拱顶为大偏心构件,安全系数为 2.5>2.4,也就是说当配筋率大于 0.7% 时,结构已经安全。

对 K1.5 型衬砌进行了配筋率研究,得到的配筋率同安全系数关系曲线如图 8-37 所示。

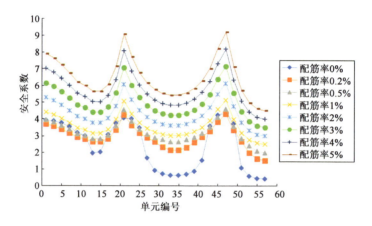

图 8-37　K1.5 衬砌配筋率与安全系数关系曲线(100cm,1.5MPa)

K1.5 型衬砌与 K1.0 型衬砌安全系数的曲线相似,计算得到配筋率为 0.9% 时的拱顶安全系数等于 2.47,结构安全。

8.8　本章小结

通过对不同断面形式、不同衬砌厚度和不同配筋率下的衬砌进行受力和安全性分析,本章主要取得了如下成果:

(1) 衬砌受力与水压力的关系研究

运用荷载结构法对 a-1 型、b-1 型、c 型三种衬砌类型下衬砌轴力和弯矩与水压力的关系进行研究发现:a-1 型衬砌和 b-1 型衬砌轴力和弯矩分布相似,拱顶、拱腰和拱脚为该衬砌受力最不利位置;c 型衬砌拱顶和拱腰为衬砌受力最不利位置;衬砌轴力值和弯矩值均随着水压力的增加而呈线性增加趋势;不同衬砌断面形式下轴力相差不大,采用蛋形衬砌能小幅度减小弯矩,圆形衬砌能显著减小衬砌所受弯矩。具体表现在:

①高水压下,衬砌轴力大小排序为:c 型拱底轴力>a-1 型和 b-1 型拱脚轴力>c 型拱顶轴力>a-1 型和 b-1 型拱腰轴力;各处轴力的增加速率约为 4600kN/MPa。

②高水压下正弯矩排序:a-1 型拱腰正弯矩>b-1 型拱腰正弯矩>c 型拱顶;负弯矩排序:a-1 型拱脚负弯矩>a-1 型拱顶负弯矩>b-1 型拱顶负弯矩>b-1 型拱脚负弯矩>c 型拱腰负弯矩。高水压下,a-1 型衬砌拱腰弯矩增加速率是 c 型衬砌拱顶弯矩增加速率的 18 倍,c 型圆形衬砌的弯矩远小于 a-1 型普通衬砌和 b-1 型蛋形衬砌。

(2) 衬砌受力与衬砌厚度的关系研究

高水压下,随着 a-1 型普通衬砌厚度的增加,衬砌轴力有小幅度减小,弯矩先增加并逐渐趋于平稳;c 型衬砌的轴力主要由水压力确定,而与衬砌厚度无关,弯矩随着衬砌厚度的增加,近乎线性增加。具体表现在:

① 对 a-1 型普通衬砌而言,中低水压下增加衬砌厚度并不能减小衬砌轴力,高水压下,衬砌厚度的增加小幅度减小了衬砌轴力。在 3.0MPa 水压力下,衬砌由 40cm 增大到 120cm,拱脚处轴力仅仅减小了 13.41%,拱腰处轴力也仅减小了 21.5%;c 型衬砌的轴力值主要与其所受的水压力有关,40cm 厚衬砌拱顶处的轴力值与 120cm 厚衬砌相差小于 1%,拱底处轴力值相差小于 6%。

② 对 a-1 型普通衬砌而言,随着衬砌厚度的增加,弯矩经历增加→平稳→少量减小的过程,水压力越低趋向平稳时的衬砌厚度越小,其中在 1.0MPa 水压力、60cm 衬砌厚度条件下,拱脚处弯矩已经基本稳定在 1300kN·m,拱顶和拱腰处在 2.0MPa 水压力、衬砌厚度 120cm 条件下,弯矩已经达到 3000kN·m,并处于上升趋势;c 型衬砌弯矩随衬砌厚度的增加近乎线性增加,在水压力 3.0MPa、衬砌厚度 120cm 的条件下,不管是正弯矩还是负弯矩均小于 700kN·m,由于圆形衬砌弯矩远小于普通衬砌和蛋形衬砌,线性增加的弯矩仍然远小于 a-1 型普通衬砌。

(3) 衬砌安全性与衬砌断面形式、衬砌厚度和配筋率关系研究

衬砌安全性与衬砌断面形式、衬砌厚度和配筋率有关,采用蛋形衬砌和增加仰拱深度能小幅度提高衬砌的安全性,采用圆形衬砌能显著提高衬砌的安全性;衬砌厚度的增加并不能有效提高 a-2 型普通衬砌拱顶、拱腰和拱脚不利位置处的安全性;采用配筋方案,使得不利位置由受拉状态变为受压状态,能大大提高衬砌安全性,在 K1.0 型衬砌配筋率为 0.7%,K1.5 型衬砌配筋率为 0.9% 时,衬砌结构符合安全要求。具体表现在:

① 对 a 型普通衬砌和 b 型蛋形衬砌而言,随着水压力的增加,衬砌整体安全系数都在降低,拱脚、拱腰和拱顶的安全系数降低幅度最大,且拱顶安全系数<拱腰安全系数<拱脚安全系数。在水压力 0.5MPa 条件下,三处不利位置安全系数均小于 2,衬砌已经不安全;当水压力大于 0.45MPa 时,采用蛋形衬砌和增加仰拱深度能小幅度提高衬砌安全系数;对 c 型衬砌而言,在水压力作用下,衬砌各点安全系数相差不大,在水压力 1.25MPa 条件下,衬砌各单元安全系数大于 2.5,故圆形衬砌为抵抗高水压的最佳衬砌形式。

② 通过对 a-2 型衬砌的安全系数计算可知,同一水压力下,拱底等非不利位置的安全系数随着衬砌厚度的增加大致呈线性增加;在中低水压下,增加衬砌厚度能提高拱顶、拱脚、拱腰的安全系数;水压力大于 1.0MPa 时,增加衬砌厚度仅能小幅提高拱顶的安全系数,此时仅仅靠增加衬砌厚度来提高安全性是不现实的;由于圆形衬砌的特殊性,其安全系数随衬砌厚度的增加而线性增加,在衬砌厚度 120cm 的情况下,圆形衬砌拱底的安全系数为 2.34,略小于 2.40,需要适当配筋提高其安全性。

③ 不加钢筋情况下,普通衬砌和蛋形衬砌并不能承受 0.5MPa 的水压力,增大配筋率能够显著提高拱顶、拱腰和拱底的安全系数,拱顶、拱腰和拱底的安全系数随配筋率的增大呈线性增加;在 K1.0 型衬砌配筋率为 0.7%,K1.5 型衬砌配筋率为 0.9% 时,衬砌结构安全。

第9章 隧道衬砌背后管状溶洞作用下结构安全性分析

实际施工中由于注浆效果不好或衬砌振捣不实经常会出现衬砌背后空洞的情况,本章研究含水空洞对隧道衬砌的影响。通过假设衬砌背后存在管状含水空洞,水压力集中分布在空洞范围内,研究含水空洞对衬砌结构受力和安全性的影响。

9.1 衬砌背后含水空洞分析

9.1.1 衬砌背后含水空洞形成原因

当高压富水岩溶隧道遇到大型溶洞时,常常采用泄水降压进行施工处理。施工完成后,由于降雨的影响再加上排水系统堵塞,靠近衬砌的溶洞极可能重新充满水,威胁衬砌安全。聂志凌、王皓对水压充填型溶洞进行研究,认为水压力作用在围岩上,并未直接作用在衬砌上。实际工程中靠近衬砌的充填型溶洞在水压力的作用下,会沿着围岩溶蚀裂隙向隧道衬砌靠近,并作用于衬砌背后薄弱点,这就使得原先衬砌背后无水空洞转变成含水空洞(图9-1)。在含水空洞的作用下,衬砌将承受非均匀水压力,结构安全受到影响。

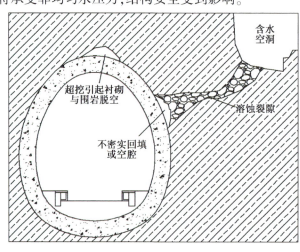

图9-1 衬砌背后含水空洞示意图

第8章衬砌设计采用的是全环承受均匀水压力,实际工程中由于衬砌各位置与围岩接触情况不同,衬砌承受非均匀水压力。

9.1.2 既有圆梁山隧道无损检测情况

对既有圆梁山隧道(洞身里程4500～11070m段)开展无损检测,共布置了5条纵向测线(左边墙、左拱腰、拱顶、右拱腰、右边墙),测线长32850m。通过现场数据采集、室内资料处理及分析,得出如下结论:

(1)病害类型主要表现为二次衬砌背后空洞和二次衬砌背后不密实。发现衬砌病害共167处,衬砌病害总长627.5m,占衬砌总测线长的1.91%。其中二次衬砌背后空洞共27处,共计长度103.5m,占衬砌总测线长的0.32%;二次衬砌背后不密实140处,共计长度524m,占衬砌总测线长的1.60%。

(2)依据《铁路运营隧道衬砌安全等级评定暂行规定》(铁运函〔2004〕174号)进行病害评级,167处病害中有10处1级病害,78处2级病害,61处3级病害,18处4级病害,见表9-1。

圆梁山隧道病害位置分布统计　　　　　　　　　　　　　　　　　表9-1

病害等级	数目(处)	长度(m)	占测线长度比(%)	位置分布(m/处)
1	10	23	0.07	左边墙(12/5),右边墙(11/5)
2	78	237.5	0.72	左边墙(41.5/8),左拱腰(15.5/6),拱顶(102/44),右拱腰(19.5/9),右边墙(59/11)
3	61	270	0.82	左拱腰(16.5/4),拱顶(191/44),右拱腰(51/12),右边墙(11.5/1)
4	18	97	0.30	拱顶(97/18)
合计	167	627.5	1.91	—

既有圆梁山隧道约2%总测线长的衬砌发生病害,新圆梁山隧道与既有圆梁山隧道相距仅30m,处在相同的工程地质环境中,新圆梁山隧道可能遇到与既有圆梁山隧道同样的病害情况。

9.1.3 新圆梁山2号溶洞分布研究

原设计2号溶洞范围为YDK340+337～YDK340+397,2号溶洞为大型粉细砂充填溶洞,施工风险大。扩大钻探范围为YDK340+285～YDK340+395,钻探情况下典型断面溶洞分布如图9-2所示。

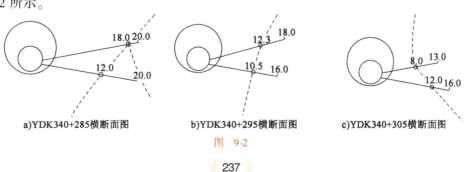

a)YDK340+285横断面图　　　b)YDK340+295横断面图　　　c)YDK340+305横断面图

图 9-2

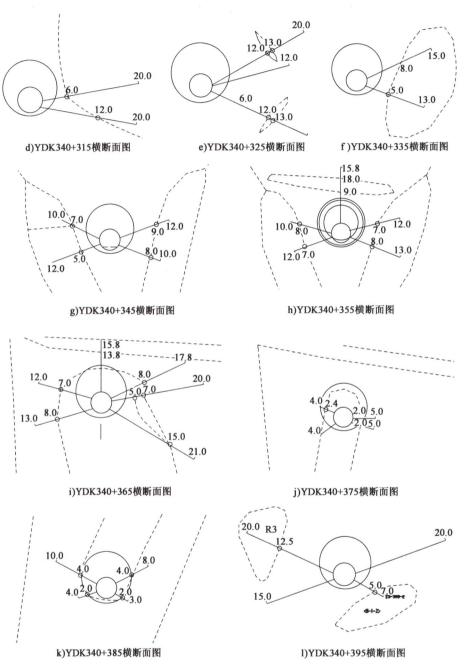

图 9-2 2 号溶洞分布图(数字单位:m)

从图 9-2 中可以看出,在 YDK340+285~335[图 9-2a)~f)],溶洞主要分布在衬砌右侧,距离隧道衬砌的最小距离为 5m。在 YDK340+345~395 之间[图 9-2g)~l)],溶洞分布在衬砌周围,甚至扩挖断面穿过溶洞。在 YDK340+375 处,溶洞距离既有平导仅 2m。

通过本节分析得知,新圆梁山隧道 2 号溶洞规模大,由于 2 号溶洞与地表已经连通,在雨季 2 号溶洞充满水的条件下,溶洞极有可能与新圆梁山隧道衬砌背后空洞发生水力联系,使得新圆梁山隧道衬砌空洞处承受较大的水压力。以新圆梁山隧道工程地质条件为依托,对含水空洞下衬砌内力和安全性进行研究。

9.1.4 衬砌背后含水溶洞计算模式

隧道二次衬砌结构主要承受横断面荷载作用,同第8章一样,采用荷载—结构法对衬砌进行受力计算。溶洞的存在使得该部分衬砌既不承受围岩荷载又不能产生充分的地层抗力。忽略空洞附近围岩的应力集中,在空洞部位去掉弹簧支撑和围岩荷载,将水压力直接作用在空洞位置。计算模型如图9-3所示。

本模型模拟的是隧道没有施作防水板或防水板失效,隧道衬砌存在背后空洞,且溶洞中水全部作用于空洞处的情况,实际工程中这种工况是很难达到的。该工况为衬砌背后非均匀水压力作用下的一种极端工况,但同样可以给工程设计和施工提供指导。

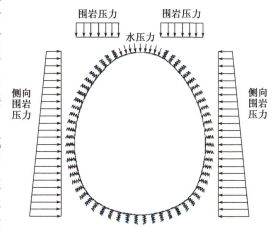

图9-3 衬砌背后含水空洞荷载—结构法计算模型

9.1.5 计算参数

对K1.0型衬进行研究,衬砌厚度为80cm,计算采用混凝土衬砌中心线断面。K1.0型衬砌断面如图9-4a)所示。

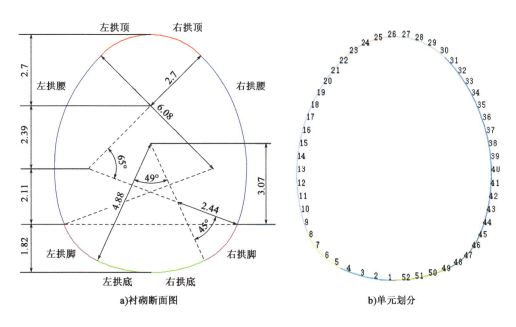

a)衬砌断面图　　　　　　　b)单元划分

图9-4 衬砌结构简图(尺寸单位:m)

其中左拱顶曲线长度为 2.12m,左拱腰曲线长度为 6.93m,左拱脚曲线长度为 1.92m,左拱底曲线长度为 2.12m。划分网格时,每米划分 2 个网格,共划分 52 个单元,如图 9-4b)所示。

其中,左侧 1~4 单元为左拱底单元,5~8 单元为左拱脚单元,9~22 单元为左拱腰单元,23~26 单元为左拱顶单元;右侧对应为 27~52 单元。

9.2 拱顶含水空洞对衬砌受力及安全性的影响

9.2.1 拱顶计算工况

拱顶空洞计算工况见表 9-2。

拱顶空洞计算工况　　　　　　　　　　表 9-2

衬砌类型	空洞位置	空洞范围(m)	水压力(MPa)
K1.0 型(衬砌厚 80cm,配筋率 1%)	拱顶	1、2、3、4	0、0.25、0.5、0.75、1.0、1.25、1.5

9.2.2 拱顶无水空洞对衬砌受力及安全性分析

拱顶无水空洞工况下衬砌的受力情况如图 9-5 所示。

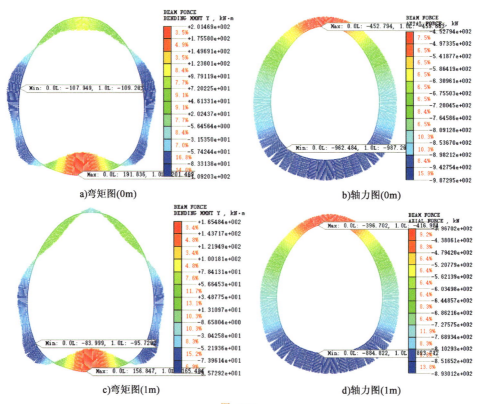

a)弯矩图(0m)　　　　　b)轴力图(0m)

c)弯矩图(1m)　　　　　d)轴力图(1m)

图 9-5

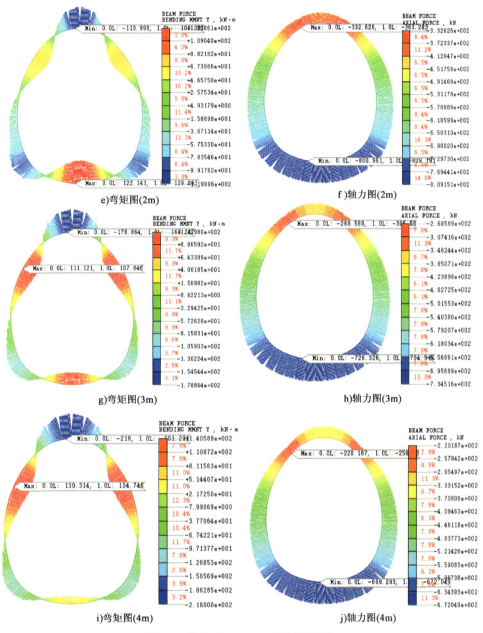

图 9-5 拱顶无水空洞工况下衬砌受力图

从图 9-5 可看出：当空洞不含水时，随着空洞范围的加大，弯矩和轴力的分布也在发生变化，即随着空洞范围的扩大，最大正弯矩由拱底转移到了拱腰，最大负弯矩由拱腰转移到拱顶。当空洞范围大于 2m 时，拱顶弯矩值由 28.88kN·m 增大到 216.16kN·m；轴力最大值一直分布在拱底，轴力最小值随空洞范围的加大，也在向拱顶两侧推移，计算得到轴力最小值位于空洞边界。随着空洞范围的加大，拱顶轴力一直在减小，无空洞时拱顶轴力为 452.79kN，当空洞范围达到 4m 时，拱顶轴力减小到 338.80kN。对空洞无水压情况下的安全系数进行计算，结果如图 9-6 所示。

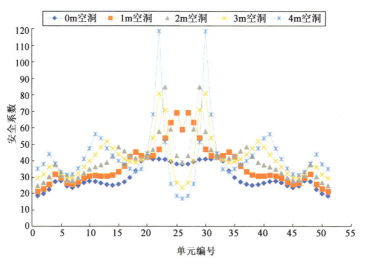

图 9-6　拱顶无水空洞范围与衬砌安全系数关系曲线

从图 9-6 可看出：当空洞范围小于 2m 时，衬砌安全系数最小值位于拱底，空洞并没有造成衬砌安全系数的下降；相反，各个单元的安全系数还有不同程度的提高；当空洞范围大于 2m 时，拱顶为衬砌的最危险点；空洞范围为 3m 时，拱顶的安全系数比无空洞时要小；当空洞范围为 4m 时，拱顶安全系数为 17.13，已经小于无空洞时拱顶的安全系数 18.77。从整体来看，在无水压作用下空洞并不会对 K1.0 型衬砌造成大的危害。这是由于该衬砌厚 80cm，配筋率为 1%，衬砌具有较大的安全储备。

9.2.3　拱顶含水空洞对衬砌受力的影响

1）含水空洞对衬砌轴力的影响

在不同水压力作用下，含水空洞范围为 1m、4m 时的衬砌轴力如图 9-7 所示。

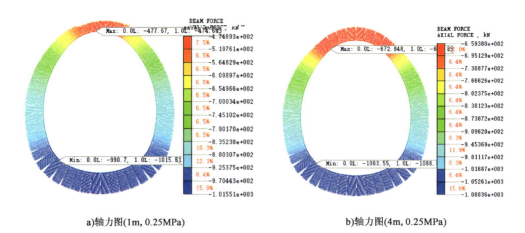

a) 轴力图(1m, 0.25MPa)　　　　b) 轴力图(4m, 0.25MPa)

图　9-7

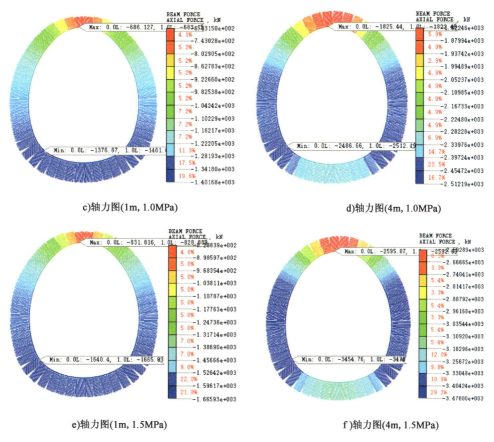

c)轴力图(1m,1.0MPa)　　　　d)轴力图(4m,1.0MPa)

e)轴力图(1m,1.5MPa)　　　　f)轴力图(4m,1.5MPa)

图9-7　不同含水空洞范围、不同水压力下拱顶衬砌轴力图

对4种不同空洞范围下的1、6、11、16、21、26典型单元进行研究。1单元代表拱底,6单元代表拱脚,11单元代表下拱腰,16单元代表上拱腰,21单元代表拱肩,26单元代表拱顶。不同空洞范围衬砌轴力与水压力的关系曲线如图9-8所示。

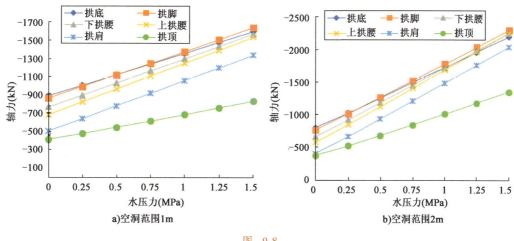

a)空洞范围1m　　　　b)空洞范围2m

图 9-8

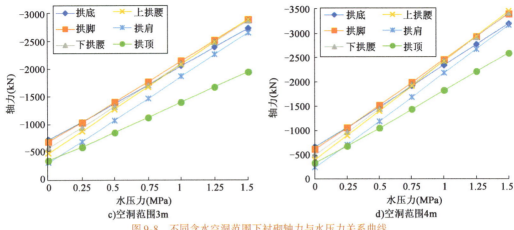

c) 空洞范围3m d) 空洞范围4m

图9-8 不同含水空洞范围下衬砌轴力与水压力关系曲线

从图9-8可看出,衬砌轴力随水压力的升高线性增大,且拱顶(26单元)轴力的增长小于其他部位,拱顶轴力最小,拱脚处轴力最大,具体轴力排序大致表现为:拱顶＜拱肩＜上拱腰＜下拱腰＜拱底＜拱脚。从图中还可看出,空洞范围越大,衬砌轴力也越来越大。对不同空洞范围下的拱顶、拱脚处轴力进行研究,得到不同空洞范围下的拱顶、拱脚处轴力随水压力的变化规律,及不同水压力作用下的拱顶、拱脚处轴力与空洞范围的关系曲线如图9-9所示。

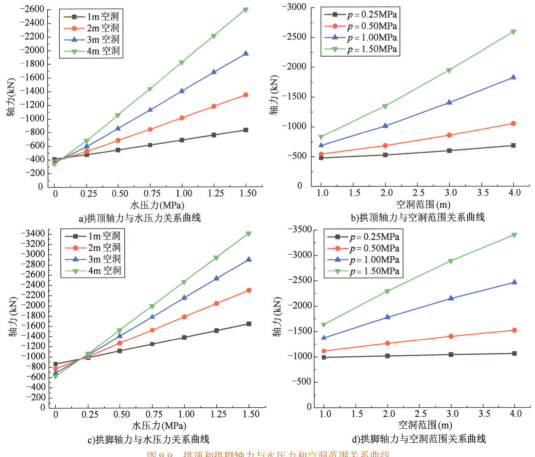

a) 拱顶轴力与水压力关系曲线 b) 拱顶轴力与空洞范围关系曲线

c) 拱脚轴力与水压力关系曲线 d) 拱脚轴力与空洞范围关系曲线

图9-9 拱顶和拱脚轴力与水压力和空洞范围关系曲线

从图9-9a)可看出,空洞范围越大,拱顶轴力随水压力增大的变化率越大。空洞范围为1m时,水压力增加1MPa,拱顶轴力增加272kN;空洞范围为4m时,每增加1MPa水压力,拱顶轴力增加1500kN。

从图9-9b)可看出,水压力越大,拱顶轴力随空洞范围增加的变化率也越大。水压力在0.25MPa下,空洞从1m增加到4m,拱顶轴力增加了200kN;在1MPa水压力下,空洞从1m增加到4m,衬砌轴力增加了1140kN。衬砌轴力是水压力和空洞范围的函数。

从图9-9c)可看出:在低水压情况下,空洞范围越小拱脚轴力越大,在高水压时,空洞范围越大,拱脚轴力越大。

从图9-9d)看出,在0.25MPa下,拱脚轴力对空洞范围不敏感,拱脚衬砌轴力稳定在1000kN。

从整体看,衬砌轴力不仅与水压力呈线性关系,与空洞范围也呈线性相关,第8章对衬砌轴力的研究发现衬砌轴力与全环水压力呈线性相关,也就是说,无论拱顶空洞存在与否,无论水压力分布如何,衬砌轴力与水压力都是线性相关的。

2)含水空洞对衬砌弯矩的影响

在不同水压作用下,不同空洞范围下的衬砌弯矩如图9-10所示。

同轴力情况一样,对拱底(1单元)、拱脚(6单元)、下拱腰(11单元)、上拱腰(16单元)、拱肩(21单元)、拱顶(26单元)弯矩进行研究。得到不同空洞范围下衬砌弯矩与水压力的关系曲线,如图9-11所示。

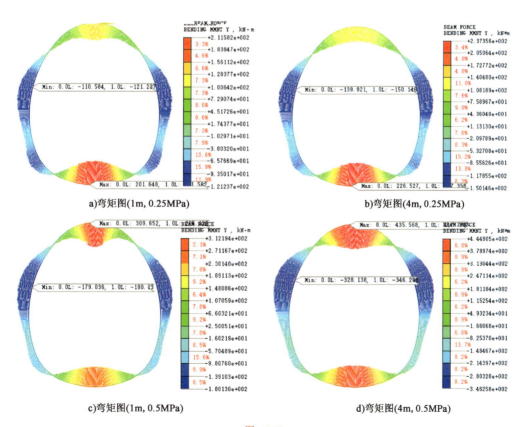

图 9-10

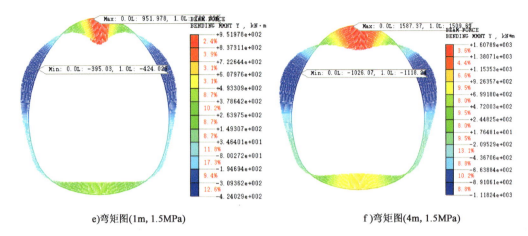

e)弯矩图(1m, 1.5MPa)　　　　　　f)弯矩图(4m, 1.5MPa)

图 9-10　不同含水空洞范围、不同水压力作用下衬砌弯矩图

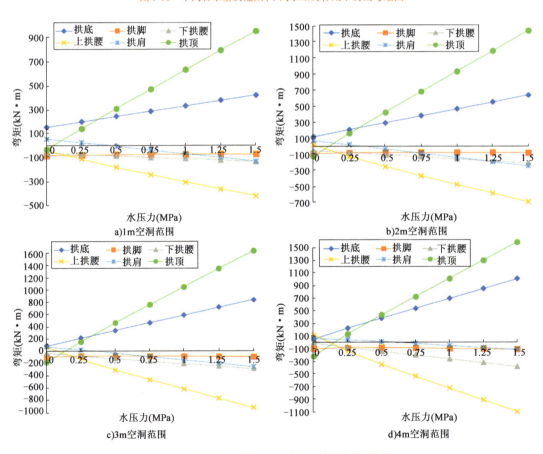

a)1m空洞范围　　　　　　b)2m空洞范围

c)3m空洞范围　　　　　　d)4m空洞范围

图 9-11　拱顶含水空洞下衬砌弯矩与水压力关系曲线

从图 9-11 可看出,衬砌弯矩同水压力也呈线性关系,拱顶、拱底和上拱腰 3 处衬砌弯矩较大且随水压力变化的速率也较快,弯矩增大速率:拱顶 > 上拱腰 > 拱底;在含水空洞的影响下拱顶由负弯矩转变成正弯矩,其增长率随水压力的增大而增大;当空洞范围为 1m 时,上拱腰弯矩为负值,并随着水压力的增大而增大,当空洞范围大于 1m 时,上拱腰弯矩在 0MPa 水压力

下为正值,随着水压力的增大,发生弯矩方向的变化;拱肩也发生弯矩方向的变化,随水压力增大,弯矩增加速率减小;下拱腰在水压力和空洞范围增加的作用下弯矩增加不大;拱脚弯矩曲线近乎平行 X 轴,说明空洞范围对拱脚处弯矩影响不大。

从图 9-11 可知拱顶处弯矩最大,对拱顶处弯矩随水压力和空洞范围的变化进行研究,如图 9-12 所示。

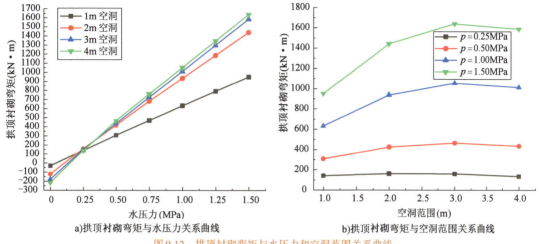

a) 拱顶衬砌弯矩与水压力关系曲线　　b) 拱顶衬砌弯矩与空洞范围关系曲线

图 9-12　拱顶衬砌弯矩与水压力和空洞范围关系曲线

从图 9-12a) 可看出:空洞范围为 1m 时,拱顶衬砌弯矩增长率约为 652kN·m/MPa;空洞范围 2m 时,弯矩增长率约为 1034kN·m/MPa;空洞范围 3m 时,弯矩增长率约为 1197kN·m/MPa;空洞范围 4m 时,弯矩增长率约为 1182kN·m/MPa。空洞范围大于 2m 时,同一水压力下不同空洞范围时弯矩相差不大。图 9-12b) 更能说明这一点,当水压力为 0.25MPa、空洞范围达到 1m 时,拱顶衬砌弯矩稳定在 150MPa 左右;拱顶衬砌弯矩随着空洞范围的增大先增大后减小,拱顶空洞为 3m 时,拱顶弯矩达到最大值。

3) 偏心距分析

通过前面对衬砌轴力和弯矩的分析可知,拱顶轴力最小,但是其弯矩最大,拱顶是衬砌的最危险点。对衬砌偏心距与水压力和空洞范围的关系进行研究,如图 9-13、图 9-14 所示。

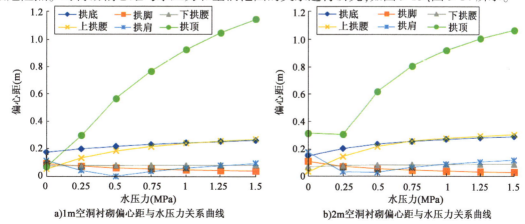

a) 1m 空洞衬砌偏心距与水压力关系曲线　　b) 2m 空洞衬砌偏心距与水压力关系曲线

图 9-13

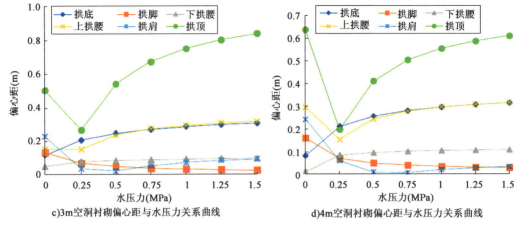

图9-13 不同含水空洞范围下衬砌偏心距与水压力关系曲线

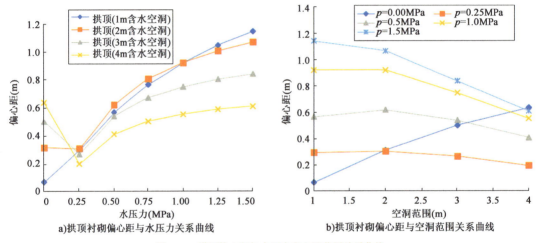

图9-14 拱顶偏心距与水压力和空洞范围关系曲线

从图9-13可看出:拱顶的偏心距增加速率最大,水压力的增大和空洞范围的减小都能增加拱顶偏心距。当水压力大于0.5MPa时:上拱腰和拱底的偏心距很接近并逐渐趋于稳定;拱底和上拱腰的偏心距随着空洞范围的增大逐渐变大,在1m含水空洞的情况下二者偏心距在0.2m左右,在4m含水空洞的情况下二者偏心距稳定在0.3m;拱脚、下拱腰和拱肩的偏心距受含水空洞影响较小,其偏心距普遍小于0.1m。

从图9-14可看出:水压力越大拱顶偏心距越大,随着水压力的增大,偏心距增加速率逐渐减小;当空洞无水时,拱顶偏心距随空洞范围增大不断增大,与空洞范围近似呈线性关系;当空洞存在水压力时,拱顶偏心距随空洞范围的增大而减小,水压力越大,减小幅度越大。

9.2.4 拱顶含水空洞对衬砌安全性的影响

1)拱顶含水空洞下衬砌安全系数

对1m、2m、3m、4m空洞范围下衬砌的安全系数进行研究,得到安全系数与水压力关系曲线,如图9-15所示。

第9章 隧道衬砌背后管状溶洞作用下结构安全性分析

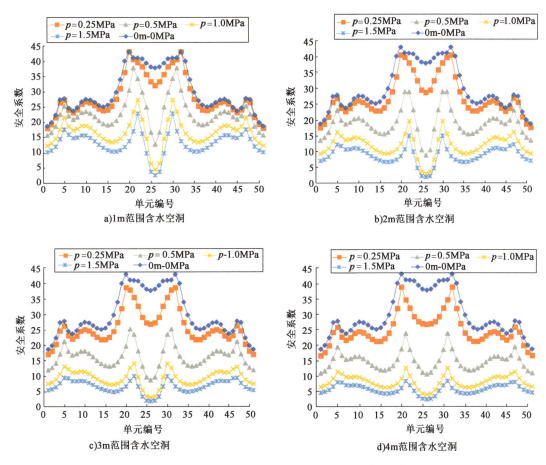

图9-15 衬砌安全系数与水压力和空洞范围关系曲线（拱顶含水空洞）

从图9-15可以发现以下规律：

（1）4种空洞范围下，随着衬砌水压力的升高，衬砌各单元的安全系数都在降低，并且均小于无空洞零水压的情况。当没有含水空洞时，衬砌拱底为安全系数最小值点，衬砌的安全系数由拱底控制，随着水压力的增大拱顶处安全系数一直在下降。除去拱顶位置，衬砌其他部位安全系数随水压变化规律大致相似。

（2）在无空洞零水压情况下拱顶处安全系数略小于拱肩处，在低水压（0.25MPa）情况下拱顶处安全系数与拱肩处安全系数相差变大，拱顶与拱肩的安全系数比较见表9-3。

拱顶与拱肩安全系数比较（水压：0.25MPa） 表9-3

空洞范围		1m	2m	3m	4m
安全系数	拱肩	43.29	40.45	38.76	38.86
	拱顶	32.07	28.64	26.93	26.80

随着空洞范围的增大，拱顶和拱肩的安全系数均有少许降低。计算得到4种含水空洞范围下拱顶与拱肩安全系数均相差12左右，低水压下拱顶与拱肩安全系数之差并不会随着空洞

范围的扩大而扩大。尽管在低水压条件下拱顶安全系数在下降,拱顶的安全系数仍然大于拱底,衬砌的安全系数由拱底控制。

(3)当衬砌水压力大于 0.5MPa 时,拱顶处安全系数已经小于拱底,拱顶为隧道安全的控制点。

(4)从整体安全系数曲线来看,空洞范围越小,拱顶处曲线斜率越陡,即拱顶空洞范围越小,拱顶范围内安全系数的极差越大,在水压力 1.5MPa 下,比较图 9-15a)、d),可发现图 9-15d)中安全系数拱顶范围内极差较小,且曲线还比较平缓,这说明随着空洞范围的扩大,衬砌整体的安全性都在降低。

2)拱顶含水空洞与全环承受均匀水压对比研究

对水压力在 1.0MPa 和 1.5MPa 下,1m、2m、3m、4m 空洞承受水压和全环承受均匀水压进行对比研究,得到的安全系数如图 9-16 所示。

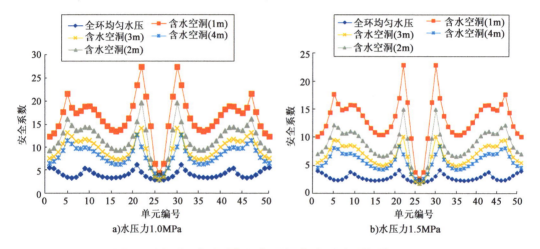

a)水压力1.0MPa b)水压力1.5MPa

图9-16 同一水压力下不同空洞范围衬砌各单元安全系数(拱顶含水空洞)

整体来看,衬砌全环承受均匀水压的情况下,安全系数最低。当空洞范围增大时,整体安全系数逐渐减小并趋近于全环承受均匀水压的情况,即空洞范围越大,衬砌越不安全。

从图 9-16 可看出:在同一水压力下含水空洞范围越大,整体衬砌安全系数越低;除拱顶范围外,1m 空洞范围的安全系数比 2m 空洞范围大 4.5 左右,3m 空洞范围的安全系数比 4m 空洞范围大 1.0 左右。

对拱顶 8 个单元进行研究,发现空洞范围越小,拱顶范围内安全系数下降越大。上述工况下,拱顶均为衬砌最不利位置,同一大小水压力作用下,尽管空洞范围不同,拱顶处的安全系数与全环承受均匀水压力时的安全系数非常接近。

对全环承受均匀水压与拱顶空洞范围内承受水压进行比较分析发现:全环承受均匀水压的情况下,拱底安全系数 > 拱脚安全系数;拱顶存在含水空洞的情况下,拱底安全系数 < 拱脚安全系数。

3)衬砌安全性判断

由图 9-15 可知,当水压力大于 0.5MPa 时,衬砌的安全性由拱顶处控制,对拱顶的安全系数进行研究。拱顶安全系数统计见表 9-4。

拱顶安全系数　　　　　　　　　　　　　　　表9-4

空洞范围	水压力(MPa)		
	1.00	1.25	1.5
1m	4.42(拉)	3.32(拉)	2.67(拉)
2m	2.99(拉)	2.26(拉)	1.81(拉)
3m	3.03(拉)	2.26(拉)	1.80(拉)
4m	3.97(拉)	2.99(拉)	2.39(拉)
全环均匀水压	2.85(拉)	2.33(压)	1.96(压)

表9-4中红色数字代表低于规范安全系数的要求。从表9-4可看出,在含水空洞作用下拱顶属于拉应力控制,当空洞范围为1m时,拱顶能承受1.5MPa的水压力;当空洞范围为4m时,拱顶安全系数为2.39<2.4,不能承受1.5MPa的水压力;空洞范围为2m和3m时,拱顶安全系数很接近,在水压力1.25MPa下,拱顶安全系数小于2.4,衬砌不安全;在全环均匀水压为1.5MPa条件下,拱顶水压力大于1.25MPa时,拱顶受压应力控制,拱顶水压力为1.5MPa时,拱顶安全系数为1.96<2.0,拱顶不安全。

对于本例而言,安全性:1m空洞范围>4m空洞范围>2m空洞范围>3m空洞范围。可以得出以下结论:并不是含水空洞范围越大,拱顶越危险,拱顶存在最危险的含水空洞范围。施工中应该控制空洞范围,防止空洞达到最危险空洞范围值。

9.3　拱腰含水空洞对衬砌受力及安全性的影响

9.3.1　拱腰空洞计算工况

拱腰空洞计算工况见表9-5。

拱腰空洞计算工况　　　　　　　　　　　　　表9-5

衬砌类型	空洞位置	空洞范围(m)	水压力(MPa)
K1.0型(衬砌厚80cm,配筋率1%)	左侧拱腰	1、3、5、7	0、0.25、0.50、0.75、1.00、1.25、1.50

9.3.2　拱腰含无水空洞时衬砌受力及安全性分析

在拱腰含无水空洞情况下,衬砌受力如图9-17所示。

由图9-17看出,当空洞范围为1m时,衬砌弯矩大致对称分布,随着空洞范围的加大,左侧拱腰处弯矩不断加大,左侧拱底处弯矩也随空洞范围的扩大呈增加趋势,其弯矩增加速率大于拱腰,并在空洞范围为7m时,左侧拱底弯矩大于拱腰。衬砌轴力最小值始终位于拱顶,与空洞范围无关,随空洞范围的增大,轴力最大值,从左侧拱脚转移到左侧拱腰处。对拱腰空洞无水压条件下的安全系数进行计算,得到无水空洞范围与衬砌安全系数的关系曲线,如图9-18所示。

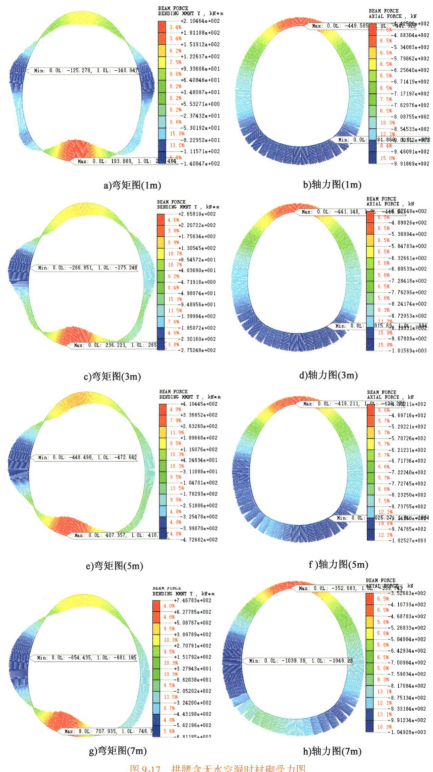

图 9-17 拱腰含无水空洞时衬砌受力图

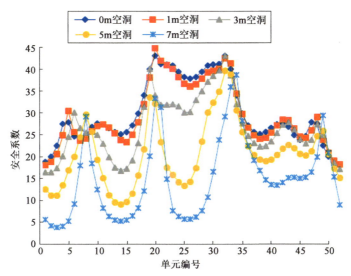

图9-18 拱腰含无水空洞范围与衬砌安全系数关系曲线(水压力为0)

从图9-18可看出:在拱腰含空洞的情况下,衬砌整体的安全系数下降,均小于无空洞下衬砌的安全系数,这与图9-6拱顶在无水空洞作用下,除拱顶外衬砌其他部位安全系数均升高是不同的。拱腰含空洞情况下衬砌左侧安全系数显著小于右侧,其中左拱底(3单元)、拱腰(14单元)和拱顶(26单元)处安全系数最小。随着空洞范围的增大,左拱底和拱顶安全系数也大幅下降,尤其是拱顶安全系数下降了32.17。当拱腰含无水空洞范围为7m时,左拱底的安全系数为3.76,已经小于拱腰安全系数,成为衬砌安全控制点。尽管左拱底安全系数>2.4,衬砌结构安全,但在拱腰空洞下,衬砌整体安全系数下降幅度大,很大程度上会危害衬砌安全。若在水压力的作用下,衬砌很容易发生破坏。

9.3.3 拱腰含水空洞对衬砌受力的影响

1)整体衬砌轴力图

经过数值分析软件计算,得到1m、5m、7m含水空洞范围、不同水压力下的衬砌轴力图,如图9-19所示。

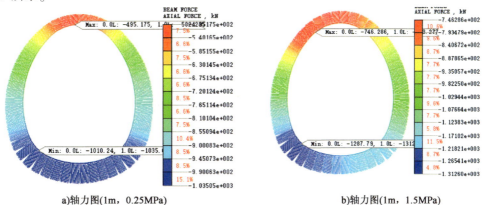

a)轴力图(1m, 0.25MPa)　　　　　　b)轴力图(1m, 1.5MPa)

图 9-19

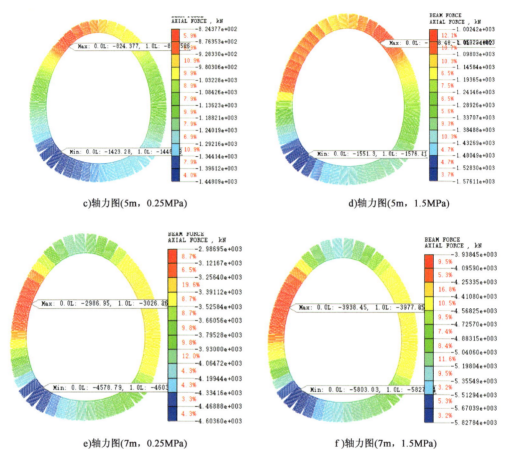

图 9-19 拱腰不同空洞范围、不同水压力下的衬砌轴力图

从图9-19可看出：衬砌轴力的最大值始终位于拱脚处，随着水压力和空洞范围的增大，轴力最小值发生由拱顶向左侧拱腰的转移。

对4种拱腰含水空洞范围衬砌受力进行研究，得到不同水压力下的衬砌轴力曲线，如图9-20所示。

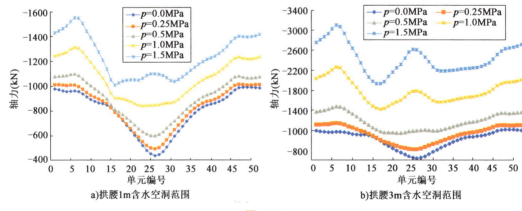

图 9-20

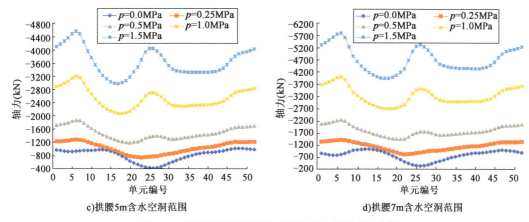

c) 拱腰5m含水空洞范围　　　　　　d) 拱腰7m含水空洞范围

图 9-20　拱腰不同空洞范围、不同水压力下衬砌轴力曲线

由图 9-20 可知:空洞范围和水压力越小,含水空洞对衬砌轴力的影响越小;空洞范围1m、水压力不大于 0.5MPa 时,衬砌轴力呈对称分布;空洞范围在 3~7m 之间、水压力不大于 0.25MPa 时,衬砌轴力也大致呈对称分布,即在低水压条件下,空洞范围对衬砌轴力的影响不大。

从图 9-20 可以看出:同一空洞范围下,水压力越大衬砌轴力越大;水压力 1.0MPa 情况下的轴力曲线与水压力 1.5MPa 情况下的轴力曲线相似。通过对不同空洞范围的衬砌轴力图进行对比,发现同一大小水压力(高水压条件下)作用下,空洞范围越大,衬砌轴力也越大。

对比各图左右断面,可以发现,衬砌右半断面轴力相对平缓,衬砌左半断面轴力极差较大,轴力非均匀分布,左拱脚处轴力值大于右拱脚处轴力值,左拱腰处轴力值小于右拱腰处轴力值。

2)拱腰含水空洞对衬砌轴力的影响

对衬砌轴力极值点进行研究,分析衬砌轴力在不同水压力和空洞范围下的变化规律,选取衬砌左断面轴力极值点进行研究。选取左拱底(1 单元)、左拱脚(6 单元)、左拱腰(17 单元)、左拱顶(26 单元)、右拱腰(36 单元)进行研究,得到 1m、3m、5m、7m 空洞范围下的拱腰衬砌轴力与水压力关系曲线,如图 9-21 所示。

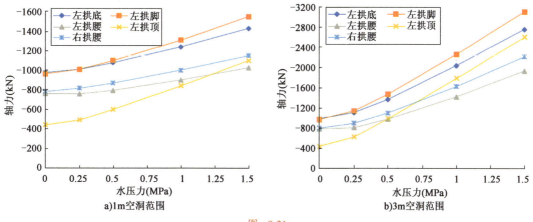

a)1m空洞范围　　　　　　b)3m空洞范围

图 9-21

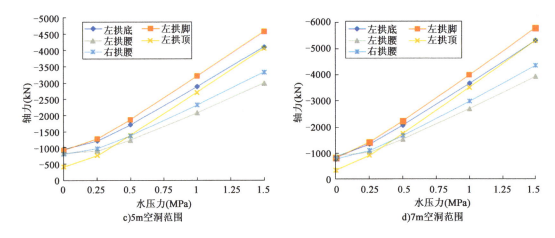

图9-21 拱腰不同含水空洞范围下衬砌轴力与水压力关系曲线

从图9-21中可看出,拱腰衬砌轴力与拱顶衬砌轴力有些不同,在低水压条件下衬砌轴力与水压力呈非线性关系,当水压力大于0.25MPa时,各处衬砌轴力随水压力的增加呈线性增加。可以确定的轴力排序为:左拱脚>左拱底>右拱腰>左拱腰。

从图9-21中可以发现,左拱顶衬砌轴力的增加速率大于其他部位衬砌轴力增加速率。随着空洞范围的加大,拱顶衬砌轴力增加率越大。在水压力1.5MPa条件下:空洞范围1m时,左拱顶衬砌轴力大于左拱腰,小于右拱腰;空洞范围3m时,左拱顶衬砌轴力值大于右拱腰;空洞范围5m时,左拱顶衬砌轴力值接近左拱底;空洞范围7m时,左拱顶衬砌轴力值大于左拱底。

对左拱脚、左拱腰、左拱顶3处衬砌轴力随水压力和空洞范围的变化进行研究,得到图9-22。

从图9-22a)、c)、e)可以看出:水压力高于0.25MPa时,衬砌轴力与水压力呈线性关系;空洞范围越大,拱顶衬砌轴力增加速率越大。

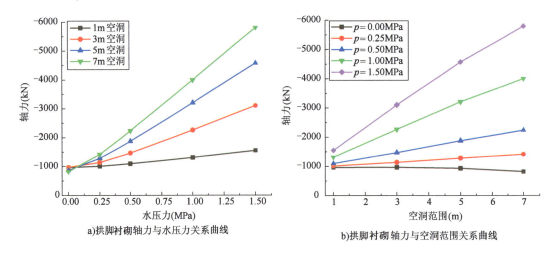

a)拱脚衬砌轴力与水压力关系曲线　　b)拱脚衬砌轴力与空洞范围关系曲线

图 9-22

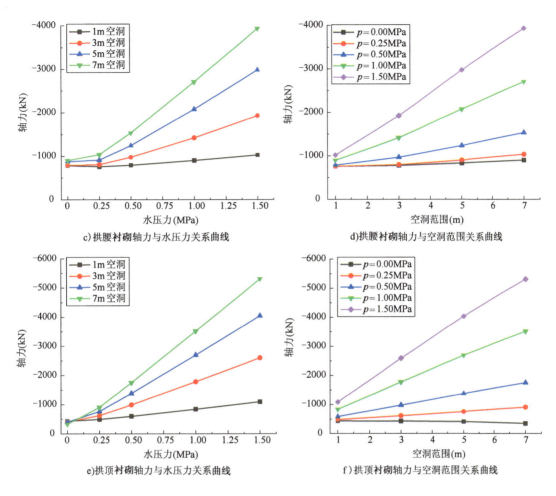

图 9-22 拱脚、拱腰和拱顶衬砌轴力与水压力和空洞范围关系曲线

从图 9-22b)、d)、f) 可以看出：当空洞水压力为 0 时，随着拱腰空洞范围增大，拱脚和拱顶衬砌轴力减小，拱腰衬砌轴力增加；含水空洞情况下，空洞范围越大，衬砌轴力越大，且衬砌轴力与空洞范围也大致呈线性关系。

当水压力大于 0.25MPa 时，衬砌轴力与水压力和空洞范围均是线性相关。衬砌轴力是水压力和空洞范围的函数。

3）衬砌整体弯矩图

拱腰不同含水空洞下范围衬砌弯矩分布云图，如图 9-23 所示。

拱腰不同含水空洞范围下的衬砌弯矩，如图 9-24 所示。

从图 9-24 可看出：在含水空洞的作用下，衬砌弯矩方向发生反转；在无水空洞作用下，拱腰为负弯矩，拱顶和拱脚为正弯矩；在含水空洞的作用下拱腰为正弯矩，拱脚和拱顶为负弯矩。

从图 9-24 还可看出：随着空洞范围的扩大和水压力的增大，衬砌弯矩增大，含水空洞大大增加了衬砌左半断面的弯矩，对右半断面的影响较小。

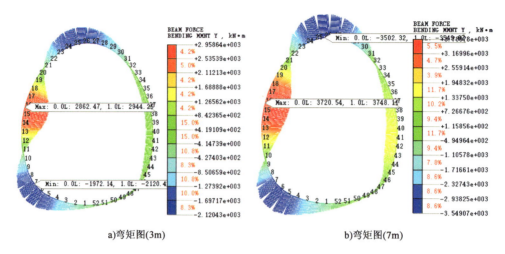

图9-23 拱腰不同含水空洞范围下的衬砌弯矩云图(水压力1.5MPa)

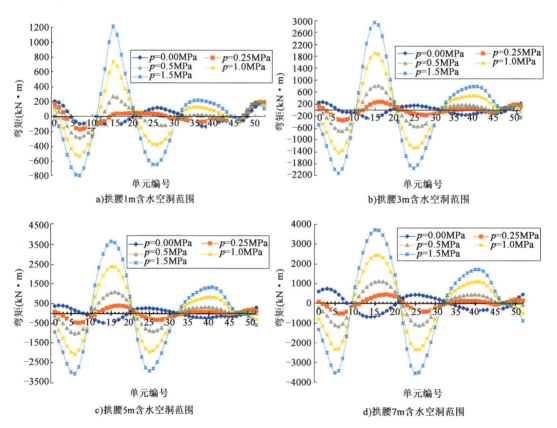

图9-24 拱腰不同含水空洞范围下的衬砌弯矩

4)拱腰含水空洞对衬砌弯矩的影响

对弯矩极值点进行研究,研究左拱脚(5单元)、左拱腰(15单元)、左拱顶(25单元)、右拱腰(41单元)处,分析衬砌弯矩在拱腰不同含水空洞范围和不同水压力下的变化趋势。计算得到拱腰不同含水空洞范围下的衬砌弯矩与水压力的关系曲线,如图9-25所示。

第9章 隧道衬砌背后管状溶洞作用下结构安全性分析

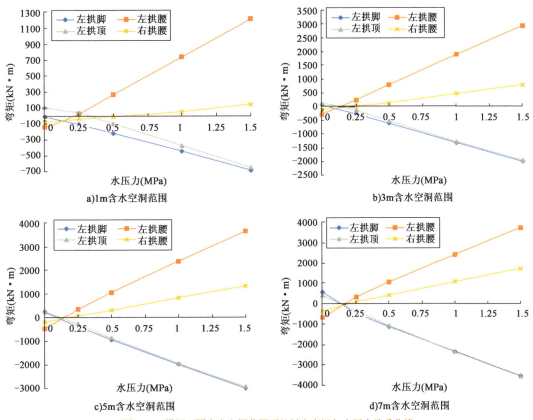

图 9-25 拱腰不同含水空洞范围下的衬砌弯矩与水压力关系曲线

从图 9-25 可看出：在 1m、3m、5m、7m 拱腰含水空洞范围下，衬砌弯矩同轴力一样，当水压力大于 0.25MPa 时，随水压力的增加而线性增加，其中左拱腰衬砌弯矩最大，右拱腰衬砌弯矩最小，左拱脚和左拱顶衬砌弯矩值相差不大。比较图 9-25c）和图 9-25d））发现：空洞范围 5m 和 7m 两种情况下，衬砌弯矩值相差不大，这表示当空洞范围超过某一值后，衬砌弯矩值趋于稳定。

左拱脚、左拱腰和左拱顶 3 处衬砌弯矩与水压力和空洞范围的关系曲线如图 9-26 所示。

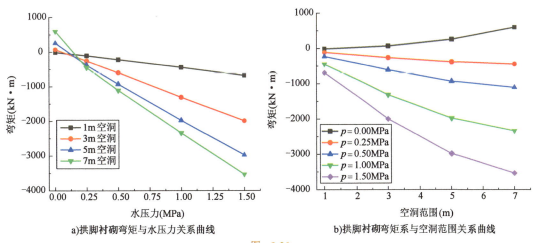

a)拱脚衬砌弯矩与水压力关系曲线   b)拱脚衬砌弯矩系与空洞范围关系曲线

图 9-26

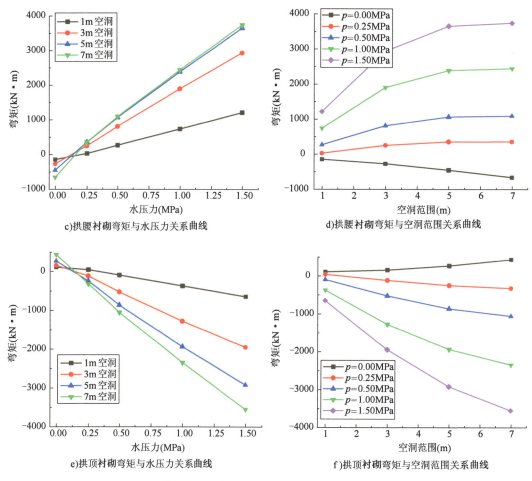

图9-26 拱脚、拱腰和拱顶衬砌弯矩与水压力和空洞范围关系曲线

从图9-26a)、c)、e)可看出:衬砌弯矩与水压力大致呈线性关系,且空洞范围越大,衬砌弯矩越大,最终拱腰处衬砌弯矩为3748.112kN·m,大于拱顶和拱脚处的弯矩值。

从图9-26b)、d)、f)可知:衬砌弯矩与衬砌轴力不同,拱腰含水空洞作用下,弯矩增加与空洞范围并不是线性关系。随着空洞范围的加大,尽管拱脚和拱顶在空洞范围1~7m之间,弯矩一直处在上升状态,但是弯矩增加的速率逐渐变缓;拱腰弯矩在空洞范围为5m时,已经趋于稳定;空洞范围增至7m时,拱顶和拱脚弯矩仍在增加,由于拱脚和拱顶初始弯矩和初始速率低,其弯矩值并没有超过拱腰。

9.3.4 拱腰含水空洞对衬砌安全性的影响

1)衬砌安全系数

对1m、3m、5m、7m拱腰含水空洞范围下衬砌的安全系数进行研究,得到拱腰不同含水空洞范围下的衬砌安全系数与水压力关系曲线,如图9-27所示。

从图9-27中可以看出:随着水压力的增大和空洞范围的扩大,衬砌整体的安全系数降低越多,衬砌越危险;衬砌左侧安全系数下降远大于右侧。经计算可知衬砌右侧始终在安全范围内。

第9章 隧道衬砌背后管状溶洞作用下结构安全性分析

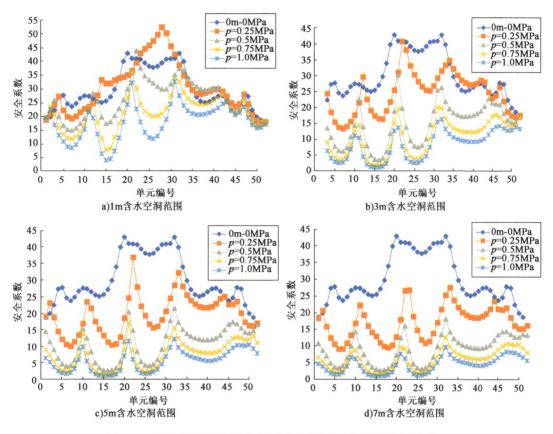

图9-27　不同空洞范围下衬砌安全系数与水压力关系曲线（拱腰含水空洞）

从图9-27a)中可看出：在空洞范围1m、水压0.25MPa条件下，衬砌安全系数比无空洞零水压条件下拱顶安全系数有所提高；空洞范围为1m时，空洞对右侧拱腰和拱脚影响较小。

从图9-27b)、c)、d)中可以看出：当水压力在0.25~0.5MPa之间时，衬砌安全系数下降幅度最大，其中左拱腰、左拱脚和左拱顶，安全系数下降超过10；当水压力超过0.5MPa时，衬砌左断面安全系数曲线相似且距离非常接近，衬砌整体安全系数均小于无空洞零水压的情况。随着含水空洞范围和水压力的增大，衬砌右侧的安全系数下降也较大，这表示左拱腰含水空洞对右侧衬砌的安全性也有较大的影响。

2）拱腰含水空洞与全环承受均匀水压对比研究

在水压力为0.25MPa和0.75MPa情况下，进行1m、3m、5m、7m空洞范围承受水压和全环承受水压研究，得到衬砌安全系数与拱腰含水空洞范围的关系曲线，如图9-28所示。

整体来看，拱腰含水空洞范围越大，衬砌安全系数越小且趋近于全环承受水压的情况。由图9-28a)可知：当拱腰空洞范围为1m和3m时，衬砌整体的安全系数都大于全环承受水压的情况；由图9-28b)可知，当空洞范围为1m时，衬砌整体的安全系数大于全环承受水压的情况，但是，当空洞范围为3m时，衬砌拱腰、拱顶和拱脚的安全系数已经小于全环承受水压的情况。另外，拱腰空洞位于左断面时，随着空洞范围的加大，衬砌右断面的安全系数趋近于全环承受水压的情况，尽管如此，衬砌右断面安全系数一直大于全环承受水压的情况，衬砌安全。

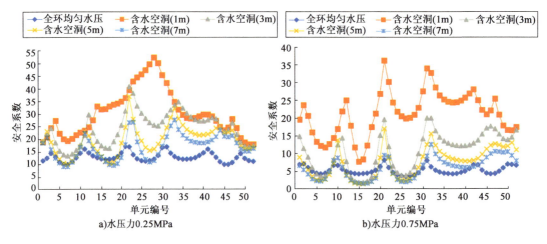

图 9-28 同一水压力下不同空洞范围衬砌安全系数关系曲线（拱腰含水空洞）

从图 9-28 可以看出：在低水压条件下拱腰和拱脚的安全系数大于全环承受水压的安全系数，在高水压下，拱脚、拱腰和拱顶的安全系数均小于全环承受水压的情况；左拱脚、左拱腰和左拱顶的安全系数最小，为拱腰含水空洞下的衬砌最不利位置。

3）衬砌安全性判断

对左拱脚（6 单元）、左拱腰（15 单元）和左拱顶（25 单元）随空洞范围和水压力变化的安全系数进行研究，如图 9-29 所示。

从图 9-29 可看出，拱腰含水空洞对隧道衬砌安全造成极大的影响。在空洞范围不小于 3m、水压力大于或等于 0.5MPa 情况下，衬砌安全系数下降幅度极大；拱腰安全系数在空洞范围 3m 时，已经达到稳定。由图 9-29 可知，当水压力达到 0.5MPa 时，衬砌的安全性急剧下降。对 0.75MPa、1.0MPa 下左拱脚、左拱腰和左拱顶的安全系数进行计算，计算结果见表 9-6。

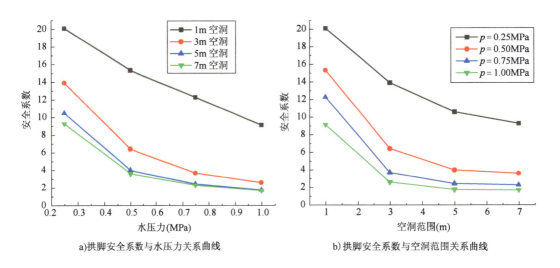

图 9-29

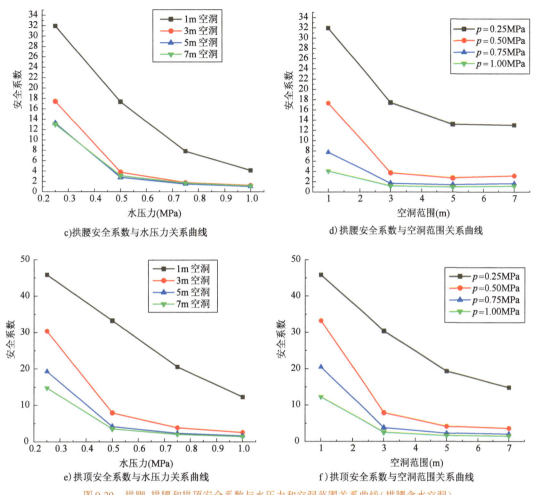

图 9-29 拱脚、拱腰和拱顶安全系数与水压力和空洞范围关系曲线（拱腰含水空洞）

最不利位置安全系数　　表 9-6

水压力（MPa）	空洞范围（m）	左 拱 脚	左 拱 顶	左 拱 腰
0.5	1	15.35	33.34	17.39
	3	6.44	7.99	3.82
	5	4.00	4.35	2.84
	7	3.61	3.61	3.16
0.75	1	12.29	20.60	7.83
	3	3.71	3.91	1.89
	5	2.45	2.40	1.54
	7	2.29	2.08	1.70
1.0	1	9.14	12.36	4.15
	3	2.62	2.62	1.28
	5	1.77	1.71	1.08
	7	1.70	1.49	1.18

计算发现左拱脚、左拱腰和左拱顶始终处于受拉状态。当空洞范围为1m时,衬砌能承受1MPa的水压力;而在空洞范围为3m、水压力0.75MPa情况下,左拱腰安全系数小于2.4,衬砌不安全;空洞范围大于3m时,亦是如此。说明空洞范围的增大会严重影响衬砌的安全性。对比表9-4发现,拱顶空洞的情况下,衬砌至少能承受1.0MPa的水压力,而3m拱腰含水空洞的情况下,衬砌已经不能承受0.75MPa的水压力,说明拱腰含水空洞比拱顶含水空洞对衬砌安全威胁更大。

9.4 拱脚含水空洞对衬砌受力及安全性的影响

9.4.1 拱脚计算工况

拱脚计算工况见表9-7。

拱脚计算工况　　表9-7

衬砌类型	空洞位置	空洞范围(m)	水压力(MPa)
K1.0型(衬砌厚80cm,配筋率1%)	左侧拱脚	1、2	0、0.25、0.5、0.75、1.0、1.25、1.5

9.4.2 拱脚含无水空洞时衬砌受力及安全性分析

拱脚不同含无水空洞范围下的衬砌受力如图9-30所示。

从图9-30可看出:在左拱脚含无水空洞情况下,左拱脚承受负弯矩,拱底承受正弯矩,其中空洞范围越大,最大正(负)弯矩越大。对轴力而言,拱顶轴力最小,左拱脚轴力最大,且随着空洞范围的增大,轴力也增大。对衬砌的安全系数进行计算,得到含无水空洞范围与衬砌安全系数关系曲线,如图9-31所示。

从图9-31可看出:当左拱脚存在空洞时,拱脚处安全系数减小,空洞范围越大,安全系数降低越多;在拱脚含无水空洞情况下,衬砌安全系数大于10,衬砌具有较大的安全储备。

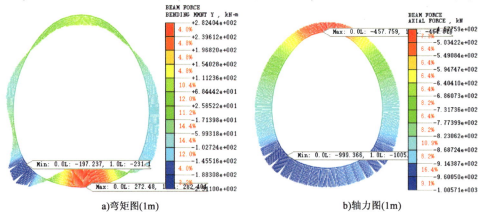

a)弯矩图(1m)　　　b)轴力图(1m)

图 9-30

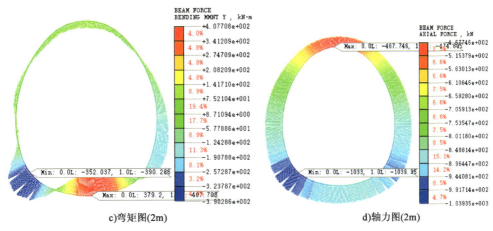

c) 弯矩图(2m)　　　　　　　　　　　　d) 轴力图(2m)

图 9-30　拱脚含无水空洞时衬砌受力图

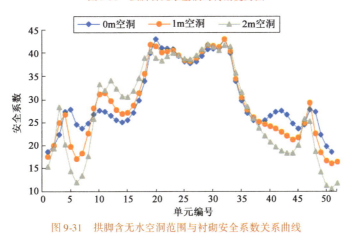

图 9-31　拱脚含无水空洞范围与衬砌安全系数关系曲线

9.4.3　拱脚含水空洞对衬砌受力的影响

1) 整体衬砌轴力图

1m、2m 拱脚含水空洞范围下的衬砌轴力如图 9-32 所示。

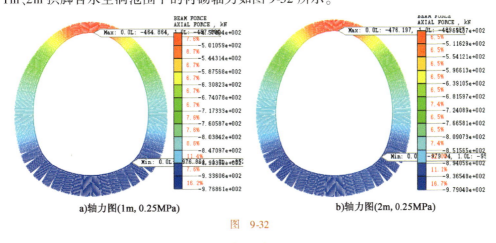

a) 轴力图(1m, 0.25MPa)　　　　　　　　b) 轴力图(2m, 0.25MPa)

图 9-32

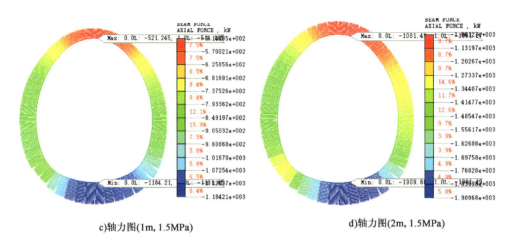

c)轴力图(1m,1.5MPa)　　　　　　d)轴力图(2m,1.5MPa)

图 9-32　拱脚含水空洞时衬砌轴力图

从图 9-32 可看出,轴力最小值始终位于拱顶,轴力最大值随水压力的增大,从右拱脚转移到右拱底。对拱腰含水空洞进行研究,得到不同水压力下衬砌轴力曲线,如图 9-33 所示。

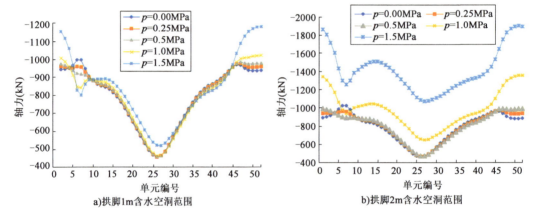

a)拱脚1m含水空洞范围　　　　　　b)拱脚2m含水空洞范围

图 9-33　不同水压力下衬砌轴力曲线(拱脚含水空洞)

从图 9-33a)可看出:在含水空洞范围 1m 时,拱脚含水空洞对衬砌轴力的影响不大,仅拱脚和拱底处轴力发生变化,随着含水空洞水压的增大,左拱脚轴力减小,左、右拱底处轴力增大。

从图 9-33b)可看出:在空洞范围 2m 的情况下,当水压力小于等于 0.5MPa 时,轴力特点与图 9-33a)相同,即左拱脚轴力减小,左右拱底轴力增大;当水压力达到 1MPa 时,随含水空洞水压力增大,衬砌各个单元轴力整体增大。

2)拱脚含水空洞对衬砌轴力的影响

从图 9-33 可知左拱脚和拱底轴力变化最大。对左拱脚(7 单元)和拱底(1 单元)在不同水压力和空洞范围下的轴力变化进行研究,得到的关系曲线如图 9-34 所示。

从图 9-34 可看出:随着水压力的增大,拱底轴力呈上升趋势,在空洞范围 1m,水压力从 0MPa 增加到 1.5MPa 的过程中,轴力增加 200kN,空洞范围 2m 时,轴力增加了 1000kN。拱脚轴力与水压力关系较为复杂,当空洞范围为 1m 时,拱脚轴力缓慢下降了 200kN;当空洞范围 2m 时,轴力先有一定程度下降,然后上升。拱脚含水空洞下衬砌轴力变化情况与拱顶含水空洞和拱腰含水空洞不同,衬砌轴力与水压力不呈明显的线性关系且衬砌轴力整体变化不大。

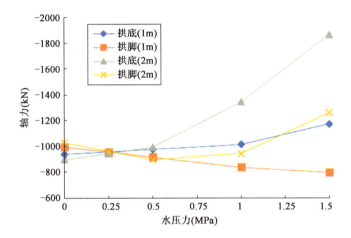

图9-34　不同水压力和空洞范围下衬砌拱底、拱脚轴力与水压力关系

3)整体衬砌弯矩

整体衬砌弯矩如图9-35所示。

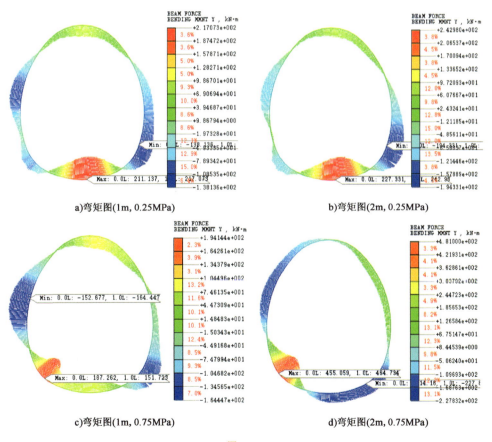

图 9-35

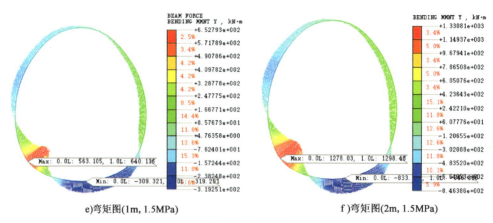

e)弯矩图(1m,1.5MPa)　　　　　　f)弯矩图(2m,1.5MPa)

图9-35　拱脚不同含水空洞范围下衬砌弯矩图

从图9-36可看出：在左拱脚含水空洞作用下，随着水压力的增大衬砌左拱脚由负弯矩转变为正弯矩，在左拱脚含水空洞的作用下，衬砌左拱腰和右拱脚外侧受拉，出现负弯矩；含水空洞范围越大，衬砌弯矩越大。

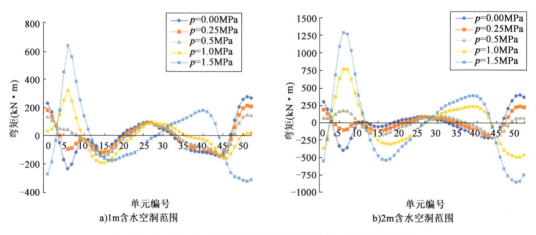

a)1m含水空洞范围　　　　　　b)2m含水空洞范围

图9-36　拱脚不同范围含水空洞和不同水压力作用下的衬砌弯矩图

比较图9-35与图9-36中水压力0.00MPa和水压力1.5MPa作用下的衬砌弯矩，发现多处衬砌弯矩发生方向变化，其中左拱脚(6单元)处在水压力为0.5MPa时，弯矩方向已经变化；右拱腰(40单元)在水压力为1.5MPa时，弯矩方向发生变化；右拱底(52单元)在水压力为1.5MPa时也发生方向变化。空洞范围越大，弯矩方向变化时的水压力越小，其中拱脚处弯矩变化最大。

4）含水空洞对衬砌弯矩的影响

对弯矩变化较大点，即左拱脚(6单元)、左拱腰(17单元)、右拱腰(40单元)、右拱底(52单元)在不同水压力作用下的弯矩变化进行研究，得到的衬砌弯矩与水压力的关系曲线如图9-37所示。

从图9-37可看出：左拱脚处弯矩大致与水压力呈线性相关，其他部位尽管弯矩增大方向不变，但是其弯矩并不是随水压力线性变化。图9-37中除了左拱腰外，其他部位均发生了弯矩方向的变化。

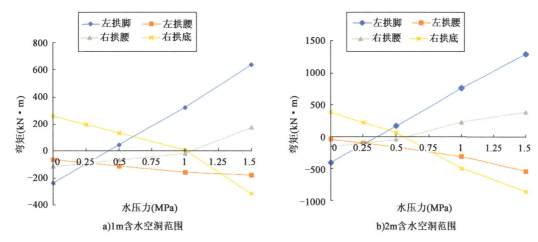

图 9-37 衬砌弯矩与水压力关系曲线(拱脚含水空洞)

9.4.4 拱脚含水空洞对衬砌安全性的影响

1) 衬砌安全系数

对 2 种拱脚含水空洞范围下的衬砌安全系数进行研究,得到不同含水空洞范围下衬砌安全系数与水压力的关系曲线,如图 9-38 所示。

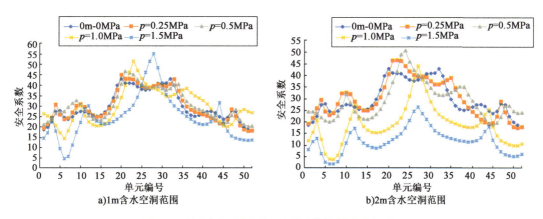

图 9-38 衬砌安全系数与水压力关系曲线(拱脚含水空洞)

从图 9-38 可看出:衬砌在拱脚含水空洞作用下,拱脚的安全系数最小,在中低水压条件下,衬砌安全系数降低并不大,当水压力大于 1MPa 时,衬砌安全系数才出现大幅度下降。对比图 9-38a)、b)两图可以发现:当空洞范围为 2m 时,拱脚安全系数降低较大,且其他单元安全系数也出现降低。

2) 拱脚含水空洞与全环承受均匀水压对比研究

对水压力在 1.0MPa 和 1.5MPa 下,1m、2m 空洞承受水压和全环承受水压进行研究,得到的衬砌安全系数与空洞范围的关系曲线,如图 9-39 所示。

同一大小水压作用下,空洞范围越大,安全系数降低越大。在拱脚含水空洞作用下,除了左拱脚和拱底处安全系数降低较多外,衬砌其他部位都有较大的安全储备。

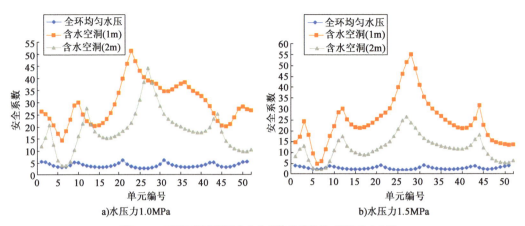

a) 水压力 1.0MPa　　　　b) 水压力 1.5MPa

图 9-39　不同空洞范围衬砌安全系数关系曲线(拱脚含水空洞)

3) 衬砌安全性判断

对左拱脚的安全系数进行研究,左拱脚安全系数见表 9-8。

左拱脚安全系数　　　　　　　　　　表 9-8

空洞范围	水压力(MPa)		
	1.00	1.25	1.5
1m	14.45(拉)	8.76(拉)	4.89(拉)
2m	4.00(拉)	2.72(拉)	2.08(拉)
全环均匀水压	2.85(拉)	2.33(压)	1.96(压)

由表 9-8 可知:当水压力为 1.5MPa,空洞范围为 1m 时,拱脚安全系数 4.89 > 2.4,衬砌安全;当水压力为 1.5MPa,空洞范围为 2m 时,拱脚的安全系数为 2.08 < 2.4,衬砌并不安全,此时的安全系数大于全环承受均匀水压的情况。由表 9-8 结合 9.4.4 节对安全系数的研究可知,拱脚含水空洞对衬砌安全影响不大。

9.5　拱底含水空洞对衬砌受力及安全性的影响

9.5.1　拱底计算工况

拱底含水空洞计算工况见表 9-9。

拱底含水计算工况　　　　　　　　　　表 9-9

衬砌类型	空洞位置	空洞范围(m)	水压力(MPa)
K1.0 型(衬砌厚 80cm,配筋率 1%)	拱底	1、2、3、4	0、0.25、0.5、0.75、1.0、1.25、1.5

9.5.2　拱底含无水空洞时衬砌受力及安全性分析

拱底不同含无水空洞范围下衬砌受力如图 9-40 所示。

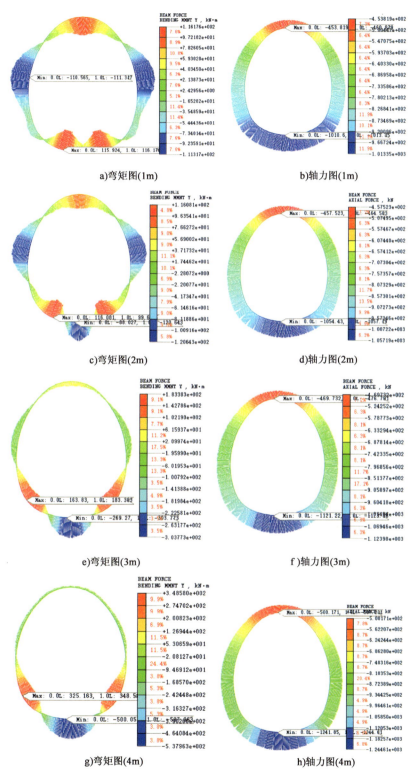

图 9-40　拱底不同无水空洞范围下衬砌受力图

由图 9-40 可知:在拱底空洞不含水情况下随着空洞范围的扩大,轴力的分布不变,即拱底轴力值最大,拱顶轴力值最小;弯矩随空洞范围的扩大,分布形式一直发生变化,拱顶、拱腰的弯矩逐渐减小,当空洞范围 4m 时,拱腰和拱顶弯矩极小,拱脚和拱底为弯矩极大值点。对无水空洞下衬砌的安全系数进行计算,得到拱底无水空洞范围与衬砌安全系数关系曲线,如图 9-41 所示。

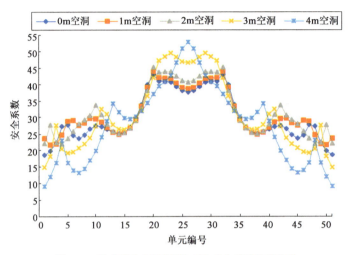

图 9-41　拱底无水空洞范围与衬砌安全系数关系曲线

由图 9-41 可知:13～40 单元范围内,拱底的无水空洞提高了其安全性,拱底和下拱腰处的安全系数下降,其中拱底处安全系数最小。当拱底无水空洞范围为 4m 时,拱底安全系数为 9,满足规范要求。

9.5.3　拱底含水空洞对衬砌受力的影响

1)含水空洞对衬砌轴力的影响

拱底含水空洞衬砌轴力如图 9-42 所示。

由图 9-42 可知,轴力极值点分布在拱顶(26 单元)、拱脚(8 单元)和拱底(1 单元)。对这 3 处的轴力进行研究,得到其在 4 种情况下衬砌轴力与水压力的关系曲线,如图 9-43 所示。

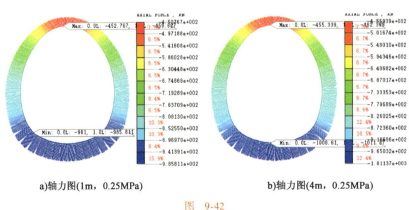

a)轴力图(1m,0.25MPa)　　　　　b)轴力图(4m,0.25MPa)

图　9-42

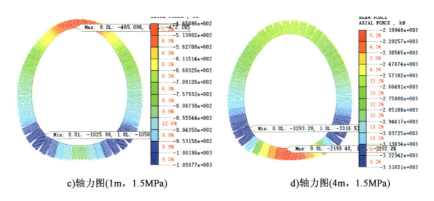

c)轴力图(1m,1.5MPa)　　　　d)轴力图(4m,1.5MPa)

图9-42　拱底含水空洞衬砌轴力图

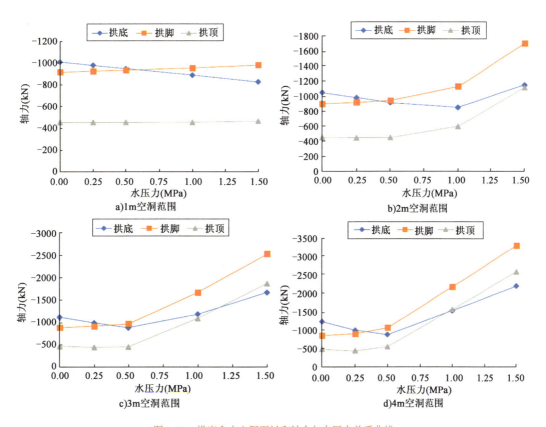

图9-43　拱底含水空洞下衬砌轴力与水压力关系曲线

从图9-43a)可看出:当空洞范围为1m时,含水空洞对拱脚和拱顶轴力影响不大,拱底轴力下降了200kN。随着空洞范围的增大,含水空洞开始对衬砌轴力产生影响。

由图9-43b)可知:当空洞范围为2m、水压力为1MPa时,拱顶、拱脚和拱底的轴力随水压力增加的速率变快。

由图9-43c)和d)两图可知:当空洞范围不小于3m、水压力大于0.5MPa时,拱底、拱脚和拱顶3处轴力随水压力的增加呈线性增加。

从图 9-43 整体看出,拱脚轴力一直大于拱顶且两者轴力曲线平行,轴力一直随水压力增大而增大,没有出现轴力下降状况,拱底轴力先减小后增大。随着空洞范围的增大,拱底轴力增大速率越快,轴力增大时的水压力值越小。拱底和拱脚轴力与水压力和拱底含水空洞范围的关系曲线,如图 9-44 所示。

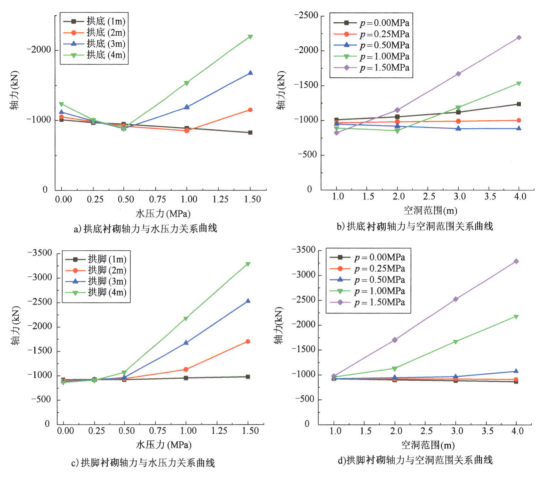

图 9-44 拱底和拱脚轴力与水压力和空洞范围关系曲线

从图 9-44a)、b)可看出拱底衬砌轴力,先减小后增大,空洞范围越大,轴力开始增加时的水压力越小。从图 9-44a)中可看出:空洞范围 2m 情况下,拱底衬砌轴力在水压力为 1MPa 时,开始线性增加;当拱底空洞范围为 4m 时,水压力为 0.5MPa 时,拱底轴力就开始线性增加。从图 9-44b)可看出:在中低水压条件下,空洞范围不同,轴力变化不大;当水压力为 1.0MPa 时,轴力在空洞范围 2m 时开始随空洞范围的增加而呈线性增加;当水压力为 1.5MPa 时,拱底衬砌轴力一直随空洞范围的增加而增加。

从图 9-44c)、d)可看出:当空洞范围 1m 或水压力小于等于 0.5MPa 时,拱脚衬砌轴力的曲线均为大致平行横坐标轴的直线,此时其拱脚衬砌轴力受含水空洞影响不大。当空洞范围大于 1m 且水压力大于 0.5MPa 时,拱脚衬砌轴力与水压力和空洞范围正相关,大致呈线性关系。

2)拱底含水空洞对衬砌弯矩的影响

不同拱底含水空洞范围与不同水压力下的衬砌弯矩如图9-45所示。

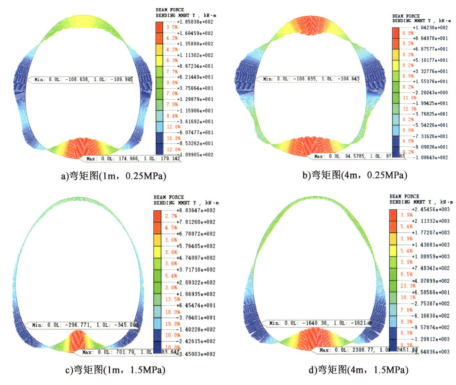

图9-45 拱底含水空洞衬砌弯矩图

从图9-45可看出,随着水压力的增大,拱腰不再是弯矩最值点,衬砌弯矩的最值点位于拱底和拱脚。对拱底(1单元)和拱脚(7单元)的衬砌弯矩进行研究,得到衬砌弯矩与水压力关系,及衬砌弯矩与空洞范围关系曲线,如图9-46所示。

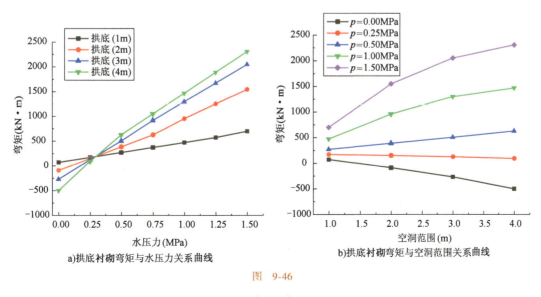

图 9-46

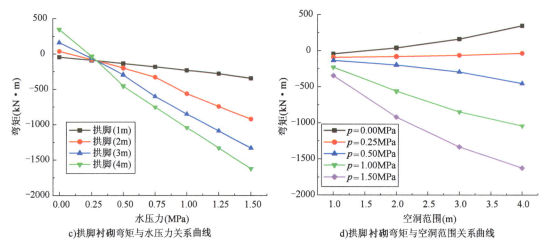

c)拱脚衬砌弯矩与水压力关系曲线　　　　d)拱脚衬砌弯矩与空洞范围关系曲线

图 9-46　拱底和拱脚衬砌弯矩与水压力和空洞范围关系曲线

由图 9-46 可知,拱底弯矩大于拱脚弯矩,拱底和拱脚弯矩与水压力大致呈线性关系,且随着空洞范围的加大,弯矩增加速率变大。从图 9-46b)、d)可知:当无水压力时,随着拱底含水空洞范围的加大,弯矩方向发生变化;在低水压条件下,随着拱底含水空洞范围的加大,弯矩减小;在高水压条件下,拱脚和拱底的弯矩都随着拱底含水空洞范围的增大而增大,水压力越大弯矩增加速率越大,随着空洞范围的加大,弯矩增加速率逐渐变小。

9.5.4　拱底含水空洞对衬砌安全性的影响

1)衬砌安全系数

对 4 种拱底含水空洞范围下,衬砌的安全系数进行研究,得到衬砌安全系数与水压力和空洞范围关系曲线,如图 9-47 所示。

由图 9-47a)、b)可以看出:衬砌最不利位置为拱底,当空洞范围不大于 2m、水压力不大于 0.5MPa 时,拱底安全系数大于 10。

由图 9-47a)、b)、c)、d)看出:当水压力为 0.25MPa 时,拱底含水空洞并未造成隧道安全系数的下降,相反拱脚和拱底的安全系数还有所增加。

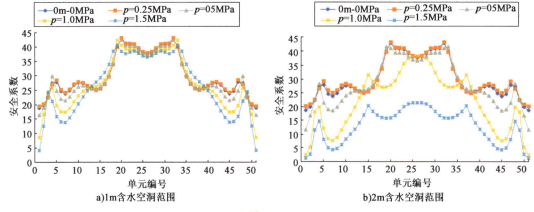

a)1m含水空洞范围　　　　　　　　　　b)2m含水空洞范围

图 9-47

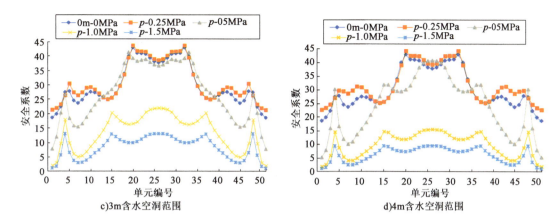

图9-47 衬砌安全系数与水压力和空洞范围关系曲线(拱底含水空洞)

由图9-47a)、b)、c)可看出:水压力为0.5MPa、空洞范围不大于3m时,拱腰及拱顶的安全系数并未降低。

由图9-47d)可看出:当空洞范围为4m时,拱顶和拱腰的安全系数开始下降。

由图9-47b)、c)、d)可知:当水压力不小于1MPa,空洞范围不小于2m时,衬砌整体的安全系数均下降,其中拱底和拱脚的安全系数下降最多。

2)拱底含水空洞与全环承受均匀水压对比研究

对水压力在1.0MPa和1.5MPa下,1m、2m、3m、4m含水空洞承受水压和全环承受水压进行研究,得到安全系数与空洞范围的关系曲线,如图9-48所示。

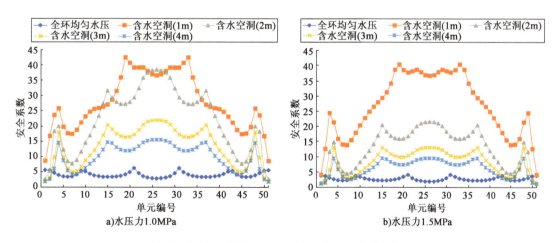

图9-48 空洞范围与衬砌安全系数关系曲线(拱底含水空洞)

由图9-48可看出,曲线呈"中间凸,两边凹"的形态,即越靠近拱底衬砌安全系数越小,随着空洞范围的加大,衬砌整体安全系数降低。从图9-48可知7~44单元的安全系数均大于全环承受水压时的安全系数,拱底含水空洞对拱脚和拱底的安全性影响较大,拱底含水空洞提高了拱脚的安全系数,减小了拱底(主要是1、2单元)的安全系数,在1MPa、1.5MPa水压力作用下,拱底的安全系数小于全环承受水压的情况。

3）衬砌安全性判断

从图9-47可知，衬砌的安全性由拱底控制，对拱底的安全系数进行研究。拱底安全系数统计见表9-10。

拱底安全系数　　　　表9-10

空洞范围	水压力（MPa）			
	0.75	1.00	1.25	1.5
1m	12.34	8.66	6.12	4.19
2m	5.18	2.68	1.96	1.55
3m	2.99	2.00	1.51	1.21
4m	2.76	1.87	1.42	1.14
全环均匀水压	3.65	2.85	2.33	1.96

表9-10中红色数字表示低于规范安全系数的要求。由表9-10可看出，当拱底含水空洞范围为1m、2m、3m、4m时，在0.75MPa水压力作用下衬砌均能满足规范要求。当空洞范围2m时，衬砌能承受1.00MPa的水压力；当空洞范围为1m时，衬砌能承受1.5MPa的水压力；当空洞范围不小于3m时，衬砌在1MPa水压力作用下，拱底已经不安全。

9.6　拱顶空洞圆形衬砌安全性分析

9.6.1　计算工况

圆形衬砌拱顶空洞计算工况见表9-11。

圆形衬砌拱顶空洞计算工况　　　　表9-11

衬砌类型	空洞位置	空洞范围（m）	水压力（MPa）
K3.0型（衬砌厚120cm，配筋率1%）	拱顶	1、3、5、7	0、0.5、1.0、1.5、2.0、2.5、3.0

9.6.2　拱顶含无水空洞时衬砌受力及安全性分析

拱顶含无水空洞（水压力为0）时衬砌受力如图9-49所示。

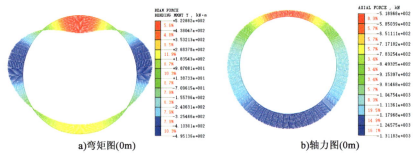

a）弯矩图（0m）　　　　b）轴力图（0m）

图 9-49

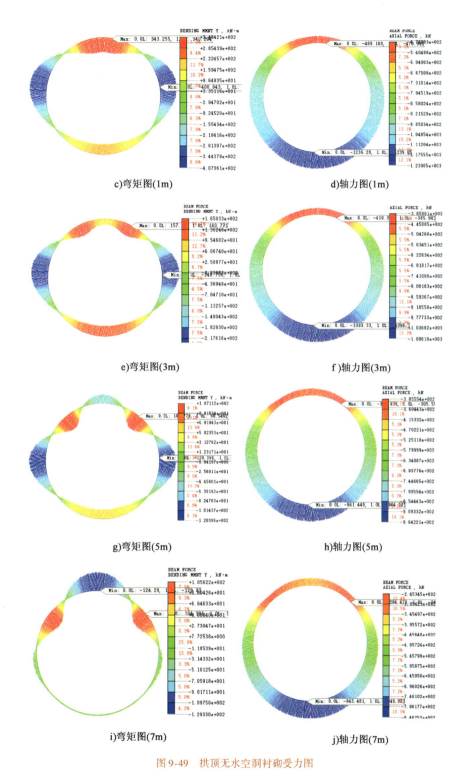

图 9-49 拱顶无水空洞衬砌受力图

从图 9-49 可看出:随着拱顶无水空洞范围的增大,拱顶由原来的正弯矩变成负弯矩,拱腰处由负弯矩转变成正弯矩;随着空洞范围的增大,拱顶轴力越来越小,这将导致拱顶处偏心距越来越大,拱顶处易发生受拉破坏。对无水条件下衬砌的安全系数进行研究得到拱顶含无水空洞范围与衬砌安全系数关系曲线,如图9-50所示。

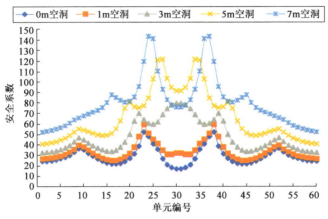

图9-50 拱顶无水空洞范围与衬砌安全系数关系曲线

从图9-50可看出,圆形衬砌的安全系数与普通衬砌不同,随着拱顶无水空洞范围的加大,衬砌整体的安全系数增大。空洞范围为3m时,拱顶安全系数增大,这是因为,空洞范围增大时,拱顶由正弯矩转变为负弯矩;空洞范围为3m时,弯矩值较小,拱顶安全系数提高;拱顶无空洞时,拱顶的安全系数为17,衬砌在拱顶含无水空洞工况下,安全性远远满足规范要求。

9.6.3 含水空洞衬砌受力分析

1)衬砌危险点判断

拱顶含水空洞受力情况如图9-51所示。

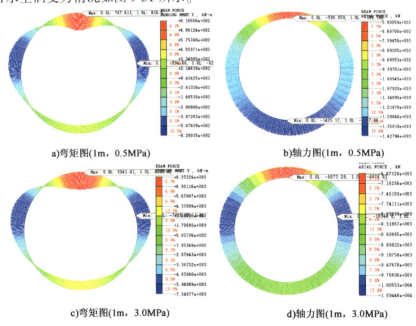

a)弯矩图(1m,0.5MPa)　　　　b)轴力图(1m,0.5MPa)

c)弯矩图(1m,3.0MPa)　　　　d)轴力图(1m,3.0MPa)

图9-51 拱顶含水空洞衬砌受力图

由图9-51可看出:衬砌弯矩在拱顶1m含水空洞范围和水压力下,弯矩和轴力分布规律相似,拱腰和拱顶为弯矩极值点,衬砌拱顶的轴力最小,弯矩大,拱顶为衬砌安全系数最小值点。因此,需对拱顶弯矩和轴力随含水空洞范围和水压力的变化进行研究。

2)拱顶弯矩及轴力分析

对不同空洞范围、不同水压力下的衬砌安全系数进行计算,得到安全系数与水压力,及安全系数与空洞范围关系曲线,如图9-52所示。

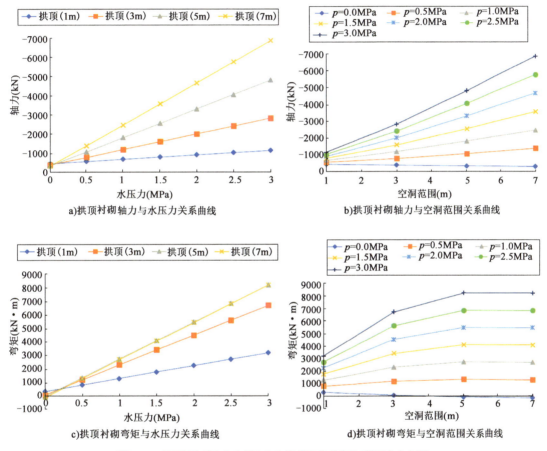

图9-52 拱顶衬砌受力与水压力和空洞范围关系曲线(拱顶含水空洞)

从图9-52a)、b)中可看出:随着水压力和空洞范围的增加,拱顶衬砌轴力一直上升,且轴力与水压力和空洞范围均成正比关系。从图9-52c)、d)中可看出:弯矩与水压力呈正比关系,弯矩随着空洞范围的增加一直增加并逐渐趋于稳定,二者呈非线性关系;当空洞范围达到5m时,弯矩趋于稳定。

9.6.4 衬砌安全性分析

1)衬砌整体的安全系数

对1m、2m、3m、4m空洞范围下衬砌整体的安全系数进行研究,得到衬砌安全系数与水压力和空洞范围关系曲线,如图9-53所示。

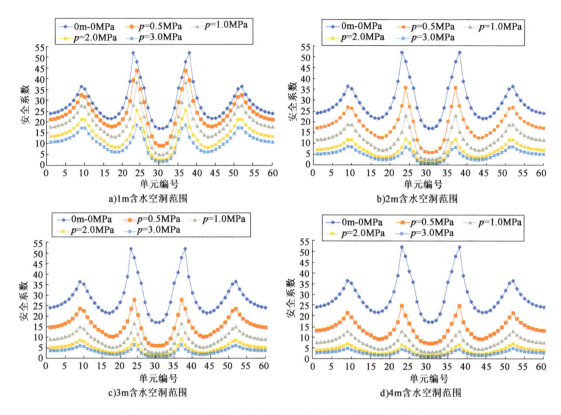

图9-53 衬砌安全系数与水压力和空洞范围关系曲线(拱顶含水空洞)

从图9-53可看出:各安全系数曲线大致相似,随着空洞范围和水压力的增大,衬砌安全系数越来越小,拱顶始终为衬砌的最不利位置,随着拱顶空洞范围的扩大,拱顶处安全系数曲线越趋向平直。

2)拱顶含水空洞与全环承受均匀水压对比研究

对0.5MPa、2.0MPa水压力下的安全系数进行研究,得到的关系曲线如图9-54所示。

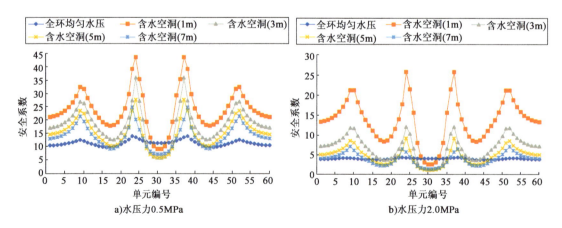

图9-54 不同空洞范围和衬砌安全系数关系曲线(拱顶含水空洞)

从图9-54可以看出,随着空洞范围的加大,衬砌整体的安全系数均降低,其中拱顶部位安全系数最小,为衬砌抗水压能力的安全控制点。对图9-16与图9-54a)进行对比分析可知,圆形衬砌与K1.0型相似,都是拱顶部位安全系数下降到全环承受水压的安全系数以下,其他部位安全系数大于全环承受水压的安全系数,不同的是当圆形衬砌含水空洞水压过高时,拱腰部位安全系数也降低到全环承受水压的安全系数以下。

3)拱顶安全系数研究

拱顶为衬砌的最不利位置,对不同水压力下,拱顶安全系数与水压力的关系进行研究,探究拱顶含水空洞下衬砌的抗水压能力,如图9-55所示。

从图9-55可看出,1m、3m、5m、7m空洞范围下,水压力为1.0MPa时,拱顶的安全系数均大于2.4。这说明衬砌承受1MPa的水压力是没有问题的。衬砌拱顶含水空洞严重影响衬砌安全:当空洞范围1m时,衬砌最高才能承受2MPa的水压力;其他空洞范围下,水压力1.5MPa时,衬砌安全系数小于2.4,衬砌不安全。从图9-55中发现空洞范围7m时的安全系数已经高于空洞范围3m、5m,说明当空洞范围增大到一定程度,拱顶安全系数还有一定提高,但是这些提高在高水压条件下是不值一提的。总体而言水压越高,空洞范围越大,拱顶安全系数越小。

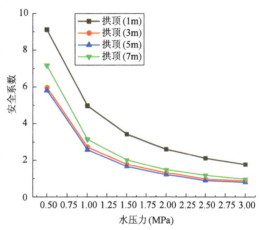

图9-55 拱顶安全系数与水压力关系曲线

9.7 基于"木桶理论"的高水压隧道抗水压设计

9.7.1 隧道防排水体系

为了提高高水压山岭隧道的抗渗漏性能,一般公路隧道的防排水体系具有圈层构造,可用"一堵两排两防"来概括,完善的隧道防排水设计是做好山岭高水压隧道防排水工程的前提,大胆应用防水新材料和新技术,吸取以往工程防排水设计的经验教训,是防排水设计的关键。

"一堵两排两防"的设计思想分为"一堵""两排"和"两防"。"一堵"即一圈围岩注浆堵水;"两排"就是在喷射混凝土与防水层之间、防水层与二次衬砌之间形成两圈排水;"两防"就是采用专用防水层和衬砌防水混凝土两道防水线。第一道防水线是在初期支护和二次模筑混凝土间设置封闭的防水板隔水层,其作用是防止二次模筑混凝土开裂,并起隔水与防水作用。第二道防水线是二次模筑混凝土采用防水混凝土,并做好接头的处理。

我国的大瑶山隧道、军都山隧道及北京地铁复兴门折返线隧道,都是采用多道防水线结构,经实践证明,其防水效果比较理想。

9.7.2 "木桶理论"概述

"木桶理论"来源于古典经济学,其内容是:由数块长短不齐的木板制成的木桶,其蓄水量是由最短的一块木板决定的。其他木板再长,也无济于事。也就是说,事物的最终结果,往往受制于要素的最低水平。从经济学意义上来说,"木桶理论"可以用边际效用来解释。"木桶理论"反映的正是这样一个道理,在边际效用递减这一规律作用下,制约系统发展的最短木板(其效用最低)对于系统总体效用的提高至关重要;从系统发展的最薄弱环节(最短的木板)着手进行改善,系统取得的效果往往是最明显的。

对"木桶理论"的理解,还可以从另外一个方面来考虑,若木桶各块木板的平均长度相同,则当木桶各木板之间长度差别较小时,其蓄水量较大。对系统来说,系统的各方面必须尽量协调发展,极端化情况的存在将制约系统整体发展水平的提高。

9.7.3 "木桶理论"应用于隧道防排水的适用性分析

"木桶理论"在隧道防排水体系的适应性分析分为三个层次。

1)第一层次

就隧道整个防排水体系而言,隧道可能穿越断层破碎带、可溶岩、褶皱构造、裂隙节理、软岩地层等隧道防水重难点地段,木桶的"蓄水量"相当于隧道的"极限耐水压性能",而这些防水重难点地段就相当于木桶中的短板,若在隧道各个区间采用相同的防水措施,这些地方必然会先发生渗漏水。因此,应针对这些防水薄弱部位,采取不同于隧道普通段的措施。

例如:增加衬砌厚度。在隧道普通段衬砌厚度设60cm,在断层破碎带及埋深大的高静水压段衬砌厚度为80cm。

例如:提高混凝土抗渗等级。根据《地下工程防水技术规范》(GB 50108—2008),在Ⅰ~Ⅲ级围岩中根据不同的埋置深度选用不同抗渗等级的防水混凝土,见表9-12。

防水混凝土设计抗渗等级 表9-12

工程埋置深度 H(m)	设计抗渗等级	工程埋置深度 H(m)	设计抗渗等级
$H<10$	P6	$20 \leq H < 30$	P10
$10 \leq H < 20$	P8	$H \geq 30$	P12

不同的埋深隧道承受的水压不同,因此随着埋深的加大,混凝土的抗渗等级也在不断加大。

例如:减小环向排水管间距。东天山隧道根据不同的围岩级别,布置不同疏密的环向排水管。

例如:不同的隧道工程防水要求不同,就算同一隧道,区间不同防水等级可能也不相同,一般隧道泵站处的防水等级要比普通段高。因此应根据不同的防水等级采取不同的措施,根据《隧道工程防水技术规范》(CECS 370—2014),暗挖法隧道工程防水措施要求见表9-13。

第9章 隧道衬砌背后管状溶洞作用下结构安全性分析

暗挖法隧道工程防水要求　　　　　　　　　　表 9-13

工程部位	二次衬砌结构						二次衬砌施工缝						二次衬砌变形缝(诱导缝)				
防水措施	防水混凝土	塑料防水板	防水砂浆	防水涂料	防水卷材	金属防水层	外贴式止水带	预埋注浆管	遇水膨胀止水条(胶)	防水密封材料	中埋式止水带	水泥基渗透结晶型防水涂料	中埋式止水带	外贴式止水带	可卸式止水带	防水密封材料	遇水膨胀止水条(胶)
防水等级 一级	必选	应选1~2种					应选1~2种						应选	应选1~2种			
二级	必选	应选1种					应选1种						应选	应选1种			
三级	宜选	宜选1种					宜选1种						应选	宜选1种			
四级	宜选	宜选1种					宜选1种						应选	宜选1种			

从另一个方面讲,采取上述措施的目的是尽量使每个隧道区间的耐水压性能相同,也就是尽量减小木桶各个木板的长短差别,使隧道整体的防水性能协调提高。若普通段采取同防水困难段同样的措施,则隧道普通段就相当于木桶的"长板",这样会造成材料浪费,增加无谓的经济损失。

2)第二层次

就防水板这一道防线而言,如果把防水板比作木桶,那么防水板能承受多大的水压取决于防水板之间焊缝的耐水压的能力。如果要保证防水板的防水效果,防水板之间的搭接焊缝质量必须得到保证,如图9-56所示。如果防水板一处焊缝施工质量差,水很可能就会从焊接不良处穿过,渗到混凝土二次衬砌中。这个过程(水通过防水板之间的焊缝进入二次衬砌的过程)就是防水板作为一层防水结构失效的过程。

图9-56　防水板焊缝

3)第三层次

就混凝土自防水这一道防线而言,隧道从防水板渗出的水,汇集到隧道二次衬砌中。目前隧道自防水混凝土基本都能达到P8的抗渗能力,根据调查显示隧道自防水这道防水线渗漏水大部分首先发生在隧道的施工缝及变形缝区域,这大都是由于施工方面的因素。实际施工中,存在着马虎、粗糙的现象。例如:止水带固定不牢,浇筑混凝土时有卷起现象;止水条安放不规范,造成扭曲、变形;施工缝、变形缝处的混凝土浇筑振捣不到位,止水带和止水条与隧道二次衬砌混凝土不密贴等。鉴于以上原因,隧道建成后施工缝、变形缝渗漏水率最高。相关资料表明,施工缝、变形缝渗漏水占隧道总渗漏水的60%以上,个别工程甚至出现见缝必漏、无缝不漏的现象,不得不花费高昂的代价进行整治。

例如,试刀山、高山隧道壁面上钙质残留物随处可见,几乎所有的伸缩缝、施工缝和拱墙接缝均存在不同程度的渗漏水。

从施工渗漏的部位来看,施工缝仍是隧道防水的重点和难点。表9-14是调研隧道渗漏水部位的统计结果。

隧道渗漏水部位统计结果　　　　　　　　　　　　　　　　表 9-14

隧道名称	渗漏水数量（处）	各渗漏水部位所占比例（%）			备 注
		施工缝	混凝土裂缝	蜂窝麻面	
107 国道某隧道右线	361	82.1	6	11.9	人工模筑混凝土，未设防水板
107 国道某隧道左线	152	95.1	4.4	0.5	泵送混凝土，未设防水板
京九铁路某隧道	214	99.7	0	0.3	泵送混凝土，半包式防水板
广州地铁某区间隧道	41	100	0	0	泵送混凝土，全包式防水板

隧道工程渗漏水的主要部位是在施工缝处。特别是防水板的使用，使二次衬砌混凝土有一个良好的环境，基本达到了在无水条件下施工。因此，二次衬砌防水混凝土的施工质量容易保证，这样，隧道的渗漏水部位将更加集中在施工缝处。因此，隧道的施工缝、变形缝是隧道的"短板"。

隧道防排水体系的设计可以用"木桶理论"来指导，隧道整体的耐水能力受岩溶、断层、可溶岩等不良地质的制约；防水板的止水能力受防水板焊缝的制约；混凝土自防水的抗渗能力受施工缝、变形缝施工质量的制约；这些都可以看作是隧道防水系统中的"短板"。提高这些"短板"的防水能力对隧道防水的意义重大。另外，隧道各个区间的防水能力应该相互协调，应该因地制宜，不用特意提高隧道普通段的防水能力，隧道止水带的防水能力有限，特意提高隧道衬砌的防水等级并无必要。因此，从"木桶理论"的基本概念和内涵出发，防排水体系的设计应加强"短板"，各个防水区间应协调提高防水能力。

9.8　本章小结

本章对新圆梁山隧道 K1.0 型衬砌拱顶空洞、拱腰空洞、拱脚空洞和拱底空洞（含水空洞和无水空洞）进行受力及安全性分析，研究了不同空洞范围、不同水压力下衬砌轴力和弯矩特性，对各种工况下的安全系数进行分析，并和全环承受均匀水压进行比较，判断衬砌的安全性。主要研究成果如下：

（1）衬砌受力与空洞范围和水压力的关系研究。

采用荷载—结构法对不同含水空洞范围下衬砌的受力进行计算，研究发现含水空洞位置不同，衬砌整体的轴力图和弯矩图分布不同，轴力和弯矩极值点的位置也不同。但是，不论含水空洞分布在何处，衬砌的轴力与水压力和空洞范围都大致为线性正相关的关系，弯矩与水压力大致呈线性正相关，随含水空洞范围的增加，弯矩逐渐增加并趋于平稳。

（2）衬砌安全性与空洞范围和水压力的关系研究。

不论含水空洞位置在哪里，随着含水空洞范围的增大和水压力的升高，衬砌整体的安全性下降。其中空洞范围内安全系数下降最大，空洞位置处为衬砌的最不利位置；不同位置处的含水空洞对衬砌安全性的影响不同，同一空洞范围和水压力下对衬砌的危害性排序为：拱腰含水空洞＞拱底含水空洞＞拱顶含水空洞＞拱脚含水空洞。具体表现在：

①当衬砌背后空洞无水时，各种工况下安全系数均符合规范要求，其中拱顶含无水空洞时

的最小安全系数为17.13,拱腰含无水空洞时的最小安全系数为3.76,拱脚含无水空洞时的最小安全系数为10.87,拱底含无水空洞时的最小安全系数为5.29,各位置无水空洞工况下的安全系数均大于2.4,无水空洞工况下衬砌安全。

②不论空洞位置如何,空洞处衬砌均为衬砌最危险控制点,空洞处安全系数均小于没有含水空洞工况下的安全系数,含水空洞降低了衬砌安全性;与全环承受均匀水压对比发现,当水压达到一定值时,空洞处的安全系数首先降低到全环承受均匀水压的安全系数以下。

③对衬砌安全性进行分析得到,拱腰含水空洞范围3m水压力1.0MPa下,衬砌最小安全系数为1.28;拱底含水空洞范围4m水压力1.0MPa下,衬砌最小安全系数为1.87;拱顶含水空洞范围4m水压力1.0MPa下,衬砌最小安全系数3.97;拱顶含水空洞2m范围水压力1.0MPa下,衬砌最小安全系数2.99;拱脚含水空洞范围2m水压力1.0MPa下,衬砌最小安全系数4.00;安全系数越小,衬砌越危险,因此,含水空洞危险性排序为:拱腰含水空洞>拱底含水空洞>拱顶含水空洞>拱脚含水空洞。

④通过对安全性判断得知,拱顶含水空洞范围为4m时,衬砌能承受1.0MPa的水压力;当拱腰含水空洞范围为7m时,衬砌能承受0.5MPa的水压力;当拱脚含水空洞范围为2m时,衬砌能承受1.25MPa的水压力;当拱底含水空洞范围为4m时,衬砌能承受0.75MPa的水压力。

(3)圆形衬砌拱顶含水空洞安全性研究。

K3.0型圆形衬砌拱顶含水空洞工况下轴力和弯矩随水压力和空洞范围的变化规律与K1.0型衬砌相同,但是圆形衬砌拱顶含水空洞能显著降低衬砌抗水压能力。当空洞范围不小于3m时,K3.0型圆形衬砌拱顶安全系数小于2.4,其拱顶抗水压能力小于1.5MPa,已不符合规范要求,因此,K3.0型圆形衬砌施工时不仅要保证衬砌施工质量,还应该进行注浆加固,保证浆液填满溶腔。

(4)提出了基于"木桶理论"的高水压隧道抗水压设计方法。

第10章 高水压岩溶隧道结构缝抗水压能力试验研究

10.1 隧道施工缝止水带应用现状

10.1.1 常见止水带种类

目前隧道施工缝防水构造所用止水带按照设置位置不同主要分为背贴止水带和中埋止水带。背贴止水带一般为背贴橡胶止水带,中埋止水带常见的有橡胶止水带、橡胶钢边止水带、钢板止水带、波纹钢板止水带、自黏止水带,如图10-1所示。

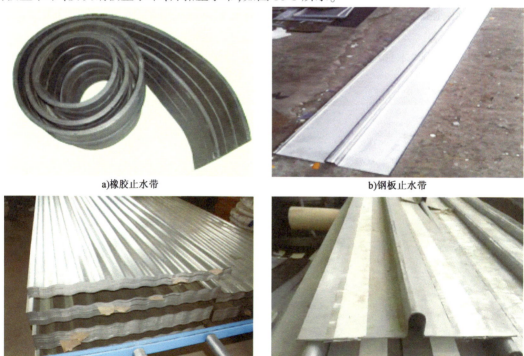

a)橡胶止水带　　　　　　　　b)钢板止水带

c)波纹钢止水带　　　　　　　　d)自黏止水带

图10-1　常见中埋止水带

钢板止水带的止水效果要低于橡胶止水带,而且钢板非常容易生锈,锈蚀以后的钢板止水带的止水效果将大打折扣。目前,镀锌钢板止水带能较好地预防锈蚀。橡胶止水带具有很强的耐腐蚀性,所以在选择止水带类型时尽量选择橡胶止水带。另外,钢板止水带的安装工艺比较复杂,因为每块止水钢板焊接效果将直接影响后期的止水效果,一旦焊接不好,就会产生漏水问题。

自黏止水带从阻断渗水通道角度出发,基于胶黏密封的设计理念,对普通止水带结构进行了优化设计。在普通橡胶、钢板、钢边止水带的基础上,设计了止水功能区并在其上复合自黏胶层,通过自黏胶层将止水带基材与衬砌混凝土间渗水通道黏结密封,形成胶黏密封带阻断渗水通道,改善了现有止水带的止水效果。

10.1.2 横向加强止水带

1) 横向加强止水带简介

橡胶止水带因全部为橡胶材质,质地较软,在浇筑混凝土时很容易出现止水带下垂,从而影响施工质量。目前主要的解决方法是利用 U 形钢卡将止水带固定,防止止水带下垂现象的发生。但这种方法无形之中造成了施工成本与工时的增加,影响了工作效率。当施工过程中设置的 U 形钢卡数量不够或安装定位不准,止水带在重力作用下下垂,在浇筑混凝土的挤压力作用下很容易使止水带弯折,造成止水带切割混凝土现象,引发"掉块"(图 10-2),在车辆通过时严重影响行车安全。所以使止水带自身具有横向加强的能力,成为解决此类问题的主要途径。

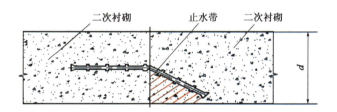

图 10-2　止水带切割混凝土示意图

横向加强止水带是针对工程项目中埋橡胶止水带安装时遇到的实际问题提出的,通过对比普通中埋橡胶止水带的优缺点,以普通中埋橡胶止水带为基础,在止水带内部增加加劲钢板。在施工过程中,尤其是在浇筑混凝土的过程中,横向加强中埋止水带能够保证止水带在不加外界支撑装置的情况下依然保持水平状态,性能优越,并可适用于各类铁路隧道。

横向加强止水带,具有如下优点:

(1) 有较高的横向刚度。横向加强止水带内部均匀分布有筋板,为止水带提供了较高的抗弯刚度,可以保证止水带在安装及浇筑混凝土过程中,不会因为混凝土等外界因素的冲击而发生弯折、下垂。

(2) 安装方便。横向加强止水带的应用,不会因混凝土等外界因素的影响而发生弯折,有效地解决了止水带的下垂变形问题,取消了 U 形钢卡,减少了施工工序,缩短了工程施工时间、降低了工人劳动强度及施工难度。

(3)保证安全。横向加强止水带的应用提高了隧道的防水性能,解决了因止水带偏移、混凝土变薄而引发的"掉块"问题,保证了车辆运营安全。

(4)成本降低。横向加强止水带安装工艺简单,提高了施工速度,减少了施工人员的配备,从而降低了工程成本。

(5)提高效益。横向加强止水带的成功研制具有显著的社会效益、经济效益,有广泛的推广应用价值。

横向加强止水带与传统止水带对比情况见表10-1。

横向加强止水带与传统止水带对比　　　　　　表10-1

项　目	传统止水带安装	横向加强止水带安装
操作易用性	需5人	需3人
配合工装要求	需定位U形钢卡55个	不需定位U形钢卡
工况适应性	浇筑混凝土一侧会因为混凝土的冲击出现位置偏移,脱模后露出的止水带一侧会因为自重发生下垂现象	具有较高的横向刚度,不会因混凝土的冲击和自重的影响而发生变形和偏移
效率、质量	安装一环止水带需5人耗时7h(含端头模板安装),定位筋与止水带间隙较难控制,安装效果一般	安装一环需3人耗时3h(含端头模板安装),效果良好

横向加强止水带材料参数见表10-2,横向刚度参数见表10-3。

横向加强止水带材料主要参数　　　　　　表10-2

序号	项　目		要　求
1	硬度(邵尔A)(度)		60±5
2	拉伸强度(MPa)		≥15
3	扯断伸长率(%)		≥450
4	压缩永久变形(%)	70℃×24h,25%	≤30
		23℃×168h,25%	≤20
5	撕裂强度(kN/m)		≥30
6	脆性温度(℃)		≤-45
7	热空气老化	70℃×168h	硬度变化(邵尔A)(度) ≤6
			拉伸强度(MPa) ≥12
			扯断伸长率(%) ≥400
8	耐碱水	氢氧化钙饱和溶液23℃×168h	硬度变化(邵尔A)(度) ≤6
			拉伸强度(MPa) ≥12
			扯断伸长率(%) ≥400
9	臭氧老化 50pphm;20%,40±2℃,48h		无龟裂
10	橡胶与筋板黏结剥离强度(kN/m)		≥6
11	含胶量		≥35%

横向加强型止水带横向刚度主要参数 表10-3

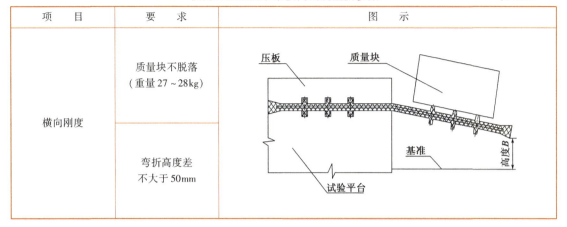

横向加强止水带结构如图10-3～图10-6所示,筋板位置如图10-7所示。

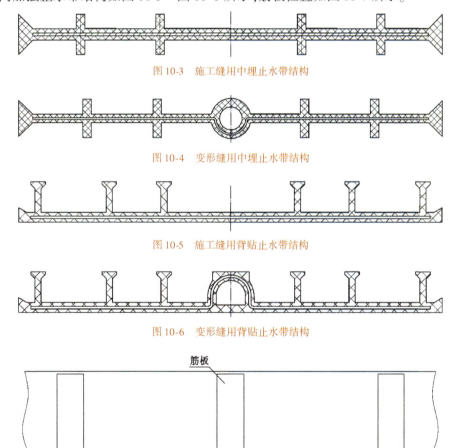

图10-3 施工缝用中埋止水带结构

图10-4 变形缝用中埋止水带结构

图10-5 施工缝用背贴止水带结构

图10-6 变形缝用背贴止水带结构

图10-7 筋板位置平面示意图

2) 横向加强止水带的工程应用效果及检验

止水带应用效果如图10-8～图10-11所示。

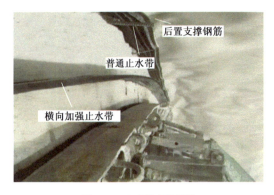
图 10-8　止水带安装效果

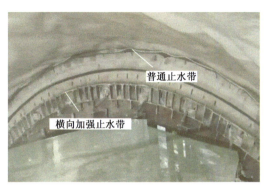
图 10-9　止水带安装效果

图 10-10　拆模后测量外露宽度为 15cm

图 10-11　止水带距二次衬砌混凝土边缘为 20cm

止水带破检方法如图 10-12 所示。止水带两侧混凝土保养完毕后,在施工缝两侧各钻一个直径为 20mm 的孔进行检测,孔深以钻到橡胶为止,利用工业内窥镜检测露出橡胶止水带,用尺子测量孔的深度。

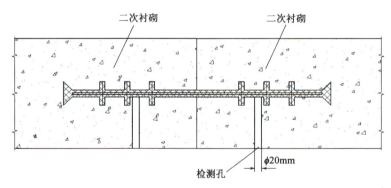
图 10-12　止水带破坏检测方法图

止水带破坏检测步骤如图 10-13 所示,检测孔深度统计如图 10-14～图 10-16 所示。

结合以上破检结果分析,横向加强止水带安装最大偏差为 2cm,定位较为准确,均未出现大的偏位、切割混凝土现象。

第 10 章 高水压岩溶隧道结构缝抗水压能力试验研究

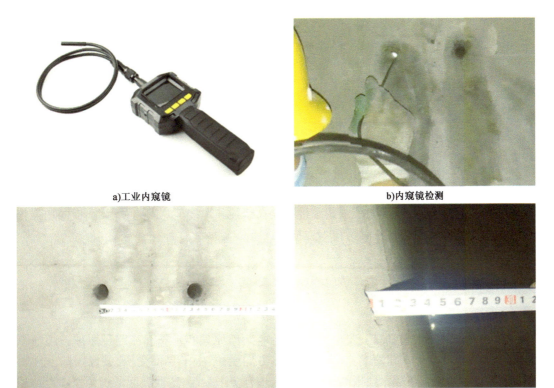

图 10-13 止水带破检步骤

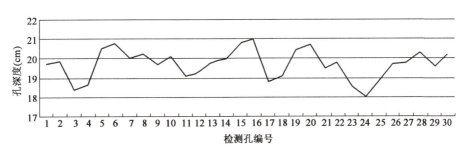

图 10-14 拱顶检测孔深度统计

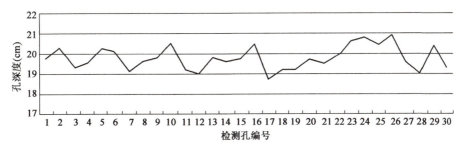

图 10-15 右侧拱腰检测孔深度统计

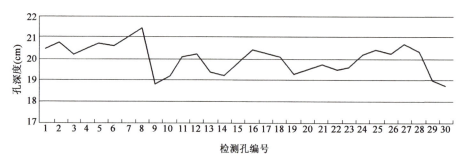

图 10-16　左侧拱腰检测孔深度统计

由此可见，横向加强止水带不仅止水效果好，而且解决了普通橡胶止水带安装过程中导致的混凝土掉块问题。此外，横向加强止水带不存在锈蚀和焊接工艺问题。因此，横向加强止水带在隧道施工缝防水结构施工时值得大力推广。

10.2　止水带止水机理分析

张勇认为止水带止水机理主要包括两个方面：阀门原理和延长渗流路径原理。阀门原理指的是止水带受混凝土干缩的影响，止水带宽度方向受拉，上下界面受压，就像阀门一样闭合了渗水路径；延长渗流路径原理指的是中埋止水带有多个突起，这些突起通过延长渗流路径损耗了水头，借此阻止水的进一步渗透，同时这些突起也会产生阀门作用，如图10-17所示。

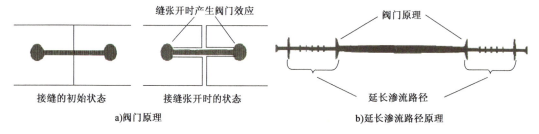

图 10-17　止水机理示意图

止水机理同样包括挤压原理，挤压原理是指止水带承受混凝土结构和围岩的径向内应力。背贴止水带承受初期支护面和混凝土二次衬砌背面的挤压力；中埋止水带放在混凝土衬砌中间，靠混凝土二次衬砌结构的径向应力提供挤压力。

阀门原理和挤压原理是共同作用的，混凝土的干缩使得两者共同发挥作用，这就要求止水带有一定的埋深，这样才能使得止水带与混凝土结合紧密。一般而言，止水带的埋置深度不小于止水带宽度的一半。部分中埋橡胶止水带形式如图10-18所示。

图10-18b)为橡胶钢边止水带，该种止水带集合了钢板和橡胶材料的优点，具有一定的压缩和弹性恢复力，钢边也使得止水带固定更为方便。

其中延长渗流路径原理与止水带表面的粗糙度有关，突起数目和止水带的表面特性都能增加止水带的粗糙度。阀门原理和挤压原理与混凝土的干缩性和混凝土与止水带间的黏结性能有关。下节通过室内试验，对混凝土与钢板止水带和橡胶止水带的抗剪强度进行研究。

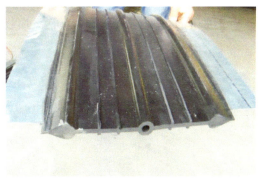

a)变形缝中埋橡胶止水带　　　　　　　　b)橡胶钢边止水带

图 10-18　中埋止水带

10.3　不同止水带与混凝土的抗剪强度对比

采用剪切试验,对混凝土与钢板止水带和橡胶止水带的抗剪强度进行研究,试验加载如图 10-19 所示。

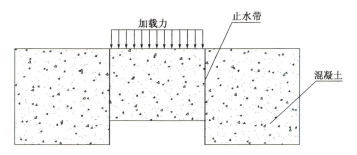

图 10-19　抗剪试验加载示意图

试验采用 100mm × 100mm × 100mm 三联铁试模进行试验。将止水带放到有三联挡板的两个挡槽内,进行混凝土试块的浇筑,如图 10-20 所示。

a)橡胶止水带　　　　　　　　　　　　b)钢板止水带

图 10-20　试块浇筑完成图

从图 10-20 中可以看出:镀锌钢板与混凝土是分离的,钢板止水带与混凝土完全没有黏结性。钢板止水带靠混凝土的干缩挤压作用阻止水压力的进入,橡胶止水带能通过其与混凝土的黏结性提高其防水能力。

对止水带的抗剪强度进行试验研究,加载过程如图 10-21 所示。

 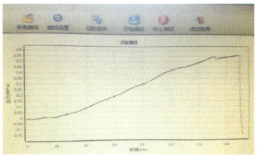

a)试验加载　　　　　　　　　　　　b)加载趋势线

图 10-21　加载过程

共做了 3 组橡胶止水带剪切试验,最终受力值为 5.63kN、5.43kN、5.21kN。受力面积为 100mm×75mm×2 = 15000mm²,最终抗剪强度分别为 0.38MPa、0.36MPa、0.35MPa。

防水工程中,橡胶止水带由于和混凝土有一定黏结性,其抗水压能力比钢板止水带更有优势,这说明钢板自黏止水带止水效果要优于普通钢板止水带。

10.4　施工缝和变形缝的止水机理分析

10.4.1　隧道接缝防水措施

1)施工缝防水措施

隧道存在环向和纵向两种施工缝,施工缝常常采用止水带、膨胀橡胶条等止水材料。止水带根据布置位置的不同可分为背贴止水带和中埋止水带,根据材料的不同可分为橡胶止水带和钢板止水带。背贴止水带多采用橡胶材料,中埋止水带既可采用钢板又可以采用橡胶。钢板止水带的优点是自身抗渗性能和力学性能好,良好的刚性便于预埋式的安装固定,在承受较大的振捣力作用时不发生弯曲变形;其缺点也同样明显,由于钢板与混凝土界面的结合是刚性的,金属变形能力差,加上焊缝过多,在界面和焊缝处容易形成缺陷。橡胶止水带与钢板止水带正相反,橡胶材料有一定的压缩和弹性恢复能力,密封比较可靠,其安装和固定多采用铁丝绑扎固定,振捣下容易发生变形,这使得橡胶止水带容易发生移位和变形,同样给施工缝防水带来挑战。目前常用的防水措施如图 10-22 所示。

根据不同的防水要求,施工缝还可采用多种复合构造形式,如背贴止水带 + 中埋止水带复合构造和背贴止水带 + 止水条复合构造。新圆梁山隧道溶洞段的防水要求是 3MPa 水压力下不发生渗漏,为了保证防水效果,环向施工缝采用背贴止水带 + 中埋钢板止水带 + 中埋波纹钢止水带三道防水,纵向施工缝采用中埋橡胶止水带 + 中埋波纹钢止水带 + 橡胶止水条三道防水,如图 10-23 所示。

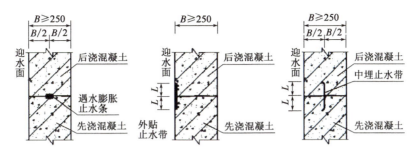

图 10-22　施工缝单一防水构造图(尺寸单位:mm)

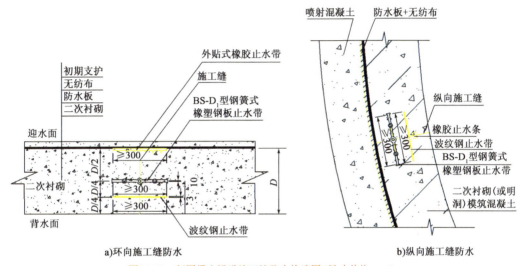

a)环向施工缝防水　　　　　　　　　　b)纵向施工缝防水

图 10-23　新圆梁山隧道施工缝防水构造图(尺寸单位:mm)

新圆梁山隧道溶洞段衬砌厚度为 1.2m,为设置三道防水提供了条件,新圆梁山隧道现场防水施工,如图 10-24 所示。

图 10-24　防水现场施工图

2) 变形缝防水措施

变形缝的设置是为了满足隧道不均匀沉降和温度应力产生的不均匀变形。目前,隧道衬砌变形缝常用的防水设施有止水带、填缝板、膨胀橡胶条和嵌缝膏等。变形缝防水结构如图 10-25 所示。

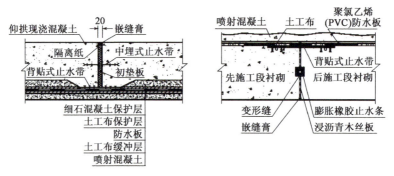

图10-25 变形缝防水构造图(尺寸单位:mm)

填缝板填充在变形缝中以支撑止水带和作为密封材料的背衬,嵌缝膏多采用密封性好的材料,两者均需要具有一定的变形能力以适应变形缝的要求,新圆梁山隧道变形缝设置如图10-26所示。

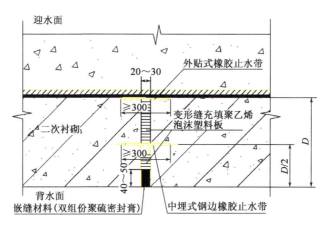

图10-26 新圆梁山隧道变形缝防水构造图(尺寸单位:mm)

10.4.2 施工缝渗漏水原因分析

施工缝渗漏水需要三个条件:一是有压地下水;二是施工缝局部病害,在有压地下水的作用下,可能水流通畅;三是水压力有足够的作用时间,使得地下水能穿过施工缝。只有同时具备了这三个条件才能发生施工缝渗漏水破坏。翁其能研究结果表明,开裂混凝土长期渗透时混凝土的渗流呈稳定状态。乔连朋等对新老混凝土界面的渗透系数进行研究,结果表明在试验中所有新老混凝土黏结试件的渗透性都远远大于原新、老混凝土试件,渗透系数与老混凝土试件相差一个数量级,与新混凝土试件相差两个数量级。前人并没有对施工缝处的渗流场进行研究,根据课题组对隧道水力势的分布解析研究,可初步判断施工缝处水力势可能的分布形式,如图10-27所示。

图10-27a)表示在施工缝无止水带情况下,当水压力 p 和水压力作用时间 t 达到一定限值时,达到稳定渗流,渗流可能穿过施工缝。

图 10-27b) 表示当施工止水带后,由于水压力 p 过低或水压力作用时间 t 不够,水头被止水带拦住。

图 10-27c) 表示水头穿过止水带,但并未穿过施工缝。

图 10-27d) 表示当水压力 p 和水压力作用时间 t 足够时,水不仅穿过止水带,还穿过施工缝,造成隧道渗漏水。

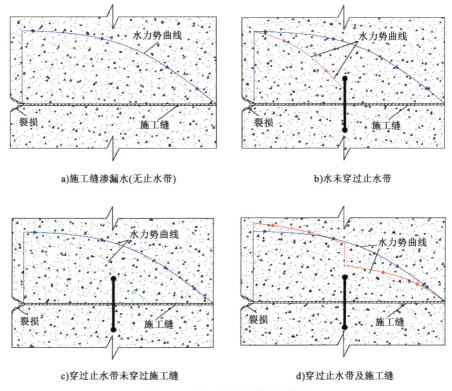

a) 施工缝渗漏水(无止水带) b) 水未穿过止水带

c) 穿过止水带未穿过施工缝 d) 穿过止水带及施工缝

图 10-27 施工缝处水力势分布形式

根据压力大小和工作时间的不同,水力势曲线一般为上述 4 种曲线中的一种。

10.4.3 衬砌结构缝抗水压能力探讨

高压富水岩溶隧道一般采用背贴止水带+中埋止水带的形式,止水带数量的增加并不能成倍地提高衬砌结构缝的防水能力。假设某隧道衬砌施工缝在单独施作背贴止水带或中埋止水带时都在 1MPa 水压力下发生渗漏,当施作背贴止水带和中埋止水带时并不一定能够抵抗 2MPa 的水压力,因为当水压力达到 1MPa 时,施工缝中压力水已经到达中埋止水带位置,极可能在水压力达到 1.0~2.0MPa 某中间值时发生渗漏。

不难想到,对于隧道来说,衬砌为隧道的最后一道防水防线,施工缝为隧道防水薄弱点,在水压力作用下不发生结构破坏的前提下,衬砌的防水能力由施工缝控制。对于衬砌施工缝来说,中埋止水带埋置在混凝土中,其抗水压能力大于仅靠围岩和衬砌外边界挤压作用下的背贴止水带,中埋止水带为其最后一道防水防线。

10.5 结构缝抗水压能力的对比研究

10.5.1 施工缝和变形缝橡胶止水带试验设计

1）概述

（1）工程概况

新疆东天山特长隧道，左洞全长 11.764km，右洞全长 11.775km，最大埋深 1225m，设计抗水压力为 1MPa，施工缝和变形缝都采用了背贴橡胶止水带+中埋橡胶止水带的形式。依托新疆东天山特长隧道工程对施工缝和变形缝橡胶止水带的抗水压能力进行研究。

（2）试验目的

①对变形缝和施工缝的抗水压能力进行对比；
②对背贴止水带和中埋止水带的抗水压能力进行对比。

试验项目及内容见表10-4。

结构缝抗水压试验　　　　表10-4

编　号	抗水压试验项目	止水带埋深(cm)	备　注
①	变形缝背贴止水带	40	与②、③对比
②	施工缝背贴止水带	40	与①、④对比
③	变形缝中埋止水带	40	与①、④对比
④	施工缝中埋止水带	40	与②、③对比

将①与②、③与④的抗水压值进行对比，对变形缝和施工缝的抗水压能力进行对比研究；将①与③、②与④的抗水压值进行对比，对背贴止水带和中埋止水带的抗水压能力进行对比研究。

2）橡胶止水带抗水压试验设计

试验设计剖面如图10-28所示。

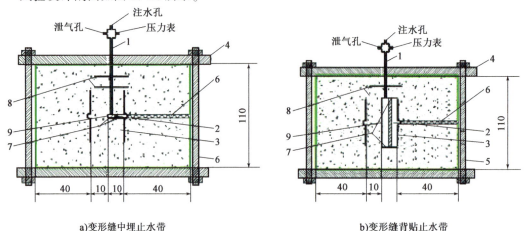

a) 变形缝中埋止水带　　　　b) 变形缝背贴止水带

图 10-28

第10章 高水压岩溶隧道结构缝抗水压能力试验研究

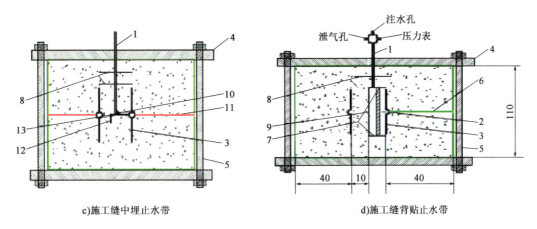

c)施工缝中埋止水带　　　　　d)施工缝背贴止水带

图 10-28　试验设计剖面图(尺寸单位:cm)

1-送水管;2-变形缝;3-止水环;4-上钢板;5-侧模板;6-变形缝;7-钢垫块;8-圆形挡水板;9-加水腔;10-直角三角形钢板;11-施工缝;12-矩形钢板;13-半圆钢板

上述试验为半断面加压试验,将水流向半侧加压,进行施工缝和变形缝抗水压试验,用泡沫板模拟变形缝,两种止水带的埋置深度均为40cm,测试40cm埋置深度下施工缝的抗水压强度。

导水管是一个可以通水的密闭结构,将内部仪器周围围绕一圈止水带,并将止水带和内部仪器放入模板中定位,然后浇筑混凝土,形成封闭结构;最后逐级加压,测出止水带的最大抗水压值。其内部结构尺寸如图10-29所示。

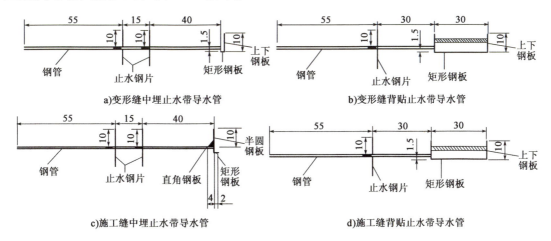

a)变形缝中埋止水带导水管　　　　　b)变形缝背贴止水带导水管

c)施工缝中埋止水带导水管　　　　　d)施工缝背贴止水带导水管

图 10-29　导水管结构尺寸(尺寸单位:cm)

10.5.2　试验过程及结果分析

1)试验过程

试验过程中要注意以下问题:

①安放试验桶。为模拟实际隧道环境,将试验桶放在东天山隧道斜井废弃隧道中,中交一公局集团有限公司(以下简称"中交一公局")已经将该隧道作为试验基地。安放试验桶应水平放置。

②止水带用热熔焊机焊接成圆形,并将其套在内部仪器上,用铁丝固定止水带和内部仪器,使其连接在一起,背贴止水带内部仪器中放进泡沫,并用塑料袋罩住,插几个小孔,使水能够流出。

③试验桶高110cm,待浇到40cm高后,放入内部仪器和止水带,并将其定位,每浇筑10~20cm振捣一次。

④浇筑中部混凝土过程中,待浇到止水带中间时,停止浇筑,振捣混凝土,整平。

⑤完成施工缝极限抗水压试验的混凝土放置1d后,再继续浇筑;变形缝处放泡沫,并盖一层钢板,然后浇筑上部混凝土。

⑥采用小型注浆机加压测试其最大水压。

(1)仪器制作与改装

仪器制作与改装过程如图10-30所示。

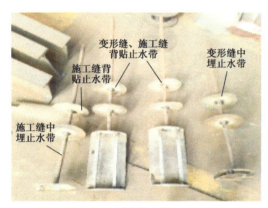
a)内部导水管

b)止水带加工成圆形

c)止水带与内部仪器改装

d)背贴止水带仪器改装

图10-30 仪器制作改装

(2)混凝土浇筑

混凝土浇筑过程如图10-31所示。

(3)压力测试

压力测试过程如图10-32所示。

a)下部混凝土浇筑

b)浇筑到止水带中部后振捣

c)泡沫模拟变形缝

d)浇筑完成

图 10-31　混凝土浇筑

a)注浆机器组装

b)压力观测

图 10-32　压力测试

2)结果分析

用小型注浆机器对试件进行加压,得到最终试验结果,试验结果见表 10-5。

各形式止水带极限抗水压值　　　　　　　　　表 10-5

编号	①	②	③	④
止水带形式	变形缝背贴止水带	施工缝背贴止水带	变形缝中埋止水带	施工缝中埋止水带
极限抗水压值(MPa)	0.8	1.4	1.2	1.9

将①与②、③与④的抗水压值进行对比，变形缝的抗水压能力小于施工缝，这与变形缝先浇混凝土与后浇混凝土中的空隙有关，变形缝缝隙中没有混凝土，而且试验没有在变形缝试件中使用填缝材料。

将①与③、②与④的抗水压值进行对比分析，对背贴止水带和中埋止水带的抗水压能力进行对比研究，发现不论施工缝还是变形缝，背贴止水带的抗水压能力均小于中埋止水带，这是因为背贴止水带仅一面与混凝土粘贴，减弱了其抗水压能力。

水压力作用下背贴止水带失去防水作用时，中埋止水带还能承受较高的水压力，因此可以得出结论：衬砌是隧道防水的最后一道防线，中埋止水带是施工缝防水的最后一道防线。

10.6　施工缝抗水压试验设计

10.6.1　加压系统设计

采用液压泵站对系统加压，液压泵站由动力系统、分配系统和工作系统组成。其中动力系统主要由电机和液压泵组成，其作用是将机械能转化成液压能；分配系统主要是调节液压油的方向、速度、压力，本试验分配系统主要是通过溢流阀调节压力；工作系统主要是将出油口连接到试件，对试件进行加压，将液压能转化成渗透力。液压泵站工作原理如图 10-33a)所示。

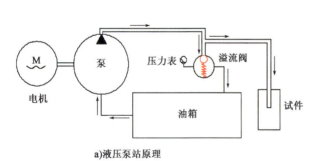

a)液压泵站原理　　　　　　　　　　　　b)现场采用的液压泵站

图 10-33　现场用液压泵站

10.6.2　密闭系统构造

通过构造密闭系统对试件加压，将止水带埋入混凝土中，并对原来的加压结构进行优化。将止水带围成圆形浇筑在混凝土中，超前小导管插入到混凝土中，同时焊接止水圆盘延长水渗流到顶部的距离，使得水从施工缝开始渗漏，防止水沿着导管流出。卷成圆筒的止水带直径为30cm,埋深分别为30cm、60cm、80cm,如图10-34所示。

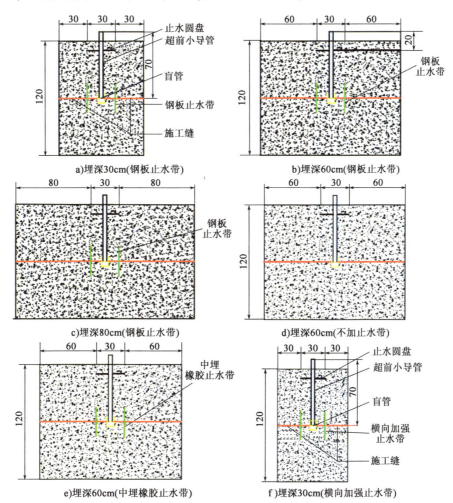

图10-34 不同止水带的抗水压试验构造图(尺寸单位:cm)

10.7 不同埋深下止水带抗水压试验

假设衬砌背后水流到达施工缝中埋止水带处,施工缝的抗水压能力与止水带的类型和止水带的埋置深度有关。本节对不同止水带埋深下施工缝的抗水压能力进行研究。

10.7.1 试件浇筑过程

对1种横向加强型止水带埋深30cm和3种钢板止水带埋深(30cm、60cm、80cm)下的抗水压能力进行分析,并对埋深60cm下不加止水带和加橡胶止水带的抗水压能力进行研究,共6个试件,如图10-35所示。

a) 埋深30cm(钢板止水带)   b) 埋深60cm(不加止水带)   c) 埋深60cm(橡胶止水带)

d) 埋深60cm(钢板止水带)   e) 埋深80cm(钢板止水带)   f) 埋深30cm(横向加强止水带)

g) 浇筑完成情况   h) 浇筑的试件

图 10-35 浇筑试件图

图 10-35g)、h)中，分别为埋深80cm钢板止水带、埋深60cm钢板止水带、埋深60cm橡胶止水带、埋深60cm不加止水带、埋深30cm钢板止水带和埋深30cm横向加强止水带试件。试验中由于镀锌钢板止水带难以用卷板机弯成直径30cm的圆筒，故用3mm厚钢板代替。

10.7.2 试验加压

试验加压过程如图 10-36 所示。

图 10-36a)中红色为可以透水的土工布，水从导管进入到施工缝止水带处，会顺着红色透水土工布流到施工缝处，可测出中埋止水带在不同埋深下的抗水压能力。加压过程中每 0.5MPa 稳压 30min，测试各施工缝的抗水压能力。

a)放入加压管(浇筑中)　　b)连接液压泵站　　c)测试读数

图10-36　试验过程

10.7.3　钢板止水带埋置深度30cm下加压过程分析

本次试验加压从0MPa增加到5MPa,每次增加0.5MPa,每个级别稳压30min。其中,定义试件周围渗透长度与周长的占比即渗透比δ,见式(10-1)。试验过程记录见表10-6。

$$\delta = \frac{l_{渗}}{l_{总}} \times 100\% \tag{10-1}$$

试验过程记录　　　　　　　　　　表10-6

工　况	压力(MPa)	稳压时间(min)	渗漏情况
1	0.5	30	无渗漏
2	1.0	30	无渗漏
3	1.5	30	出现1号渗漏点
4	2.0	30	1号渗漏点渗透距离加长
5	2.5	30	1号渗漏点渗透距离加长,出现2号渗漏点
6	3.0	30	1号和2号渗漏距离加大
7	3.5	30	2号加速渗漏,1号渗漏距离加大
8	4.0	30	1号和2号渗漏点即将贯通
9	4.5	30	1号和2号渗漏点贯通
10	5.0	30	加到5MPa,并未发现裂缝渗漏速度加快的现象,渗漏稳定

施加压力与渗透比的关系曲线如图10-37所示。

从加压曲线可以看出:试件在1.5MPa压力下,开始出现渗漏,压力在1.5~2.5MPa之间裂缝渗流大致呈直线,说明在该压力下试验渗流破坏速率稳定;压力在2.5~4.0MPa时,试件渗流破坏加速,处于加速破坏阶段;压力在4.0~4.5MPa时,试件基本处于完全渗透状态,说明此时试件施工缝基本完全渗漏。另外,隧道加压到5MPa,虽然压力加大,但是渗漏速率并没有大的变化,说明隧道施工缝在5MPa以下,渗漏能够达到稳定。加压过程如图10-38所示。

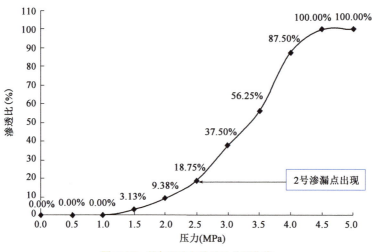

图 10-37　施加压力与渗透比关系曲线

a) 加压 1.5MPa 1 号渗漏点渗漏情况

b) 加压 2.0MPa 1 号渗漏点渗流情况

c) 加压 2.5MPa 1 号渗漏点渗透距离加长

d) 加压 3.0MPa 1 号渗漏点渗透距离加长

e) 加压 3.0MPa 2 号渗漏点渗透距离加长

f) 加压 3.5MPa 1 号渗漏点渗漏情况

图　10-38

g)加压3.5MPa 2号渗漏点渗漏情况

h)加压4.0MPa 1号渗漏点渗漏情况

i)加压4.0MPa 2号渗漏点渗漏情况

j)加压4.5MPa 1号渗漏点渗漏情况

k)加压4.5MPa 2号渗漏点渗漏情况

l)加压5.0MPa 1号渗漏点渗漏情况:渗流达到混凝土底板

图 10-38　埋深30cm施工缝渗漏加压过程

加压过程中发现每增加0.5MPa,前10min渗透范围会加大,并在后20min趋于稳定。本试验在加压1.5MPa时,发生渗漏,实际工程中由于施工、材料等原因,水一般不会一开始就均匀渗透到衬砌边缘。新圆梁山隧道圆形衬砌内半径为4.17m,外半径为5.37m,衬砌背后面积大,一般沿着施工缝薄弱点发生点状渗漏,当水压力继续增加到一定值时,才会出现大范围的线状渗漏,可将发生渗漏点的水压作为抗水压值。因此,埋深30cm的钢板止水带其抗水压值为1.5MPa。

10.7.4　其他试验情况

埋深60cm(不加止水带)、埋深60cm(橡胶止水带)、埋深60cm(钢板止水带)试验过程中试件渗漏情况如图10-39所示。

a)埋深60cm(不加止水带)　　b)埋深60cm(橡胶止水带)　　c)埋深60cm(钢板止水带)

图 10-39　加压试验

对其他 5 组试件进行了加压试验,其中埋深 60cm(不加止水带)在加压至 1.0MPa 时发生渗漏;埋深 60cm(橡胶止水带)由于加压前没有进行外侧植筋,仅仅加压 0.5MPa 就发生渗漏;埋深 60cm(钢板止水带)在加压至 4.0MPa 时发生渗漏;埋深 80cm 钢板止水带在加压至 6.0MPa 时并没有发生渗漏,抗水压能力大于 6.0MPa;埋深 30cm 横向加强止水带在加压至 1.5MPa 时发生渗漏。

10.7.5　试验结果分析

试验结果见表 10-7。

试件抗水压能力分析　　　　　　　　　　表 10-7

试件编号	1	2	3	4	5	6
止水带形式 (埋深,cm)	钢板止水带 (30cm)	不加止水带 (60cm)	橡胶止水带 (60cm)	钢板止水带 (60cm)	钢板止水带 (80cm)	横向加强 止水带(30cm)
测试抗水压值(MPa)	1.5	1.0	—	4.0	>6.0	1.5

对比 1、4、5 号试件钢板止水带的抗水压能力,可以看出埋置深度越大,施工缝的抗水压能力越大。当埋置深度从 30cm 增加到 60cm 时,抗水压值从 1.5MPa 增加到 4.0MPa,埋置深度增加了 1 倍,抗水压能力提高了 1.67 倍;当埋置深度为 80cm 时,抗水压值已经大于 6.0MPa。

对比 2、4 号试件不加止水带和加钢板止水带的抗水压值可以看出,施加止水带的条件下,施工缝抗水压能力提高了 3 倍,止水带能显著提高施工缝的抗水压能力;对比 1、2 号试件发现钢板止水带埋深 30cm 时的抗水压值为 1.5MPa,已经大于不加止水带埋深 60cm 的抗水压值。

分析 3 号试件,对埋深 60cm 的橡胶止水带加压时,由于没有植筋,施工缝在 0.5MPa 时就已经渗漏,表明施工缝的渗透能力和其初期施工缝所受的压力有关,植筋后施工缝承受较大的压密作用,抗水压能力提高。

对比 1、6 号试件,可以看出,埋深相同时,横向加强止水带与钢板止水带的止水效果相同。

10.8 本章小结

本章对止水带的常见种类和防水机理进行探讨,并采用试验方法测试止水带的力学性能,进而对施工缝的抗水压能力进行研究,对施工缝止水带的防水机理进行探讨,并采用试验方法测试施工缝和变形缝的抗水压能力,主要得到以下结论:

(1)横向加强止水带的止水效果要优于普通橡胶止水带和普通钢板止水带,横向加强型止水带安装简易,且不会造成止水带切割混凝土现象发生。

(2)钢板止水带表面光滑与衬砌混凝土没有黏结性,其防水能力很大一部分是由混凝土的径向挤压力 p 提供的;橡胶止水带与混凝土有一定黏结性,接触截面的抗剪强度约为 0.35MPa。提高止水带与混凝土间黏结力将进一步提高止水带的止水效果。

(3)采用同一防水措施,变形缝的抗水压能力小于施工缝;同一埋置深度,背贴止水带的抗水压能力小于中埋止水带,横向加强止水带与钢板止水带的抗水压能力相同。

(4)由于混凝土试件较大,各组试件仅做了一次试验,定量方面不足,所以仅可以得到定性结论。

第11章 新圆梁山隧道结构抗水压试验及现场应用

雨季时，新圆梁山隧道溶洞内水压会上升，如果出现泄水洞堵塞，溶腔内水压可能上升至3.0MPa。随着时间推移，注浆体的堵水效果将减弱，由于隧道初期支护结构为渗水体，溶腔内高水压将直接作用于隧道二次衬砌；二次衬砌作为隧道防排水体系的最后一道防线，其在高水压作用下的安全性必须得到保障。为了进一步验证衬砌在高水压作用下的安全性，针对新圆梁山隧道溶洞过渡段和核心段的衬砌结构设计足尺试验进行研究。通过对现有止水带结构和力学性能的研究，发现横向加强型止水带和钢板自黏型止水带相比于常规止水带的止水效果要更加可靠。因此，对原设计给出的三种类型环向施工缝中埋止水带进行优化研究，并通过开展衬砌现场监测试验对止水带的止水效果进行验证。

11.1 隧道结构抗水压试验设计方案

通过毛坝向斜地段，堵水限排条件下衬砌水压力最大值为3.0MPa，结合既有隧道工程与第8章研究结果，设置椭圆形和圆形抗水压衬砌。

(1) 洞身YDK339+102~YDK340+122段，通过毛坝向斜西侧，考虑地下水压力并兼顾封闭，各级围岩设置承受1.0~1.5MPa水压力的椭圆形钢筋混凝土衬砌。此时，衬砌内净空预留0.2m结构补强或调整空间，环向施工缝为Ⅰ型施工缝。

(2) 洞身YDK340+122~YDK340+922段，通过毛坝向斜核部和西侧，岩溶发育，各级围岩设置2.0~3.0MPa水压力的圆形钢筋混凝土衬砌，环向施工缝为Ⅱ型施工缝。其中通过1、2、3号溶洞处，均设置承受3.0MPa水压力的圆形钢筋混凝土衬砌，环向施工缝为Ⅲ型施工缝。

(3) 洞身YDK340+922~YDK341+302段，通过毛坝向斜西侧，考虑地下水压力，各级围岩设置承受1.0~1.5MPa水压力的椭圆形衬砌，此时，衬砌内净空预留0.2m结构补强或调整空间，环向施工缝为Ⅱ型施工缝。

其中K1.0型衬砌为厚度80cm的椭圆形衬砌，其中仰拱衬砌厚100cm，衬砌拱墙预留20cm作结构补强用；K1.5型衬砌为厚度100cm的椭圆形衬砌；K2.0型衬砌为厚度100cm的圆形衬砌；K3.0型衬砌为厚度120cm的圆形衬砌。

衬砌结构典型设计图横断面及对应的环向施工缝,如图 11-1 所示。

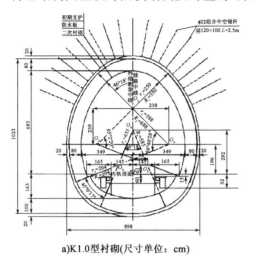

a)K1.0型衬砌(尺寸单位：cm)

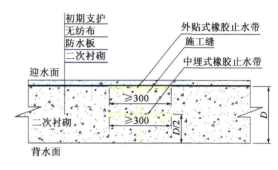

b)Ⅰ型施工缝(环向)(尺寸单位：mm)

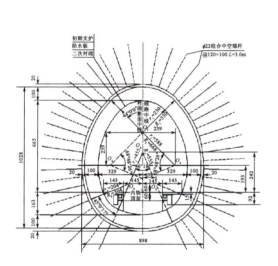

c)K1.5型衬砌(尺寸单位：cm)

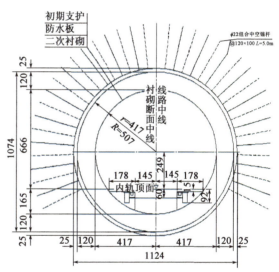

d)K2.0型衬砌(尺寸单位：cm)

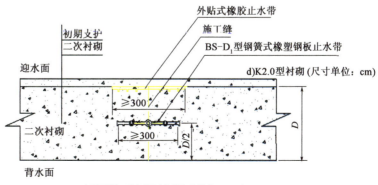

e)Ⅱ型施工缝(环向)(尺寸单位：mm)

图 11-1

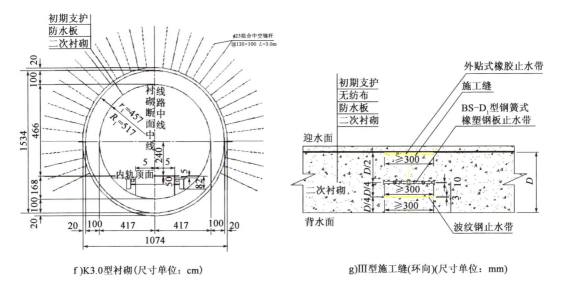

f) K3.0型衬砌(尺寸单位：cm)　　　　g) Ⅲ型施工缝(环向)(尺寸单位：mm)

图 11-1　新圆梁山隧道衬砌结构及施工缝形式示意图

新圆梁山隧道衬砌施工缝有Ⅰ型、Ⅱ型、Ⅲ型三种类型：Ⅰ型施工缝适用于一般地段；Ⅱ型施工缝适用于高压富水区抗水压衬砌过渡段；Ⅲ型施工缝适用于高压富水区充填溶洞段。

11.2　衬砌结构抗水压能力足尺模型试验

11.2.1　足尺试验原理

隧道衬砌承受来自外部的水压力作用，但是采用外部加载的方式很难进行衬砌抗水压能力足尺模型试验。为此，拟采用在模型内部加载水压的方式，将隧道衬砌承受外水压力问题转换为隧道衬砌承受内水压力问题进行研究。由于隧道衬砌内径达8m，为了模型制备的需要，足尺模型在保证衬砌厚度和施工缝形式不变的基础上将模型内径缩小为0.4m。考虑足尺模型试验结果与隧道衬砌抗水压能力的关系，需要进行试验原理的数值模拟计算，建立试验模型抗水压能力与衬砌抗水压能力安全系数的换算关系。

隧道衬砌抗水压能力安全系数指衬砌实际的抗水压值与抗水压设计值的比值。安全系数越高，衬砌抗水压能力越强。衬砌抗水压能力与水压力施加方式和结构尺寸有关，水压力施加方式不同，衬砌抗水压能力不同。本节对如图11-2所示的4种计算工况下的安全系数进行研究。

图11-2a)为衬砌承受外部均布水压的工况，图11-2b)为衬砌承受外部局部水压的工况，图11-2c)为衬砌承受内部均布水压的工况，图11-2d)为足尺试验模型承受内部均布水压的工况。采用RFPA软件开展上述4种工况下衬砌抗水压能力安全系数数值仿真分析。模型材料统一采用C40混凝土微观力学参数：单轴抗压强度为40MPa，弹性模量为38GPa，泊松比为0.3，压拉比为10，均质度为100。

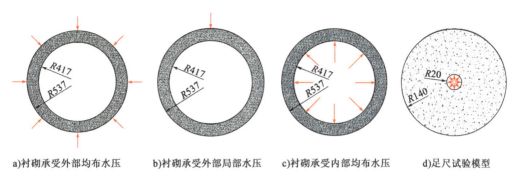

a)衬砌承受外部均布水压　　b)衬砌承受外部局部水压　　c)衬砌承受内部均布水压　　d)足尺试验模型

图 11-2　计算工况(尺寸单位:cm)

1)衬砌结构承受外部均布水压

模型尺寸为 12m×12m,模型内半径为 4.17m,单元数为(400×400)个,单元大小为 30mm×30mm,水压初始值为 0MPa,单步增量为 0.1MPa。计算结果如图 11-3 所示。

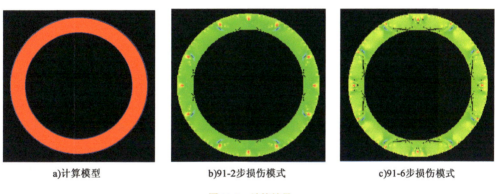

a)计算模型　　b)91-2步损伤模式　　c)91-6步损伤模式

图 11-3　计算结果

模型破坏时加载步为 91 步,得到内部加压为 9.1MPa,所以衬砌结构承受外部均布水压时极限抗水压值为 9.1MPa。

2)衬砌结构承受外部局部水压

模型尺寸为 12m×12m,内半径为 4.17m,单元数为(400×400)个,单元大小为 30mm×30mm,水压初始值为 0MPa,单步增量为 0.1MPa。计算结果如图 11-4 所示。

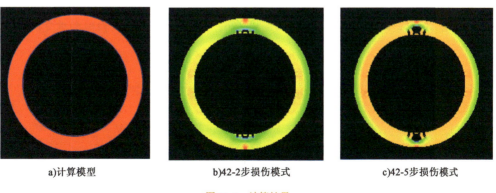

a)计算模型　　b)42-2步损伤模式　　c)42-5步损伤模式

图 11-4　计算结果

模型破坏时加载步为42步,得到内部加压为4.2MPa,所以衬砌结构承受外部局部水压时极限抗水压值为4.2MPa。

3)衬砌结构承受内部均布水压

模型尺寸为12m×12m,内半径为4.17m,单元数为(400×400)个,单元大小为30mm×30mm,水压初始值为0MPa,单步增量为0.1MPa。计算结果如图11-5所示。

a)计算模型

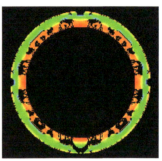
b)30-2步损伤模式   c)30-5步损伤模式

图11-5 计算结果

模型破坏时加载步为30步,得到内部加压为3.0MPa,所以衬砌结构承受内部均布水压时极限抗水压值为3.0MPa。

4)足尺试验模型承受内部均布水压

计算模型尺寸为3m×3m,内半径为0.2m,单元数为(300×300)个,单元大小为10mm×10mm,水压初始值为0MPa,单步增量为0.1MPa。计算结果如图11-6所示。

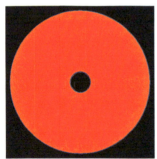
a)计算模型

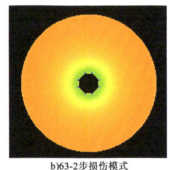
b)63-2步损伤模式

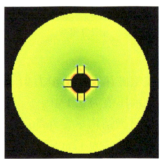
c)63-14步损伤模式

图11-6 计算结果

模型破坏时加载步为63步,得到内部加压为6.3MPa,所以足尺试验模型承受内部均布水压时极限抗水压值为6.3MPa。

5)模拟结果分析

安全系数计算结果见表11-1。

安全系数计算表　　表11-1

模型序号	1	2	3	4
模型类型	衬砌承受外部均布水压	衬砌承受外部局部水压	衬砌承受内部均布水压	足尺试验模型
抗水压能力(MPa)	9.1	4.2	3.0	6.3
安全系数	3.03	1.4	1.0	2.1

从表11-1中可以发现模型3的抗水压能力最小。足尺试验模拟的是模型4在内部均匀内压下的抗水压能力。以3.0MPa为基准进行归一化。计算结果发现：模型1衬砌承受均布外压情况下的抗水压能力为模型4衬砌承受均布内压情况下抗水压能力的1.44倍，模型2衬砌承受局部外压工况下的抗水压能力为模型4衬砌承受均布内压工况下抗水压能力的0.67倍。

11.2.2 衬砌抗水压足尺试验

1）试验加载装置

衬砌抗水压足尺试验加载系统采用液压泵站，详见10.6.1节。

2）试验系统构造

通过构造密闭空腔系统实现对试件内部加载水压。试件为圆柱形混凝土结构，试件浇筑时分为上下两块，试件上下块之间为施工缝结构。将不同类型止水带按照试验要求的尺寸围成圆形浇筑在混凝土施工缝处，超前小导管插入到混凝土中，同时焊接止水圆盘延长水渗流到顶部的距离，使得水从施工缝开始渗漏，防止水沿着导管流出。试件模型尺寸如图11-7、图11-8所示。图11-7为高水压溶腔段衬砌施工缝抗水压试验试件结构图，试验中采用背贴橡胶止水带+中埋钢板止水带+中埋波纹钢止水带（埋深120cm）；图11-8为溶腔过渡段衬砌施工缝抗水压试验试件结构图，试验中采用背贴橡胶止水带+中埋钢板止水带（埋深120cm）试件。

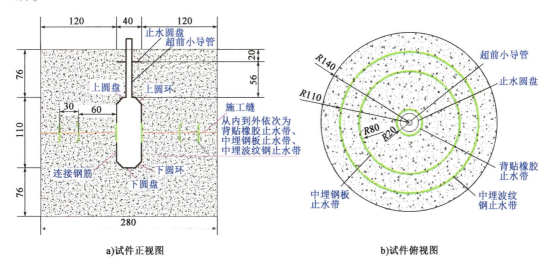

a)试件正视图　　　　　　　　　b)试件俯视图

图11-7　高水压溶腔段衬砌施工缝抗水压试验试件结构图（尺寸单位：cm）

3）试验加载与结果分析

（1）新圆梁山隧道高水压溶洞段衬砌足尺模型试验

模型试验过程如图11-9所示。

本次试验加压从0MPa增加到8MPa，每次增加0.5MPa，每个级别稳压30min。试验加载过程记录见表11-2。

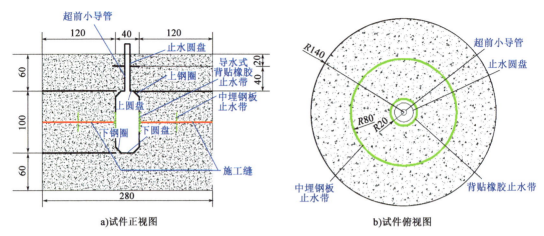

图 11-8 溶腔过渡段衬砌施工缝抗水压试验试件结构图(尺寸单位:cm)

a)试件浇筑

b)试件加载前

c)试件加载后

图 11-9 模型试验过程

试验加载过程记录 表 11-2

工 况	压力(MPa)	稳压时间(min)	渗漏情况
1	0.5	30	无出水点
2	1.0	30	无出水点
3	1.5	30	无出水点
4	2.0	30	无出水点
5	2.5	30	无出水点
6	3.0	30	无出水点
7	3.5	30	无出水点
8	4.0	30	无出水点
9	4.5	30	无出水点
10	5.0	30	无出水点
11	5.5	30	无出水点
12	6.0	30	无出水点
13	6.5	30	无出水点

续上表

工　况	压力(MPa)	稳压时间(min)	渗漏情况
14	7.0	30	无出水点
15	7.5	30	无出水点
16	8.0	30	无出水点

高水压溶洞段衬砌施工缝抗水压试验在水压达到8MPa时,试件仍无出水点。通过安全系数换算可知,新圆梁山隧道高水压溶洞段衬砌(K3.0型衬砌)在承受外部全环均布水压时抗水压能力不低于11.6MPa,在承受外部局部水压时抗水压能力不低于5.33MPa。所以,K3.0型衬砌抗水压能力满足设计要求。由于隧道衬砌往往承受外部局部水压作用,因此可得,新圆梁山隧道高水压溶洞段衬砌(K3.0型衬砌)在承受外部局部水压时抗水压值不低于5.33MPa。

(2)新圆梁山隧道溶洞过渡段衬砌足尺模型试验

模型试验过程如图11-10所示。

a)试件浇筑　　　　　　　　　b)试件加载前　　　　　　　　　c)试件加载后

图11-10　模型试验过程

本次试验加压从0MPa增加到7MPa,每次增加0.5MPa,每个级别稳压30min。试验过程记录见表11-3。

试验加载过程记录　　　　　　　　　　　　表11-3

工　况	压力(MPa)	稳压时间(min)	渗漏情况
1	0.5	30	无出水点
2	1.0	30	无出水点
3	1.5	30	无出水点
4	2.0	30	无出水点
5	2.5	30	无出水点
6	3.0	30	无出水点
7	3.5	30	无出水点
8	4.0	30	无出水点
9	4.5	30	无出水点
10	5.0	30	出现1号出水点

续上表

工 况	压力(MPa)	稳压时间(min)	渗漏情况
11	5.5	30	试件外壁出水
12	6.0	30	试件底部出水,渗漏速度加快
13	6.5	30	渗漏速度加快
14	7.0	30	未发现裂缝渗漏速度加快的现象,渗漏稳定

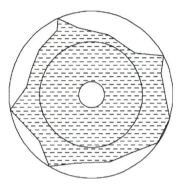

图 11-11 推测试件内部渗流路径图
(阴影区域为渗水区)

图 11-11 为试件内部施工缝处可能的渗流路径图。试验加压过程中发现每增加 0.5MPa,前 10min 渗透范围会加大,并在后 20min 趋于稳定。本试验在 5.0MPa 时发生渗漏,可将发生渗漏点的水压作为抗水压值,因此,埋深 120cm 的背贴橡胶止水带+中埋钢板止水带的抗水压值为 5.0MPa。通过安全系数换算可知,新圆梁山隧道溶洞过渡段衬砌(K2.0 型衬砌)承受外部全环均布水压时的抗水压值为 7.25MPa,在承受外部局部水压时的抗水压值为 3.33MPa,衬砌抗水压能力满足设计要求。由于隧道衬砌往往承受外部局部水压作用,因此可得,新圆梁山隧道溶洞过渡段衬砌(K2.0 型衬砌)在承受外部局部水压时抗水压值为 3.33MPa。

11.3 隧道结构抗水压方案应用及效果

在原有三种类型施工缝基础上,根据相应研究结果对施工缝止水带布置形式进行优化试验研究,为了验证试验效果,对止水带优化试验衬砌断面进行监测。

11.3.1 止水带现场优化试验设计

本试验在原有环向施工缝防水设计基础上,遵循单一变量的原则,共设置 3 个试验段。

(1) Ⅰ型施工缝横向加强止水带试验

将原有 Ⅰ 型环向施工缝中埋橡胶止水带替换为横向加强止水带。根据室外试验研究得出的结论,止水带通过径向挤压力的作用来保证防水效果,中埋止水带承受混凝土结构和围岩的径向内应力,背贴止水带承受初期支护面和混凝土二次衬砌背面的挤压力。在不影响施工的前提下可将止水带布置在靠近围岩一侧,所以将替换后的横向加强止水带埋置位置向围岩侧移动一定距离,最终确定横向加强止水带埋置位置距离初期支护面 27cm(二次衬砌厚度 D 的 1/3 处),如图 11-12 所示。

(2) Ⅱ型施工缝横向加强型止水带试验

在里程 YDK340+280 处将原有 Ⅱ 型环向施工缝中埋钢板止水带替换为横向加强止水带埋置于二次衬砌,且埋置位置距离初期支护面 33cm(二次衬砌厚度 D 的 1/3 处),如图 11-13 所示。

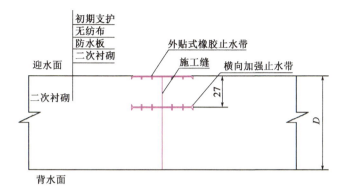

图 11-12　Ⅰ型施工缝横向加强止水带试验（$D=0.8$m）（尺寸单位：cm）

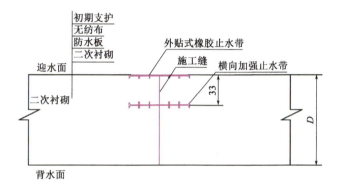

图 11-13　Ⅱ型施工缝横向加强止水带试验（$D=1.0$m）（尺寸单位：cm）

（3）Ⅲ型施工缝钢板自黏止水带试验

在里程 YDK340+377 处将原有Ⅲ型环向施工缝中埋钢板止水带替换为钢板自黏止水带埋置于二次衬砌，埋置位置距离初期支护面 40cm（二次衬砌厚度 D 的 1/3 处），如图 11-14 所示。

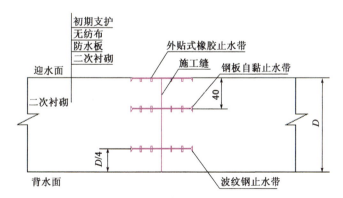

图 11-14　Ⅲ型施工缝钢板自黏止水带试验（$D=1.2$m）（尺寸单位：cm）

该试验的 3 个试验段衬砌中埋止水带布置方式较原先的设计均有加强，预期可以达到设计优化的目的。

11.3.2 监测方案

根据需要共设置4个监测断面,且各监测断面的检测仪器布置方案相同。监测断面统计见表11-4,所用监测仪器如图11-15所示。

监测断面统计　　　　表11-4

溶洞号	断面编号	监测断面	距离进口距离(m)	监测试验开始时间
1	1	YDK340+167	2867	二次衬砌施工时
2	2	YDK340+300	3000	二次衬砌施工时
	3	YDK340+377	3077	
3	4	YDK340+790	3490	二次衬砌施工时

a)土压力盒

b)水压计

c)钢筋计

图11-15 监测试验仪器

监测断面1(YDK340+167)距离监测断面2(YDK340+300)133m,监测断面2(YDK340+300)距离监测断面3(YDK340+377)77m,监测断面3(YDK340+377)距离监测断面4(YDK340+790)413m。监测线路从泄水洞引出洞外,泄水洞长度为2672m,泄水洞横通道62m。

各监测断面的监测项目如下:

(1)初期支护背后水压力:施工前由测量员测出放线,标出取心位置,在初期支护测点部位取心钻孔,深入初期支护50cm后,将渗压计置于初期支护背后围岩中,注浆封口,仪器接线通过边墙盲管口或施工缝引出。

(2)初期支护与二次衬砌间水压力:施工前由测量员测出放线,标出取心位置,将水压计置于防水板与二次衬砌之间,仪器接线通过边墙盲管口或施工缝引出。

(3)二次衬砌钢筋应力:为了解水压力作用下二次衬砌钢筋受力的变化,为衬砌设计提供依据,二次衬砌内钢筋的受力状态可为隧道衬砌的稳定性判断提供可靠的信息,进而可评价二次衬砌的支护效果。把钢筋计连接杆拧上后,搭接焊接在截断后的二次衬砌纵向受力钢筋上,将仪器接线通过边墙盲管口或施工缝引出。

(4)初期支护与二次衬砌间接触压力:将土压力盒埋设在初期支护与二次衬砌之间,在挂防水板之后将压力盒焊在二次衬砌钢筋上,压力盒受压面紧贴防水板布置,将仪器接线通过边墙盲管口或施工缝引出。

选取溶洞段设置 4 个代表性断面进行量测。为了防止二次衬砌施工时将与测试仪器的连接线埋住或拉断,需将隧道同一断面的仪器连接线汇总整理在一起,如图 11-16 所示。4 个监测断面所用监测仪器数量见表 11-5。

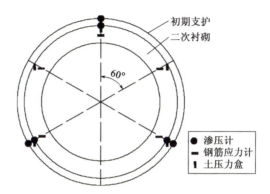

图 11-16　各监测断面传感器布置示意图

4 个监测断面所用监测仪器数量统计　　　　表 11-5

测试内容	使用仪器	每个断面数量(件)	断面数量(个)	共计(件)
初期支护背后水压力	渗压计	3	4	12
初期支护与二次衬砌间水压力	渗压计	3	4	12
二次衬砌钢筋应力	钢筋应力计	5	4	20
初期支护与二次衬砌间接触压力	压力盒	5	4	20
共计				64

11.3.3　监测效果

按照监测方案将水压计、钢筋计和土压力盒分别埋设和安装到指定的位置。监测仪器现场安装如图 11-17 所示,监测数据测量如图 11-18 所示。选择雨季对溶洞段水压进行监控量测,现场监测数据见表 11-6～表 11-9。

a)水压计

b)钢筋计

c)土压力盒

图 11-17　监测仪器安装

表 11-6 1 号溶腔 YDK340+167 断面监测数据

日期	时间	水压力（MPa）			钢筋内力（MPa）				土压力（MPa）			
		拱顶	右拱脚	左拱脚	拱顶	左拱脚	右拱脚	左拱腰	右拱腰	左拱脚	右拱脚	左拱腰	右拱腰
8月12日	8:00—9:00	0.01	0.02	0.02	-27	-29	-28	-28	-29	0.04	0.06	0.21	0.15
8月15日	8:00—9:00	0.01	0.01	0.01	-26	-28	-28	-27	-28	0.04	0.06	0.21	0.2
8月18日	10:00—11:00	0	0.01	0.01	-26	-28	-28	-27	-27	0.03	0.04	0.17	0.13
8月21日	10:00—11:00	0.01	0.01	0.01	-25	-28	-28	-27	-29	0.06	0.04	0.16	0.12
8月24日	15:00—16:00	0.01	0.01	0.01	-26	-28	-27	-29	-28	0.04	0.03	0.15	0.15
8月29日	15:00—16:00	0	0	0.01	-27	-28	-28	-27	-27	0.05	0.05	0.21	0.18
9月6日	19:00—20:00	0.01	0.02	0	-26	-28	-29	-28	-28	0.05	0.04	0.15	0.15
9月10日	20:00—21:00	0.01	0.01	0	-26	-28	-28	-27	-27	0.03	0.04	0.18	0.19
9月12日	22:00—23:00	0	0	0	-27	-28	-28	-29	-28	0.04	0.05	0.17	0.16

表 11-7 2 号溶腔 YDK340+300 断面监测数据

日期	时间	水压力（MPa）			钢筋内力（MPa）				土压力（MPa）			
		拱顶	右拱脚	左拱脚	拱顶	左拱脚	右拱脚	左拱腰	右拱腰	左拱脚	右拱脚	左拱腰	右拱腰
8月12日	8:00—9:00	0.04	0.05	0.05	-29	-30	-32	-30	-31	0.05	0.05	0.21	0.1
8月15日	8:00—9:00	0.04	0.06	0.07	-30	-32	-32	-31	-32	0.04	0.05	0.15	0.2
8月18日	10:00—11:00	0.05	0.07	0.06	-31	-31	-30	-30	-33	0.05	0.04	0.16	0.1
8月21日	10:00—11:00	0.05	0.06	0.06	-32	-32	-30	-32	-30	0.06	0.03	0.16	0.12
8月24日	15:00—16:00	0.04	0.05	0.05	-30	-31	-32	-31	-30	0.05	0.03	0.13	0.13
8月29日	15:00—16:00	0.03	0.03	0.03	-30	-30	-33	-30	-30	0.05	0.05	0.21	0.21
9月6日	19:00—20:00	0.02	0.02	0.03	-35	-35	-31	-31	-35	0.04	0.04	0.15	0.13
9月10日	20:00—21:00	0.04	0.04	0.05	-36	-36	-32	-32	-36	0.03	0.05	0.16	0.21
9月12日	22:00—23:00	0.04	0.04	0.05	-36	-35	-32	-30	-36	0.03	0.06	0.16	0.15

表 11-8　2号溶腔 YDK340+377 断面监测数据

日期	时间	水压力(MPa)			钢筋内力(MPa)					土压力(MPa)				
		拱顶	右拱脚	左拱脚	拱顶	左拱脚	右拱脚	左拱腰	右拱腰	拱顶	左拱脚	右拱脚	左拱腰	右拱腰
8月12日	8:00—9:00	0.08	0.08	0.09	-31	-32	-32	-33	-31	0.4	0.05	0.05	0.21	0.15
8月15日	8:00—9:00	0.07	0.08	0.08	-31	-32	-33	-31	-31	0.4	0.04	0.05	0.15	0.15
8月18日	10:00—11:00	0.05	0.07	0.06	-32	-31	-30	-32	-31	0.5	0.05	0.03	0.16	0.16
8月21日	10:00—11:00	0.06	0.08	0.06	-32	-32	-30	-32	-31	0.3	0.06	0.03	0.16	0.12
8月24日	15:00—16:00	0.05	0.06	0.07	-33	-31	-35	-33	-32	0.4	0.05	0.03	0.14	0.13
8月29日	15:00—16:00	0.04	0.05	0.05	-31	-30	-36	-31	-32	0.3	0.05	0.05	0.21	0.21
9月6日	19:00—20:00	0.03	0.04	0.05	-35	-35	-35	-32	-35	0.4	0.04	0.04	0.15	0.13
9月10日	20:00—21:00	0.04	0.05	0.05	-36	-36	-35	-32	-36	0.4	0.03	0.05	0.16	0.21
9月12日	22:00—23:00	0.06	0.07	0.08	-35	-36	-36	-33	-36	0.3	0.03	0.06	0.16	0.15

表 11-9　3号溶腔 YDK340+790 断面监测数据

日期	时间	水压力(MPa)			钢筋内力(MPa)					土压力(MPa)				
		拱顶	右拱脚	左拱脚	拱顶	左拱脚	右拱脚	左拱腰	右拱腰	拱顶	左拱脚	右拱脚	左拱腰	右拱腰
8月12日	8:00—9:00	0.03	0.05	0.05	-30	-30	-32	-30	-31	0.4	0.05	0.05	0.19	0.1
8月15日	8:00—9:00	0.04	0.05	0.05	-31	-32	-32	-31	-31	0.4	0.04	0.05	0.15	0.2
8月18日	10:00—11:00	0.03	0.04	0.05	-30	-31	-30	-31	-30	0.5	0.05	0.04	0.16	0.1
8月21日	10:00—11:00	0.05	0.05	0.04	-32	-32	-30	-32	-32	0.5	0.06	0.03	0.16	0.12
8月24日	15:00—16:00	0.04	0.04	0.03	-30	-30	-35	-30	-30	0.4	0.05	0.03	0.13	0.13
8月29日	15:00—16:00	0.01	0.03	0.03	-30	-31	-36	-31	-30	0.3	0.05	0.05	0.21	0.21
9月6日	19:00—20:00	0.01	0.02	0.05	-35	-35	-36	-35	-35	0.4	0.04	0.04	0.15	0.13
9月10日	20:00—21:00	0.03	0.04	0.05	-34	-34	-36	-36	-36	0.4	0.03	0.05	0.16	0.21
9月12日	22:00—23:00	0.03	0.04	0.05	-35	-35	-36	-36	-36	0.3	0.03	0.06	0.16	0.15

a)　　　　　　　　　　　b)　　　　　　　　　　　c)

图 11-18　监测数据测量

通过对新圆梁山隧道溶洞段已安装监测仪器和止水带断面的初期支护背后水压力、初期支护与二次衬砌间水压力、二次衬砌钢筋应力、初期支护与二次衬砌间接触压力等参数的监测,得到溶腔内水压力、二次衬砌背后水压力均小于0.1MPa,衬砌结构未发生破坏,施工缝没有发生渗漏水情况。现场监测结果验证了新圆梁山隧道采用释能控压技术后溶腔内水压力满足工程的要求,保证了衬砌结构的安全,同时也证明了衬砌施工缝止水带的止水效果和抗水压能力满足工程需求。

11.4　本章小结

（1）提出了一种隧道衬砌结构抗水压足尺模型试验方法,可将衬砌承受外水压力问题转换为隧道衬砌承受内水压力问题研究;通过数值仿真计算得到了4种不同工况下抗水压安全系数的换算关系:隧道衬砌在承受外部均匀水压和局部水压时的极限抗水压能力分别为足尺模型试验极限抗水压值的1.44倍和0.67倍。

（2）洞腔段施工缝抗水压足尺模型试验结果说明新圆梁山隧道K3.0和K2.0型施工缝采用防水构造合理。新圆梁山隧道溶洞过渡段衬砌K2.0型施工缝抗水压值为3.33MPa,溶洞核心段衬砌K3.0型施工缝抗水压值不低于5.33MPa。

（3）通过对新圆梁山隧道雨季时溶腔水压力、二次衬砌背后水压力等参数进行现场监测,得到如下结论:新圆梁山隧道溶腔段二次衬砌背后水压力实测值小于0.1MPa,衬砌结构未发生破坏,验证了新圆梁山隧道通过释能控压技术和注浆堵水技术将溶腔水压力控制在0.1MPa以下,显著降低了施工风险,为隧道溶洞段施工提供了条件,也证明了衬砌施工缝止水带的止水效果和抗水压能力满足工程需求。

附录 抗水压试验过程详述

1)埋深30cm钢板止水带

(1)试件浇筑及加压过程见附图1。

(2)试验结果:本次试验加压从0MPa增加到3MPa,每次增加0.5MPa,每个级别稳压30min。试验过程记录见附表1。

a)浇筑模板

b)下部分浇筑完成

c)连接泵站

d)加压读数

e)加压1.5MPa 1号渗漏点渗漏情况

附图 1

f)加压3.5MPa 2号渗漏点渗漏情况

g)加压4.5MPa 1号渗漏点渗漏情况

附图1　试验浇筑及加载过程

试 验 过 程 记 录　　　　　　　　　附表1

工　况	压力(MPa)	稳压时间(min)	渗漏情况
1	0.5	30	无渗漏
2	1.0	30	无渗漏
3	1.5	30	出现1号渗漏点
4	2.0	30	1号渗漏点渗漏距离加长
5	2.5	30	1号渗漏点距离加长,出现2号渗漏点
6	3.0	30	1号和2号渗漏距离加大
7	3.5	30	2号加速渗漏,1号渗漏距离加大
8	4.0	30	1号和2号渗漏点即将贯通
9	4.5	30	1号和2号渗漏点贯通
10	5.0	30	加压至5MPa,并未发现裂缝渗漏速度加快的现象,渗漏稳定

(3)施加压力与渗透比的关系曲线见附图2,渗流路径见附图3。

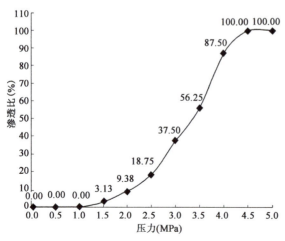

附图2　施加压力与渗透比关系曲线

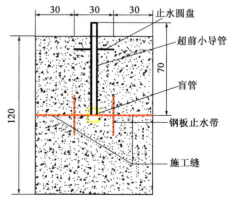

附图3　渗流路径(红色路径)(尺寸单位:cm)

试件开始有两个渗水点,最后渗透到整个施工缝,埋深30cm试件加载试验可能的渗流路径(红线所示)见附图3。

2)埋深30cm横向加强止水带

(1)试件浇筑及加压过程见附图4。

a)浇筑模具图

b)试件下部混凝土浇筑

c)试件下部浇筑完成

d)试件浇筑完成

e)试件加载前

f)试件加载破坏后

附图4　试件浇筑及加压过程

（2）试验结果：本次试验加压从 0MPa 增加到 3MPa，每次增加 0.5MPa，每个级别稳压 30min。试验过程记录见附表2。

试验过程记录　　　　　　　　附表2

工　况	压力（MPa）	稳压时间（min）	渗漏情况
1	0.5	30	无渗漏点
2	1.0	30	无渗漏点
3	1.5	30	出现1号渗漏点
4	2.0	30	渗漏加快
5	2.5	30	未发现裂缝渗漏速度加快的现象，渗漏稳定
6	3.0	30	渗漏稳定

加压过程中发现每增加 0.5MPa，前 10min 渗透范围会加大，并在后 20min 趋于稳定。本试验在 1.5MPa 时发生渗漏，可将发生渗漏点的水压作为抗水压值。因此，埋深 30cm 的横向加强型止水带其抗水压值为 1.5MPa。施加压力与渗透比关系曲线见附图5，渗流路径见附图6。

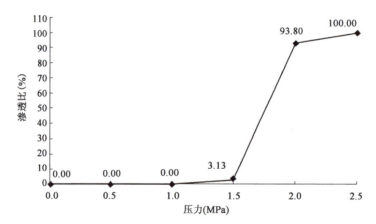

附图5　施加压力与渗透比关系曲线

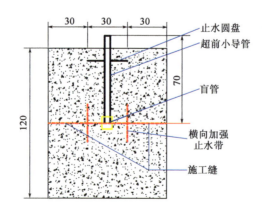

附图6　渗流路径（红线所示）（尺寸单位：cm）

3）埋深 60cm 不加止水带

(1) 试验浇筑及加压过程见附图 7。

a) 下半部分浇筑完成　　　　　b) 放入上部分模板　　　　　c) 试件浇筑完成

d) 试验加压　　　　　　　　e) 仪器读数观察　　　　　　f) 试件渗漏

附图 7　试验浇筑及加压过程

(2) 试验结果：试验过程记录见附表 3，施加压力与渗透比关系曲线见附图 8，渗流路径见附图 9，渗漏情况见附图 10。

试 验 过 程 记 录　　　　　　　　　　　附表 3

工　况	压力(MPa)	稳压时间(min)	渗漏情况
1	0.5	30	无出水点
2	1.0	10	施工缝整体渗漏

4）埋深 60cm 钢板止水带

(1) 试验浇筑及加压过程见附图 11。

(2) 试验结果：本次试验加压从 0MPa 增加到 4.5MPa，每次增加 0.5MPa，每个级别稳压 30min。试验过程记录见附表 4，施加压力与渗透比关系见附图 12，渗流路径见附图 13，渗漏情况见附图 14。

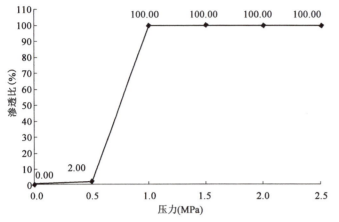

附图8 施加压力与渗透比关系曲线

附图9 渗流路径(红色路径)
(尺寸单位:cm)

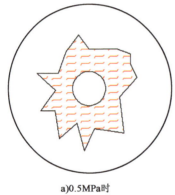
a) 0.5MPa时

b) 1.0MPa时

附图10 渗漏情况

a) 下半部分浇筑完成

b) 整体浇筑完成

附图 11

c)观测读数

d)试件渗漏

附图11　试验浇筑及加压过程

试 验 过 程 记 录　　　　　　　　　　　附表4

工　　况	压力(MPa)	稳压时间(min)	渗漏情况
1	0.5	30	无出水点
2	1.0	30	无出水点
3	1.5	30	无出水点
4	2.0	30	无出水点
5	2.5	30	无出水点
6	3.0	30	无出水点
7	3.5	30	无出水点
8	4.0	30	半侧施工缝出水
9	4.5	30	施工缝全断面出水

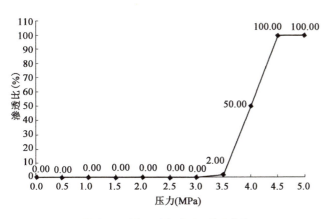

附图12　施加压力与渗透比关系曲线

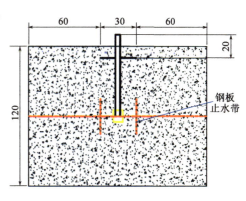

附图13　渗透路径(红色路径)(尺寸单位:cm)

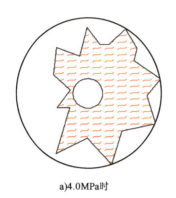
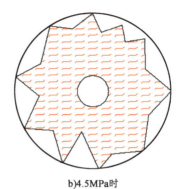

a)4.0MPa时　　　　　　　　　b)4.5MPa时

附图14　渗漏情况

5)埋深60cm橡胶止水带

(1)试验浇筑及加压过程见附图15。

a)下半部分浇筑　　　　　　　　　b)试件渗漏

附图15　试验浇筑及加压过程

(2)试验结果：试验过程记录见附表5,渗透路径见附图16。

试验过程记录　　　　　　　　　附表5

工况	压力(MPa)	稳压时间(min)	渗漏情况
1	0.5	30	渗漏水

由于没有进行钢筋加固,试验在0.5MPa时,发生渗漏水。

6)埋深80cm钢板止水带

(1)试验浇筑及加压过程见附图17。

(2)试验结果：本次试验加压从0增加到4.5MPa,每次增加0.5MPa,每个级别稳压30min。试验过程记录见附表6。

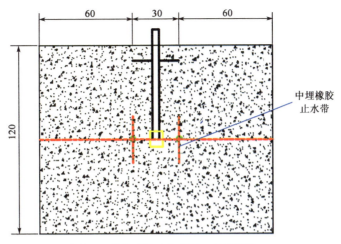

附图16　渗流路径(红色路径)(尺寸单位:cm)

a) 试件下部浇筑　　　　　　　b) 浇筑完成

c) 试验加压　　　　　　　　　d) 读数观测

附图17　试验浇筑及加压过程

试 验 过 程 记 录　　　　　　　附表6

工　　况	压力(MPa)	稳压时间(min)	渗漏情况
1	0.5	30	无出水点
2	1.0	30	无出水点
3	1.5	30	无出水点
4	2.0	30	无出水点
5	2.5	30	无出水点
6	3.0	30	无出水点
7	3.5	30	无出水点
8	4.0	30	无出水点
9	4.5	30	无出水点
10	5.0	30	无出水点
11	5.5	30	无出水点
12	6.0	30	无出水点

试验加压到6.0MPa时，试件并没有发生渗漏。

7)溶洞过渡段施工缝抗水压试验(两道止水带)

(1)试验浇筑及加压过程见附图18。

a)试件模板安装

b)下半部分浇筑完成

c)试件加载前

d)试件加载后

附图18　试验浇筑及加压过程

(2)试验结果:本次试验加压从 0MPa 增加到 5MPa,每次增加 0.5MPa,每个级别稳压 30min。试验过程记录见附表 7,施加压力与渗透比关系曲线见附图 19,渗流路径见附图 20。

试 验 过 程 记 录　　　　　附表 7

工　况	压力(MPa)	稳压时间(min)	渗漏情况
1	0.5	30	无出水点
2	1.0	30	无出水点
3	1.5	30	无出水点
4	2.0	30	无出水点
5	2.5	30	无出水点
6	3.0	30	无出水点
7	3.5	30	无出水点
8	4.0	30	无出水点
9	4.5	30	无出水点
10	5.0	30	出现 1 号出水点
11	5.5	30	试件外壁出水
12	6.0	30	试件底部出水,渗漏速度加快
13	6.5	30	渗漏速度加快
14	7.0	30	未发现裂缝渗漏速度加快的现象,渗漏稳定

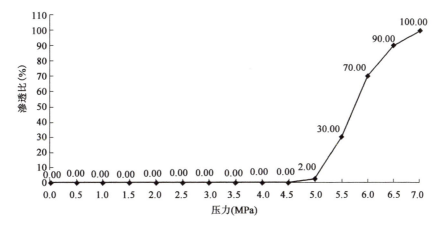

附图 19　施加压力与渗透比关系曲线

加压过程中发现每增加 0.5MPa,前 10min 渗透范围会加大,并在后 20min 趋于稳定。本试验在加压 5.0MPa 时发生渗漏,可将发生渗漏点的水压作为抗水压值。因此,埋深 120cm 的背贴橡胶止水带+中埋钢板止水带的抗水压值为 5.0MPa。

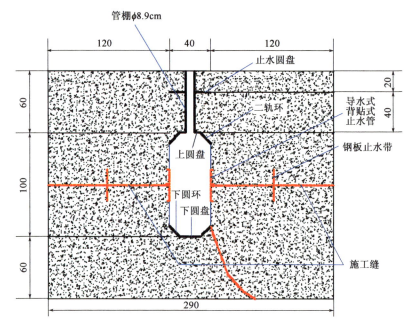

附图20　埋深120cm试件加载试验可能的渗流路径(红线所示)(尺寸单位:cm)

8)高水压溶洞段衬砌施工缝试验(3道止水带)

(1)试件浇筑及加载见附图21。

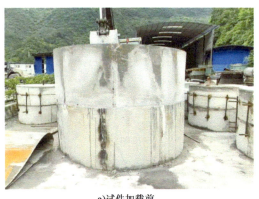

a)试件加载前

b)试件加载后

附图21　试件浇筑及加载

(2)试验结果:本次试验加压从0MPa增加到8MPa,每次增加0.5MPa,每个级别稳压30min。试验过程记录见附表8。

试验过程记录　　　　　　　　　　　附表8

工　况	压力(MPa)	稳压时间(min)	渗漏情况
1	0.5	30	无出水点
2	1.0	30	无出水点

续上表

工 况	压力(MPa)	稳压时间(min)	渗漏情况
3	1.5	30	无出水点
4	2.0	30	无出水点
5	2.5	30	无出水点
6	3.0	30	无出水点
7	3.5	30	无出水点
8	4.0	30	无出水点
9	4.5	30	无出水点
10	5.0	30	无出水点
11	5.5	30	无出水点
12	6.0	30	无出水点
13	6.5	30	无出水点
14	7.0	30	无出水点
15	7.5	30	无出水点
16	8.0	30	无出水点

加压过程中发现每增加0.5MPa，前10min渗透范围会增大，并在后20min趋于稳定，本试验在加压至8MPa时，试件仍无出水点，说明模型试验衬砌施工缝抗水压值大于8.0MPa。

参考文献

[1] 张民庆,刘招伟. 圆梁山隧道岩溶突水特征分析[J]. 岩土工程学报,2005,(04):422-426.

[2] 王建秀,冯波,张兴胜,等. 岩溶隧道围岩水力破坏机制研究[J]. 岩石力学与工程学报,2010,29(07):1363-1370.

[3] 张有天. 岩石隧道衬砌外水压力问题的讨论[J]. 现代隧道技术,2003,(03):1-4.

[4] 张有天,张武功,王镭. 再论隧洞水荷载的静力计算[J]. 水利学报,1985:22-32.

[5] 张有天. 隧洞及压力管道设计中的外水压力修正系数[J]. 水力发电,1996,(12):30-34.

[6] HARR, MARTIN E. Groundwater and seepage[J]. Soil Science, 1963, 95(4): 289.

[7] KOLYMBAS D, WAGNER P. Groundwater ingress to tunnels-the exact analytical solution[J]. Tunnelling & Underground Space Technology, 2007, 22(1): 23-27.

[8] HWANG J H, LU C C. A semi-analytical method for analyzing the tunnel water inflow[J]. Tunnelling & Underground Space Technology, 2007, 22(1): 39-46.

[9] FAHIMIFAR A, ZAREIFARD M R. A theoretical solution for analysis of tunnels below groundwater considering the hydraulic-mechanical coupling[J]. Tunnelling and Underground Space Technology, 2009, 24(6): 634-646.

[10] 吴金刚. 高水压隧道渗流场的流固耦合研究[D]. 北京:北京交通大学,2007.

[11] 王建宇. 隧道围岩渗流和衬砌水压力荷载[J]. 铁道建筑技术,2008,(02):1-6.

[12] 邹金锋. 考虑水—力耦合时交通隧道非线性解析[J]. 工程力学,2011,28(12):105-111.

[13] 高新强. 高水压山岭隧道衬砌水压力分布规律研究[D]. 成都:西南交通大学,2005.

[14] 王建宇. 再谈隧道衬砌水压力[J]. 现代隧道技术,2003,(03):5-10.

[15] FARMER I W, JENNINGS D H. Effect of strata permeability on the radial hydrostatic pressures on mine shaft linings[J]. International Journal of Mine Water, 1983, 2(3): 17-24.

[16] 邹成杰. 水利水电岩溶工程地质[M]. 北京:水利电力出版社,1994.

[17] 蒋忠信. 深埋岩溶隧道水压力的预测与防治[J]. 铁道工程学报,2005,(06):37-40.

[18] 刘福胜. 隧道渗透水压力的研究及工程应用[D]. 重庆:重庆交通大学,2009.

[19] 何聪.高压富水地区隧道渗流场分析与衬砌抗水压力对策研究[D].成都:西南交通大学,2015.

[20] 蒋进.高压富水地层山岭隧道衬砌受力机制探讨与结构设计[D].重庆:重庆交通大学,2012.

[21] 高虎军.青坪隧道流固耦合分析及涌水量预测研究[D].长沙:中南大学,2012.

[22] 王森.城市轨道交通富水岩溶隧道衬砌外水压力及结构受力研究[D].重庆:重庆大学,2015.

[23] 刘志春.裂隙岩体隧道与地下水环境相互作用机理及控制技术研究[D].北京:北京交通大学,2015.

[24] LEE I M, PARK Y J, REDDI L N. Particle transport characteristics and filtration of granitic residual soils from the Korean peninsula[J]. Canadian Geotechnical Journal, 2002, 39(2): 472-482.

[25] 周乐凡.考虑外水荷载作用的铁路隧道衬砌结构设计研究[D].北京:铁道部科学研究院,2003.

[26] 郑俊.高水压铁路隧道泄水式管片衬砌流固耦合研究[D].成都:西南交通大学,2010.

[27] 任耀谱.高压富水山岭隧道衬砌水压力折减系数相关研究[D].北京:北京交通大学,2012.

[28] 姚俊峰.富水区山岭隧道衬砌水压力及结构受力特性的分析研究[D].成都:西南交通大学,2014.

[29] 吴胜番.高水压富水区公路隧道围岩—结构力学行为与稳定性研究[D].重庆:重庆交通大学,2012.

[30] 王一鸣.高水压岩溶隧道衬砌结构受力特征和防排水设计研究[D].长沙:中南大学,2014.

[31] 曾宇.考虑接触效应的外水压力下隧道衬砌计算方法研究[D].重庆:重庆交通大学,2014.

[32] 王勇,徐干成,乔春生.公路隧道数值模拟分析及衬砌安全性评价[C]//中国土木工程学会年会文集.北京:中国土木工程学会年会.2004.

[33] 王华牢,李宁,褚方平.公路隧道衬砌厚度不足对衬砌安全性影响[J].交通运输工程学报,2009,9(02):32-38.

[34] 高新强,仇文革,高扬.山岭隧道高水压下衬砌结构平面数值分析[J].岩土力学,2005(03):365-369.

[35] 高新强,仇文革,高扬.山岭隧道高水压下衬砌结构三维数值模拟[J].中国铁道科学,2005,(02):32-36.

[36] 李术才,徐帮树,李树忱.海底隧道衬砌结构选型及参数优化研究[J].岩石力学与工程学报,2005,(21):96-104.

[37] 丁浩,蒋树屏,杨林德.外水压下隧道衬砌的力学响应及结构对策研究[J].岩土力学,2008(10):2799-2804.

[38] 李贻伟.岩溶公路隧道围岩—支护结构受力特性数值模拟分析[D].重庆:重庆交通大

学,2010.

[39] 宋战平,荆敏,韩日美,等.基于强度安全系数概念的隧道衬砌结构优选设计[J].西安建筑科技大学学报(自然科学版),2010,42(04):499-503.

[40] 杨昌贤.公路隧道二次衬砌承载能力与优化设计研究[D].成都:西南交通大学,2010.

[41] 陈耀华.铁路隧道抗水压衬砌结构稳定性研究[J].铁道建筑,2016(05):100-103.

[42] 彭跃,王桂林,张永兴,等.衬砌背后空洞对在役隧道结构安全性影响研究[J].地下空间与工程学报,2008,4(06):1101-1104.

[43] 佘健,何川,汪波,等.衬砌背后空洞对隧道结构承载力影响的模型试验研究[J].公路交通科技,2008(01):104-110.

[44] 聂志凌.水压充填型岩溶隧道突水机理及衬砌结构力学特性研究[D].成都:西南交通大学,2009.

[45] 王皓.侧部水压充填型岩溶隧道衬砌结构位移性状分析[J].水文地质工程地质,2010,37(03):53-58.

[46] 徐晨,邓如勇,崔戈,等.高水压下衬砌背后空洞对结构受力的影响[J].水文地质工程地质,2016,43(03):44-51.

[47] 曲荣怀.衬砌背后空洞对隧道围岩压力分布规律的影响研究[D].北京:北京交通大学,2014.

[48] 张成平,冯岗,张旭,等.衬砌背后双空洞影响下隧道结构的安全状态分析[J].岩土工程学报,2015,37(03):487-493.

[49] 张成平,张旭,冯岗,等.衬砌厚度不足对隧道结构安全性的影响分析[J].现代隧道技术,2017,54(02):137-143.

[50] 袁慧.高水压岩溶隧道衬砌水压力特征研究[D].北京:北京交通大学,2009.

[51] 刘坤.隧道排水系统局部堵塞后的衬砌外水压力及其受力特性研究[D].重庆:重庆大学,2017.

[52] 吕康成.隧道与地下工程防排水指南[M].北京:人民交通出版社,2012.

[53] 李伟,杨丹,李庆.高水压山岭隧道衬砌结构水压力特征研究[J].铁道工程学报,2013(11):57-61.

[54] 张俊儒.喷射混凝土单层衬砌抗渗机理及防水技术研究设想[J].重庆建筑,2013,12(09):27-30.

[55] 张俊儒,杨位中,欧小强,等.基于复合胶凝材的喷射混凝土抗渗性能研究[J].混凝土,2015(5):1-4.

[56] 殷怀连,张民庆.铁路隧道工程结构防排水设计理念及施工措施的探讨[J].铁道标准设计,006(6):69-71.

[57] 张勇.地下工程设计使用止水带的一些注意点[J].中国建筑防水,2004,(11):20-22.

[58] 耿运生,李树瑶,张培基,等.南水北调中线永定河倒虹吸工程橡胶止水带应用模拟试验与施工安装[J].南水北调与水利科技,2006(01):27-29.

[59] 谭忠盛,李志宏,周振梁,等.临海大断面隧道结构防水系统试验研究[J].中国公路学报,2016,29(12):109-115.

[60] 刘强,谭忠盛,任辉,等. 临海隧道新型止水带研究[J]. 中国公路学报,2016,29(12):116-123.

[61] 郑波,王建宇,吴剑. 轴对称解对隧道衬砌水压力计算的适用性研究[J]. 现代隧道技术,2012,49(01):60-65.

[62] 黄玲,陈飞昕. 衬砌背后含水空洞对隧道结构安全的影响分析[J]. 广东技术师范学院学报,2016,37(08):37-40.

[63] 周立霞,王昱之,王起才. 隧道衬砌施工缝、变形缝防水技术现状[J]. 兰州铁道学院学报,2003(04):101-104.

[64] 李伟,杨其新,杨丹. 隧道衬砌施工缝和变形缝防水新方法的研究[J]. 铁道标准设计,2008(02):75-78.

[65] 帅建国. 地铁区间隧道施工缝、变形缝的防水技术研究[J]. 铁道标准设计,2004(03):65-67.

[66] 翁其能. 隧道高水压段结构耐久性健康监测与损伤评估[D]. 上海:同济大学,2007.

[67] 乔连朋,袁群,冯凌云,等. 新混凝土与碳化混凝土黏结的抗渗性能研究[J]. 人民黄河,2013,35(04):103-105.

[68] EISENLOHT L,BOUZELBOUDIEN M, LASZLO K. Numerical versus statistical modeling of natural response of a karst hydrogeological system[J]. J Hydrology,1997(202):244-262.

[69] 王国斌. 沪蓉西高速公路乌池坝岩溶隧道涌水成灾机理研究[D]. 武汉:中国地质大学,2012.

[70] 王勐,许兆义,王连俊,等. 铁路深埋隧道区岩溶发育特征研究[J]. 工程地质学报,2004(03):253-258.

[71] 吴治生. 不同地质边界条件岩溶隧道涌水量预测及展望[J]. 铁道工程学报,2007(11):48-55.

[72] 王勇. 隧道底部溶洞顶板安全厚度预测模型[J]. 公路,2006(05):228-232.

[73] 韩行瑞. 岩溶隧道涌水及其专家评判系统[J]. 中国岩溶,2004(09):214-217.

[74] 白明洲,许兆义. 铁路施工期岩溶地质宏观预测专家系统研究[J]. 工程地质学报,2008(07):46-51.

[75] 杨子汉. 基于饱和与非饱和渗流隧道突水突泥研究[D]. 长沙:长沙理工大学,2013.

[76] 袁慧. 高水压岩溶隧道衬砌水压力特征研究[D]. 北京:北京交通大学,2009.

[77] 余小佳. 水压溶腔对大跨度小净距隧道围岩稳定性的影响研究[D]. 重庆:重庆交通大学,2013.

[78] 王鹏. 乌鞘岭隧道涌水原因分析及处治措施研究[D]. 西安:长安大学,2012.

[79] 侯本申. 浅埋隧道全封闭喷涂防水体系及其可靠性研究[D]. 成都:西南交通大学,2017.

[80] 翁贤杰. 富水断层破碎带隧道突水突泥机理及注浆治理技术研究[D]. 济南:山东大学,2014.

[81] 王国栋. 厦门东通道海底隧道施工关键技术研究[D]. 天津:天津大学,2006.

[82] 王开. 隧道岩溶断层突水涌泥综合整治技术[J]. 西部探矿工程,2007(04):17-19.

[83] 吴治生,张杰. 岩溶隧道涌水影响因素、预测方法及危害分析[J]. 铁道工程学报,2012, 29(11):58-61,86.

[84] 莫阳春. 高水压充填型岩溶隧道稳定性研究[D]. 成都:西南交通大学,2009.

[85] 郭佳奇. 岩溶隧道防突厚度及突水机制研究[D]. 北京:北京交通大学,2011.

[86] 靳柒勤. 寒岭界隧道涌水突泥段施工技术研究[D]. 长沙:中南大学,2013.

[87] 王秀英,谭忠盛,王梦恕,等. 宜万铁路岩溶隧道防排水原则及技术研究[J]. 中国工程科学,2010(08):107-112.

[88] 孙克国. 注浆控制岩溶隧道突水地质灾害的机理和模拟方法研究[D]. 济南:山东大学,2010.

[89] 王鹄,沈宇鹏. 化学注浆技术在佛岭隧道突水治理中的应用[J]. 铁道建筑,2014(07):70-72.

[90] 胡新红,熊建军,刘涛. 盘岭隧道突水和突泥事故地质成因分析及处治措施[J]. 路基工程,2016(02):207-210.

[91] BOBET A. Effect of pore water pressure on tunnel support during static and seismic loading [J]. Tunnelling & Underground Space Technology Incorporating Trenchless Technology Research, 2003, 18(4):377-393.

[92] MIURA K. Design and construction of mountain tunnels in Japan[J]. Tunnelling & Underground Space Technology Incorporating Trenchless Technology Research, 2003, 18(2):115-126.

[93] BARBIERI M, BOSCHETTI T, PETITTA M, et al. Stable isotope(2H, 18O and 87Sr/ 86 Sr)and hydrochemistry monitoring for groundwater hydrodynamics analysis in a karst aquifer (Gran Sasso, Central Italy)[J]. Applied Geochemistry, 2005, 20(11):2063-2081.

[94] NAM S W, BOBET A. Liner stresses in deep tunnels below the water table[J]. Tunnelling & Underground Space Technology Incorporating Trenchless Technology Research,2006, 21(6):626-635.

[95] SPOTL C, DUBLYANSKY Y, MEYER M, et al. Identifying low-temperature hydrothermal karst and palaeowaters using stable isotopes: a case study from an alpine cave, Entrische Kirche, Austria[J]. International Journal of Earth Sciences, 2007,98(3):665-676.

[96] SONG K I, CHO G C, CHANG S B. Identification, remediation, and analysis of karst sinkholes in the longest railroad tunnel in South Korea[J]. Engineering Geology,2012, 135-136 (7):92-105.

[97] 李雄周,王星星,秦之富. 云南省某高速公路隧道岩溶段处治技术研究[J]. 地下空间与工程学报,2017,13(S1):433-441.

[98] 王琪. 近接溶腔对隧道围岩稳定性影响及防治措施研究[D]. 西安:长安大学,2014.

[99] 张民庆,黄鸿健. 齐岳山隧道高压裂隙水注浆堵水技术[J]. 铁道工程学报,2010,27 (1):68-72.

[100] 张梅,张民庆,孙国庆. 宜万铁路野三关隧道高压富水充填溶腔溃口处理技术[J]. 铁道工程学报,2010,27(3):81-86.

[101] 张梅. 岩溶隧道高压富水充填溶腔释能降压新技术[M]. 北京:科学出版社,2010.

[102] 杜永昌,王武现. 宜万铁路大支坪隧道高压富水溶腔处理技术[J]. 铁道建筑,2011(3):66-69.

[103] 李河玉. 小导管注浆技术及在隧道和地下工程中的应用[D]. 成都:西南交通大学,2002.

[104] 潘晓明. 浅埋软岩大跨度隧道开挖方法研究[D]. 济南:山东科技大学,2008.

[105] 杨艳国,范楠. 基于单孔声波法测试巷道围岩松动圈试验研究[J]. 煤炭科学技术,2019(03):93-100.

[106] 铁道部第二勘察设计院. 岩溶工程地质[M]. 北京:中国铁道出版社有限公司,1984.

[107] 吴梦军,许锡宾,赵明阶. 岩溶地区公路隧道施工力学响应研究[J]. 岩石力学与工程学报,2004,23(9):1525-1529.

[108] 傅鹤林. 隧道衬砌荷载计算理论及岩溶处治技术[M]. 长沙:中南大学出版社,2005.

[109] 刘招伟. 圆梁山隧道突水机理及其防治对策[D]. 北京:中国地质大学,2004.

[110] 杨昌宇. 武隆隧道岩溶暗河整治方案探讨[J]. 现代隧道技术,2003,40(6):12-15.

[111] 刘招伟,何满潮,王树仁. 圆梁山隧道岩溶突水机理及防治对策研究[J]. 岩土力学,2006,27(2):228-232,246.

[112] 黄明利,王飞,路葳,等. 隧道开挖诱发富水有压溶洞破裂突水过程数值模拟[J]. 中国工程科学,2009,11(12):93-96.

[113] 吴治生,付伯森. 南岭隧道突发性涌泥介绍及成因分析[J]. 铁道工程学报,1987(2):100-103.

[114] 陈成宗,何发亮. 大瑶山隧道九号断层的特性与工程对策[J]. 岩石力学与工程学报,1992,11(1):72-78.

[115] 李治国,邹冲,孙国庆. 圆梁山隧道2号溶洞注浆技术研究[J]. 岩石力学与工程学报,2004,23(S2):5158-5164.

[116] 张顶立,李治国,张民庆. 圆梁山隧道高压富水区帷幕注浆及止浆技术[J]. 中国铁道科学,2004,25(3):27-31.

[117] 刘招伟,张顶立,张民庆. 圆梁山隧道毛坝向斜高水压富水区注浆施工技术[J]. 岩石力学与工程学报,2005,24(10):1728-1734.

[118] 张建法. 圆梁山隧道粉细砂充填型溶洞钻孔注浆快速施工技术[J]. 隧道建设,2009,29(1):88-92.

[119] 马栋. 宜万铁路复杂岩溶隧道水害综合防治技术[J]. 中国工程科学,2009,11(12):94-98.

[120] 张成平,张顶立,叶英,等. 高压富水岩溶隧道注浆机理及作用效果分析[J]. 地下空间与工程学报,2009,5(5):996-1002.

[121] 杨兵,肖广智. 宜万铁路马鹿箐隧道高压富水岩溶治理技术[J]. 中国工程科学,2009,11(12):69-76.

[122] 谭忠盛,乔春生,王永红,等. 高压富水充填型大型岩溶区的隧道修建技术研究[R]. 北京:北京交通大学,2009.

[123] 金新峰. 宜万铁路沿线岩溶发育规律及其对隧道工程的影响[D]. 北京:中国地质科学院,2007.

[124] 苗德海. 宜万铁路岩溶隧道灾害及防治对策[J]. 铁道标准设计,2007(7):96-99.

[125] 孙明彪. 宜万铁路野三关隧道602溶腔处治[J]. 现代隧道技术,2010,47(01):91-98.

[126] 何根旺. 岩溶地区隧道施工方法探讨[J]. 公路与汽运,2005(03):147-149.

[127] 吴治生. 岩溶长隧道设计、施工方案的论证及实施[J]. 铁道工程学报,2006(02):47-51.

[128] 李围. 不同溶洞条件下公路隧道施工的关键技术[J]. 筑路机械与施工机械化,2010,27(10):68-71.

[129] 王成林. 高压富水岩溶隧道衬砌抗水压能力的理论与试验研究[D]. 北京:北京交通大学,2019.

[130] 杨泽. 新圆梁山岩溶隧道扩挖施工注浆技术及结构抗水压试验研究[D]. 北京:北京交通大学,2020.

[131] 马棚超. 高压富水岩溶隧道预加固及扩挖技术研究[D]. 北京:中国矿业大学(北京),2019.